Norbert Claßen

Das Wissen der Tolteken

Norbert Claßen

Das Wissen der Tolteken

Carlos Castaneda und die Philosophie des Don Juan

Hans-Nietsch-Verlag

Originalausgabe bei
Verlag Terra Magica Nostra & Edition Tonal, 1992

3. Auflage, Juni 2022

Cover und Umschlaggestaltung: Rosi Weiss
© Fotos Cover: Eric Isselee, Sekar Balasubramanian, Joao Virissimo, Jesse Kraft/123rf.com
Satz: Hans-Jürgen Maurer
Druck: Dimograf, Bielsko-Biała/Polen

Hans-Nietsch-Verlag
Industriestraße 20
64380 Roßdorf

www.nietsch.de
info@nietsch.de

ISBN 978-3-86264-265-6

Für den Geist, der den Kosmos erhält

Ich danke meinen Eltern, Freunden und allen anderen, die mir auf meinem Weg geholfen haben.

Mein besonderer Dank gilt meinem Freund Jorge Miranda-Luizaga, der mir einen tiefen Blick in die indianische Denkweise ermöglichte; dem Privatdozent Dr. S. Blasche für ein Verständnis der Werke Husserls; Dr. A. Gentner für seine persönliche Unterstützung; meinen Gefährten, die ich nicht mit Namen nennen kann. Mein besonderer Dank gilt außerdem der Kraft, der Erde, den Nachtfaltern, den Pflanzen, den Tieren und den Steinen auf meinem Weg.

Mein spezieller Dank gilt Dr. R. Mertens, stellvertretend für das ganze Team der Kinderklinik des Klinikums der RWTH-Aachen.

Mein ganz besonderer Dank gilt Richard Yensen und Donna Peréz Venero für das Schließen des Kreises; er gilt nicht zuletzt auch meinem Freund Hawky, der mir in das Unbekannte vorangegangen ist. Außerdem danke ich allen, die bei der Entstehung dieses Buches mitgeholfen haben.

Inhalt

Anhang

Vorwort zur Neuausgabe

Als ich vor zwanzig Jahren das erste Mal ein Buch von Carlos Castaneda in die Hand nahm, hatte ich nicht die leiseste Ahnung, auf was ich mich da eingelassen hatte. Ich suchte nichts dergleichen wie eine »Welt der Zauberei« oder ein »Wissen der Tolteken«. Ein »Zauberer« war für mich lediglich jemand, der mit Taschenspielertricks Zuschauer belustigt und zu nicht mehr fähig ist, als ein Kaninchen aus einem Zylinder zu ziehen.

Doch unter den Umständen, unter denen meine erste Begegnung mit den »Lehren des Don Juan« stattfand, wurden diese für mich sowohl zur Lebenshilfe als auch zum Lebensweg. Zu jener Zeit war ich an einem leukämieartigen Krebs erkrankt und befand mich in einer harten, mehrjährigen Therapie. Da kam mir die toltekische Lehre vom Leben der Krieger, die alles als Herausforderung annehmen statt über ihr Schicksal zu klagen und in Selbstmitleid zu versinken, gerade recht. Sie gab mir den Mut, den Kampf gegen die Krankheit vorbehaltlos aufzunehmen und letztlich siegreich daraus hervorzugehen.

Castanedas Bücher boten zudem eine Fülle von Techniken, die es mir ermöglichten, selbst Einblick in die Welt der Zauberei zu nehmen. So experimentierte ich z. B. mit der Kunst des Träumens und hatte schon bald erstaunliche Erfolge, die mich über die Grenzen alltäglicher Erfahrung hinaustrugen. Ich begann zu begreifen, daß der sterile Zeitgeist der Moderne uns wesentliche Aspekte des Daseins vorenthält, und konzentrierte mich mehr und mehr auf die praktische Erfahrbarkeit des Wissens der Tolteken.

Im Laufe der Zeit fand ich Mitstreiter, die sich ebenfalls den anderen Realitäten öffneten, die Castanedas Werke uns zugänglich gemacht hatten. Dies bestätigte meine Ahnung von der universellen, pragmatischen Nachvollziehbarkeit der »Lehren des Don Juan«. Aber ich begriff auch, daß mein Verstand nach einer Erklärung all dessen verlangte, was ich erlebt hatte und immer noch erlebe. So begann ich einige Jahre nach dem »Erstkontakt« ein Studium der Philosophie, das mir ein tieferes Verständnis der toltekischen Lehren erschloß.

Es stellte sich heraus, daß das Wissen der Tolteken im Lichte der Philosophiegeschichte gar nicht so fremdartig ist, wie der erste Eindruck vermuten läßt, sondern daß es eine geradezu zwingende Folgerichtigkeit besitzt, die in Strenge und Konsequenz keiner abendländischen Wissenschaft nachsteht. Der Eindruck der »Fremdartigkeit« entsteht vielmehr aus dem für uns Europäer schwer zugänglichen indianischen Kontext, aus dem jene Lehren entsprungen sind. Zum Glück fand ich während des Studiums einen Lehrer, Dr. Jorge Miranda-Luizaga, der sich nicht nur mit indianischer Philosophie auskennt, sondern selbst Indianer ist. Mit Geduld und Humor erschloß er mir eine weitere Ebene des Verständnisses der Werke Castanedas.

All diese Ereignisse und Erfahrungen führten zur Niederschrift dieses Buches, in dem ich versucht habe, beide Annäherungsweisen an das Wissen der Tolteken darzustellen: den Weg des Verstandes in Form eines Vergleichs mit Ansätzen abendländischer Philosophie und den Weg des Herzens und der Praxis in Form einer ausführlichen Schilderung der wichtigsten Techniken, so wie meine Gefährten und ich sie erlebt haben. Jede andere Herangehensweise wäre einseitig und könnte der ganzheitlichen Ausrichtung des toltekischen Wissens nicht gerecht werden.

Seit der Veröffentlichung der Originalversion dieses Buches im Jahre 1992 ist eine Dekade vergangen, und es hat sich einiges getan. Bis zu seinem Tod im April 1998 verfaßte Carlos Castaneda vier weitere Werke, und auch seine Gefährtinnen Taisha Abelar und Florinda Donner-Grau veröffentlichten Bücher über ihre Lehrzeit bei Don Juan. Zum Erstaunen vieler Leser traten der publikumscheue Castaneda und seine Gefährtinnen in dieser Zeit auch mit Vorträgen, Workshops und Seminaren an die Öffentlichkeit und starteten mit »Tensegrity«, einer modernen Variante von magischen Übungen der Zauberer, eine Bewegung, die bis zum heutigen Tage von ihren Schülern fortgeführt wird.

Es erschien mir wenig sinnvoll, all die Erlebnisse, Erkenntnisse und Erfahrungen aus jener Zeit in die Neuausgabe dieses Buches einzuflechten, zumal ich sie in einem weiteren Buch, »Carlos Castaneda und das Vermächtnis des Don Juan« (ebenfalls erschienen im Hans-Nietsch-Verlag) in Form einer ergänzenden Chronik zusammengefaßt habe. Bei der Überarbeitung des vorliegenden Werks habe ich mich daher lediglich auf die notwendige Korrektur kleinerer Fehler und die Aktualisierung von Daten und Fakten beschränkt.

Die Ereignisse der vergangenen Jahre haben bestätigt, daß der Inhalt dieses Buches so aktuell ist wie nie zuvor – eine Tatsache, die mich überaus freut. Eine neue Ära hat begonnen, in der das Wissen der Tolteken offenbar nicht länger aus dem öffentlichen Bewußtsein ausgespart werden soll. Ich hoffe, daß mein Buch ein bescheidener Beitrag zu diesem neuen Bewußtsein ist und daß es dem ein oder anderen Leser den Mut geben kann – wie Castaneda ihn mir gab – sich wirklich für das ehrliche, starke und freie Leben eines Kriegers zu entscheiden. In diesem Fall hätte es seinen Zweck erfüllt.

Norbert Claßen
Juli 2002

Einführung

Seit dem Erscheinen des ersten Castaneda-Bandes »Die Lehren des Don Juan« ist die Flut an Fragen und Spekulationen über den Autor und seinen Lehrer, den indianischen Zauberer Juan Matus – von Castaneda respektvoll Don Juan genannt –, nicht abgeklungen. Was war geschehen?

Carlos Castaneda kam im Jahre 1960 als Student der Ethnologie in das Grenzgebiet Arizona (USA) – Sonora (Mexiko), um Feldforschungen über den Gebrauch von Heilpflanzen und narkotischen Gewächsen bei den dort lebenden Indianern zu machen. In einer Busstation an der Grenze begegnete er dem brujo[1] Juan Matus und wurde, noch bevor er sich dessen klarwerden konnte, erwählter Schüler des alten Zauberers. Getreu seinen traditionellen Lehren demontierte Don Juan die Weltsicht seines Schülers, lehrte ihn eine andere Art zu leben und führte ihn in die geheimnisvolle Welt der toltekischen Zauberer ein. Castaneda beschrieb in seinen vier ersten Büchern auf eindrucksvolle Weise die Vorgänge und das Szenario seiner Initiations- und Lehrzeit in der Wüste Sonora und im mexikanischen Hochland.

Die ersten beiden Bücher, »Die Lehren des Don Juan« und »Eine andere Wirklichkeit«, berichten von verwirrenden Erfahrungen mit halluzinogenen Pflanzen, Kontakten mit anorganischen Lebewesen, Verbündete genannt, und über eine andere Art, die Welt zu betrachten. Mit dem ersten Band machte Castaneda seinen ersten akademischen Abschluß an der Universität von Los Angeles (UCLA) zum Bachelor of Arts.

Das dritte und vierte Buch, »Reise nach Ixtlan« und »Der Ring der Kraft«, schildern systematisch die Lehrzeit Castanedas. Mit Hilfe eines anderen Zauberers, Genaro Flores, führt Don Juan seinen Schüler in die Lebensweise der Zauberer ein und gibt ihm erstaunliche Demonstrationen von der Wirklichkeit der Kräfte, über die er lehrt. Am Ende des vierten Buches, als Abschluß der Lehrzeit, springen Castaneda und Pablito, Genaros Schüler, in einen – mehr als nur symbolischen – Abgrund. Juan und Genaro verlassen gleichzeitig endgültig die Welt, wie wir sie kennen.

Die Beschreibung ungewöhnlicher Vorgänge und wundersamer Ereignisse war so konkret und realistisch, daß Vorwürfe, wie es könne sich bei diesen Büchern nur um eine Fiktion handeln, als plumpe Abwehrreaktion eines sterilen, rationalistischen Zeitbewußtseins nicht ausbleiben konnten.[2] Eine andere Form der Abwehr war die Auffassung, Castanedas Bücher seien entstanden aus einer Synthese aus mystischem Gedankengut und alten esoterischen Lehren, gewürzt mit einem Schuß indianischer Mythologie. Auf diese Weise wurde etwas Fremdartiges, Unbekanntes auf bequeme Art in die Schublade »Altbekanntes« bzw. »schon gehabt...« gesteckt; ein Vorgang, der eine ernsthafte Beschäftigung mit dem Thema unmöglich macht.[3]

Castaneda schrieb weitere Bücher über seine Erfahrungen mit der Welt der Zauberei, ohne jedoch müde zu werden zu betonen, daß er keine fiktiven Geschichten erzähle, sondern über tatsächliche Vorgänge berichte. In Band fünf und sechs, »Der zweite Ring der Kraft« und »Die Kunst des Pirschens«, schildert Castaneda seine Begegnungen mit anderen Schülern und Schülerinnen von Don Juan und Genaro. Sie fordern Castaneda dazu auf – als Haupterbe von Don Juans Wissen –, ihre Gruppe von Zauberern anzuführen. Außerdem drängen sie den völlig überforderten Castaneda dazu, sich an Ereignisse zu erinnern, die in einem anderen Bewußtseinszustand stattgefunden hatten. Nach dramatischen Ereignissen und Kämpfen gelingt es ihm dann doch, sich an alles zu erinnern. Diese Erinnerungen offenbaren Castaneda schließlich das ganze Wissens- und Lehrgebäude der toltekischen Zauberer. Der Sinn und das Ziel der Lehren werden klar.

Von solchen Erinnerungen handeln dann auch das siebte und achte Buch, »Das Feuer von innen« und »Die Kraft der Stille«. Da es sich um eine Erinnerung handelt, ist hier wieder Don Juan der Lehrende. Castaneda wird eingeführt in das abstrakte Wissenssystem der Zauberer, die wahren Ziele der Tolteken werden ihm offenbart. Inzwischen sind vier weitere Castaneda-Bände erschienen, »Die Kunst des Träumens«, »Tensegrity«, »Das Wirken der Unendlichkeit« und »Das Rad der Zeit«, die sich in ihrer Grundaussage nicht wesentlich von den vorherigen Bänden unterscheiden. Soweit der kurze Überblick über das Schriftwerk Castanedas.

Die Fragwürdigkeit des Gesamtwerks wurde von den meisten Kritikern am mangelnden Wissen über die Person des Autors festgemacht. Dieser hatte nämlich die Dreistigkeit besessen, keinerlei persönliche Daten zu liefern, welche eine sichere Identifizierung des Urhebers der Werke erlaubt hätten. Selbst Interviews und Fotografien lehnte Castaneda gewöhnlich kategorisch ab. Warum? Ein Werbetrick, vermuteten die einen – weil Don Juan ihn lehrte, keine Auskünfte über die eigene Person zu geben, sagten die anderen.

Seit dem Erscheinen eines dritten[4] Interviews, welches die argentinische Schriftstellerin Graciela Corvalán mit dem publikumsscheuen Autor führte, ist es für manchen Castaneda-Leser glaubhafter geworden, daß dieser tatsächlich ein Übermittler einer traditionellen indianischen Lehre ist und getreu den Regeln dieser Überlieferung lebt. Das Interview ist mit dem Titel »Der Weg der Tolteken« im Fischer Taschenbuch Verlag erschienen.

Castaneda gibt darin auch viele persönliche Informationen preis, über seine Herkunft, sein Leben, seine Ziele und Vorstellungen etc. Alle diese Informationen stellt er in einen deutlichen Bezug zu den toltekischen Lehren, was die Glaubwürdigkeit des Werkes noch erhöht.

Doch wer sind nun die Tolteken und was ihr Wissen, von dem vorliegendes Buch handelt? Bei Corvalán lesen wir: »Nach Castaneda stellt das Wort ›toltekisch‹ eine sehr umfassende Bedeutungseinheit dar. Man sagt von jemandem, er sei Tolteke, wie man von einem anderen sagt, daß er Demokrat oder Philosoph ist. So wie er es gebraucht, hat das Wort nichts mit seiner anthropologischen Bedeutung zu tun. ›Tolteke ist, wer die Geheimnisse des Pirschens und des Traumes kennt. Sie alle sind Tolteken. Sie bilden eine kleine Gruppe, die es verstanden hat, eine Tradition von mehr als 3000 Jahren lebendig zu erhalten.‹«[5]

Der bekannte Mexiko-Forscher Wolfgang Cordan schreibt Folgendes über den Begriff *Tolteke*: »Bei den Nachfolgevölkern (der histor. Tolteken. Anm. d. Autors), wie den Azteken, war der Name Tolteke gleichbedeutend mit Gebildeter, Künstler.«[6] Der Historiker Henri Stierlin übersetzt *Tolteke* einfach als »Wissender«.[7]

Die Tolteken üben sich als Wissende und Künstler in der Kunst des Pirschens und des Träumens. Das Pirschen wird als System der Kontrolle und Nutzung des alltäglichen Verhaltens vorgestellt, das den Ausübenden befähigt, aus jeder denkbaren Situation das Beste zu machen. Das Träumen wird als pragmatische Kontrolle des Traumgeschehens vorgestellt, das zur allgemeinen Beherrschung des Bewußtseins führt. Beide Systeme besitzen einen praktischen Verhaltenskodex – die *Regel* genannt –, den die Praktiker durch Übung verinnerlichen. Ein drittes System, die Bemeisterung der Absicht, behandelt den direkten Kontakt mit der Schicksalsmacht, die von den Tolteken »Absicht«, »Geist« oder »Nagual« genannt wird.

Diese drei Systeme – Pirschen, Träumen, Absicht – basieren auf einem abstrakten Wissen der Tolteken über menschliche Wahrnehmung und Bewußtheit. Der treffendste Name für dieses Wissen ist laut Don Juan »Nagualismus«.[8]

Die Quellen unseres Wissens über den toltekischen Nagualismus sind jedoch nicht nur die Bücher Castanedas; auch die Interviews enthalten bedeutsames Material zum Thema.

Von besonderer Bedeutung ist auch das Buch der deutsch-venezolanischen Schriftstellerin Florinda Donner »Die Lehren der Hexe«, welches den meisten Castaneda-Freunden leider unbekannt zu sein scheint. Nicht nur, daß Castaneda ein sehr wohlwollendes Vorwort zu diesem Buch schrieb, Florinda Donner gehört ebenfalls zur Welt des Juan Matus; sie berichtet aus der Sicht einer Frau über die Welt der Zauberei. Ein wunderschönes Buch, das nur unter der genauen und einfühlsamen Blickführung einer Frau entstehen konnte. Auch dieses Werk ist als Originalquelle des toltekischen Nagualismus anzusehen.[9]

Intention der vorliegenden Arbeit ist es, das komplexe Phänomen des toltekischen Nagualismus einer genauen Prüfung zu unterziehen, die sowohl die theoretische als auch die praktische Seite dieser Lehre berücksichtigt.

Zum ersten müssen der theoretische Rahmen, die weltanschaulichen Grundlagen und Prämissen – zumindest in ihren Ansätzen – untersucht werden. Dies ist möglich durch eine vergleichende Betrachtung der toltekischen Weltsicht mit anerkannten Arbeiten aus den abendländischen Geisteswissenschaften. Ansätze für eine solche »Betrachtung von außen« bieten die Erkenntnistheorie Edmund Husserls, die Tiefenpsychologie C. G. Jungs sowie die religionshistorischen Untersuchungen Mircea Eliades. Damit beschäftigt sich der erste Teil dieses Buches: »Der Nagualismus als Philosophie der Tolteken.« Um zu vermeiden, daß die von Castaneda übermittelten Lehren durch die eigentümlich herrische Art des europäischen Wissenschaftsverständnisses in ein zu enges Korsett gezwängt werden, wurde der Aufbau des ersten Teiles allein durch die innere Struktur der toltekischen Lehre bestimmt.

Im zweiten Abschnitt wird die Überprüfung des praktischen Gehalts, d. h. die Verifizierung der von Castaneda übermittelten Techniken und Verfahrensweisen, untersucht. Zu diesem Zweck haben der Autor und eine Gruppe gleichgesinnter Menschen jahrelang Übungen nach den Prinzipien der toltekischen Lehren absolviert. Die Ergebnisse dieser praktischen Forschung nach den Möglichkeiten des menschlichen Bewußtseins sind mit in den zweiten Teil dieses Buches »Die praktischen Künste der Tolteken« eingegangen. Dieser Teil entspricht einer »Betrachtung von innen«, die aus den Systemen der Tolteken selbst entwachsen ist. Den Abschluß bilden schließlich die bisher nur in Mexiko veröffentlichten »Sechs grundlegenden Lehrsätze« von Carlos Castaneda, die mit großer Klarheit die wahren Dimensionen des toltekischen Weges aufzeigen.

Ein verbindendes Element der Teile dieses Buches ist der Vergleich mit anderen traditionellen indianischen Lehren, wie z. B. die Erzählungen des Sioux-Schamanen Lame Deer[10] oder die Berichte des Huichol Don José Matsuwa.[11]

Die aufrichtige Beschäftigung mit der indianischen Vorstellungswelt kann zu einem tiefen Verständnis der Denk- und Handlungsweise der Tolteken führen. Die Fremdartigkeit von Castanedas

Berichten über seine Lehrzeit liegt nicht zuletzt am Unverständnis für den fremden kulturellen Kontext, dem diese Lehren entwachsen sind. Verstärkt durch die rationalistische Entfremdung der Denk- und Lebensweise der europäischen Tradition seit der Zeit der Aufklärung, scheint die Kluft zwischen den Positionen des traditionellen Indianers und der des weißen Besserwissers unvereinbar groß. Und solange wir am alten Schema »fremd gleich Feind – bekannt gleich Freund« festhalten, wird uns das Wissen fremder Kulturen immer unzugänglich, geschweige denn verständlich sein.

Es besteht also die Notwendigkeit, die Position der Betrachtung zu wechseln. Wenn wir uns in die bislang fremde Position begeben, öffnen wir uns und erhalten die Möglichkeit, sie in uns selbst zu erspüren. Damit dies möglich wird, müssen wir entweder ein anderes Leben praktizieren oder zumindest aber jemanden befragen, für den die uns fremde Weltsicht die bekannte ist. Auf der anderen Seite des Äquators, in den südamerikanischen Anden, sieht man uns z. B. so: Der bolivianische Autor Jorge Miranda-Luizaga[12], Nachfahre der indianischen Aymara-Kultur, erzählte mir die Geschichte von seinen ersten Begegnungen mit europäischer Tradition, der katholischen Kirche. Er berichtete von seiner Verwunderung als Kind, daß die Katholiken in einem Ritual das Fleisch und das Blut ihres Erlösers Jesu verspeisten. Er sei damals stark abgestoßen gewesen von dieser Art, wenn auch nur symbolischen, Kannibalismus. Es habe zudem den Anschein, daß die Europäer, ja die Christen allgemein, diesen Sachverhalt nicht einmal bemerken.

Aus dieser Perspektive entpuppen wir »Zivilisierte« uns also als die »Wilden«, als unzivilisierte Barbaren. Es ist tatsächlich nur eine Frage des Standpunkts des Betrachters. Weigern wir uns jedoch, einen anderen Standpunkt wenigstens zu tolerieren und in Gedanken nachzuvollziehen, so wird unser Horizont immer nur unser eigener beschränkter sein, der uns gleichsam zu seinem Sklaven macht. Laut Don Juan ist es ein allgemein menschlicher Irrtum, dem Glauben zu verfallen, die Welt sei tatsächlich so beschaffen, wie es uns unsere Vorurteile vorgaukeln. Auf die Einsicht dieses Irrtums baut die toltekische Lehre auf.

Teil I

Der Nagualismus als Philosophie der Tolteken

Die folgenden neun Kapitel betrachten einige allgemein bedeutsame philosophische Aspekte der toltekischen Lehren. Vorab ein paar Erläuterungen zur Auswahl und Methodik:

Zur Prüfung des Wirklichkeitsbezugs einer Lehre (Theorie) ist es vor allem nötig, die Ansätze, d. h. die Prämissen der betreffenden Lehre zu untersuchen. Eine reine Überprüfung der logischen Zusammenhänge innerhalb eines Aussagensystems kann keine Beweiskraft haben und nichts über den Bezug zur Wirklichkeit aussagen. Denn selbst eine Propaganda ist in sich schlüssig, da sie nach den Gesetzen der Logik verfaßt ist. Nur der Ansatz ist in einem solchen Fall zweifelhaft oder gar frei erfunden. Erst wenn der Ansatzpunkt einer Theorie gesichert ist, können wir nach den Regeln der Logik verfahren; und diese heißen: Aus Wahrem folgt stets Wahres, aus Falschem folgt Beliebiges (Wahres oder Falsches).

Daher werden hier vor allem die Ansätze und Grundaussagen des Nagualismus betrachtet und in Beziehung gesetzt zu anerkannten Arbeiten aus den Geisteswissenschaften europäischer Tradition. Die Prüfung der Gedankengänge bei Castaneda – im Sinne der klassischen Logik – muß so weiterhin dem einzelnen Leser überlassen bleiben.

Man bedenke jedoch, daß die Untersuchung des Lehrgebäudes des toltekischen Wissens nur eine Betrachtung des äußeren Gerüsts eines Wissenssystems ist. Sie spiegelt das Leben der Tolteken genausowenig wider, wie etwa ein Röntgenbild unseres Skeletts auch keinen direkten Aufschluß über unser tatsächliches Aussehen, geschweige denn über unser konkretes Leben, gibt.

Don Juan unterteilt die toltekischen Lehren in drei große methodische Systeme, die auch den Aufbau von Teil I dieses Buches bestimmen:

1. Das Pirschen; hier handelt es sich um den Bezug der Tolteken zur normalen Realität, der Alltagswelt. In vergleichender Betrachtung mit der erkenntnistheoretischen Philosophie Edmund Husserls beziehen sich darauf die Kapitel 1 »Das Erscheinende«, 1.1 »Die Weltbeschreibung« und 1.2 »Das Tonal und der erste Ring der Kraft«.
2. Das Träumen; dieser Teil der Lehren bezieht sich speziell auf die eigentliche Welt der Zauberei, die nicht-alltäglichen Realität. Im Vergleich zur Tiefenpsychologie C. G. Jungs beziehen sich darauf die Kapitel 2 »Das Verborgene«, 2.1 »Traum, Tod und Transzendenz« sowie 2.2 »Das Nagual und der zweite Ring der Kraft«.
3. Die Absicht; dieser Teil der Lehren behandelt das Wissen der Tolteken über die Schicksalsmacht sowie den direkten Kontakt zu jener Kraft. Vergleichend herangezogen werden dazu die religionshistorischen Betrachtungen von Mircea Eliade. Die entsprechenden Kapitel sind: 3 »Das Bindeglied«, 3.1 »Kosmologie und Mythos« sowie 3.2 »Die Ganzheit des Selbst als befreite Wahrnehmung«.

1

Das Erscheinende – C. Castaneda und E. Husserl

»Eine Wirklichkeit, wie der Mensch sie sich einbildet, ein absolut festes, von uns unabhängiges und doch von uns erkanntes Dasein – eine solche Wirklichkeit gibt es nicht und kann es nicht geben.«

Hans Vaihinger (1852–1933)[13]

Am Anfang steht naturgemäß die Frage nach den Grundlagen des toltekischen Nagualismus, weniger in historischer als in weltanschaulicher Hinsicht. Don Juan erklärt seiner Schülerin Florinda Donner: »(...), der Nagualismus beruhe auf zwei Gewißheiten: Der Gewißheit, daß Menschen außergewöhnliche Lebewesen in einer außergewöhnlichen Welt seien, und der Gewißheit, daß weder der Mensch noch die Welt jemals als selbstverständlich betrachtet werden können.«[14]

Diese Aussage basiert direkt auf der sogenannten Regel des Pirschens:

»Das erste Gebot der Regel besagt, daß alles, was uns umgibt, ein unergründliches Geheimnis ist.
Das zweite Gebot der Regel besagt, daß wir versuchen müssen, diese Geheimnisse zu enträtseln, doch ohne Hoffnung, daß es uns je gelingen wird.
Das dritte besagt, daß ein Krieger, der sich der ihm unergründlichen Geheimnisse bewußt ist und sich auch seiner

Pflicht bewußt ist, wenigstens zu versuchen, diese zu enträtseln, seinen rechtmäßigen Platz unter diesen Geheimnissen einnimmt und sich selbst als ein solches betrachtet.«[15]

Aus diesen schlicht anmutenden Grundsätzen leitet sich die ganze Denk- und Handlungsweise der Tolteken, wie etwa die des Don Juan, her. So ist auch der erste Schritt in Castanedas Lehrzeit die Erschütterung der allzu festen Weltsicht des Schülers. Don Juan erreicht dies in zweifacher Hinsicht. Erstens durch Handlungen und Kunststücke, die den Schüler aus seinem vertrauten Denkkreis herausnehmen, ganz gleich, wie auch immer diese Effekte erzielt worden sind.

Zweitens führt Don Juan ausführliche Dialoge mit seinem Schützling, die diesem klarmachen sollen, daß die Welt nicht so fest und wirklich sei, wie man gemeinhin glaubt. Dabei wird auch gleichsam kontrapunktisch die Festigkeit des eigenen Selbst in Zweifel gezogen. Dieser Zweifel ist jedoch keineswegs ein destruktives oder gar nihilistisches Element, sondern hat einen methodischen Wert, wie wir später noch sehen werden.

Angezweifelt wird vor allem die Möglichkeit einer absoluten Erkenntnis im Sinne des menschlichen Verstandes, der Sprache und deren Gehilfen, der fünf natürlichen Sinne des Menschen. Ist ein solcher Zweifel berechtigt, würde dies die oben genannten Grundlagen des Nagualismus erhärten.

In der Philosophie des Abendlandes ist eine solche Zweifelsbetrachtung durchaus nichts Neues. Unter der Bezeichnung »Skeptizismus« wird diese Haltung des »Zweifels als Methode des Denkens« in der Philosophiegeschichte zusammengefaßt. Anhänger der verschiedenen Positionen des Skeptizismus waren viele Denker des Altertums, wie z.B. Pyrrhon oder Platon; in neuerer Zeit waren es Descartes, Kant, Berkeley und Husserl, um nur einige zu nennen. Die Stärke des Skeptizismus liegt vor allem in seiner kritischen Einstellung gegenüber der oft überschätzten Leistungsfähigkeit des menschlichen Erkenntnisvermögens. Als solcher hat er die abendländische Wissenschaftsgeschichte bis in die heutige Zeit maßgeblich beeinflußt.

Der erkenntnistheoretische Skeptizismus im speziellen bezieht sich auf die Frage nach der Möglichkeit einer Wahrheitsgewinnung überhaupt, sei es durch Wahrnehmung, Denken oder wissenschaftliche Forschung. Ein Hauptvertreter dieser Art von Erkenntnistheorie war der deutsche Philosoph und Mathematiker Edmund Husserl (1859–1938). Seine Lehre, die Phänomenologie, befaßt sich mit der Frage, inwieweit eine wirkliche Welt vom Menschen erkannt werden kann bzw. erkannt wird.

Graciela Corvalán berichtet in ihrem Interviewbuch: »Castaneda ist der Ansicht, daß ihm die Phänomenologie (Husserls; Anm. d. A.) den brauchbarsten theoretisch-methodologischen Rahmen liefert, um die Lehre Don Juans zu verstehen.«[16] Anlaß genug, einen genauen Blick auf die Phänomenologie zu tun, um die Beziehungen zwischen ihr und der toltekischen Lehre auszuleuchten. Mit Hilfe der Husserlschen Lehre sollte es dann auch gelingen, den Beweis zu führen, daß die Welt tatsächlich ein unergründliches Geheimnis ist und somit die Regel des Pirschens als Grundlage der toltekischen Lehren erkenntnistheoretisch abgesichert ist.

Husserls Phänomenologie stellt jedoch, wie jede Wissenschaft von der Erkenntnis, ein komplexes System dar, in welches der Laie, auch aufgrund Husserls formalistischer Sprache, nicht leicht einzudringen vermag. Im folgenden daher der Versuch, die Grundzüge der Phänomenologie kurz und verständlich darzustellen:[17]

Phänomenologie bedeutet dem Worte nach »die Lehre vom Erscheinenden«, »die Lehre vom Sich-Zeigenden«, d. h., sie befaßt sich mit allem, was uns als Erkennenden als Objekt der Erkenntnis gegenübertritt. Dazu gehören sowohl die Objekte unserer Wahrnehmung als auch die Objekte unserer Vorstellung, wie etwa die der Erinnerung oder die des denkenden Urteils. Die Phänomenologie hat also all das zum Thema, was unser Bewußtsein von der Welt ausmacht.

Dieses Bewußtsein erweist sich aber immer als »Bewußtsein von etwas«[18]. Jenes sinngebende Bezogensein des Bewußtseins auf einen vermeintlichen Inhalt nennt Husserl »Intentionalität«[19] (zu lat. *intendere* = sein Streben auf etwas richten, etwas beabsichtigen). So bezieht sich jede Wahrnehmung auf einen wahrgenommenen

Inhalt, jede Erinnerung auf einen erinnerten Inhalt, jede Vorstellung auf einen vorgestellten Inhalt usw. Jedes Bewußtwerden ist also unlösbar mit der Intentionalität verbunden, durch die wir dem Wahrgenommenen, Erinnerten etc. erst Bedeutung verleihen. Die Intentionalität ist demnach die sinngebende Funktion unseres Bewußtseins. In seinen »Ideen zu einer reinen Phänomenologie« schreibt Husserl über die Intentionalität:

> *»Sie ist insofern eine Wesenseigentümlichkeit der Erlebnissphäre überhaupt, als alle Erlebnisse in irgendeiner Weise an der Intentionalität Anteil haben (...). Die Intentionalität ist es, die Bewußtsein im prägnanten Sinne charakterisiert, und die es rechtfertigt, zugleich den ganzen Erlebnisstrom als Bewußtseinsstrom und als Einheit eines Bewußtseins zu bezeichnen.«*[20]

Die naive, natürliche Denkhaltung intendiert z. B., daß wir es bei unserer Wahrnehmung mit einer realen Welt von Objekten zu tun haben. Husserl kritisiert diese, zwar natürliche, aber erkenntnistheoretisch nicht abgesicherte Einstellung. Die natürliche Denkhaltung, welche auch von den klassischen Naturwissenschaften geteilt wird, unterstellt eine als wirklich vorgestellte Hinterwelt, d. h. eine Welt, die jenseits unseres Bewußtseins – und daher unabhängig von diesem – existiert. Eine solche Welt kann jedoch nicht von uns erkannt oder wahrgenommen werden, denn sie läge ja gerade jenseits unserer bewußten Erkenntnis.[21] Unsere Erkenntnisse konstituieren sich vielmehr erst in unserem Bewußtsein.

Ob die Welt, welche wir in unserem Bewußtsein z. B. mit Hilfe der Wahrnehmung konstituiert, d. h. aufgebaut haben, sich mit einer tatsächlichen Welt außerhalb unseres Bewußtseins zur Deckung bringen läßt, versuchte Husserl in seinen Werken offenzulegen. Damit stehen wir wieder vor der Grundfrage der Erkenntnistheorie, der Frage nach dem Zusammenhang zwischen wahrhaftem Sein und dem Erkennen. Doch das einzige wahrhafte Sein, welches uns direkt gegeben ist, ist – so haben wir oben gesehen – unser Bewußtsein selbst. »Sein als Bewußtsein«[22] ist also der Grundgedanke der Phänomenologie.

Machen wir uns das bislang Gesagte an einem Beispiel deutlich. Unser Erkenntnisgegenstand sei ein Apfel. Wenn wir uns einen Apfel vorstellen, ist es für jedermann offensichtlich, daß dieser Apfel unserer Vorstellung kein wirkliches Objekt ist, sondern daß wir diesen in unserem Bewußtsein konstituiert, d. h. gemacht und aufgebaut haben. Wir haben eine Erinnerung von »Apfel« und kennen die Konstitutionsregeln, nach denen dieser aufgebaut ist. Nur auf diese Art können wir zu einer bildlichen Vorstellung von »Apfel« in unserem Bewußtsein kommen.

Damit ich aber zu einer Erinnerung an den Aufbau kommen kann, so wird der natürlich denkende Mensch einwenden, muß ich »Apfel« erst kennen, ihn gleichsam wahrgenommen haben – und da lägen die Dinge ja anders, da habe man den realen Apfel ja immerhin vor sich liegen. Aber genau das ist der springende Punkt, antwortet der Phänomenologe: Wir müssen wissen, d. h. gelernt haben, was ein Apfel ist, ansonsten können wir ihn nicht als solchen wahrnehmen oder erkennen.

Betrachten wir also die Wahrnehmung eines Apfels. Die Sinnesdaten dieser Wahrnehmung sind spärlich: Unser Sehsinn übermittelt die Daten rund, grün, kleiner dunkler Stiel. Diese Daten werden in unserem Bewußtsein geordnet und systematisch mit früheren Erfahrungen verglichen. In dem Moment, wo wir begreifen, daß wir es mit einem Apfel zu tun haben, d. h. den passenden Begriff gefunden haben, kommt unsere Intentionalität ins Spiel. Die Intentionalität enthüllt uns eine vielschichtige Bedeutung von »Apfel«, was wir damit tun können, daß Äpfel auf Bäumen wachsen etc.; möglicherweise enthüllt die Intentionalität sogar eine symbolische Ebene, bis hin zum Erkenntnis-Zankapfel im legendären Paradies. Sie verbindet all unser Wissen von »Apfel«. Das alles spielt sich in Bruchteilen von Sekunden in unserem Bewußtsein ab – und nur dort. Selbst die notwendigen Sinnesdaten, seien es Seh-, Tast-, Geruchs- oder Geschmackssinn, werden alle in unserem Bewußtsein erfaßt und zusammengesetzt und bekommen von der Intentionalität konkrete Bedeutung zugewiesen.

Die Naturwissenschaften mit ihrem Objektivitätspostulat wissen, auch durch ihre aufwendige Sinnes- und Gehirnforschung, daß unsere Wahrnehmung ein Produkt unseres Nervensystems ist und die objektive Welt in Wirklichkeit ganz anders vorzustellen sei. Sie vergessen diese Einsicht leider meist gar zu schnell wieder und führen sich im Glauben an eine durch die Versuchsanordnung erreichbare Objektivität selbst ad absurdum. Denn der beste Computer und der modernste Oszillograph, angeschlossen an hochkomplizierte Meßgeräte und Technik, sind völlig wertlos ohne die weiterhin subjektive, bewußte Wahrnehmung eines Menschen. Wie kann bei diesem Sachverhalt jemals wahrhafte Objektivität erreicht werden?

Da die natürliche Denkhaltung also offenbar nicht fundiert ist, entwickelt Husserl eine eigene Methodik der Betrachtung, die der Tatsache Rechnung tragen soll, daß unsere Erkenntnis immer im Bewußtsein konstituiert wird. Die Phänomenologie enthält sich des Urteils über eine als »wirklich« vorgestellte Welt der selbständig existierenden Objekte; sie leugnet diese nicht, sie klammert die Realitätsvorstellung nur ein, stellt sie unter »Quarantäne«. Husserl nennt dieses »sich-enthalten« Epoche (von gr. *epoché* – das Anhalten).[23] Den Vorgang des Ausschaltens aller Vorurteile bezüglich einer Dingwelt jenseits des Bewußtseins, der zur Epoche führt, nennt er phänomenologische Reduktion.

Diese Reduktion, verstanden als Schritt zurück zum Bewußtseinsakt, z. B. einer konkreten Wahrnehmung, erlaubt es nun, das »Wesen« dieser Erkenntnis unvoreingenommen zu betrachten. Husserl verwendet in diesem Zusammenhang den Begriff »Wesensschau«[24] für die phänomenologisch reduzierte Betrachtung der Erkenntnisgegenstände. Die Wesensschau führt uns die reinen Phänomene vor Auge, d. h., wir erschauen die Dinge so, wie sie sich selbst geben, ohne etwas hineinzutun oder wegzunehmen. In der reduzierten Betrachtung geht es um eine reine Beschreibung der Erkenntnisdaten (im Falle der Wahrnehmung: Sinnesdaten) und gerade nicht um synthetische Produkte unseres Intellekts, wie Deutung, Urteil, Denken usw. Die phänomenologische Reduktion gibt uns also den prärationalen Bereich des reinen Schauens zurück, den wohl ein jeder als Kind gekannt hat.

Husserl verwendet des weiteren zwei noch radikalere Reduktionsschritte, die der Vollständigkeit halber erwähnt seien. In der sog. »eidetischen Reduktion« werden alle bildhaften Vorstellungen ausgeklammert, und bei der »transzendentalen Reduktion« handelt es sich um die Ausklammerung jeglicher Transzendenz, sei es nun Gott oder sonst irgend etwas Übersinnliches. Aufgrund des Umfangs der Überlegungen Husserls hierzu wird auf diese Schritte nicht näher eingegangen. Interessierte seien auf die Originalliteratur Husserls verwiesen.[25] Zurück zu unserer Frage nach der Gültigkeit der Regel des Pirschens. Was würde Husserl antworten? Der Privatdozent Paul Janssen schreibt in seinem Buch »Edmund Husserl – Einführung in seine Phänomenologie« hierzu passend:

> *»Was ist uns nach dem Vollzug der transzendentalen Epoche verblieben, fragt Husserl in den ›Ideen I‹ und antwortet: Wir haben die absolute Seinsregion des reinen Bewußtseins übrig behalten. Sie ist die Sphäre des Erlebens im weitesten Sinn (...). Verloren haben wir den unmittelbaren Glauben an die in der natürlichen Einstellung als wirklich geltende Welt – einschließlich unserer eigenen Realität als Menschen in der Welt.«*[26]

Somit schließt sich der Kreis. Die erkenntnistheoretischen Untersuchungen Husserls kommen zu der Schlußfolgerung, daß wir nie absolute Gewißheit über die Welt oder unser eigenes Sein haben können. Die Welt ist und bleibt ein unergründliches Geheimnis und genauso wir selbst. Trotzdem können wir versuchen, diese Geheimnisse zu enträtseln, jedoch nur in dem Sinne der Enträtselung unserer eigenen Bewußtheit und deren Mechanismen.

Mit der Erklärung der Bewußtheit beschäftigt sich übrigens das zweite toltekische System, das Träumen, auf welches wir später noch eingehen werden. Zuerst wollen wir jedoch einige allgemein bedeutsame Parallelen der toltekischen Lehren zur Phänomenologie Husserls untersuchen.

Eine zentrale Technik im toltekischen Wissen ist das sogenannte »Anhalten der Welt«, ein Vorgang, der gleichgesetzt wird mit einem »Anhalten des inneren Dialogs«. Diese Technik ist, laut Don Juan, der Schlüssel zur Welt der Zauberer.[27] Er ist der Ansicht, daß wir unsere normale Wahrnehmung von der Welt nur durch unseren inneren Dialog, durch ein permanentes reflexives

Selbstgespräch in unseren Köpfen aufrechterhalten. Erst wenn dieser dauernde Wörter- und Interpretationsfluß gestoppt wird, können wir die Welt so erkennen, wie sie wirklich ist. Don Juan drückt diesen Sachverhalt so aus:

> *»Wir führen ständig ein inneres Gespräch. (…) Ich will dir sagen, worüber wir mit uns selbst sprechen. Wir sprechen über unsere Welt. Tatsächlich halten wir unsere Welt mit unserem inneren Gespräch aufrecht. (…) Wann immer wir aufhören, mit uns zu sprechen, ist die Welt stets so, wie sie sein sollte. Wir erneuern sie, wir stecken sie mit Leben an, wir halten sie aufrecht mit unserem inneren Gespräch. Und nicht nur das, wir wählen auch unsere Wege, indem wir mit uns selbst sprechen. Aber wir wiederholen dieselbe Wahl immer wieder bis zu dem Tag, an dem wir sterben, weil wir immer und immer wieder, bis zu dem Tag, an dem wir sterben, dasselbe innere Gespräch führen. Ein Krieger ist sich dessen bewußt und bemüht sich, dieses Gespräch einzustellen.«*[28]

Aber wie kann man dem ständigen Kreisen der Gedanken Einhalt gebieten? Der innere Dialog ist nach toltekischer Auffassung im wesentlichen ein Tun. »Tun ist das, was den Stein zu einem Stein und den Busch zu einem Busch macht. (…) Die Welt ist die Welt, weil du weißt, welches Tun erforderlich ist, sie dazu zu machen. Würdest du sie nicht durch Tun zu dem machen, was sie ist, dann wäre die Welt anders«, erklärt Don Juan.[29] Ohne dieses Tun gäbe es nichts Vertrautes in unserer Umwelt. Wir können in dem toltekischen Begriff vom »Tun« unschwer die vorhin beschriebene Intentionalität der natürlichen Denkhaltung wiedererkennen. Denn erst dieses »Tun« verleiht den Gegenständen der Umwelt, ja der Welt selber Bedeutung und Sinn – ein Sachverhalt, der die Intentionalität wesensmäßig auszeichnet und definiert.

Um nun das »Tun des Denkens«, den inneren Dialog, zu stoppen und gleichsam »die Welt anzuhalten«, muß man ein sog. »Nicht-Tun« praktizieren. Das Nicht-Tun ist als wichtige toltekische Technik eines der gebräuchlichsten Mittel, um die Einheit der uns vertrauten Welt zu zerbrechen und um ein Schlupfloch in die eigentliche Welt der Zauberer zu schaffen. Man kann dieses Nicht-Tun grundsätzlich als ein »Handeln bei Umgehung aller Routinen und Vorurteile« definieren.[30] Es ist das Gegenteil unseres gewöhnlichen, routinierten Tuns. In der Anwendung ist es mit seinen zahlreichen Varianten der geeignetste Weg, die Welt anzuhalten.

Wiederum zeigen sich auffallende Parallelen zur Phänomenologie Husserls. Der Prozeß des Nicht-Tuns ähnelt in Grundanliegen und Form stark der phänomenologischen Reduktion, welche ja auch als ein Mittel zur Ausschaltung der Vorurteile der natürlichen Denkhaltung diente. Ergebnis des Reduktionsprozesses war bei Husserl die Epoche, ein Zustand des »Sich-Enthaltens« oder, wörtlich aus dem Griechischen übersetzt: »das Anhalten«.[31] Don Juans »Anhalten der Welt« erweist sich demnach als phänomenologische Epoche im Sinne Husserls. Kein Wunder, daß Castaneda die Phänomenologie als »passenden theoretisch-methodologischen Rahmen« bezeichnet. Sollte Castaneda gar Husserlsches Gedankengut in seine Werke mit eingearbeitet haben, wie böse Zungen vermuten? Oder sind beide Systeme nur folgerichtiger Ausdruck für ein und dieselbe transzendentale Wahrheit?

Fest steht jedenfalls, daß wir noch einige weitere bedeutsame Parallelen zwischen beiden Systemen finden können. Eine davon soll hier noch Erwähnung finden: Don Juan unterscheidet zwischen dem »Schauen« des Durchschnittsmenschen, welches die Dinge nur oberflächlich erfaßt, und dem »Sehen« des Wissenden. Es ist durchgängiges Ziel der Tolteken, »wissend« zu werden, und d. h. für sie »sehen« lernen. Bei diesem »Sehen« wird die Welt nicht als Welt der realen Objekte wahrgenommen, sondern als Welt der »leuchtenden Wesen«, d. h. eine Welt der Wahrnehmung von abstrakten Energiefeldern. Don Juan erklärt seinem Schüler:

»Das Sehen ist natürlich die höchste Vollendung eines Wissenden, und zum Sehen gelangt man nur, wenn man durch die Technik des Nicht-Tuns die Welt angehalten hat.«[32]

Wenn wir die Ausdrücke Juans in diesem Zitat durch Husserlsche Termini ersetzen, kommen wir leicht zu der Schlußfolgerung, daß es sich beim »Sehen« um die Wesensschau der Phänomenologie handeln muß. Die zweite Passage des Zitats wäre dann folgendermaßen zu übersetzen: »Zur Wesensschau gelangt man nur, wenn man durch die Methode der phänomenologischen Reduktion Epoche (Enthaltung) von der natürlichen Weltvorstellung übt.« Ein Satz, der dem Gedankengut Husserls entspricht und aus ihm entwachsen sein könnte. Soweit die Parallelitäten.

Es gibt aber auch bedeutende Unterschiede zwischen den Positionen der Phänomenologie und der toltekischen Lehre. Husserl entdeckt in seiner Wesensschau keine leuchtende Welt der Energiefelder, die die Tolteken in ihrem »Sehen« wahrnehmen. Castaneda sagt treffend über den Unterschied: »Husserl ging nie über das theoretische Niveau hinaus und befaßte sich daher nicht mit dem Menschen in seinem täglichen Leben.«[33]

Man muß ihm hier zustimmen, denn Husserl kämpfte sich bis zu seinem Lebensende durch die verschlungenen Passagen seines umfangreichen Werkes. Er erahnte wohl die tatsächliche Bedeutung seiner gründlichen Analysen der menschlichen Erkenntnis. Husserl sprach häufig von einer »kopernikanischen Wende«[34] in der Wissenschaftsgeschichte. Er war überzeugt, daß seine Phänomenologie den klassischen Naturwissenschaften aus der Krise der Relativität Einsteins und der Unschärferelation Heisenbergs hinaushelfen würde. Er wollte den Wissenschaften ein stabiles erkenntnistheoretisch gesichertes Fundament geben. Historisch gesehen ist dieser Versuch allerdings fehlgeschlagen. Wirkung erzielten Husserls Gedanken lediglich in der Psychologie sowie in der Kunst- und Literaturwissenschaft. Die Naturwissenschaften haben leider, so muß man sagen, gelernt, mit der Unsicherheit ihrer geistigen Fundamente zu leben, und stützen sich – ausgleichsweise – stärker auf wirtschaftliche Machbarkeiten. Dieser Zustand ist maßgeblich verantwortlich für den Mißbrauch der natürlichen Ressourcen der Erde und der Zerstörung der natürlichen Umwelt, die unsere heutige Zeit der geistigen Dekadenz kennzeichnen.

Die toltekische Lehre kann durch ihre praktisch-philosophkische Denkweise einen stärkeren Einfluß ausüben, als Husserl es je vermochte. Dieser Einfluß macht sich bemerkbar im Denken einer neuen Generation, die begonnen hat, aus ihrem Dornröschenschlaf einer wohlbehüteten Industrie- und Konsumgesellschaft aufzuwachen. Vor allem die praktischen Aspekte des Wissens der Tolteken sind geeignet, zu einer umfassenderen Erkenntnis der tatsächlichen Lage des Menschens im Kosmos zu gelangen.

Doch, um bis zu diesem transzendenten Punkt vorzustoßen, gilt es, noch eine Menge Müll an Vorurteilen und vorgefaßten Meinungen aus dem Weg zu räumen. Zu diesem Zweck ist es unumgänglich, näher auf die Entstehungs- und Funktionsweise unserer jetzigen Weltbeschreibung einzugehen. Hier sieht sich das toltekische Wissen in der Tradition eines alten Wissens über die Jagd, was auch im Begriff »Pirschen« zum Ausdruck kommt. Unsere Schwächen und Vorurteile, die auch die Schwächen und Vorurteile unserer Zeit sind, werden zu unserer Beute.[35] Um unsere Schwächen »anzupirschen«, müssen wir jedoch ihre Gewohnheiten kennen und studieren; dann wird es uns kaum schwerfallen, ihnen eine Falle zu stellen und sie in einen symbolischen Käfig zu stecken, ganz ähnlich, wie Husserl die natürliche Denkhaltung in eine Klammer steckte. Dies ist eine zentrale Herausforderung unserer Zeit, unsere Chance, den Status quo unseres eigenen Daseins zu verändern.

1.1 Die Weltbeschreibung

»Es dämmert jetzt vielleicht in fünf, sechs Köpfen, daß Physik auch nur eine Welt-Auslegung und -Zurechtlegung und nicht eine Welt-Erklärung ist.«

Friedrich Nietzsche (1844–1900)[36]

Im letzten Kapitel haben wir gesehen, daß alle menschliche Erkenntnis im Bewußtsein zusammengesetzt wird und daß daher eine wirklich-transzendente Welt nicht wahrgenommen werden kann. Alles von uns erreichbare Sein erweist sich als Bewußtsein, jede Wahrnehmung als ein Bewußtseinskorrelat. Tatsache ist jedoch, daß wir wahrnehmen. Was aber ist das, was wir wahrnehmen, wenn schon nicht eine reale Welt?

Die Tolteken sind der Überzeugung, daß das, was wir wahrnehmen, eine Beschreibung, eine Ansicht der Welt ist.[37] Diese Prämisse der toltekischen Lehren erscheint im Sinne des oben Gesagten als selbstverständlich. Die Weltbeschreibung ist das Produkt eines Lernprozesses, welcher bereits in früher Kindheit beginnt. In »Reise nach Ixtlan« schreibt Castaneda hierzu:

> *»Jeder, der mit einem Kind in Kontakt komme, (...), sei ein Lehrer, der unaufhörlich die Welt erkläre, bis zu dem Augenblick, wo das Kind die Welt so wahrnehmen könne, wie sie ihm erklärt wird. Nach Don Juan haben wir keine Erinnerung an diesen folgenschweren Augenblick, einfach weil wir keinen Bezugsrahmen hatten, in dem wir ihn mit etwas anderem hätten vergleichen können. Doch von diesem Augenblick an ist das Kind Mitglied. Es kennt die Beschreibung der Welt; und es erreicht, glaube ich, die volle*

Mitgliedschaft, wenn es in der Lage ist, alle seine Wahrnehmungen so zu deuten, daß sie mit dieser Beschreibung übereinstimmen und sie dadurch bestätigen.«[38] *Mit anderen Worten: »Wir lernen über alles nachzudenken, und dann üben wir unsere Augen darin, die Dinge so zu sehen, wie wir über sie denken.«*[39]

Dies besagt zum einen, daß wir unsere Weltwahrnehmung, d.h. unser Erkennen der Welt, mit der Weltbeschreibung erlernen. Zum anderen wird diese Beschreibung ständig reflektiert, d.h. dauernd praktisch genutzt und bestätigt. Ohne die permanente Reflexion der Weltbeschreibung könnte unsere Wahrnehmung keine Kontinuität aufweisen. Die Kontinuität der Ereignisse in einer Art Fluß ist ein wesentliches Merkmal der alltäglichen Wahrnehmung.[40]

Doch wie funktioniert diese Weltbeschreibung, was sind ihre Mechanismen? Laut Husserl prägt die Weltbeschreibung idealtypische Bilder der Wahrnehmungsobjekte (Husserl nennt sie »Eidos« = Bild), welche eine Kategorisierung, d.h. eine Unterscheidung bzw. Zuordnung, ermöglichen. So muß z.B. die Unterscheidung »giftig – eßbar«, die offensichtlich unerläßlich für unser Leben ist, im einzelnen erlernt werden. Wir müssen die Merkmale einer giftigen Pflanze kennen, um ihr nicht zum Opfer zu fallen; wir müssen ihr idealtypisches Bild wiedererkennen und es der Kategorie »giftig« zuordnen.[41]

Das idealtypische Bild einer Pflanze, eines Tieres oder eines sonstigen Objekts heißt in der philosophischen Tradition, z.B. bei Kant oder Aristoteles, »Morphe«, d.h. Gestalt. Die toltekische Tradition hat einen ganz ähnlichen Gestaltbegriff.[42] Unsere Weltbeschreibung tradiert ein ganzes Inventarsystem solcher Gestalten, die uns die notwendige Unterscheidung der Dinge erlauben und welche auch die Voraussetzung für ein Sprach- und Begriffssystem sind. So können wir alle die Begriffe Baum, Blume, Schmetterling, Katze, Hund etc. mit einem jeweiligen visuellen Idealbild, Gestaltbild in Verbindung setzen. Ein Kind, das noch nicht Mitglied der Weltbeschreibung ist, benennt erfahrungsgemäß sowohl eine Katze als auch ein Schaf als »Wau-

Wau«. Immerhin hat es durch die ständigen Bemühungen seiner Lehrer schon gelernt, lebende Tiere mit diesem rudimentären Begriff zu bezeichnen.

Ist die Weltbeschreibung erst einmal voll funktionsfähig, wird die Prägung dieses Gestalt-Begriffssystems so fest, daß wir nur noch in den starren Mustern der Beschreibung wahrnehmen sowie denken können. Ein Beispiel zur Verdeutlichung des bislang Gesagten: Wir betrachten einen Baum. Dieser Baum ist ein Unikat, ein Einzelstück, welches in der Welt nicht zweimal vorkommt (im Sinne der Materie, der Energie, der Existenz überhaupt). Und doch rechnen wir dieses Unikat zur Obergattung Baum. Der Durchschnittswahrnehmung bietet ein Baum denselben Anblick wie – wenn nicht gleich alle, so dann doch wie viele – andere Bäume auch. Ein fachkundiger Laie bemerkt vielleicht an der Gestalt der Blätter, daß es sich um eine Eiche handeln muß. Ein Botaniker erkennt an der Gestalt der Früchte sogar, daß es sich um einen Baum der Spezies Stiel-Eiche handelt. Vielleicht bemerkt er noch weitere Details.[43]

Doch in allen diesen Fällen haben wir es mit einer verallgemeinernden Kategorisierung zu tun; jeder hat ein festes, geprägtes Bild für diese Art Baum, ohne das es kein spezialisiertes Erkennen und Zuordnen gäbe. Aber keiner unserer Beobachter sieht die spezielle Existenz dieses Unikats der Schöpfung, diese selbständige lebendige Energie, die das Wesen dieses »Baumes« ausmacht.

Nur wer fähig ist, die Projektionen unseres Wissens über die Welt, unserer Weltbeschreibung, zurückzunehmen, erkennt wirklich die Einmaligkeit des betrachteten Phänomens an. Kleinkinder haben die Fähigkeit des unvoreingenommenen, vorurteilsfreien Schauens, da sie noch nicht der übermächtigen Prägung der Weltbeschreibung unterliegen. Wenn sie einen Gegenstand untersuchen, schauen sie diesen völlig vertieft an, berühren ihn, beißen hinein etc. Sie kümmern sich nicht um einen potentiellen Nutzen des Phänomens noch um einen Zweck ihrer Handlungen. Sie sind ganz in ihre Untersuchungen vertieft, die Augen weit geöffnet und auf das Objekt gerichtet; der Mund steht dabei leicht offen. Die Verhaltensforschung nennt diesen typischen Gesichtsausdruck »Aufmerksamkeitsgesicht«. Dieser ist nicht nur beim Menschen zu beobachten, sondern auch bei den meisten anderen Primaten. Er tritt immer dann auf, wenn etwas Neuartiges, Fremdes oder Verblüffendes wahrgenommen wird.[44]

Testen Sie selbst einmal diesen Gesichtsausdruck; richten Sie Ihren Blick mit weit offenen Augen auf ein beliebiges Objekt Ihrer Umgebung; lassen Sie Ihr Kinn locker herabfallen. Sie werden feststellen, daß man mit diesem Gesichtsausdruck, dem Aufmerksamkeitsgesicht, nicht denken kann. Der innere Dialog, der die Weltbeschreibung aufrechterhält und belebt, wird hierdurch augenblicklich gestoppt. Wie im vorangegangenen Kapitel beschrieben, kommen die Tolteken eben durch dieses Anhalten des inneren Dialogs zu ihrem »Sehen«; so verwundert es nicht, daß La Gorda, eine weitere Schülerin des Don Juan, das »Aufmerksamkeitsgesicht« als Hilfe bei ihrem »Sehen« einsetzt.[45]

Schon solch einfache Techniken können einen ähnlichen Effekt ausüben wie das Nicht-Tun der Tolteken oder die phänomenologische Reduktion Husserls. Die Techniken des Nicht-Tuns, denen zwei spätere Kapitel gewidmet sind, stellen natürlich weit effektivere Möglichkeiten des Anhaltens der Tyrannei der Weltbeschreibung dar. Sie erlauben es, zu der totalen Erfahrung des reinen Betrachtens der Kinder zurückzukehren. Spezifisch angewandt, können die Techniken des Nicht-Tuns eingefahrene Denkweisen und sogar neurotische Verhaltensweisen günstig beeinflussen bzw. beseitigen. Die verschiedenen Richtungen der Meditation bedienen sich im Prinzip ähnlicher Methoden.

Selbst an diesem Punkt wird so mancher noch fragen, warum der innere Dialog überhaupt gestoppt werden sollte; was denn so schlecht sei an unserer Weltbeschreibung. Beides sei doch zweifelsfrei sinnvoll und notwendig.

Die grundsätzliche Notwendigkeit der Weltbeschreibung wird hier auch nicht in Zweifel gezogen, aber sie muß in ihre Schranken verwiesen werden! Sie sollte ständig überprüft und erneuert werden, denn sie steckt voller unhaltbarer Vorurteile, welche sie zu einem Tyrannen über uns und unsere Welt machen. Solche Vorurteile sind z. B., daß »Nachtfalter schädliche Motten seien«, »Spinnen eklig und gefährlich« oder daß »Löwenzahn und Klatschmohn lästige Unkräuter seien«. Diese und ähnliche Vorurteile haben ganze Generationen von verblendeten Menschen (blind durch ihre Weltbeschreibung) dazu gebracht, anderes Leben sinnlos zu vernichten. Und in diesem Wahnsinn ist auch heute noch kein Ende abzusehen. Das geht so weit, daß Menschen andere Menschen mit anderer Hautfarbe, Religion und anderer Ernährungsweise deshalb verdächtigen, verfolgen und töten. Ein heute leider wieder aktuelles Problem. Und solange Toleranz oder Nächstenliebe nur weitere Begriffe in einer völlig verkorksten Weltbeschreibung der Vorurteile und dummen, aber gefährlichen Meinung sind, werden diese immer nur Begriffe bleiben. Eine grundsätzliche Revision der Weltbeschreibung beim einzelnen ist nötig, um in diesen Belangen wirklich, d. h. wirksam, etwas zu verändern. Denn ändert sich die Weltbeschreibung, ändern wir uns und unsere Welt.

Die toltekische Lehre sagt, daß unsere Weltbeschreibung nur eine von vielen möglichen Beschreibungen ist.[46] So lehrt Don Juan seine Schüler die Weltbeschreibung der Zauberer, die andere Muster, Begriffe und Methoden beinhaltet. Die Beschreibung der Zauberer besagt z. B., daß wir mit Pflanzen und Tieren reden können, ja daß Pflanzen und Tiere auch von sich aus mit uns reden. Für einen Zauberer ist die Kommunikation mit einer Pflanze durchaus nichts Ungewöhnliches. Man wird sich natürlich fragen, ob dies tatsächlich möglich sei. Und die Antwort lautet: Es ist möglich – allerdings nur in der Beschreibung der Zauberer, die jedoch nicht mehr oder weniger »real« ist als die Weltbeschreibung des normalen Durchschnittsmenschen.

Naturgemäß dauert es allerdings mehrere Jahre, bis eine Weltbeschreibung funktionsfähig ist, d. h., bis man Mitglied der jeweiligen Übereinkunft ist. Kinder kommen nicht sprechend zur Welt; zum Erlernen einer Sprache, eines Handwerks oder eines sonstigen komplexen Tuns benötigen wir ebenfalls immer eine beträchtliche Zeit, meist mehrere Jahre. Mit drei Jahren können die meisten Kinder einigermaßen sprechen; eine Lehre eines beliebigen Berufes dauert in unseren Landen ebenfalls meist drei Jahre. Dann ist man wenigstens als Geselle anerkannt. Zum Erreichen der vollen Mitgliedschaft oder gar Meisterschaft in irgendeinem Bereich ist eine wesentlich längere Zeit notwendig. Dasselbe gilt für die

Zauberei. Wer glaubt, es genüge, sich über eine Sache zu informieren, um sie zu beherrschen, der irrt. Eine jede Beschreibung benötigt ihre spezifische Lehrzeit; dies gilt um so mehr für eine komplette Weltbeschreibung, sei es die der normalen Welt oder die der Welt der Zauberer.

Das Erlernen der Beschreibung der Zauberer, also die Zauberei, ist jedoch mitnichten das Ziel der Tolteken, es ist lediglich ein Mittel zum Zweck. In diesem Punkt liegt der Autor von »Von Meister Eckardt bis Carlos Castaneda«, Hans E. Ulrich[47], völlig falsch. Er glaubt offenbar tatsächlich, Magie und Zauberei seien zu irgend etwas nütze. Don Juan betont verschiedene Male, daß die eigentliche Zauberei eine Sackgasse, ein Irrweg sei. Das eigentliche Ziel der Tolteken ist die absolute Befreiung von jeglicher Sklaverei an Beschreibungen der Welt, die ja doch niemals die Welt selber sind.

Aber warum lehrt Don Juan dann die Zauberei? Wie gesagt, es ist ein Mittel zum Zweck. Die Weltbeschreibungen sollen gegeneinander ausgespielt werden, um so eine endgültige Befreiung zu erreichen.[48] Die Tolteken schlüpfen zwischen die Beschreibungen, durch den Spalt der Beschreibungslosigkeit, um zu ihrem *Sehen*, ihrer wahren Erkenntnis von der Welt zu gelangen. Diese Redeweise ist natürlich eine Metapher, wie auch die Redeweise von der »anderen Welt« metaphorisch zu verstehen ist. Sie ist das wahrnehmbare Produkt einer anderen Weltbeschreibung, genau wie die normale Welt erst durch die herkömmliche Weltbeschreibung wahrnehmbar wird. Keineswegs aber ist die andere Welt ein tatsächlicher »Ort« im transzendenten Sinne, wie der Autor Hans E. Ulrich zu glauben scheint.

Um solchen Mißverständnissen vorzubeugen, empfiehlt sich hier, ein Beispiel für das Zwischen-die-Beschreibungen-Schlüpfen zu geben: Als andere Weltbeschreibung möge uns hier die Vorstellungswelt der südamerikanischen Aymara-Indianer dienen. Denn nicht nur die Beschreibung der Zauberer eignet sich für eine methodische Gegenüberstellung mit der unseren, sondern auch jede andere Beschreibung eines uns fremden Kulturkreises.[49] Als Objekt nehmen wir die Zeitbeschreibung, die ein wesentlicher Bestandteil einer jeden Weltbeschreibung ist. Edmund Husserl hat dem Phänomen Zeit und Zeitbewußtsein sogar ein eigenes Buch gewidmet, das der zentralen Bedeutung des »inneren Zeitbewußtseins« für die Wahrnehmung des Menschen Rechnung tragen soll. Dem liegt zugrunde, daß jedes Bewußtwerden einem zeitlichen Modus unterliegt, ja daß Bewußtsein immer zeitlich aufgefaßt wird. Husserl redet vom sogenannten »dreifachen Erlebnishorizont«, der die »Retention« (unmittelbare Vergangenheit), das »Nu« (Jetzt) und die »Prätention« (unmittelbare Zukunft) umfaßt, welche zusammen jedes echte Erlebnis wesensmäßig auszeichnen.[50]

Einer meiner Lehrer der Phänomenologie, Dr. Blasche, pflegte zu sagen, die Phänomenologie sei das Entdecken dessen, was immer mitgesagt, aber nicht präsent ist. Genau das will ich jetzt bei Husserls Benennungen der drei Phasen des »Erlebnishorizonts« untersuchen. Die Vorsilbe »re« bei Retention hat die Bedeutung »zurück«, während die Vorsilbe »prä« bei Prätention »vor« bedeutet. In dieser Aussage gibt es also eine eindeutige Richtungsangabe unseres Zeitbewußtseins. Demnach liegt die Vergangenheit »hinter« uns, die Zukunft aber »vor« uns. »Selbstverständlich!« wird der Mitteleuropäer sagen – die Zukunft liegt vorne, die Vergangenheit hinten. Wenn man nach dem »warum« fragt, wird man wohl zur Antwort bekommen, daß dies unserer natürlichen Bewegungsrichtung bei der Fortbewegung entspricht und diese sich im Empfinden der Menschen einprägt. Man stellt sich hierbei wohl vor, daß die Zeit sich auf ganz ähnliche Weise bewege.

Aber »selbstverständlich« ist dies durchaus nicht. Die Aymara- und Quetchua-Indianer, die die größte Anzahl der rezenten Ureinwohner Amerikas ausmachen, sehen die Zeit genau umgekehrt. Sie sagen: Die Zukunft liegt hinter uns, die Vergangenheit vor uns.[51] Dies mag in europäischen Ohren verrückt klingen, aber die Indianer haben interessante Argumente für ihre Überzeugung: Die Vergangenheit ist bekannt, die Zukunft aber immer unbekannt. Nach hinten sehen wir nichts, das »hinter uns« ist uns also unbekannt. Also liegt die Vergangenheit vor uns – sie ist das Bekannte, das Sichtbare. Die Zukunft aber liegt hinter uns – sie ist das Unbekannte, das Unsichtbare.

Dies ist ein prägnanter Unterschied in einer Grundstruktur der Weltbeschreibung, nämlich in der Zeitbeschreibung. Welche weiteren Folgen ein solch grundlegender Unterschied in der Beschreibung nach sich zieht, läßt sich mit ein wenig Phantasie erahnen. Kein Wunder also, wenn uns in Europa die Indianer Südamerikas als Fatalisten erscheinen.

Zurück zu den Tolteken. Was bedeutet nun das Zwischen-die-Beschreibungen-Schlüpfen in unserem Beispielfall obiger Zeitbeschreibungen? Es bedeutet vor allem anderen, daß die Tolteken sich nicht auf eine Zeitbeschreibung festlegen. Sie suchen nach einem abstrakten Verständnis von Zeit, das nicht mehr Beschreibung, sondern Wesenserkenntnis ist. Eine solche Wesenserkenntnis und -bezeichnung muß jedoch den verschiedenen Beschreibungsmöglichkeiten gerecht werden, da diese alle eines gemeinsam haben: ihre Wahrnehmbarkeit. Eine Wesensaussage in diesem Sinne über Zeit im toltekischen Verständnis finden wir im 6. Buch Castanedas. »Wenn Florinda und ihre Gefährten von Zeit sprachen, meinten sie nicht das, was sich mit dem Gang eines Uhrwerks messen läßt. Zeit ist vielmehr das Wesen der Aufmerksamkeit.«[52] Dies ist eine so abstrakte Aussage, daß sie auf beide Zeitbeschreibungen unseres Beispiels zutrifft. Sie deckt sich zudem mit den erkenntnistheoretischen Überlegungen Husserls zum inneren Zeitbewußtsein und wird somit höchsten philosophischen Ansprüchen gerecht.

Des weiteren ist die Beschäftigung der Tolteken mit der Zeit eine praktische Angelegenheit. In der Kunst des Pirschens gibt es eine Übung, die sich »das Drehen des Kopfes« nennt. Das komplizierte Verfahren dieser Übung soll hier nicht geschildert werden, aber folgendes Zitat wirft noch einmal Licht darauf, was es praktisch bedeutet, eine Beschreibung gegen die andere auszuspielen: »Normalerweise sehen wir die Zeit, wie sie hinter uns zurückweicht. Nur die Pirscher können dies umkehren und die Zeit betrachten, wie sie auf uns zukommt. Den Kopf umzudrehen (...) bedeute nicht, daß man in die Zukunft blickt, sondern daß man die Zeit als etwas Konkretes, wiewohl Unbegreifliches ansieht.«[53]

Insofern bedeutet das Zwischen-die-Beschreibungen-Schlüpfen eine praktische Nutzung des Phänomens unter Umgehung des

Sich-Festlegens auf Quasi-Erklärungen der Weltbeschreibungen, die ja doch nichts »erklären«. Diese Vorgehensweise nennen die Tolteken umfassend »Zeuge« sein. Castaneda erklärt das Konzept des Zeugen im Interview mit Graciela Corvalán: »Zeuge sein, das bedeutet, daß man über nichts mehr urteilen kann. Das heißt, es handelt sich um ein ewiges Sehen, was soviel bedeutet wie keine Vorurteile mehr haben.«[54]

Wie ist es jedoch zu diesen »Vorurteilen« gekommen, die nichts anderes als unsere Weltbeschreibung sind – ganz gleich, ob wir aus den Bergen Südamerikas oder aus den Städten Mitteleuropas stammen? Die Frage zielt auf die Entwicklungsgeschichte der Weltbeschreibung, die letztendlich die Entwicklungsgeschichte des Menschen selbst ist. Mit ihr leuchten wir noch einmal die ganze Tragweite der Problematik dieses Kapitels aus.

Don Juan behauptet in diesem Zusammenhang, die Wahrnehmung des Menschen habe sich im Laufe der Geschichte stark verändert. Das Zeitalter der Vernunft und der zugehörigen strengen Weltbeschreibung sei jedoch noch recht jung, und der Mensch habe den größten Teil seiner Geschichte in einem anderen, freieren Zustand verbracht.[55]

Diesen Aussagen kann man auch aus der Sicht der modernen Anthropologie, speziell der Paläoanthropologie voll zustimmen. Der erste bedeutende Schritt der Menschwerdung war der aufrechte Gang. Durch die Bipedie (Zweifüßigkeit) bekamen die Vorfahren des Jetzt-Menschen ihre Hände frei, die sie von nun ab nicht mehr zum Laufen benutzten. Zudem kamen die Hände in den Einflußbereich der Augen, was eine zentral gesteuerte »Handhabung« der Dinge ermöglichte. Der Früh-Mensch lernte, die Dinge in seiner Umgebung zu »erfassen«, zu »begreifen«; und noch heute benutzen wir diese »Begriffe«, die sich eindeutig auf Fähigkeiten der menschlichen Hand beziehen, für den Akt des Verstehens. Weiterhin bedingten die Hände im Blickfeld der Augen eine Selbstreflexion, eine erste Selbsterkenntnis; im philosophischen Sinne einen ersten kognitiven Akt.

Die Paläoanthropologie betont heute, wie stark die Entwicklung der menschlichen Hand mit der Hochentwicklung des Gehirns einherging. Die Hand scheint eine Art katalytische

Funktion auf die Entwicklung des Großhirns ausgeübt zu haben, das nach heutiger Auffassung für Sprache und Verstand zuständig ist. Innerhalb des Entwicklungsprozesses wurde das menschliche Denken immer mehr selbstreflexiv und selbstbezogen. Eine rudimentäre Sprache bildete sich heraus, wobei man annimmt, daß diese zuerst aus Handzeichen und Gesten bestanden hat. Eine solche Sprache kann man heute noch bei archaischen Naturvölkern, z. B. den Buschmännern Afrikas, antreffen. Im Laufe der Zeit brachte der Mensch jedoch auch seine Sprechorgane immer mehr unter Kontrolle, so daß eine Sprache im heutigen Sinne entstehen konnte.[56]

Parallel dazu erlernte der Mensch den Gebrauch und die Herstellung von Werkzeugen. Außerdem lernte er den Umgang mit dem schützenden und wärmenden Feuer kennen und später auch, wie er es selber entfachen konnte. Die Sprache erlaubte es nun, alle diese Fähigkeiten sowie auch die Jagderfahrung zu tradieren. Eine Kultur mit einer eigenen Tradition konnte entstehen.

Doch die Selbstreflexion und das ganze tradierte Tun des Menschen wurde so umfangreich und mannigfaltig, daß sie mit der Zeit den gesamten bewußten Raum auszufüllen begannen. Dieser Vorgang trennte die Kultur von ihrer alten Mutter, der Natur. Die heutige Industriegesellschaft und Konsumkultur ist die rationalistische Übersteigerung dieses schleichenden Entfremdungsprozesses, der damit begann, daß wir die Hände vom Mutterboden nahmen.

Viele Menschen verspüren heute die Sehnsucht, zurückzukehren zum früheren Zustand des unschuldigen Mit-der-Natur-Lebens, anstatt gegen sie zu kämpfen. Aber gleichzeitig regt sich auch die Angst, all das zu verlieren, was der Mensch über Jahrtausende mühevoll abgesteckt und beschrieben hat. Können wir unseren Verstand behalten und zur Natur zurückkehren? Dieses Dilemma harrt weiterhin der Lösung – und wenn es nicht vom einzelnen Menschen gelöst wird, wird es gar nicht gelöst werden.

1.2 Das Tonal und der erste Ring der Kraft

»Die höchste Aufgabe der Bildung ist, sich seines transzendentalen Selbst zu bemächtigen, das Ich seines Ichs zugleich zu sein. (...) Ohne vollendetes Selbstverständnis wird man nie andere wahrhaft verstehen lernen.«

Novalis (1772–1801)[57]

Um das Thema des toltekischen Bezugs zur normalen Realität und zur Welt des Durchschnittsmenschen vorläufig abzuschließen und abzurunden, sollen nun die Kernpunkte der toltekischen Lehren hierzu vorgestellt werden.

Die Themen der vorangegangenen Kapitel »Das Erscheinende« und »Die Weltbeschreibung« sind im Sinne der Tolteken Aspekte ein und derselben ordnenden Instanz, die sie »Tonal« (von toltekisch »tonalli« = erscheinen, sich zeigen, sichtbar sein) nennen. Das Tonal ist der Schöpfer der Weltbeschreibung und gleichzeitig die Beschreibung selbst. Don Juan erläutert es so:

»Das Tonal ist der Organisator der Welt (...). Vielleicht kann man seine gewaltige Arbeit am besten beschreiben, wenn man sagt, daß auf seinen Schultern die Aufgabe ruht, das Chaos der Welt zu ordnen. Es ist nicht zu weit hergeholt, wenn man – wie die Zauberer – behauptet, daß alles, was wir als Menschen wissen und tun, das Werk des Tonal ist. (...) Das Tonal, das ist alles, was wir sind (...). Schau dich um! Alles, wofür wir Wörter haben, ist das Tonal. Und da das Tonal nichts anderes ist als sein eigenes Tun, muß folglich alles in seine Sphäre fallen.«[58]

Das Tonal ist der eine Teil von dem, was Don Juan das »ursprüngliche Paar« oder das »echte Paar« nennt. Der andere Teil wird als »Nagual« bezeichnet. Die toltekische Lehre besagt nun, daß diese beiden Teile zusammen bei der Geburt eines Kindes ihre Existenz aufnehmen. Zusammen bilden sie die ursprüngliche »Ganzheit des Selbst«.[59] Die Tolteken gehen davon aus, daß wir alle von Geburt an diese zwei verschiedenen Arten von Bewußtsein besitzen. Man kann sie sich als Zwillinge vorstellen, von denen der eine – das Tonal – erzogen, belehrt und ausgebildet wird. Der andere Zwilling wird nach der Geburt in den Keller gesperrt und weitgehend vergessen. Es ist der verborgene Teil des Menschen, das Nagual, das sich beim Durchschnittsmenschen allenfalls noch in Träumen äußert. Dieser Teil unseres Gesamt-Selbst wird jedoch Thema eines späteren Kapitels sein.

Zurück zum Tonal. Wir alle sind Tonal. Das Tonal, das ist unser »Ich«, unsere Person, alles, was wir wissen, kennen und erkennen. Denn »meine« Welt, das ist alles, was »ich« weiß, kenne und erkenne; diesen Sachverhalt haben wir bereits in den letzten Kapiteln erläutert. Man kann das Tonal vielleicht am besten in einer Allegorie verstehen. In »Der Ring der Kraft« erläutert Don Juan das Tonal anhand eines Restauranttisches. Die Tischplatte sei eine Insel. Diese Insel sei das Tonal eines Menschen, gleichsam also eine Person. Auf dieser Insel befänden sich alle möglichen Gegenstände, alle Dinge der Welt jener Person. Die Insel ist also gleichsam Welt und Ich. Dies ist das persönliche Tonal.

Eine solch reduzierte Vorstellung der »Welt als Ich« finden wir auch bei Husserl, der durch seinen radikalen Reduktionsschritt der transzendentalen Epoche (ein Sich-Enthalten gegenüber jeglicher Wirklichkeit außerhalb des eigenen Bewußtseins) zum »transzendentalen Ich« und der Vorstellung von der »transzendentalen Subjektivität« gelangt.[60] Die Allegorie vom »Ich als Insel« finden wir auch in der Psychologie, so z. B. bei Sigmund Freud oder C. G. Jung.

Den Tolteken zufolge gibt es aber auch ein kollektives Tonal für alle, das das »Tonal der Zeit« genannt wird. Don Juan weist Castaneda auf die anderen Tische im Restaurant hin. Zwar stehen auf den einzelnen Tischen verschiedene Speisen auf verschiedenen

Tellern, doch alles in allem gleichen sich die Tische doch stark. Genau wie die Tische sich einander ähneln, so ähneln sich auch die persönlichen Tonals, und das aufgrund des gemeinsamen Tonal der Zeit.[61]

Wir werden nämlich nach den Regeln des Tonal der Zeit erzogen und belehrt, wie wir die Gegenstände auf der Insel zu benennen und anzuordnen haben. So gibt es in jedem Tonal die Tendenz, alle Gegenstände der Insel in Paaren zu ordnen. Dies geschieht, laut Don Juan, da das Tonal seine Unvollkommenheit als nur ein Teil des ursprünglichen Paares Tonal-Nagual fühlt und auszugleichen versucht:

> *»Wir fühlen unsere zwei Seiten, aber wir stellen sie uns immer nur anhand von Gegenständen des Tonals vor. So sagen wir, daß unsere zwei Seiten Körper und Seele sind. Oder Geist und Materie. Oder Gut und Böse, Gott und Satan. Aber nie erkennen wir, daß wir nur Gegenstände unserer Insel zu Paaren zusammenfassen, ganz ähnlich wie wenn wir Kaffee und Tee, Brot und Tortillas, Chilli und Senf paarweise bezeichnen.«*[62]

Für einen Europäer, der durch sein Tonal der Zeit auf Urteilen und Werten getrimmt ist, mag die Relativität einer dualistischen Wertung, die sich aus dieser Aussage ergibt, kaum zu ertragen sein. All die Wertungsmaßstäbe positiv-negativ, gut-böse etc. fallen auseinander, aus ihren vorgeprägten Mustern, und werden wieder zu dem, was sie schon immer waren: selbständige, unabhängige Gegenstände unseres Tonal, unserer Weltbeschreibung. Für das indianische Tonal der Zeit ist das nicht ganz so fremd. Die Aymara kennen ein »Gesetz der relativen Wertung«: »In der Einheit des Seins gibt es keine Werturteile. Wenn wir etwas als ›gut‹ oder ›schlecht‹ beurteilen, sollten wir uns der Relativität einer solchen Wertung bewußt sein.«[63]

So empfiehlt Don Juan seinen Schülern, andere Menschen immer als Tonal zu betrachten, weil man dann den anderen weder moralisch verurteilen noch aus Mitleid entschuldigen kann. Jemanden als Tonal zu betrachten bedeutet zu beurteilen, ohne zu verurteilen oder zu entschuldigen. Verurteilen kann man nicht, da man sich selbst der Relativität eines solchen Vorgehens bewußt ist, und entschuldigen kann man nicht, weil der andere selbst die Macht über sein Tonal hat, d. h. sich selbst in seine jeweilige Lage gebracht hat. Wir finden hier also die typische Haltung des Zeugen.

Wenn wir von der Macht sprechen, die einer über das eigene Tonal hat, so muß man sich bewußt sein, daß es hier das Tonal ist, das auf sich selber einwirkt. Diese Macht ist so zu verstehen, daß wir die Möglichkeit haben, die Fassade unserer Insel des Tonal zu verändern. Wir können in Don Juans Tisch-Allegorie die Gegenstände auf dem Tisch beliebig an- und umordnen. Es ist zwar im Falle des Tonal nicht möglich, etwas hinzuzutun oder wegzunehmen, aber durch die Umordnung innerhalb des Tonal verändern wir uns selbst und mithin unsere Lebensumstände. Allerdings verändert der Durchschnittsmensch die Fassade seines Tonal so gut wie nie. Nur in seltenen Fällen, wenn widrige Umstände wie Krankheit, Krieg oder andere schicksalhafte Bedingungen ihn dazu zwingen, ändert er sein Denken, seine Lebensweise – nur um des nackten Überlebens willen. Im Normalfall baut sich die einmal erlernte Beschreibung und Anordnung jedoch zu einem kleinkarierten, despotischen Ich auf, welches durch seinen monotonen inneren Dialog seine eigenen Strukturen verfestigt, bis diese völlig verhärtet und unabänderlich sind. Die Psychologie spricht in diesem Zusammenhang bezeichnenderweise vom »Ichkomplex«.

Die Tolteken hingegen ändern die Fassade ihres Tonal willentlich, um es auf strategisch sinnvolle Weise neu zu ordnen. Mittel zu dieser »Transformation der Insel des Tonal« sind die Techniken der Kunst des Pirschens, das Nicht-Tun und nicht zuletzt das Anhalten des inneren Dialogs. Hiermit können schlechte Gewohnheiten, Vorurteile, etc. in den Hintergrund der Insel verbannt werden, wo sie als ungenutztes Inventar verbleiben können. Andere Dinge werden in den Vordergrund geholt – Dinge, die wir schon immer kannten, aber selten genutzt haben. Alles mögliche könnte das sein. Maßstab für die Transformation ist hierbei für die Tolteken das »Tun der Strategie« und der »Weg mit Herz«.

Das Konzept vom »Tun der Strategie«[64] geht davon aus, daß das Tonal im wesentlichen ein Inventar, eine Bestandsliste von

Dingen und Verhaltensweisen seiner selbst ist. Ganz oben im Inventar stehen die Posten, die die meiste Energie verbrauchen. Normalerweise sind dies Verhaltensweisen mit einem geringen tatsächlichen Überlebenswert. Die Tolteken sind der Überzeugung, daß bei fast allen Menschen der Eigendünkel, die eigene Wichtigkeit in ihren mannigfaltigen Formen und Verkleidungen die Nummer 1 im Inventar ist. Sie sind jedoch bemüht, das zu verändern und andere Verhaltensweisen an die Stelle des Eigendünkels zu setzen, wie etwa die Kontrolle des eigenen Verhaltens oder Selbstdisziplin. Techniken zum Erreichen solcher Veränderungen, wie z. B. das »Nicht-Tun der eigenen Wichtigkeit«, werden wir in Teil II ausführlich erläutern.

Das Konzept vom »Weg mit Herz« geht davon aus, daß die Dinge auf der Fassade des Tonal Schilde gegen die unkontrollierbaren Angriffe unseres verrückten Zwillings, des Nagual, sind. Das ganze Tun des Durchschnittsmenschen ist laut Don Juan ein solcher Schild gegen die Kräfte, welche im eigentlichen Sinn zu unserem Gesamt-Selbst gehören, die wir jedoch im Laufe unserer Entwicklung von uns abgespalten haben. Da die Tolteken den Kontakt mit diesen Kräften bewußt suchen, müssen sie besondere Schilde haben, die sie zum einen nicht blockieren, die aber zur Stelle sind, wenn sie sie brauchen. Sie benötigen daher eine Anzahl ausgewählter Dinge und Verhaltensweisen, die ihnen Frieden und Freude geben, um die Gedanken von Furcht und Zweifel abzulenken.

> *»Diese ständige Entscheidung, dem Weg mit Herz zu folgen, ist es, was den Krieger vom Durchschnittsmenschen unterscheidet. Er weiß, daß er sich auf dem Weg mit Herz befindet, wenn er eins mit ihm ist, wenn er auf seinem Weg Frieden und Freude findet. Die Dinge, die ein Krieger zu seinen Schilden wählt, sind die Dinge eines Weges mit Herz.«*[65]

Das Tun der Strategie ist ein eher rationaler Maßstab der Transformation des Tonal, während der Weg mit Herz ein sehr individueller, vom Empfinden des einzelnen abhängiger Maßstab der Veränderung ist. Es sind aber vor allem freie Maßstäbe, die die Tolteken nicht zu irgendeinem Tun zwingen; ein wichtiger Aspekt, der die toltekischen Lehren von den ganzen »Heilslehren« unterscheidet, die in fest bestimmten, dogmatisierten Schritten ihre Schüler führen und verführen.

Ein weiteres Ziel der Tolteken ist die Harmonisierung innerhalb des persönlichen Tonal. Dieses hat nämlich, vereinfacht ausgedrückt, zwei Seiten: Die Oberfläche oder Fassade der Insel ist unser Handeln und Tun. Das innere Tonal hingegen ist der für Urteil und Entscheidung zuständige Teil. In einem »korrekten Tonal«[66] sind diese beiden Seiten im Gleichgewicht, d. h., sie harmonieren vollkommen miteinander. Das bedeutet konkret, daß ein korrektes Tonal nach seinen Entscheidungen handelt und das tut, was es für richtig hält. Wenn wir Entscheidungen treffen, sollten wir danach handeln, und wenn wir eine Wahrheit oder einen Sachverhalt begriffen haben, dann sollten wir auch versuchen, dies praktisch in unserem Leben zu berücksichtigen. Das bedeutet für die Tolteken »Harmonie im Tonal«.

Alles andere bedeutet Ungleichgewicht bzw. auch Kampf im eigenen Tonal, im eigenen Ich. »Ich« bin nicht zufrieden mit »mir«, weil »ich« nicht gemacht habe, was »ich« »mir« vorgenommen hatte – auch das ist Kampf im Tonal. Und wie Don Juan sagt: »Ein Kampf im Tonal selbst ist eines der sinnlosesten Gefechte, die ich mir vorstellen kann.«[67]

Wie oben erwähnt, hat der toltekische Ich-Begriff, das Tonal, durchaus Ähnlichkeit mit Husserls »transzendentalem Ich«. Zudem ähnelt die toltekische Sicht den Vorstellungen der analytischen Psychologie C. G. Jungs vom »Ich-Komplex«. Die Parallelen dieser Theorien des Ichs gehen bis ins Detail. Es wäre jedoch ein Unterfangen, das den Umfang dieser Arbeit sprengen würde, auf alle Einzelheiten einzugehen. Der interessierte Leser sei deshalb auf die Originalliteratur der analytischen Psychologie verwiesen.[68]

Es wird jedenfalls offensichtlich, daß wir es hier nicht mit einer primitiven Ich-Vorstellung zu tun haben, sondern mit einer komplexen und zudem erkenntnistheoretisch abgesicherten Theorie. Die toltekische Philosophie vom Ich ist zudem durchgehend auf praktische Überprüfung und Nutzung des Wissens über das Tonal eingestellt; ein Wesenszug, der der modernen Philosophie weitgehend fehlt. Es ist wohl nicht zu weit gegriffen, wenn man behauptet, daß die toltekische Lehre als ein Musterbeispiel einer praktischen Philosophie gelten kann. Wir werden das auch im weiteren zeigen.

Zur Vervollständigung der theoretischen Überlegungen der toltekischen Sicht des Themas Tonal/normale Realität muß noch der »erste Ring der Kraft« vorgestellt werden. Er wird auch »erste Aufmerksamkeit« oder »Aufmerksamkeit für das Tonal« genannt. Durch diesen Kraftring nehmen wir unsere alltägliche Welt wahr, verleihen ihr Sinn und Wirklichkeit. Don Juan bemerkt dazu:

> *»Dieser Ring, der sich schließt, bald nachdem wir geboren sind, ist die Vernunft – und ihr Begleiter das Sprechen. Gemeinsam hecken die beiden die Welt aus und halten sie in Schwung. Die Welt (...) ist also im Grunde eine Welt, geschaffen durch eine Beschreibung und ihre dogmatischen, unumstößlichen Regeln, welche die Vernunft zu akzeptieren und zu verteidigen lernt.«*[69]

Das Prinzip des Verleihens von Sinn und Wirklichkeit durch Funktionen unseres Bewußtseins haben wir bereits als »Intentionalität« kennengelernt. Den zugehörigen Mechanismus der Weltbeschreibung haben wir ebenfalls eingehend erläutert. Beides ist aufs engste mit dem ersten Ring der Kraft verbunden, der sich grafisch wie folgt darstellen läßt (s. Abb. 1).

Die Vernunft ist das Zentrum des Kraftrings, sozusagen die Warte, aus der wir auf die Welt des Tonal blicken. Sie verwaltet die Regeln, nach denen wir die Welt begreifen und erkennen.

Das Sprechen ist eine Art Satellit, der um das Zentrum der Vernunft kreist. Dies symbolisiert das Kreisen unseres inneren Dialogs um die vernünftige Erklärung der Welt, die ein Werk der Sprache ist. Vernunft und Sprechen sind direkt miteinander verbunden; sie funktionieren nur gemeinsam. Die Vernunft ordnet die Sprache – die Sprache ist einziges Ausdrucksmittel der Regeln der Vernunft. Die Verbindung von Sprechen und Vernunft symbolisiert mithin den Prozeß des Verstehens.[70]

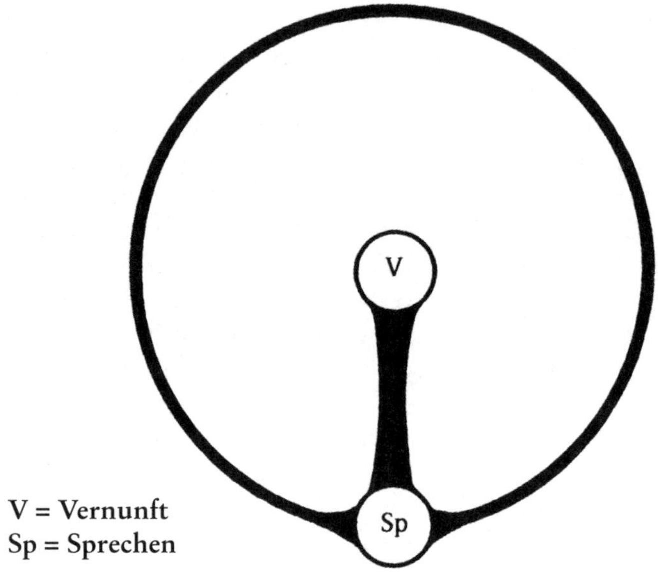

Abb. 1: Der erste Ring der Kraft – oder Aufmerksamkeit für das Tonal

Durch dieses System halten wir also unsere vernünftige Welt in Gang. Würden wir das nicht tun, dann könnte man nicht einmal diese Zeilen lesen, da sie keinen Sinn ergäben. Es gehört eben mehr dazu, um zu einer erkennenden Wahrnehmung und zum vernünftigen Denken zu kommen, als einfach nur die Augen zu öffnen. Wir müssen all dies lernen.

Ein Säugling z. B., der ja auch ein kompletter Mensch ist, kann mit all den Dingen, die wir für selbstverständlich halten, gar nichts anfangen; das dürfen wir nicht vergessen. Philosophie wie auch toltekische Lehre zeigen, daß die menschliche Erkenntnis durchaus nicht so selbstverständlich und einfach ist, wie wir das alle gerne hätten. Es ist ein ungeheurer Aufwand nötig, um aus einem Neugeborenen einen denkenden Menschen zu machen. Die Lehrzeit beginnt bei den Eltern eines Kindes, gefolgt von der ganzen Maschinerie moderner Schulen, Ausbildungsstätten und Universitäten. Und all das, was wir da lernen, füllt unsere Bewußtheit auf, es besetzt sie ganz und gar, ganz ähnlich wie die Gegenstände und Abfälle unserer Zivilisation die Erde zu überschwemmen drohen.

Die historischen Leistungen der Vernunft sollen hier nicht geschmälert werden, aber sie muß sich grundsätzlicher Kritik gegenüber offen zeigen. Sie muß außerdem in ihre tatsächlichen Schranken verwiesen werden. So sagen die Tolteken z. B. erkenntnistheoretisch richtig, »daß die Vernunft lediglich eine äußere Ordnung reflektiert und daß die Vernunft nichts über diese Ordnung weiß. (...) Die Vernunft kann nur die Wirkungen des Tonal erleben, aber niemals könnte sie es verstehen oder entschlüsseln. Die bloße Tatsache, daß wir denken und sprechen, weist auf eine Ordnung hin, die wir einhalten, ohne je zu wissen, daß wir es tun oder was diese Ordnung eigentlich ist.«[71]

Hier schließt sich der Kreis abermals, denn wir sind wieder bei der Erkenntnis angelangt, daß die Welt ein unergründliches Geheimnis ist und auch bleiben wird. Das erste Gebot der Regel des Pirschens ist selbst-evident. Wir haben zwar einiges über das »Wie« des Erkennens der normalen Wirklichkeit enträtselt, d. h., wir haben Mechanismen der Erkenntnis aufgedeckt; aber das »Was« des Erkennens, die Welt in ihrem transzendenten Sinne haben wir nicht erreichen können. Die »Welt an sich« ist und bleibt ein einziges Wunder, ein Anlaß zu ehrfürchtigem Staunen. Zumal das Tonal, unser Ich und unsere alltägliche Wahrnehmung, sterblich sind. »Das Tonal beginnt mit der Geburt und endet mit dem Tod«[72]; wir alle wissen das, obwohl viele diesen Sachverhalt verdrängen wollen. Dabei könnte uns gerade die Einsicht in unsere eigene Sterblichkeit die Tore zu anderen Erfahrungen und Wirklichkeiten öffnen, die eben nicht der natürlichen Beschränktheit der Vernunft unterliegen. Dieses und ähnliche Themen werden uns in den nächsten Kapiteln beschäftigen.

2

Das Verborgene – Carlos Castaneda und C. G. Jung

»Zwischen es träumte mir und ich träumte liegen die Weltalter. Aber was ist wahrer? So wenig die Geister den Traum senden, so wenig ist es das Ich, das träumt.«
Theodor W. Adorno (1903–1969)[73]

Das zweite große System der toltekischen Lehren, die Kunst des Träumens, geht von der Prämisse aus, daß wir alle von Geburt an zwei Arten von Bewußtheit besitzen. Die eine Art, das Tonal, haben wir eben kennengelernt. Es ist die einem jeden wohlbekannte Ich-Bewußtheit, durch die wir in der Alltagswelt handeln und funktionieren.

Die andere Art Bewußtheit nennen die Tolteken »Nagual« (von tolt. »nahualli« = sich verbergen, maskieren). Für den Bereich des Nagual gibt es keine Worte und Begriffe, denn es ist für das Ich, das Tonal, völlig unzugänglich. Wir können nur die Wirkungen des Nagual erleben, weshalb es am ehesten als »Kraft« zu verstehen ist. In der Allegorie vom Tonal als Insel ist das Nagual das Meer, das die Insel umgibt.

Nach toltekischer Überzeugung besitzen wir Menschen spezielle Auffassungsfunktionen, die es uns ermöglichen, das Nagual und seine Welt wahrzunehmen, ganz ähnlich wie Sprechen und Vernunft es ermöglichen, die Welt des Tonal wahrzunehmen. Eine dieser Funktionen für das Nagual ist das »Träumen«. Das toltekische »Träumen« ist jedoch nicht identisch mit den normalen nächtlichen Träumen, noch hat es etwas mit Tagträumen oder

Wunschvorstellungen zu tun. Es ist ein praktisches System zur bewußten Kontrolle der eigenen Handlungen im Traumgeschehen. Die Technik hierzu wird später geschildert werden.

Zuerst aber wollen wir wieder die Prämisse des toltekischen Lehrsystems auf ihre Richtigkeit hin untersuchen. Die Frage muß also lauten: Gibt es einen anderen autonomen Teil des Menschen, der ungleich der bekannten Ich-Bewußtheit ist und dieser quasi antipodisch gegenübersteht? Diese Grundfrage prägte auch die Geschichte der modernen Psychologie des 20. Jahrhunderts.

Sigmund Freud gilt zu Recht als Vater der modernen Psychotherapie und Psychoanalyse. Die Triebtheorie, die alle seelischen Vorgänge auf sexuelle Motivationen zurückführte, und das Entdecken und Erforschen der überragenden Bedeutung der subliminalen, unbewußten Psyche waren wohl seine größten Verdienste.

Die unbewußte Psyche äußerte sich seiner Ansicht nach in den Träumen. Freud ging von der These aus, daß im Bereich des »Unbewußten« das vom Ich verdrängte Erlebnismaterial verbleibt, um von dort aus auf autonome Weise wieder an die Oberfläche des Bewußtseins zu drängen. Damit lieferte Freud ein Modell zum Verständnis der psychischen Prozesse, das vor allem die Entstehung von Neurosen erklären konnte, jenen Verhaltensanomalien, welche die Betroffenen nicht bewußt zu steuern fähig sind. Es erklärte aber auch jenseits der Psychopathologie die prinzipielle Möglichkeit einer späteren Verarbeitung von psychischen Traumata, die aktuell nur verdrängt werden, aber später durch Träume und bewußte Beschäftigung mit den Trauminhalten »verarbeitet« werden können.

Das Seelische, das bei Freud weitgehend mit einem als zur betreffenden Person gehörigen Unbewußten gleichgesetzt war, hatte in diesem Sinne für ihn die Bedeutung einer Art »Pufferzone« oder gar einer psychischen »Müllhalde« für die vom Ich verdrängten, vorwiegend sexuellen Bewußtseinsinhalte.[74]

Der Schweizer Psychologe Carl Gustav Jung (1875–1961), anfänglich ein Schüler Freuds, entwickelte aufgrund seiner praktischen Erfahrungen als Psychiater ein komplexes System zum besseren Verständnis des Psychischen, das die offensichtlichen Freudschen Mängel nicht enthalten sollte. Er relativierte die bei Freud überragende, wenn nicht gar ausschließliche sexuelle Orientierung der unbewußten psychischen Prozesse und erschloß ein vielschichtigeres Modell des »Unbewußten«. So unterschied Jung zwischen dem individuell erworbenen »persönlichen Unbewußten« und einem ererbten, allgemeinmenschlichen »kollektiven Unbewußten«. Die bei Freud als rein sexuell aufgefaßte Triebkraft der Seele, die Libido, faßte Jung auf neue Weise auf. In seiner Sicht hat die psychische Energie – neben dem sexuellen Aspekt – mannigfaltige andere Ausdrucksformen.

Die analytische oder komplexe Psychologie C. G. Jungs hat mit ihrer Idee vom Unbewußten als einem dem Ich komplementären, autonomen Sein eine große Ähnlichkeit mit der toltekischen Lehre vom Tonal und Nagual. Sie soll im folgenden als Vergleichsbasis für die Untersuchung der toltekischen Lehre vom »Träumen« dienen. Jungs Psychologie ist geradezu prädestiniert für ein solches Unterfangen, nicht zuletzt auch weil der Traum an sich in deren Fachbereich fällt. Jung analysierte in seinem Leben mehr als 80 000 Träume seiner Patienten und kam so zu seinen Schlußfolgerungen über die Grundstrukturen des Psychischen.

Aber auch Jung stand vor dem Problem, seine Thesen wissenschaftlich absichern zu müssen. Kann man überhaupt von einem autonomen psychischen Teil reden? Die normale Auffassung der meisten modernen Menschen geht dahin, Psyche mit Bewußtsein, dem »geistigen Innenleben« des Ichs zu identifizieren. Auch viele psychologische Theorien der Moderne tendieren zu dieser naiven Auffassung. Gibt es also eine dem Ich unbewußte, selbständig handelnde Psyche, wie Jung sie postuliert? Er selbst beantwortete diese Frage folgendermaßen:

> *»Diese Auffassung ist empirisch durchaus berechtigt, denn nicht nur auf primitiver Stufe, sondern auch beim Kulturmenschen erweist sich das Psychische als Objektives, das unserer Bewußtseinswillkür im hohen Maße entzogen ist. So können wir zum Beispiel die meisten Emotionen nicht unterdrücken, wir können eine schlechte Laune nicht in eine gute verwandeln, wir können Träume weder bestellen noch*

abbestellen. (...) Wir lieben es bloß, uns mit dem Gedanken zu schmeicheln, daß wir Herr im eigenen Haus seien. In Wirklichkeit sind wir in einem unheimlichen Maße darauf angewiesen, daß unser unbewußtes Psychisches von sich aus richtig funktioniert und uns gegebenenfalls nicht im Stich läßt. (...) Angesichts dieser Sachlage ist es durchaus begreiflich, daß die alte Anschauung von der Seele als etwas Selbständigem, nicht nur bloß Objektivem, sondern direkt gefährlich Willkürlichem ihre Berechtigung hat.«[75]

Das heißt, es gibt tatsächlich eine Instanz in oder an uns selbst, die dem Ich unbewußt ist, aber autonom handelt. Diese Instanz, die die Tolteken Nagual nennen, kann selbst unter normalen Bedingungen die Kontrolle über sämtliche körperlichen Vorgänge ubernehmen, dıe üblicherweise dem Ich unterstellt sind. Man denke nur an das Beispiel des Schlafwandelns, das bei Kindern und Jugendlichen zu Beginn der Pubertät recht häufig ist. Der betreffende Mensch liegt schlafend auf dem Bett und auch sein bewußtes Ich ist eingeschlafen. Plötzlich steht er auf, als wäre er wach, und geht umher, handelt und spricht sogar häufig kurze Sätze mit anderen Personen. Das Ich Bewußtsein des Betreffenden schläft aber weiterhin. Es wird keine Erinnerung an die Vorgänge und Handlungen in diesem Zustand haben, weil es nicht beteiligt ist. Eine andere, autonome Kraft hat vorübergehend die Herrschaft über den Körper übernommen. Das Schlafwandeln ist allerdings keineswegs ein Besessensein von irgendwelchen Geistern; es ist ein anderer Teil unseres Gesamt-Selbst, der selbst eine Art von Bewußtheit besitzt, die kurzfristig die Kontrolle übernimmt. So sieht die Psychologie im »Somnabulismus« keine krankhafte Störung. Es ist vielmehr ein wundersamer Zustand, der uns die ursprüngliche Macht des Unbewußten, des Nagual, offenbart.

Wir können also davon ausgehen, daß es jenen geheimnisvollen Teil des Menschen wirklich gibt, von dem das Ich nichts weiß oder wissen will. Die Prämisse des zweiten toltekischen Systems kann also als gesichert angesehen werden. Bevor wir aber näher auf unser Thema Traum/Träumen eingehen, muß ein geläufiger

Irrtum in der üblichen Betrachtung der Psychologie Jungs ausgeräumt werden. Nämlich, daß das Unbewußte selbst »unbewußt« ist. Durch den Begriff des »Unbewußten« ist dieser Irrtum recht naheliegend. Das Unbewußte ist aber seiner selbst nicht unbedingt unbewußt, es enthält vielmehr eine eigene Art der Bewußtheit, die aber im Normalfall nicht-reflexiver Natur ist. Sie dürfte der Bewußtheit der Vorfahren der Jetztmenschen sehr nahe kommen. Es muß klar sein, daß das Unbewußte deshalb »unbewußt« genannt wird, weil es dem Ich, dem Normalbewußtsein, verborgen ist. Jung sagt selbst: »Das Unbewußte nimmt wahr, hat Absichten und Ahnungen, fühlt und denkt ähnlich wie das Bewußtsein. Wir wissen dies zur Genüge aus den Erfahrungen der Psychopathologie und der Erforschung der Traumfunktion.«[76]

Die Funktion der Träume ist nach tiefenpsychologischer Ansicht kompensatorischer Natur. Kompensation ist, wie Jung in seinem Aufsatz »Vom Wesen der Träume« sagt, »eine Gegeneinanderhaltung und Vergleichung verschiedener Daten und Standpunkte, wodurch ein Ausgleich oder eine Berichtigung entsteht.«[77] Der Traum stellt also eine Art Brücke der Verständigung zwischen Unbewußtem und dem Bewußtsein dar, über die das Unbewußte seine Meinung zur bewußten Einstellung des Träumers abgibt. Die Deutung der Botschaften, die über die Brücke des Traumes zum Ich gelangen, fällt diesem meist schwer, da das Unbewußte seine eigene Bilder- und Symbolsprache spricht. Selbst erfahrene Psychoanalytiker haben oft Schwierigkeiten, da das Symbol-Bedeutungssystem durchaus nicht einheitlich ist.[78]

Auch die Tolteken haben erkannt, daß die Träume eine Brücke, eine natürliche Verbindung zwischen den beiden Seiten der menschlichen Bewußtheit darstellen. Nur, sie kümmern sich nicht um die Traumdeutung. Don Juan meint in »Reise nach Ixtlan« einfach, dies sei zu umständlich. Sie haben eine spezielle Art zu träumen entwickelt, die sie die »Kunst des Träumens« nennen. Don Juan bezeichnet das »Träumen« als die »Methode des Sich-der-Kraft-zugänglich-Machens«.[79] Normalerweise ist die Traumbrükke nur in der Richtung vom Unbewußten zum Bewußtsein, vom Nagual zum Tonal befahren. Die Tolteken gehen den umgekehrten Weg. Sie gehen mit voller Bewußtheit selbst über die Traumbrücke hin zur Kraft, zum Nagual, zum Unbewußten. Aber wie haben wir uns das in der Praxis vorzustellen?

Der zentrale Unterschied zwischen den normalen Träumen und dem »Träumen« der Tolteken liegt in der bewußten Kontrolle der eigenen Handlungen im Traumgeschehen. Bei der Übung des Träumens beginnt man damit, in einem beliebigen Traum auf die Hände zu sehen.[80] Damit sind natürlich die Hände des Traumkörpers und nicht die des physischen Körpers gemeint. Dieses Auf-die-Hände-Sehen bringt ein gewisses Maß an Reflexivität mit sich, so daß man sich bewußt werden kann, im Traum zu sein. Dieser »Trick« funktioniert nach vielfachen eigenen Erfahrungen tatsächlich. Er stellt außerdem eine genaue Wiederholung vom Entstehungsakt der reflexiven Ich-Bewußtheit dar, welchen wir in Kapitel 1.1 im Zusammenhang von Hand-Sprache-Vernunft diskutierten.

Das Erstaunen ist meist groß, wenn der Träumer erkennt, daß er zugleich völlig bewußt und doch nicht in seinem normalen Körper ist. Er nimmt eine real anmutende Traumwelt wahr und einen neuen Körper, den sogenannten »Traumkörper«. Von den Händen dieses Traumkörpers läßt man den Blick auf die Gegenstände der umgebenden Traumwelt schweifen. Das ist der erste Schritt beim Erlernen der Kunst des Träumens. Durch Übung wird diese Technik perfektioniert, bis der Träumer eine geraume Zeit bewußt in der Traumwelt zu verweilen versteht. Im weiteren entwickeln die Tolteken durch ihr kontrolliertes »Träumen« eine Art Parallel-Existenz zum normalen Selbst, den sogenannten Doppelgänger, der auch als »anderes Selbst« bezeichnet wird.

Die europäische Traumforschung bemüht sich in den letzten Jahren stärker um diese bewußte Art des Träumens, welche sie »Klarträumen« oder »luzides Träumen« nennt.[81] Diese Forscher haben die Tür zum »Träumen«, zur »Traumzeit« zwar geöffnet, doch sie scheinen nicht recht zu wissen, was sie da gefunden haben oder wozu es dient. Immerhin, sie machen ihre ersten Schritte in einem Neuland des Bewußtseins – und solche Bemühungen sind durchaus zu begrüßen. Andererseits gibt es in esoterischen Kreisen auch sektenartige Gruppierungen, die sich der Techniken des »Träumens« bedienen, um ihre Anhänger an sich zu binden[82]; solche Umtriebe halte ich für mehr als bedenklich, vor allem, da eine solche Vorgehensweise der ernsthaften Beschäftigung mit dem »Träumen« nicht dienlich sein kann.

Den Tolteken geht es bei ihrer Übung des Träumens um den Gewinn von neuen Erkenntnissen. Hier wird man vielleicht einwenden, daß es doch unmöglich sei, aus einem Phantasiegebilde, einem Traum, Erkenntnisse zu beziehen. Aber ist der Traum tatsächlich ein Phantasiegebilde? Wir konstruieren ihn nicht willkürlich, noch können wir den Gefühlsinhalt eines Traumes bestimmen.

Die Phänomenologie Husserls hält den Traum für eine der Wahrnehmung gleichgestellte Auffassungsfunktion. Die Einbildung, zu der auch die Phantasie gehört, zeichnet sich laut Husserl durch wechselnde Zeitmodi aus, d. h. wir phantasieren immer in die Zukunft oder in die Vergangenheit. Eine Phantasie wird nicht im »hier und jetzt« empfunden, sondern als »da und dann«. Eine Wahrnehmung findet aber immer im Jetzt-Modus statt, genauso aber auch der Traum.[83] Es gibt noch weitere phänomenologische Indizien für die prinzipielle Gleichheit von Traum und Wahrnehmung, die hier aber aus Gründen des Umfangs nicht ausgeführt oder erörtert werden können.

Speziell in der analytischen Psychologie ist man sich der erkenntnisträchtigen Funktion des Traumes bewußt. So schreibt Jung: »Die Wertschätzung der unbewußten Psyche als Erkenntnisquelle ist keineswegs so illusionär, wie unser westlicher Rationalismus es haben möchte.«[84]

Bei den Naturvölkern ist der Wert der Träume schon immer hoch angesetzt worden. Den zivilisierten Menschen führt vor allem sein Denken vom Traum als »inneres« Erlebnis in die Irre. Er denkt, Träume hätten keinen Realitätswert, da sie ja im Gehirn zusammengesetzt und somit ein inneres Produkt, eine Phantasie wären. Er vergißt allzu leicht, daß dies auch für seine Wahrnehmung und all sein übriges Erkennen gilt, das ja auch »bloß« in seinem Gehirn zusammengesetzt wird.

Was für den Traum an sich gilt, muß um so mehr für das bewußte »Träumen« gelten. Denn dort entwickeln die Träumer durch die Kontrolle ihres Traumkörpers ein erlebendes Subjekt in einer realen Traumwelt – ein Gegenstück zum Ich in der normalen

Welt. Jung erahnt die prinzipielle Möglichkeit eines solchen Doppelgängers, des »anderen Selbst« der toltekischen Lehren:

»Wenn das Unbewußte alles enthalten kann, was als Funktion des Bewußtseins bekannt ist, so drängt sich die Möglichkeit auf, daß es am Ende, wie das Bewußtsein, sogar ein Subjekt, eine Art Ich besitzt.«[85]

Jung bleibt aber, anders als die Tolteken, nur bei Ahnungen von den Möglichkeiten, die sich dadurch für unsere Erkenntnis auftun könnten. Er vermutet, »daß ein neben dem Bewußtsein existierendes zweites psychisches System (...) insofern von absolut revolutionierender Bedeutung ist, als dadurch unser Weltbild von Grunde auf verändert werden könnte. Vermöchten wir allein nur die Perzeptionen, die in einem zweiten psychischen System stattfinden, in das Ich-Bewußtsein überzuleiten, so wäre damit die Möglichkeit unerhörter Erweiterungen des Weltbildes gegeben. (...), denn wenn man am Subjekt des Wahrnehmens und Erkennens eine so grundlegende Veränderung wie die einer ungleichen Verdoppelung vollzieht, so muß ein Weltbild, das vom bisherigen verschieden ist, entstehen.«[86]

Die Tolteken erleben genau diese Doppelexistenz von Tonal – normalem Selbst, normale Welt – und Nagual, dem anderen Selbst und der anderen Welt. Die erlebte reale Traumwelt mit ihrem Subjekt – dem Traumkörper – steht ständig der realen Normalwelt des physischen Körpers gegenüber.

Im Lauf einer dreitausendjährigen Praxis haben die Tolteken ein Weltbild entwickelt, das ihren umfassenden Erkenntnissen über die menschliche Natur entsprach. So erzählt Don Juan in »Das Feuer von Innen« die Geschichte der Erforschung der Möglichkeiten der menschlichen Bewußtheit durch die toltekischen Seher der Vergangenheit. Durch ihr »Träumen« wurde jenen Tolteken ein neues Beschreibungsmodell der Welt offenbar, welches im Folgenden geschildert werden soll.

Die Tolteken beschreiben den Kosmos als eine unendliche Ansammlung von Energiefeldern. Diese gleichen dünnen Lichtfasern und strahlen aus der Urquelle alles Seienden, welche symbolisch der »Adler« genannt wird. Deshalb werden diese Energiefelder auch als »Emanationen des Adlers« bezeichnet.

Der Mensch besteht, genau wie jedes andere Lebewesen, aus einer unendlichen Zahl solcher faserförmiger Emanationen. Sie bilden ein abgeschlossenes Agglomerat, das sich als Lichtkugel von der jeweiligen Körpergröße des betreffenden Lebewesens darstellt. Der Mensch gleicht einem großen leuchtenden Ei.

Nur ein winziges Spektrum von Energiefeldern wird im Inneren der Kugel beleuchtet, und zwar von einem intensiv leuchtenden Punkt, der sich an der Oberfläche der Kugel befindet. Dieser Punkt, genannt »Montagepunkt«, bestimmt, welche Energiefelder das betreffende Lebewesen als seine Welt wahrnimmt. Er beleuchtet die Emanationen in seiner unmittelbaren Umgebung und macht sie somit wahrnehmbar. Diese Darstellung ist leicht vereinfacht, trifft aber im wesentlichen die Kerne der toltekischen Lehren über die Bewußtheit.[87] Zum besseren Verständnis des eben Gesagten sind in Abb. 2 (nächste Seite) das leuchtende Ei des Menschen sowie seine wesentlichen Regionen grafisch dargestellt.

Bei der Wachbewußtheit ist der Montagepunkt immer an der Schale der Kugel fixiert, an einer Stelle, die erst erlernt werden muß. Diese Stelle wird bestimmt durch die Region, wo die Artgenossen bzw. Mitmenschen ihren Montagepunkt fixiert halten. Das Einhalten dieser eng umgrenzten Region kann buchstäblich als »Normalität« verstanden werden.

Im Schlaf rutscht der Montagepunkt auf natürliche Weise in das leuchtende Ei hinein, wodurch Energiefelder im Inneren der Kugel erhellt werden, die normalerweise ungenutzt sind. So entstehen die Träume, die Wahrnehmung einer separaten Traumwelt. Auch Drogen, schwere Krankheiten, Fieber, Hunger oder traumatische Zustände können eine solche Verschiebung des Montagepunkts hervorrufen. Bei jeder Verschiebung wird eine andere Welt montiert, d. h. durch den Montagepunkt zur Wahrnehmung ausgewählt; ganz gleich, wie wir diese Wahrnehmung interpretieren (z. B. als »Halluzination« oder »Phantasie«).

Zu »träumen« bedeutet nun, den Montagepunkt an einer ungewohnten Position im leuchtenden Ei zu fixieren. Beim normalen Traum befindet sich der Montagepunkt in ständiger Bewegung, weshalb sich die Traumbilder ständig wandeln: Personen verwandeln sich in andere, die Landschaft verändert sich oder wird von

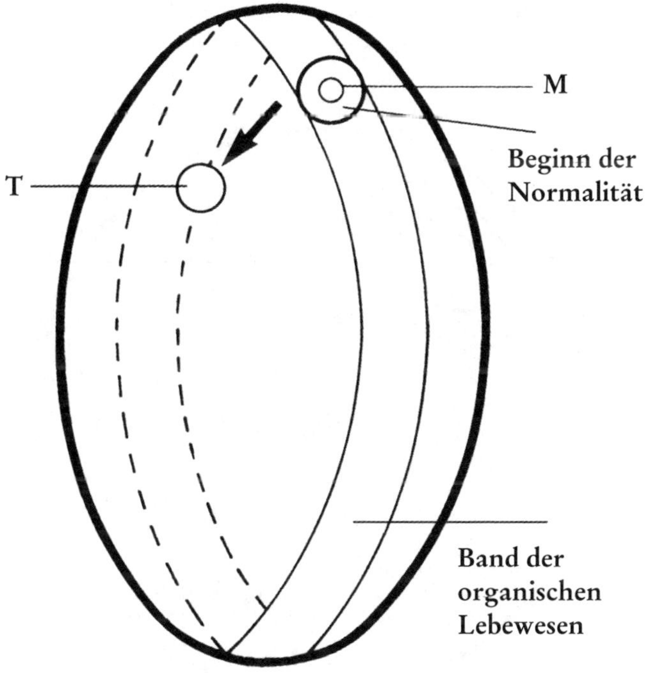

Abb. 2: Toltekisches Modell der Bewußtheit – oder »leuchtendes Ei« und »Montagepunkt«. M = Montagepunkt, gewöhnliche Position = Ich-Bewußtsein – T = Traumposition des Montagepunkts (Bsp.) = Traumbewußtsein = natürliche Traumverschiebung des Montagepunkts

anderen Bildern überlagert etc. Der Leser wird diese Phänomene aus eigener Erfahrung kennen. Wenn der Montagepunkt allerdings im leuchtenden Ei fixiert wird wie beim toltekischen Träumen, verändert sich die Szenerie des Traumes nicht mehr, sondern wird als feste, in sich geschlossene Welt wahrgenommen.[88]

Diese Weltbeschreibung mutet natürlich fremd an. Aber C. G. Jung ist durch seine Forschungen zur Traumfunktion und zum Wesen des Psychischen zu einem ganz ähnlichen Modell des Bewußtseins und der Psyche gekommen:

»Die Psyche ist mit einer Kugel zu vergleichen, die auf ihrer Oberfläche ein helles Feld (A) hat, welches das Bewußtsein darstellt. Das Ego ist das Zentrum des Feldes (bewußt ist etwas nur dann, wenn ›ich‹ es weiß). Das Selbst ist der Kern und gleichzeitig die ganze Kugel (B); seine Regulationsvorgänge erzeugen die Träume.«[89]

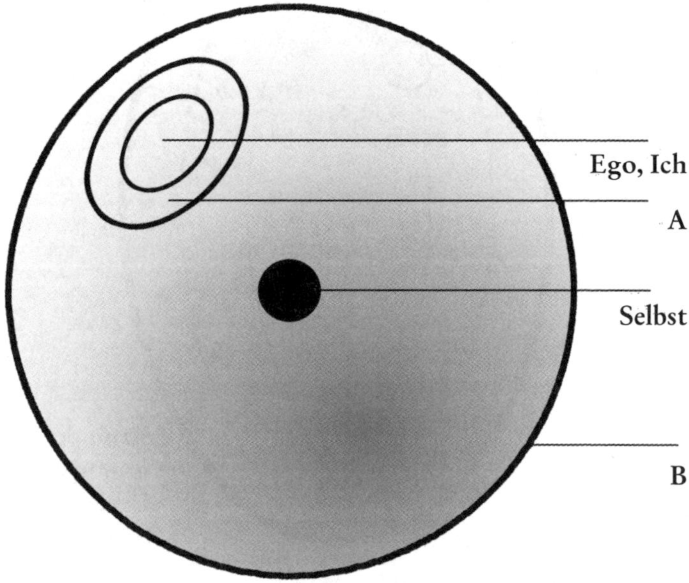

Abb. 3: Jungs Modell der Psyche (nach M. L. von Franz[90])

Bemerkenswert ist, daß sowohl Jung als auch die Tolteken durch die Erforschung der Träume zu ihren Modellen kamen. Die Ähnlichkeit beider Konzepte ist so offensichtlich, daß man sich fragen könnte, wer denn nun von wem abgeschrieben habe. Wir glauben aber, daß gar kein Plagiat vorliegt. Die Modelle sind vielmehr so etwas wie zwei separate Fingerabdrücke ein und desselben Wesens, das die Tolteken als Nagual bezeichnen und das Jung das Unbewußte nennt. Das Wesen zu den zwei Benennungen, gleichsam der Finger zu den Abdrücken, bleibt beiden Modellen unfaßbar. Sie stellen es jedoch wiedererkennbar dar. In direkten Kontakt mit dieser Kraft, die im eigentlichen Sinne zu uns selbst gehört oder sogar unser »Selbst« ist, kommen jedoch nur die Praktiker, die »Träumer« in ihrem bewußten, kontrollierten Träumen.

2.1 Traum, Tod und Transzendenz

»Die Träume sind für den Psychologen höchstwichtig – auch für den Historiker der Menschheiten. Die Träume haben viel zur Kultur und Bildung der Menschheit beigetragen – daher, mit Recht, das ehemalige, große Ansehen der Träume.«

Novalis (1772–1801)[91]

Im letzten Kapitel haben wir gesehen, daß es tatsächlich einen zweiten autonomen Teil des Menschen gibt, der dem Ich gemeinhin verborgen ist. C. G. Jung bezeichnete diesen Teil treffend als das Unbewußte. Die Tolteken nennen es Nagual, was frei übersetzt »das Verborgene«, »das Maskierte« heißt. Die Träume haben eine vermittelnde Funktion zwischen dem Unbewußten/Nagual und dem Ich-Bewußten/Tonal. Sie sind eine Art Vehikel, das die Wahrnehmung zwischen den beiden Arten der Bewußtheit und den zugehörigen Welten hin und her transportieren kann. Das bedeutet, daß der Traum an sich eine Brükke zwischen der Welt des Alltags, des Ichs und der anderen Welt der Zauberer darstellt.

Wir wollen nun auf verschiedene Aspekte des Phänomens Traum/Traumbewußtheit eingehen, um die tatsächliche Bedeutung dieses Themas auszuleuchten. Die naturwissenschaftliche Traumforschung hat gezeigt, daß die Traumfunktion eine stammesgeschichtlich sehr alte Erscheinung ist. Auch Katzen und Hunde, Schafe und Affen träumen ähnlich wie wir Menschen. Sogar bei einem sehr alten Säugetiergeschlecht, den Opossums, konnten Traumaktivitäten festgestellt werden. Man kann daraus schließen, daß die Traumfunktion einige hundert Millionen Jahre alt ist.[92]

Man darf also annehmen, daß die Träume die Vorfahren des Menschen schon lange begleiteten, lange bevor Sprache und Vernunft ihre ersten bescheidenen Schritte machten. Bei den Naturvölkern, den sogenannten »Primitiven«, ist die Ich-Vorstellung nicht so fest wie beim rationalistischen Abendländer – aber bei ihnen spielt der Traum meist eine um so wichtigere Rolle. So sind auch heute noch einige australische Eingeborenenstämme der Überzeugung, daß die »Traumzeit« die wirkliche Welt darstellt und die für uns normale Realität nur eine Scheinwelt ist.[93]

Bevor wir aber nun näher auf die Bedeutung des Traumes in der Menschheitsgeschichte und bei den Natur- und Kulturvölkern eingehen, soll noch einmal auf die grundsätzliche Notwendigkeit der Träume hingewiesen werden.

Die naturwissenschaftliche Forschung unterscheidet zwei verschiedene Arten von Schlaf: den traumlosen orthodoxen Schlaf, auch Tiefschlaf genannt, und den paradoxen Schlaf, den eigentlichen Traumschlaf. Die biochemische Forschung hat in diesem Zusammenhang festgestellt, daß die Träume offensichtlich lebensnotwendig sind. Tiere, denen man den Traumschlaf entzog, die aber ansonsten ausreichend schlafen durften, starben nach durchschnittlich 20 Tagen. Menschliche Versuchspersonen zeigten nach spätestens 14-tägigem Traumentzug auffällige psychische Veränderungen und Stoffwechselstörungen, die so gravierend waren, daß die Experimente abgebrochen werden mußten.[94] Das Träumen stellt also eine lebenswichtige Funktion dar, wie etwa Stoffwechsel oder Atmung; oder, wie die Biochemie vermutet, eine Teilfunktion dieser Haupt-Lebensfunktionen. Jedenfalls sind Träume nicht nur »Schäume«, wie uns das Sprichwort weismachen will. Jeder Mensch hat mehrere Träume pro Nacht, auch wenn er sich nicht daran erinnert oder erinnern will. Sie haben insgesamt eine Dauer von mindestens 90 Minuten, der einzelne Traum dauert zwischen 3 und 55 Minuten.[95] Unberücksichtigt bleiben die Inhalte der Träume, deren Bedeutung aber durch die Arbeit der analytischen Psychologie hinreichend dargestellt wurde.

Alle alten Natur- und Kulturvölker hatten ein großes Interesse an den Träumen, und das aus demselben Grunde wie die Tolteken.

Die Träume dienen als direkte Erkenntnisquelle; sie vermitteln das Wissen jenes anderen Teils des Menschen, der – wie bereits erwähnt – häufig mit der Seele identifiziert wird. Jung sagt darüber: »Daß die alte Anschauung der Seele höheres, ja göttliches Wissen zutraut, ist in Anbetracht des Umstandes, daß alte Kulturen, zurück bis in die Primitivität, Träume und Visionen stets als Erkenntnisquelle benützt haben, wohl zu verstehen. Tatsächlich verfügt das Unbewußte über subliminale Wahrnehmungen, deren Reichweite ans Wunderbare grenzt. In Anerkennung dieses Umstands werden auf primitiver Stufe die Träume und Visionen als wichtige Informationsquellen benützt, und über dieser Psychologie sind mächtige, uralte Kulturen, wie die indische und die chinesische, entstanden, welche beide den inneren Erkenntnisweg, philosophisch und praktisch, bis ins Feinste ausgebildet haben.«[96] In die Reihe dieser alten, mächtigen Kulturen dürfen wir sicher auch die ägyptische und nicht zuletzt auch die toltekische einordnen. Denn sie besitzen einen praktisch-philosophischen Erkenntnisweg, wie C. G. Jung ihn beschreibt.

Schauen wir uns jedoch zuerst die Bedeutung des Traumes bei den Naturvölkern an, da hier die grundsätzlichen Prinzipien der Beschäftigung mit dem Phänomen in besonders reiner Form vorkommen. Vielzitiertes Beispiel in diesem Sinne sind die Vorstellungen der Naskapi-Indianer der Halbinsel Labrador. Sowohl die ethnologische[97] als auch die analytisch-psychologische[98] Traumforschung bezieht sich auf diesen typischen Fall des Traumkultes bei einem archaischen Jägervolk. So schreibt die Jung-Schülerin Marie-Luise von Franz über die Naskapi:

> *»Diese Waldjäger leben so einsam in kleinen Familiengruppen, daß sie keine Stammesbräuche und religiöse Anschauungen oder Riten entwickeln konnten. Daher verlassen sich die Naskapi-Jäger nur auf ihre inneren unbewußten Eingebungen und Träume. Sie lehren, daß die Seele des Menschen nichts anderes sei als ein innerer Gefährte, den sie als mein Freund oder als* Mista'peo = großer Mann *bezeichnen. Er wohnt im Herzen des einzelnen und ist unsterblich. Diejenigen Naskapi, welche auf ihre Träume eingehen und ihren*

verborgenen Sinn zu deuten versuchen und dessen Wahrheit ausprobieren, können in eine tiefere Verbindung mit dem ›großen Mann‹ treten. Er begünstigt solche Leute und schickt ihnen mehr oder bessere Träume. Neben dieser Hauptverpflichtung des Individuums, den Anweisungen seiner Träume zu folgen, besteht eine weitere Pflicht: die Träume durch Kunstdarstellungen zu verewigen. (...) Die Träume geben somit den Naskapi eine vollständige Orientierung, auch in Beziehung zur äußeren Natur, das heißt zu Jagdmöglichkeiten, Wetter und anderen Umständen, von denen sie abhängen.«[99]

Der Ethnologe Meinhard Schuster berichtet, daß die Naskapi-Jäger vor der Jagd einen Jagdtraum haben müssen, um z. B. den einzuschlagenden Weg, der zum Jagderfolg führt, zu kennen.[100] Nicht nur, daß diese Methode offensichtlich funktioniert – was durch die seit Jahrhunderten belegte Existenz der Naskapi in einer unwirtlichen Umgebung ausreichend belegt sein dürfte –, sie sehen in der Kopplung von Jagdtraum und Jagderfolg im ersteren den wichtigeren Teil des Gesamt-Ereignisses. Schuster sagt über die Naskapi, »daß ohne den entsprechenden Traum kaum Jagderfolg zu erwarten ist, nach dem Traumsieg aber der konkrete Schuß nur den minder schweren, gewissermaßen selbstverständlichen Vollzug des Traumes auf der körperlichen Ebene der Dinge darstellt.«[101]

Für die Naskapi stellt der Traum also eine direkt nutzbare Funktion ihres Bewußtseins dar, d. h. sie benutzen ihr Traumwissen auf eine so selbstverständliche Art zum Gewinnen von Information über ihre Umwelt, wie die abendländischen Menschen zum gleichen Zweck ihre Vernunft einsetzen.

In diesem Material über den Naskapi-Traumkult sind viele wesentliche Merkmale der typischen Betrachtung des Traumes bei den alten Natur- und Kulturvölkern enthalten, von denen im Folgenden einige vergleichend herausgearbeitet werden sollen.

Der Große Mann der Naskapi stellt sich als Erfinder und Lenker der Träume dar. Er ist eine Personifikation der »Traumseele«, die häufig auch als »Freiseele« bezeichnet wird, da sie den Körper des Träumers zeitweise verlassen kann, ohne daß der Tod eintritt. Sie ist zu unterscheiden von der »Atem-« oder »Lebensseele«, die ständig an den physischen Körper gebunden ist und ohne die dieser nicht weiterleben könnte. Eine solche Unterscheidung finden wir laut Schuster bei Natur- und Kulturvölkern überall auf der Erde.[102]

Was die Konzeption der Seele anbelangt, ist die abendländische monistische Auffassung arm an Ausdrucksformen für diesen Bereich. Die Naturvölker unterscheiden häufig verschiedene Seelen, oft fünf verschiedene für ein und dieselbe physische Person. Die grobe Trennung von zwei verschiedenen Seelen des Menschen scheint aber allgemein verbreitet zu sein. Der Hinduismus unterscheidet zwischen der »goldenen Seele« (Lebensseele) und der »silbernen Seele« (Traumseele). Im Traum verläßt die silberne Seele den Körper und nimmt in ihren Träumen andere Orte der Welt oder gar andere Welten wahr. Die Aymara-Indianer trennen zwischen der »großen Seele« (Lebensseele) und der »kleinen Seele« (Traumseele). Diese Vorstellung deckt sich weitgehend mit der des Hinduismus. Die Traumseele ist demnach während ihrer Reise durch ein dünnes »Lichtband« mit der Lebensseele verknüpft, das sich beliebig dehnen läßt. An diesem Band zieht sich die Traumseele nach Beendigung ihrer Reise zurück zur Lebensseele und dem physischen Körper.[103]

Die altägyptischen Seelenlehren unterscheiden mindestens drei seelische Aspekte: den »Ka«, den »ach« und den »bai«. Der Ka ist das Prinzip der Lebenskraft und kann daher am ehesten mit der Lebensseele in Verbindung gebracht werden. Der ach steht damit scheinbar eng in Verbindung. Die eigentliche Traumseele in der altägyptischen Vorstellung ist jedoch der bai. Er wird in alten Darstellungen als Vogel mit menschlichem Kopf gezeigt. Er trägt daher den Beinamen »Seelenvogel«. In Knaurs Lexikon der ägyptischen Kultur lesen wir über den bai: »Wenn man bai auf eine einfache Formel bringen will, so ist es die herumschweifende Seele eines Lebewesens, die imstande ist, irgendwelche Handlungen auszuführen.«[104]

In der toltekischen Terminologie entspricht die Traumseele dem »Traumkörper« oder »Doppelgänger«. Dieser kann vom

Träumer jedoch nicht nur im Schlaf benutzt werden, er kann auch – bei einiger Übung des Träumers – im Wachzustand vom Körper und dem leuchtenden Ei (Lebensseele) abgespalten werden und auch selbständig handeln.

Die Vorstellung einer selbständigen Traumseele ist offenbar weit verbreitet. Als allgemein dürfte auch die Vorstellung von der Unsterblichkeit dieses Wesensteils gelten, wie wir es bereits von den Naskapi erfahren haben. So wurde auch die bai-Seele von den alten Ägyptern als unsterblich angesehen. Ihr Totenkult kreiste um diese Vorstellung. Die Pyramiden und Grabanlagen hatten daher an ihrer Ostseite einen symbolischen Ein- oder Ausgang, oft in Form einer aufgemalten Tür. An diesen Türen finden sich auch meist Abbildungen des Seelenvogels, der die *bai*-Seele symbolisiert. Auch die Mumifizierung des physischen Körpers sowie das symbolische Loch im Deckel des Sarkophags dienten dem Kult des unsterblichen bais. All diese Vorkehrungen sollten es dem bai ermöglichen, nach Belieben umherzuschweifen und auch zum Körper als Ruhestätte und Ausgangsbasis zurückzukehren.[105]

Aber nicht nur die Kulte der Naturvölker und der alten Kulturen gehen von der Unsterblichkeit der Seele aus. Auf dieser Vorstellung basieren ja auch die heutigen großen Weltreligionen, wie Buddhismus, Islam oder Christentum. C. G. Jung sagt über die Seelenvorstellung: »Wenn es keinen Raum hat, so hat es keinen Körper. Körper sterben, aber Unsichtbares, Unräumliches, kann es verschwinden?«[106]

Auch die toltekische Lehre geht von der Unsterblichkeit des Nagual aus: »Das Tonal beginnt mit der Geburt und endet mit dem Tod, aber das Nagual endet niemals. Das Nagual ist grenzenlos.«[107] Auf der Seite des Nagual spielt der Tod keine Rolle. Wir können zwar im Traum ein Todeserlebnis haben und auf verschiedene Weise sterben, aber es hat keine Bedeutung – wir träumen einfach weiter oder wachen auf.

Das Ich, unsere Person und unser physischer Körper, ist der sterbliche Teil unseres Gesamt-Selbst. Das Rätsel des Todes hat den Menschen schon seit Anbeginn der Zeiten beschäftigt, und erste nachweisliche Kulthandlungen der Urmenschen waren erste rituelle Bestattungen. Dieser frühe Totenkult zeugt bereits von der Vorstellung des Weiterlebens eines Teils des Menschen nach dem physischen Tod. Als Nachweis für diese Vorstellung bei den Urmenschen gilt im allgemeinen das Vorhandensein von Grabbeigaben wie Nahrung, Kleidung und Waffen etc., die der Tote auf seiner Reise in die als jenseitig vorgestellte Geisterwelt benötigen würde.

Ein weiteres Indiz für das Vorhandensein der Idee vom »Leben nach dem Tod« ist die Bestattung der Toten mit dem Kopf in Richtung Osten, in Richtung Sonnenaufgang. Der Osten symbolisiert die Wiedergeburt des Verstorbenen. Dieser Vorstellung liegt der Sonnenmythos zugrunde: Die Sonne stirbt am Ende des Tages im Westen (Sonnenuntergang) und wird wiedergeboren im Osten, im Sonnenaufgang. Einen ähnlichen Weg, so dachten die frühen Menschen, würde auch der Verstorbene nehmen. Diese Vorstellungen sind auch heute noch bei vielen Naturvölkern erhalten geblieben, so z. B. bei den Hopi- und Zuñi-Indianern. Die Zeit des Todeszustands ist in diesem Sonnenmythos die Nacht, die Zeit des Schlafes und der Träume. Die Verbindung von Schlaf und Tod ist auch in unserer heutigen Zeit unterschwellig präsent, wenn wir z. B. von einem frisch Verstorbenen sagen, er sei »entschlafen«.

Der Mythos vom zyklischen Werden und Vergehen der Sonne reicht m. E. jedoch nicht aus, um die Entstehung der Idee vom ewigen Leben der Seele bei den Urmenschen zu erklären. Er ist vielmehr bereits eine mythische Ausformung dieser Idee. Die Paläoanthropologie vertritt eine sehr interessante These zur Entstehung der Vorstellung vom ewigen Leben[108], die im Folgenden erläutert wird.

Der Mensch der Vorzeit lebte in kleinen Hordenverbänden, die gemeinsam jagten und lagerten. Die Hordenmitglieder waren auf die enge Verbindung untereinander angewiesen. Wenn nun ein Mitglied dieser engen Gemeinschaft starb, muß das den Vorzeitmenschen stark beeindruckt, ja verwundert haben. Der Körper des Toten sah aus, als schliefe er – aber er atmete nicht mehr. Der Tod zerriß die vertraute Gemeinschaft der Horde. Dennoch war die Verbindung der Hordenmitglieder zum Toten – auch nach der

Bestattung – nicht gänzlich abgerissen. Die Lebenden sprachen ja weiterhin im Traum mit ihren Verstorbenen. Der Traum stellte die Gemeinschaft wieder her, die Toten waren wieder präsent: Sie jagten im Traum zusammen mit den Lebenden, saßen gemeinsam am Lagerfeuer etc.[109] So entwickelte sich nicht nur die natürliche Auffassung von der unsterblichen Traumseele und dem Leben nach dem Tod, sondern auch die Auffassung von der absoluten Priorität der Traumwirklichkeit, wie wir sie bei den Naskapi kennengelernt haben.

Die australischen Aborigines teilen ebenfalls die Ansicht von der absoluten Priorität der Traumwirklichkeit, der sogenannten »Traumzeit«, die sie mit der mythischen Urzeit identifizieren.

Die Aborigines leben auch heute noch auf Steinzeitstufe; sie haben ihre archaische Lebensweise über die letzten 40 000 Jahre weitgehend unverändert beibehalten, soweit die Abkömmlinge Europas sie nicht zerstört haben. Der Traumkult der Aborigines geht so weit, daß die Männer, die Vater werden wollen, ihre zukünftigen Kinder erst träumen müssen. Der künftige Vater muß sich dazu an den heiligen Ort seiner Sippe begeben, an den »Ort, wo die Kinder geträumt werden«. Der Ethnologe Schuster schreibt über den Brauch, ein Kind zu träumen: »(...) dessen geistiger Wesensteil kann also nur gewonnen werden, wo die Vorfahren präsent und als ›Geistkinder‹ präexistent sind. Dorthin wird das Neugeborene auch seinerseits nach dem Tode zurükkehren. Träumte der Vater nicht, so wäre der biologische Zeugungsakt ohne Wirkung – eine Auskunft, die bei manchen frühen europäischen Beobachtern zu der törichten Meinung führte, den einheimischen Australiern sei der Zusammenhang zwischen Zeugung und Geburt unbekannt. Bekannt war er schon, aber er wurde nicht als genügend erachtet für die Geburt eines Menschenwesens: Die Seele des Kindes mußte an einem jenseitigen Orte erlangt werden.«[110]

Ähnliche Sitten sind bei den Indianern Nordamerikas verbreitet. Bei den Ojibwa-Indianern hat der zukünftige Vater die Pflicht, den Namen seines Kindes vor der Zeugung zu träumen. Stellt sich der entsprechende Traum nicht ein, so kann er einen guten Freund bitten, den Namen für ihn zu träumen.[111]

Wir haben es bei all diesen Phänomenen offenbar nicht nur mit einem Einzelfall zu tun, den man beliebig als skurrile Anschauung eines primitiven Volkes abtun könnte. Vielmehr ist die Vorstellung von der unsterblichen Traumseele des Menschen ein allgemeines Kulturgut, eine uralte Erbschaft. Diese Traumseele wird in Verbindung gebracht mit Geburt und Tod des Menschen, sie beinhaltet also ein Moment der Transzendenz, ein Überschreiten der Grenzen vom Diesseits zum Jenseits oder umgekehrt. Es ist diese sinngebende Transzendenz, die die Menschen in den Natur- und Kulturvölkern schon immer in ihren Träumen gesucht haben. Sie benötigen diese jenseitige »Bescheinigung« als geistige Daseinsberechtigung. Derselbe Sinn steckt in den Worten von Jesus: »Was aus dem Fleisch geboren ist, ist Fleisch; was aus dem Geist geboren ist, ist Geist. Wundere dich nicht darüber, daß ich zu dir sagte, ihr müßt von oben her geboren werden.«[112] Die Daseinsberechtigung eines geistigen, seelischen Prinzips kann nämlich nicht einfach aus der Stofflichkeit der Dinge abgeleitet werden, auch wenn der materialistische Zeitgeist uns das vorgaukeln will.

Für die nordamerikanischen Indianer sind Träume und Visionen aus solchen Gründen der Transzendenz von einer großen Bedeutung, die sich aus der Perspektive des rationalistischen Abendländers kaum ermessen läßt. So müssen die Jungen bei den Sioux zuerst eine spezielle Vision, einen Traum erlangen, um in die Männergesellschaft aufgenommen zu werden. Dazu müssen sie mehrere Tage allein in einer Visionsgrube ohne Wasser und Nahrung ausharren und auf ihre Vision, ihren Traum warten. Wenn sich dieser dann endlich einstellt, ist der junge Sioux kein Kind mehr, sondern ein voll akzeptierter Mann. Der Traum, den er hatte, bestimmt von diesem Moment an sein ganzes Leben. Er entscheidet darüber, ob er ein Medizinmann, ein Krieger, ein Kräuterheiler oder ein Clown wird.[113] So gibt der Initiationstraum den Sioux eine vollständige Orientierung über ihr Leben – wie sie es gestalten, was sie damit anfangen sollen. Und diese Orientierung ist nichts Erdachtes, willkürlich Geplantes – sie entstammt jener transzendenten Welt, aus der die Seele ursprünglich stammt und zu der sie nach dem Tode zurückkehren wird.

Verlassen wir nun den sakralen Bereich der Transzendenz von Geburt, Tod und Initiation und wenden wir uns einem letzten Punkt der Betrachtung des Phänomens Traum/Träumen zu: der pragmatischen Nutzbarkeit der Träume, die wir bereits am Beispiel des Naskapi-Jagdtraums kennengelernt haben. Die Naskapi träumen ihre Jagd, bevor sie tatsächlich auf die Pirsch gehen, um durch ihren Traum die dazu notwendigen Informationen zu erhalten.

Für die Tolteken ist dies eine gebräuchliche Vorgehensweise. So beschreibt La Gorda in »Der zweite Ring der Kraft« eine Traumübung dieser Art, die sie unter Anleitung von Don Juan ausführen mußte. Sie sollte einen besonderen Gegenstand finden, der genau in ihren Nabel paßt. Diesen sollte sie im »Träumen« suchen und dann in der normalen Welt wiederfinden. La Gorda berichtet: »Ich fand im Traum einen Kiesel, der genau in meinen Nabel paßte, und der Nagual (Don Juan – Anm. d. Autors) ließ mich Tag für Tag in Wasserlöchern und Schluchten nach diesem Kiesel suchen, bis ich ihn fand. Ich fertigte mir dafür einen Gürtel, und den trage ich noch immer bei Tag und Nacht. Wenn ich ihn trage, fällt es mir leichter, in meinen Träumen die Bilder festzuhalten.«[114] Abgesehen von dem Zweck dieser Übung finden wir hier die typische Einstellung von der pragmatischen Nutzbarkeit der Trauminformation. Eine Vielzahl weiterer belegender Beispiele werden im zweiten Teil dieses Buches zum Thema »Träumen« angeführt.

Was sich für die Menschen der Naturvölker als selbstverständlich erweist, bleibt für den Abendländer meist unverständlich, wenn nicht gar unglaubwürdig. Diese Problematik ergibt sich – wie schon erwähnt – aus der Überzeugung der Tradition der Aufklärung, daß der Traum lediglich ein inneres Produkt darstelle und jeder äußeren Entsprechung entbehre. Diese Auffassung erweist sich jedoch aus der Perspektive der Erkenntnistheorie als unhaltbar. So sind z. B. aus der Sicht Husserls Traum und Wahrnehmung einander gleichgestellte Auffassungsfunktionen. Vielleicht geht dies den »zivilisierten« Menschen auch eines Tages auf.

Hierzulande wird den Träumen so wenig Aufmerksamkeit gewidmet, daß es niemanden verwundern darf, wenn diese Bewußtseinsfunktion ungenutzt verkümmert ist. Dieser Mißstand ist m. E. maßgeblich verantwortlich für das Vorherrschen neurotischer Verhaltensweisen in unserer modernen Zeit. Schlaflosigkeit, Zwangsvorstellungen, Sinnentleerung und Langeweile, alle diese Probleme rühren – auch aus der Sicht der analytischen Psychologie – aus dem Ungleichgewicht zwischen dem bewußten Ich und dem Unbewußten her.

Die Träume stellen die vermittelnde Brücke zwischen diesen Teilen unseres Selbst dar und bieten so eine Möglichkeit, das Problem individuell zu lösen. Man kann all den Menschen, die einen Sinn, eine Orientierung in ihrem Leben suchen, nur raten, sich mehr mit ihren Träumen zu befassen; um vielleicht sogar – wie die Tolteken – voll bewußt über die Traumbrücke selbst in die Transzendenz einzugehen.

2.2 Das Nagual und der zweite Ring der Kraft

»Ganz begreifen werden wir uns nie, aber wir werden und können uns weit mehr, als begreifen.«

Novalis (1772–1801)[115]

Wir haben den toltekischen »Begriff« Nagual in Kapitel 2.1 notdürftig eingeführt und weitgehend mit C.G. Jungs »Unbewußtem« identifiziert. Da aber der Begriff des Unbewußten ein psychologischer ist und sich daher auf die Psyche im abendländischen Verständnis bezieht, tauchen besondere Verständnisprobleme auf, die einer einleitenden Erklärung bedürfen.

Das normale abendländische Denken faßt alles, was mit Psyche, Seele und Geist zu tun hat, als inneres Geschehen auf, wie wir schon im Fall der Träume gesehen haben. Wir denken gewöhnlich in dem dualistischen Zuordnungsschema vom Psychischen als subjektiv, innerlich, irreal, und vom Körperlichen als objektiv, äußerlich, real. In der Betrachtungsweise der Naturvölker stellt das Psychische eher ein äußeres Geschehen dar, mit allen Attributen der Wirklichkeit, wenn nicht gar einer Über-Wirklichkeit. Beispiele für eine solche Betrachtungsweise haben wir im vorangegangenen Kapitel kennengelernt.

Auch C. G. Jung war sich dieser Sachlage durchaus bewußt; er schrieb dazu: »Warum sollte die naive Anschauung angesichts solcher Erfahrung leugnen, daß die Seele jenseits des Körpers lebt? Ich muß gestehen, daß ich in diesem sogenannten Aberglauben ebensowenig einen Unsinn erblicken kann, wie in den Ergebnissen der Hereditätsforschung oder der Triebpsychologie.«[116]

So stellt auch Castaneda Don Juan die Frage, ob denn nun Tonal und Nagual in uns selbst seien. Don Juan antwortet: »Du würdest sagen, sie sind in uns. Ich würde sagen, sie sind es nicht, aber keiner von uns hätte recht. Das Tonal deiner Zeit verlangt, daß du behauptest, alles, was mit deinen Gefühlen und Gedanken zu tun hat, finde in dir statt. Das Tonal der Zauberer sagt, im Gegenteil, alles ist draußen. Wer hat nun recht? Keiner von beiden. Drinnen oder draußen – darauf kommt es wirklich nicht an.«[117]

Wir müssen uns also auf das Wesentliche reduzieren, jenseits von einer Innen-Außen-Betrachtung. Wesentlich ist vor allem die Wirklichkeit der beiden Teile unseres Gesamt-Selbst, die Wirklichkeit des ursprünglichen Paares Tonal-Nagual.

Über das Tonal und die Aufmerksamkeit für das Tonal, den ersten Ring der Kraft, sprachen wir bereits in Kapitel 1.2. Mit den Funktionen »Sprechen« und »Vernunft« stellt er die Grundlagen für die Wahrnehmung und Nutzung unserer normalen Welt dar. Nun besitzt der Mensch aber auch andere Auffassungsfunktionen, die die Tolteken »Aufmerksamkeit für das Nagual« oder den »zweiten Ring der Kraft« nennen. Eine dieser Funktionen, das »Träumen«, haben wir bereits vorgestellt. Don Juan sagt über den zweiten Ring der Kraft:

> *»Das Geheimnis der leuchtenden Wesen ist, daß sie noch einen weiteren Ring der Kraft haben, der gewöhnlich nie benutzt wird, den Willen. Der Trick der Zauberer ist der gleiche Trick, wie ihn die normalen Menschen anwenden. Beide haben sie eine Beschreibung. Der eine, der normale Mensch, erhält sie mit Hilfe seiner Vernunft aufrecht, der andere, der Zauberer, erhält sie mit seinem Willen aufrecht. Beide Beschreibungen haben ihre Regeln, und die Regeln sind wahrnehmbar, doch der Vorteil des Zauberers liegt darin, daß der Wille umfassender ist als die Vernunft.«*[118]

Der toltekische »Wille« ist jedoch nicht das gleiche wie der Wille im normalen Verständnis als Charakterfunktion, als Wunsch oder dergleichen. Vielmehr gehört der »Wille« schon zu jener anderen

Weltbeschreibung der Zauberer, auf die Don Juan anspielt. Der zweite Ring der Kraft umfaßt sechs Punkte, sechs verschiedene Auffassungsfunktionen, welcher sich die Tolteken bedienen.

»Wille« ist das Zentrum des zweiten Kraftrings. An ihn sind fünf weitere Punkte angeschlossen: »Fühlen«, »Träumen«, »Sehen« und schließlich auch »Tonal« und »Nagual«. Sie stellen besondere Funktionen des Bewußtseins dar, die im Folgenden separat erläutert werden. Schematisch läßt es sich folgendermaßen darstellen:

F = Fühlen
Tr = Träumen
S = Sehen
W = Wille
T = Tonal
N= Nagual

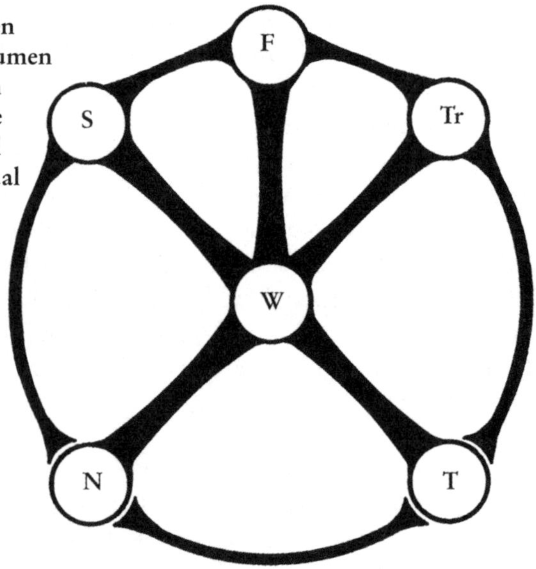

Abb. 4: Der zweite Ring der Kraft – oder Aufmerksamkeit für das Nagual

»Fühlen«

»Fühlen ist immer unbestimmt, aber irgendwie bekannt.«[119] sagt Don Juan über diese Funktion. Es ist mithin die einzige Funktion des zweiten Kraftrings, mit der auch der Durchschnittsmensch durchaus vertraut ist. Das »Fühlen« ist mittelbar an all unseren Aktionen beteiligt. Für die Tolteken ist so die ganze Welt ein

Gefühl. In unseren Schemata von den Kraftringen ist das »Fühlen« sozusagen die intermediäre Funktion zwischen den beiden Arten der Aufmerksamkeit; es ist nämlich sowohl mit dem »Willen« als auch mit dem Punkt »Sprechen« des ersten Kraftrings verbunden. Wir können daher auch direkt über unsere Gefühle sprechen, bei minimaler Beteiligung der »Vernunft«.

Der toltekische Begriff vom »Fühlen« ist übrigens nicht identisch mit der »Fühl-Funktion« im Sinne C. G. Jungs. Er versteht unter Fühlen die wertende Funktion unseres Bewußtseins, welche uns sagt, ob uns etwas gefällt oder nicht. Im psychologischen Sinne können wir das toltekische »Fühlen« eher mit einer Umschreibung als emotionaler Bereich charakterisieren. Da das »Fühlen« den Tiefen des Unbewußten entspringt, hat es auch immer einen für die »Vernunft« nicht greifbaren Aspekt, was jeder aus eigenem Erleben bestätigen kann. Wir können uns »Fühlen« aufgrund seiner vermittelnden Funktion zwischen den Kraftringen, zwischen Bewußtem und Unbewußtem, als eine Art Brunnenschacht oder Kanal vorstellen, in dem der Wasserstand unser Stimmungsbarometer ist. Manchmal, auch während der normalen Wachbewußtheit, drängen durch diesen Kanal Botschaften und Äußerungen des Unbewußten, des Nagual, an die Oberfläche des Bewußtseins. Die Tolteken sprechen in diesem Zusammenhang vom »Auftauchen des Nagual«[120], ein plötzliches Auftauchen von völlig unerklärlichen, übermächtigen Gefühlswallungen, welche das Alltagsbewußtsein zu überschwemmen drohen.

Die Psychologie nennt diese für das Ich meist sehr unangenehmen emotionalen Reaktionen »Affekte« und »Einbrüche« des Unbewußten.[121] Das bewußte Ich versucht in solchen Fällen normalerweise die emotionalen Reaktionen zu unterdrücken, da ein Kontrollieren dieser Gefühle für das Ich, für die »Vernunft« völlig unmöglich ist. Gemeint sind Situationen, in denen nur noch nackte Gewalt unsere Emotionen zügelt, wie etwa die fest geballte Faust in der Tasche oder das Fest-auf-die-Zähne-Beißen und ähnliches.

Soweit zum »Fühlen«, das aufgrund seines dunklen, unbewußten Ursprungs nicht eindeutig umschrieben werden kann. Definitionen sind nämlich immer Sache der »Vernunft«, und die ist nun mal vom »Fühlen« getrennt. Wir verlassen jetzt den Randbereich der normalen, bekannten Welt und betreten mit dem Punkt »Träumen« die eigentliche Welt der Zauberer.

»Träumen«

Wir haben das »Träumen« der Tolteken bereits kennengelernt und vom herkömmlichen Traum unterschieden. Die normalen, nächtlichen Träume stellen vielmehr die Grundlage für das bewußte, toltekische »Träumen« dar. Die üblichen Träume enthalten so etwas wie eine Restbewußtheit, die sie mit unserem normalen Bewußtsein verbindet. C. G. Jung sagt über diese rudimentäre Bewußtheit: »Im Traumschlafe ist das Bewußtsein allerdings nicht völlig erloschen, sondern es besteht noch eine geringe Bewußtheit. So hat man in den meisten Träumen noch ein relatives Bewußtsein seines Ich, allerdings eines sehr beschränkten und eigentümlich veränderten Ich, das man als Traum-Ich bezeichnet. Es ist nur ein Fragment oder eine Andeutung des wachen Ich.«[122] Auf diesen Sachverhalt spielt Don Juan in »Reise nach Ixtlan« durch seinen Begriff der »Restbewußtheit«[123] an.

Dieses rudimentäre Traum-Ich weiter auszubilden ist das Ziel der toltekischen Übungen des »Träumens«. Es wird durch diese Praktiken zu einer voll bewußten, handlungs- und entscheidungsfähigen Einheit ausgebaut, welche als »Traumkörper« oder als »Doppelgänger« bezeichnet wird.

Das »Träumen« ist eine ernsthafte Übung der Bewußtheit, denn es dauert normalerweise Jahre, bis die rudimentäre Traumbewußtheit zu einer vollen Bewußtheit ausgebaut ist. Die Traumbewußtheit ist ursprünglich kaum reflexiver, prärationaler Natur. Sie erinnert stark an das rudimentäre Ich eines Kleinkinds, das ja auch erst durch jahrelange Erziehung zur denkenden Person wird. Die Entwicklung der Traumbewußtheit ist im Prinzip der Entwicklung der normalen Wachbewußtheit analog. Sie ist ähnlich aufwendig, bedient sich ähnlicher Schritte und benötigt ebenfalls viel Zeit und Geduld. Im Lernprozeß des »Träumens« muß der Träumer zuerst lernen zu unterscheiden, ob er sich in der Wachbewußtheit oder im Traum befindet. Sobald er erkennt, im Traum zu sein, muß er auf die Hände schauen. Dieser Schritt bringt ein gewisses Maß an Reflexivität mit sich; die Bewußtheit, im Traum zu sein, festigt sich dadurch. Daraufhin muß der Träumer lernen, die Dinge, d. h. die Welt des Traumes so zu betrachten, daß sie sich nicht mehr verändert. Wenn dies gelungen ist und der Träumer nunmehr eine feste Traumwelt und einen festen Traumkörper wahrnehmen kann, folgt ein weiterer Schritt: Der Träumer muß lernen, sich im »Träumen« fortzubewegen, d. h. nach Belieben andere Orte im Traum aufzusuchen. Erst in diesem Stadium kann man von »Träumen« im toltekischen Sinne reden. Durch das »Träumen« erschließen sich völlig neue Welten der menschlichen Möglichkeiten und der Wahrnehmung.

»Sehen«

Das toltekische »Sehen« ist eine besondere Auffassungsfunktion. Es hat nichts mit dem gewöhnlichen Schauen der Augen zu tun, sondern bezeichnet einen eigenartigen Bewußtseinszustand, in dem man fähig ist, die Welt auf eine andere, neue Weise wahrzunehmen. So nimmt man beim »Sehen« den Menschen als leuchtendes Ei wahr. »Wirkliche Menschen sehen, wenn du siehst, wie leuchtende Eier aus,«[124] sagt Don Juan in »Eine andere Wirklichkeit«. Es handelt sich beim »Sehen« also um eine Wahrnehmung, die gemäß der Weltbeschreibung der Zauberer konstituiert ist.

Beim »Sehen« nimmt man den Teil der Welt wahr, der normalerweise verborgen ist, die Welt des Nagual. So nimmt man alles Existierende als leuchtende Energiefelder wahr, als Konglomerate von leuchtender Energie, die in ständiger Veränderung befindlich sind. Man kann lernen, beim »Sehen« viele Einzelheiten, z. B. am leuchtenden Ei des Menschen, zu erkennen und was diese zu bedeuten haben. So kann man »sehen«, ob der betreffende Mensch gesund oder krank ist. Es stellt also für die Tolteken eine Wahrnehmungsfunktion dar, die ebenso pragmatisch und nützlich ist wie die alltägliche Wahrnehmung.

Das ganze Wissen der Tolteken ist im eigentlichen Sinne ein Produkt dieses »Sehens«, und Don Juan bezeichnet die Tolteken auch häufig einfach als »Seher«.[125] Die Techniken des Pirschens und des Träumens haben es ebenfalls zum Ziel, das »Sehen« zu lehren, das nicht von einem Tag auf den anderen zu erreichen ist, sondern mit der Weltbeschreibung der Zauberer erlernt werden muß.

Beim echten, d. h. voll ausgebildeten »Sehen« liegen folgende Merkmale vor:

1. Das Gefühl des »Sehens«; welches sich zuerst als ein Jucken an der Schädeldecke bemerkbar macht und sich dann wie ein Schauer über den ganzen Körper ausbreitet, verwandelt sich in eine Art visueller Wahrnehmung, die jedoch nicht mit den Augen geschieht. Das juckende Gefühl verwandelt sich in das Gefühl, etwas mit großer Bestimmtheit zu wissen.[126]
2. Die Stimme des »Sehens«: Bei jedem echten »Sehen« hört der Seher eine Stimme, als ob jemand in sein Ohr flüstern würde, die alles, was der Seher »sieht«, gleichzeitig erklärt oder erläutert.[127]

Die Fähigkeit des »Sehens« ist z. B. über die Praxis des »Träumens« erlernbar und geschieht aus der Wachbewußtheit heraus. Es gestattet den Tolteken, die Welt auf eine andere Weise wahrzunehmen, und dient ihnen zur Verifizierung ihres Wissens über die verschiedenen Welten unserer gesamten Wahrnehmungsmöglichkeiten.

»Wille«

»Was ein Zauberer Wille nennt, ist eine Macht in uns. Es ist weder ein Gedanke, noch ein Gegenstand, noch ein Wunsch. (...) Der Wille ist das, was bewirkt, daß du gewinnen kannst, wenn dein Denken dir sagt, daß du besiegt wirst. Der Wille ist das, was dich unverletzlich macht. Der Wille ist das, was einen Zauberer durch eine Wand, durch den Raum und, wenn er will, auf den Mond führt,«[128] sagt Don Juan über das Zentrum des zweiten Ringes der Kraft. »Wille« hat also nichts mit dem herkömmlichen Begriff vom Willen zu tun.

Der »Wille« des toltekischen Verständnisses ist Teil des leuchtenden Eies des Menschen. Er ist gleichzeitig das Zentrum desselben und auch eine ungeheuerliche Ranke, eine Art Tentakel, die von diesem Zentrum ausgeht und uns mit der Welt verbindet. Don

Juan bezeichnet den »Willen« als das wahre Bindeglied zwischen den Menschen und ihrer Welt.[129] Dies ist auch im Schema des zweiten Kraftringes ersichtlich (Abb. 4); der »Wille« ist der einzige Punkt, der eine direkte Verbindung zu »Tonal« und »Nagual«, dem ursprünglichen Paar, aufweist.

Ein jeder besitzt dieses Bindeglied des »Willens«, aber beim normalen Menschen ist diese Funktion – mangels Benutzung – eingerostet. Er führt ständig den gleichen inneren Dialog und reflektiert daher immer dieselbe Welt, sein persönliches »Tonal«.

Deshalb liegt der »Wille« des Durchschnittsmenschen fest. Die Tolteken versuchen diese ursprünglich mächtige Funktion wieder einsatzfähig zu machen, den »Willen« gleichsam dienstbar, nutzbar zu machen. Dies ist vor allem deshalb von Interesse, weil der »Wille« die Funktion ist, die das Unmögliche möglich macht. Er ist die eigentliche transzendente Funktion, über die wir zu einer tatsächlichen Erkenntnis der Welt kommen können. »Ein Zauberer benutzt seinen Willen, um die Welt zu erkennen. Dieses Erkennen ist jedoch nicht wie Hören. Wenn wir die Welt anschauen und wenn wir sie hören, dann haben wir den Eindruck, daß sie da draußen ist und daß sie real ist. Wenn wir die Welt mit unserem Willen erkennen, dann wissen wir, daß sie gar nicht so sehr ›da draußen‹ oder ›real‹ ist, wie wir glauben.«[130]

Wir wollen an diesem Punkt nicht weiter auf den »Willen« eingehen, denn er ist auch Thema des nächsten Kapitels über »Das Bindeglied«, wo näher auf die transzendentale Bedeutung dieser Funktion eingegangen wird. Auf dem toltekischen Wissen über den »Willen« als Bindeglied fußt nämlich das dritte große System der toltekischen Lehren, das Wissen über die Bemeisterung der »Absicht«.

»Tonal«

In Kapitel 1.2 sagten wir über das Tonal, daß es die Beziehung zur normalen Welt charakterisiert und diese gleichsam darstellt. Die toltekische Vorstellung vom »Tonal« umfaßt sowohl die normale wahrgenommene Welt sowie das Ich, auf das alle Inhalte der Wahrnehmung bezogen sind. Vom Standpunkt der Erkenntnistheorie aus ist der Gedanke einer Einheit von Ich und normaler Welt nicht so fremdartig, denn wir wissen ja, daß die Welt, wie wir sie wahrnehmen, erst in unserem Bewußtsein konstituiert wird. Diesen Sachverhalt drücken die Tolteken in ihrem Bild von der »Insel des Tonal« aus, das gleichzeitig die Person, das Ich eines Menschen, sowie auch seine individuell wahrgenommene Welt darstellt.

Es mag den Leser verwundern, daß das »Tonal«, das wir ja in Kapitel 1.2 in Beziehung zum ersten Ring der Kraft gesetzt haben, selbst ein Teil, ein Punkt des zweiten Ringes der Kraft ist. Dies liegt maßgeblich an der Tatsache, daß das »Tonal« selbst weitgehend unserer »Vernunft« entzogen ist. Es kann nur über die Funktion des »Willens« beeinflußt werden. So sehen wir auch in Abb. 4, daß »Tonal« nur über den »Willen« mit den anderen Funktionen unseres Selbst verbunden ist.

Von Bedeutung ist in diesem Zusammenhang auch, daß das Ich und die normale Welt nur einen Ausschnitt des gesamten »Tonal« ausmachen. Sie stellen, wie schon erläutert, das persönliche Tonal dar. Die Tolteken sprechen aber auch vom »unbeschreiblichen Tonal«[131], einem unendlich großen Bereich, der unserer Wahrnehmung zugänglich gemacht werden kann, aber nicht zur Welt des Alltags gehört. Denn immer, wenn Ordnung wahrgenommen wird, ist das »Tonal« maßgeblich daran beteiligt.

Dies ist auch beim kontrollierten »Träumen« der Fall; wenn wir auf diese Weise eine Welt wahrnehmen, die eine – wie auch immer geartete – Ordnung enthält, so ist diese Ordnung ein Werk des »Tonal«. Man könnte auch im Bild vom »Tonal als Insel« folgendes sagen: Bei jedem »Träumen« taucht eine neue Insel des Tonal aus dem Meer des Nagual auf und wird so der ordnenden Wahrnehmung zugänglich. Wir sehen also, daß es unendlich viele solcher potentiellen »Inseln des Tonal« gibt, die die Tolteken durch ihr »Träumen« wahrnehmen können. Diese Tatsache umschreiben sie mit dem Ausdruck »unbeschreibliches Tonal«.

Denn, wie Don Juan sagt: »Das Tonal eines jeden von uns ist nur ein Reflex jenes unbeschreiblichen Unbekannten, das mit Ordnung erfüllt ist.«[132] Es ist unmöglich, jemals zu wissen, was diese transzendente Ordnung wirklich ist; was uns jedoch nicht daran hindert, diese direkt in unserer Wahrnehmung zu erfahren.

»Nagual«

Das »Nagual« ist jener Bereich, für den es keine Worte, Namen und Beschreibungen gibt. Es ist am leichtesten als Kraft vorstellbar, da es an sich reine Wirkung ist. Diese Wirkungen des »Nagual« können wir allerdings umschreiben, wenn auch nicht erklären oder verstehen. So kann unsere gesamte Wahrnehmung in den Bereich des »Nagual« überführt und das »Nagual« mithin erlebt werden. Castaneda umschreibt ein solches »Eintauchen in das Nagual« so:

> *»Ich löste mich auf. Irgend etwas in mir verteilte sich. Es setzte etwas frei, was ich mein Leben lang verschlossen gehalten hatte. (...) Es gab nicht länger diese mir liebe Einheit, die ich ›ich‹ nannte. Da war nichts, und doch war dieses Nichts erfüllt. Es war weder licht noch dunkel, weder heiß noch kalt, weder angenehm noch unangenehm. Nicht daß ich mich bewegt oder stillgestanden hätte oder geschwebt wäre, auch war ich keine vereinzelte Einheit, kein Selbst, wie ich mich zu erleben gewohnt bin. Ich war eine Myriade von Selbsten, die alle ›ich‹ waren, eine Kolonie separater Einheiten. (...), alle meine einzelnen Bewußtseine ›wußten‹, daß das ›Ich‹, das ›Selbst‹ meiner vertrauten Welt eine Kolonie, ein Konglomerat von isolierten, unabhängigen Gefühlen waren, die einander in unauflösbarer Solidarität verbunden waren.«*[133]

Don Juan bemerkt erklärend: »Das Nagual ist das Unaussprechliche. In ihm schwimmen all die möglichen Gefühle und Wesenheiten und Ichs wie Kähne im Wasser dahin, friedlich, unabänderlich, ewig.«[134] So drängt sich also wieder die Allegorie vom »Nagual« als Meer auf, welches die Insel oder, besser gesagt die Inseln des Tonal umspült. Eine parallele Allegorie finden wir in C. G. Jungs Überlegungen zum kollektiven Unbewußten:

> *»Könnte man das Unbewußte personifizieren, so wäre es ein kollektiver Mensch, jenseits der geschlechtlichen Besonderheit,*

> *jenseits von Jugend und Alter, von Geburt und Tod, und würde über die annähernd unsterbliche menschliche Erfahrung von ein bis zwei Millionen Jahren verfügen. (…) er wäre ein Träumer säkularer Träume, und er wäre ein unvergleichlicher Prognosensteller auf Grund seiner unermeßlichen Erfahrung. (…) Auch scheint dieser kollektive Mensch keine Person zu sein, sondern etwas wie ein unendlicher Strom oder vielleicht ein Meer von Bildern und Formen, die uns gelegentlich im Traum oder in abnormen geistigen Zuständen zu Bewußtsein kommen.«*[135]

Jungs Bild vom »Meer der Bilder und Formen« entspricht der toltekischen Allegorie vom »Nagual«. Obiges Zitat wirft aber auch Licht auf den Grund des Interesses der Tolteken am »Nagual«. Es enthält ein unvorstellbares Wissen über alles und jedes, das, wenn es angezapft werden könnte, von unermeßlicher Bedeutung wäre. Als »stilles Wissen« wird es uns des weiteren auch noch zu beschäftigen haben.

3

Das Bindeglied – C. Castaneda und M. Eliade

»Wir wurden aus dem Paradies vertrieben, aber zerstört wurde es nicht. Die Vertreibung aus dem Paradies war in einem Sinne ein Glück, denn wären wir nicht vertrieben worden, hätte das Paradies zerstört werden müssen.«

Franz Kafka (1883–1924)[136]

Den krönenden Abschluß der toltekischen Lehren bildet das dritte große System, das Wissen über die »Bemeisterung der Absicht«. Wir haben uns in den letzten Kapiteln zwar mit den Mechanismen der gewöhnlichen und auch der außergewöhnlichen Wahrnehmung beschäftigt, aber die Ursache und der Ursprung der Bewußtheit blieben ausgeklammert. Die Tolteken sehen in der »Absicht« eben diese Ursache:

»Die allesbeherrschende Kraft und Ursache unserer Wahrnehmung ist die Absicht. Es ist nicht so, als würde uns etwas bewußt, weil wir es wahrnehmen, sondern wir nehmen wahr, weil die Absicht eingreift und uns dazu zwingt.«[137]

Folgende Zitate werfen weiteres Licht auf das eigentümliche Verständnis von »Absicht« im toltekischen Sinne. Don Juan sagt:

»Die Zauberer bezeichnen die Absicht als das Unbeschreibliche, den Geist, das Abstrakte, das Nagual.«[138] An einer

> anderen Stelle erklärt er: »*Im Universum (...) gibt es eine unermeßliche und unbeschreibliche Kraft, welche die Zauberer als Absicht bezeichnen. Und alles im Kosmos Existierende ist durch ein Bindeglied mit der Absicht verknüpft.*«[139]

Die »Absicht« ist also identisch mit dem, was wir bereits als »Nagual« kennengelernt haben. Das Bindeglied zur Absicht ist folglich der »Wille«, jene ungeheuerliche Ranke oder Tentakel, die vom Mittelpunkt des leuchtenden Körpers des Menschen ausgeht. Dieses Zentrum, das auch identisch mit der Mitte des physischen Körpers ist, wird von Don Juan als der wahre Sitz der Kraft bezeichnet.

C. G. Jung, dessen Modell der Psyche eine parallele Vorstellung zum leuchtenden Ei der toltekischen Lehre darstellt, sieht in eben diesem Zentrum ebenfalls eine ganz besondere Kraft. Er betrachtet es als Lenker und Erfinder der Träume.[140] Der ganze seelische Reifungsprozeß, in der analytischen Psychologie »Individuation« genannt, läuft Jung zufolge auf die Verwirklichung und Handhabung dieses psychischen Zentrums zu.[141]

Die toltekische Lehre geht sogar noch einen Schritt weiter, indem sie behauptet, daß die Absicht nicht nur unsere Träume, d. h. unsere Traumwahrnehmung bestimme, sondern auch die normale Wahrnehmung, was aus obigem Zitat abzuleiten ist. Die Tolteken sagen, daß uns unsere Wahrnehmungen über das Bindeglied, über den »Willen« aufgezwungen werden. Wenn nun aber alle unsere Wahrnehmungen durch die Kraft der Absicht erzwungen sind, so ist unsere ganze Welt, unser ganzes Erleben – was immer es auch sein mag – eine aufgezwungene Welt, ein erzwungenes Erleben. Dies erlaubt wiederum die Schlußfolgerung, daß die Absicht die eigentliche Schicksalsmacht darstellt. Sie bestimmt über unsere Wahrnehmung, unsere Gefühle und letztlich auch über unser Leben und unseren Tod.

Das alles wäre sehr fatalistisch, gäbe es nicht die Möglichkeit, das Bindeglied zur Absicht zu manipulieren und zu nutzen. Und genau diese Manipulation des Bindeglieds ist die eigentliche Zauberei. Doch um praktisch bis zum Punkt der Nutzbarkeit vorzustoßen, müssen nahezu unüberwindliche Schwierigkeiten aus dem Weg geräumt werden.

»Aller Anfang auf dem Weg der Zauberer, sagt Don Juan, sei schwer, denn es ginge darum, dieses Bindeglied in Ordnung zu bringen. Beim Durchschnittsmenschen sei das Bindeglied zur Absicht praktisch tot, und die Zauberer müßten mit einem Bindeglied anfangen, das nutzlos sei, weil es nicht spontan reagierte.«[142] Es ist hier nicht der Ort, um den Weg der Wiederbelebung des Bindeglieds zur Absicht zu beschreiben; wir werden im zweiten Teil darauf zurückkommen müssen. Hier ist vor allem von Bedeutung, daß die toltekische Lehre mit der Absicht eine Schicksalsmacht postuliert, die mit allen typischen Attributen des Göttlichen versehen ist, wie etwa Allmacht, Allgegenwart und Allwissen.[143] Eine solche Vorstellung überschreitet jedoch die Grenzen der herkömmlichen Philosophie und Psychologie. Die toltekische Lehre von der Absicht berührt theologisch-religiöses Gebiet, da hier die Frage nach den letzten Transzendenzen – jenseits von Leben und Tod – gestellt wird. Aus diesem Grunde soll das Wissen über die Absicht hier den religionshistorischen Betrachtungen Mircea Eliades gegenübergestellt werden.

Der rumänische Religionswissenschaftler Eliade (1907–1986) befaßte sich hauptsächlich mit der Erforschung der Entstehung und der Geschichte der Religionen. Eines seiner Werke, »Schamanismus und archaische Ekstasetechnik«, erscheint geradezu prädestiniert für unseren Vergleich; zum einen, weil Eliade hier kulturübergreifend das Phänomen des Schamanismus und verwandter Kultformen abhandelt und somit eine solide Grundlage schafft; zum anderen, weil die toltekische Lehre viele schamanistische Elemente beinhaltet, wie wir im weiteren noch sehen werden.

Gehen wir ins Detail: Das Bindeglied zur Absicht ist, da die Absicht identisch mit dem Nagual ist, per definitionem auch das Bindeglied zur anderen Welt der Zauberer. Es ist, soweit es genutzt werden kann, eine direkte Brücke von dieser Welt (Tonal) zur anderen Welt (Nagual) und gleichsam zur Schicksalsmacht. Diesen Sachverhalt erkennen wir auch im Schema vom zweiten Ring der Kraft (Abb. 4), wo der »Wille« die einzige Verbindung zwischen den beiden Teilen des ursprünglichen Paares, den beiden kosmischen Regionen Tonal und Nagual darstellt.

Laut Eliade ist die Idee einer verbindenden Achse zwischen den kosmischen Regionen (Himmel, Erde, Unterwelt) eine in der Kosmologie der Naturvölker allgemein verbreitete Vorstellung. Er schreibt:

> *»Es handelt sich um einen allgemein verbreiteten Gedanken, der aus dem Glauben an die Möglichkeit einer direkten Verbindung mit dem Himmel entwachsen ist. Auf makrokosmischer Ebene ist diese Verbindung durch eine Achse (Baum, Berg, Pfeiler usw.) verbildlicht, auf der mikrokosmischen Ebene durch den Mittelpfahl der Behausung oder durch das Loch oben im Zelt. Das bedeutet, daß jede menschliche Behausung ins Zentrum der ›Welt‹ projiziert ist, daß jeder Altar, jedes Zelt, jedes Haus das Durchbrechen einer Ebene und damit die Auffahrt zum Himmel ermöglicht.«*[144]

Symbolische Entsprechungen für diese Verbindung der Welten finden sich nach Eliade in den Vorstellungen vom Weltenbaum, einem Band zwischen Himmel und Erde oder aber auch in einfachen Symbolen wie etwa Brücke, Treppe oder Leiter. Sie stellen nicht nur eine Symbolik der Verbindung, sondern zugleich auch immer eine Symbolik des Zentrums, des Mittelpunkts der Welt dar.[145] In seinem Buch »Kosmos und Geschichte« geht Eliade näher auf die Symbolik des Zentrums ein und weist nach, daß die kosmische Verbindungsachse vom jeweiligen »Nabel der Welt« ihren Ausgang nimmt.[146]

So setzt die toltekische Lehre die Verbindungsachse, das Bindeglied zur Absicht, ebenfalls ins Zentrum. Es nimmt als »Wille« seinen Ausgang von der Mitte des leuchtenden Eies sowie auch von der Mitte des physischen Körpers. Don Juan betont verschiedentlich, daß der »Wille« in der Region des Nabels aus dem Körper tritt. Die toltekische Lehre projiziert die oben aufgeführten kosmologischen Vorstellungen also direkt auf den Mikrokosmos des eigenen Körpers – oder, vielleicht projizieren wir alle unseren

Körper auf den Makrokosmos, was in der Sache keinen großen Unterschied zu machen scheint.

Es gibt, laut Eliade, verschiedene Formen des praktischen Umgangs mit der kosmischen Verbindungsachse. Die herkömmliche und verbreitetste Art dieses Umgangs ist die der Verehrung, z. B. das symbolische Absenden von Gaben und Opfern an die Himmelsgötter (z. B. Rauch- oder Brandopfer). Die andere Art des Umgangs ist die direkte Nutzung, die für den Schamanen charakteristisch ist: Der direkte Aufstieg in den Himmel, die persönliche, konkrete Auffahrt in andere kosmische Regionen.[147]

Wir wollen im Folgenden auf beide Varianten der Beschäftigung mit der kosmischen Achse eingehen.

Die erste Form der Beschäftigung mit dem jeweiligen Mittelpunkt der Welt ist die Verehrung, das Opfer und das Gebet. Sie ist die bei weitem verbreitetste Variante der rituell-symbolischen Nutzung des Bindeglieds zwischen Erde und Himmel, zwischen Mensch und Schicksalsmacht. So verehren viele Völker ihren heiligen Berg als Zentrum, als »Nabel der Welt«. Er repräsentiert zugleich die kosmische Verbindungsachse. Man denke z. B. an die antike griechische Vorstellung, daß die Götter auf dem heiligen Berg Olympos leben. Die australischen Aborigines sehen in dem riesigen Monolithen Ayers-Rock im Herzen Australiens, den sie »Uluru« nennen, den Sitz der Geister und Ahnen. Er repräsentiert die Verbindung zur mythischen »Traumzeit«. Die andinen Indianer verehren die heiligen Berge Illimani und Illampu. In Afrika wird der Kilimandscharo als Sitz der Geister verehrt und gefürchtet.[148]

Eine analoge Vorstellung zum »kosmischen Berg«, wie ihn Eliade nennt, findet sich in der Symbolik vom »Weltenbaum«. Auch diese ist nahezu weltweit verbreitet. Die Verehrung von großen alten Bäumen leitet sich direkt daraus ab – man denke nur an die Ratseichen der Germanen oder an ihre heiligen Bäume, Eibe, Esche und Birke. So erhält Odin in der germanischen Mythologie seine Zaubermacht dadurch, daß er mehrere Tage – quasi-gekrekzigt – an der Weltesche hing.

Für die Verehrung des heiligen Baumes ist jedoch nicht unbedingt ein tatsächlicher, lebendiger Baum nötig, und oft wird dieser einfach nur durch einen Pfahl oder eine Säule symbolisiert. Das Sonnentanzritual der nordamerikanischen Indianer findet z. B. um einen in die Erde gelassenen Pfahl statt, der allerdings speziell ausgewählt und geweiht wird. Beim Ritual binden sich die Teilnehmer im allerwörtlichsten Sinne an die kosmische Achse, an ihren Weltenbaum. Sie durchbohren ihr Fleisch im Bereich der Brust mit Ahlen und stabilen Adlerfedern und binden sich dann mit einem Seil, das von der durchbohrten Stelle bis zum Pfahl reicht, an die symbolische Achse.[149] Sie tanzen dann so lange, bis ihr Brustfleisch durch die Belastung reißt. Ihr Blut und ihr Schmerz sind ein Opfer an die Schicksalsmacht, die bei ihnen durch die väterliche Sonne repräsentiert wird.

Die alten Germanen benutzten ähnliche symbolische »Weltensäulen«, die sie »Irminsul« nannten, was in etwa bedeutet, »die Säule, die alles (die Welt) trägt«. Es wird berichtet, daß Karl der Große solch ein Abbild der kosmischen Achse im Jahre 772 zerstören ließ, nachdem er zum Christentum konvertiert war.[150] Die in Deutschland noch verbreitete Sitte des Errichtens eines »Maibaumes« am 1. Mai stellt ein Relikt dieses alten Kultes dar, bei dem auch die »Bindung« an den Baum, an die Achse häufig noch eine Rolle spielt. Im Normalfall wird dieser Maibaum aus Birkenholz gefertigt, was den germanischen Ursprung der Sitte klar belegt. Aber auch der Brauch vom Errichten und Schmücken eines Weihnachtsbaums, der so gar nicht christlich anmutet, ist ein Relikt des archaischen Baumkults der Germanen, ein fernes Echo des »Julfestes«, in dem die Wintersonnenwende begangen wurde.

Aber auch die Praxis der heutigen großen Religionen enthält Spuren dieser archaischen Verehrungsformen, die sich unterschwellig über die Jahrtausende erhalten haben. Die verbreitete Gebetspraxis der gefalteten Hände z. B. leitet sich ebenfalls direkt vom Ritual des Sich-an-den-Gebetsbaum-oder-Pfahl-Bindens ab. Die Verbindung zur Weltachse und damit zur Schicksalsmacht oder -gottheit wurde auch hier durch die physische Fesselung an einen rituellen Baum oder Pfahl symbolisiert. Eine mögliche Deutung des Begriffes »Religion« ist ja auch die Verbindung oder »Wiederverbindung« von Mensch und Gott (zu lat. *religare* = binden, wieder verbinden).[151] Das Symbol der »gebundenen«, gefalteten Hände, das eine Fesselung oder Rückverbindung darstellt, ist m. E. ein besonders treffendes und wirksames Symbol, denn, wie wir in Kapitel 1.1 gesehen haben, war die bewußte Benutzung der Hände unser erster Schritt des Verlassens des »unschuldigen« Urzustands des nicht reflexiven Erkennens. Die Benutzung der Hand, unser »Begreifen« der Welt war vielleicht der »echte« Sündenfall, das Essen vom sogenannten »Baum der Erkenntnis«. Insofern ist das Binden der Hände, im Sinne einer Rückverbindung zum Naturzustand im Einklang mit dem »Willen Gottes«, ein gutes, ein starkes Symbol.

Zur ersteren Form der Beschäftigung mit dem »Mittelpunkt« und der »kosmischen Achse« gehören auch das Errichten von Altären, Tempeln, Kathedralen und Pyramiden an einem zentralen und somit heiligen Ort. Die Kirchtürme z. B. ragen spitz in den Himmel und symbolisieren das Durchbrechen der kosmischen Ebenen. Die Pyramiden sind ein stilisiertes Symbol, eine Nachbildung des »kosmischen Berges«.[152]

Ein schönes Beispiel für die Symbolik des Zentrums und der kosmischen Verbindung von Erde und Himmel finden wir auch in der Bibel. In Genesis 28.10-28.22 wird die Geschichte eines Traumes von Jakob, dem Vater der israelischen Stämme, beschrieben:

»Er nahm einen von den Steinen der Stätte, machte ihn zum Lager für sein Haupt und legte sich an jener Stätte schlafen. Da träumte ihm: Siehe, eine Leiter war auf die Erde gestellt, deren Spitze den Himmel berührte. Und siehe, Engel Gottes stiegen daran auf und nieder. Und siehe, Jahwe stand über ihr und sprach...« Jakob wird daraufhin sein Schicksal offenbart, Gott selbst offenbart ihm seine Zukunft und seine eigentliche Bestimmung. Als Jakob schließlich aufwacht, spricht er in großer Ehrfurcht: »Wie furchtbar ist diese Stätte! Hier ist nichts anderes als das Haus Gottes und hier die Pforte des Himmels!«[153] Daraufhin nimmt er den Stein, auf dem er geschlafen hatte, errichtet daraus einen Altar und bringt seinem Gott ein Opfer dar. Später kehrt er zu diesem Ort zurück und errichtet dort ein Heiligtum, einen Tempel.

Diese Vision Jakobs ist im Sinne Eliades typisch – sie bietet bereits einen Übergang zur zweiten Form der Nutzung der kosmischen Verbindungsachse, nämlich dem für den Schamanen typischen konkreten Auffahrtserlebnis in den Himmel. Eliade sagt dazu: »Was für den Rest der Gemeinschaft kosmologisches Ideogramm bleibt, wird für die Schamanen (und die Heroen etc.) zum mystischen Weg. Den einen ermöglicht das ›Zentrum der Welt‹ Gebete und Opfer an die Himmelsgötter abzuschicken, für die anderen ist es die Stätte eines Aufflugs im wörtlichen Sinn. Der wirkliche Verkehr zwischen den drei kosmischen Zonen ist nur ihnen möglich.«[154]

Eine eindrucksvolle Beschreibung solcher schamanistischer Auffahrten lieferte der mexikanische Huichol-Schamane Don José Matsuwa. Er beschreibt die kosmische Verbindungsachse als großen, wirbelnden Lichttunnel, durch den die Schamanen, die die Huichol »Mara'akáme« nennen, in die Welt der Urahnen und der Geistwesen auffahren. Diese Geistwesen heißen in Huichol »Urucate«. Matsuwa berichtet: »Wenn der Mara'akáme durch die Nierika (den Visionstunnel) fährt, so bewegt er sich, genau wie dieser Rauch sich bewegt. Verborgene Ströme tragen ihn gleichzeitig empor und in alle Richtungen. Grad wie der Rauch von deiner Zigarette und der von meiner Zigarette aufsteigen, ineinander übergehen und einander durchdringen, so reitet auch der Mara'akáme wie auf Wellen, fließt in und durch andere Wellen. Diese anderen Wellen sind die Urucate. Ständig machen sie Musik und singen und lehren so, was kein Mensch weiß oder jemals wissen kann. Denn wenn der Mara'akáme absteigt (...), verblaßt seine Erinnerung an die Urucate und ihre Welt. Nur ein Schimmer bleibt zurück von der phantastischen Reise, die er unternommen hat.«[155]

Ganz abgesehen von diesen typischen Erinnerungsproblemen beim Wechsel der Bewußtseinsebenen, mit denen auch Castaneda zu kämpfen hat, bleibt der Bericht von einer unvorstellbaren Reise außerhalb des physischen Körpers. Die Urucate (Geistwesen) in Matsuwas Bericht sind vergleichbar mit den Engeln, die Jakob in seiner Vision an der Himmelsleiter auf- und absteigen sah. Im Sinne der toltekischen Lehre würde man von »Verbündeten« reden, die Lebewesen mit Bewußtsein, aber ohne physische Substanz sind, und die sieben parallele Welten auf unserer Erde bevölkern und auf solchen Reisen häufig anzutreffen sind.

Diese Wesen werden auf verschiedene Art beschrieben, jeweils entsprechend der mythologischen Ideologie, der jeweiligen magischen Weltbeschreibung, der der betreffende Schamane angehört. Sie scheinen aber trotz verschiedener Beschreibungen und Benennungen ein allgemeines Erfahrungsgut der schamanistischen Aufstiegserlebnisse zu sein.

Während seiner Reise nimmt der Schamane die kosmische Verbindungsachse als physische Realität wahr. Matsuwa beschreibt die Nierika, den Visionstunnel als großen wirbelnden Durchgang aus Licht. Die Tolteken nennen diesen Tunnel das »Rad der Zeit«. Castaneda berichtet darüber, »es lasse sich physikalisch als ein Tunnel von unendlicher Länge und Breite beschreiben; ein Tunnel mit spiegelnden Rillen; jede Rille ist unendlich, und es gibt davon unendlich viele. Alle lebenden Wesen müssen, so will es die Lebenskraft, zwanghaft in eine dieser Rillen starren. In diese Rille zu starren, bedeutet, von ihr gefangen zu sein, sie zu leben. Was die Krieger als den Willen bezeichnen (...), gehöre dem Rad der Zeit an.«[156]

Die einzelnen Rillen des Rades der Zeit stellen in ihrer Gesamtheit all die Möglichkeiten des menschlichen Bewußtseins dar; jede einzelne Rille ist eine kontinuierliche Vision, eine Welt für sich. Normalerweise nehmen wir jedoch nur eine dieser möglichen Welten wahr – unsere Alltagswelt, die nur eine einzige Rille im Gesamtspektrum aller nur denkbaren Visionen darstellt. Und in diese Rille starren wir, ohne zu ahnen, daß sie nur eine Vision unter vielen anderen Visionen ist. Die Tolteken sind bemüht, die zwingende Kraft dieses fatalen In-die-Rillen-Starrens zu brechen und sind bereit, für ihre Freiheit sogar mit ihrem symbolischen, aber realen Tod zu bezahlen.

Das Todeserlebnis gehört unlösbar zu jeder schamanistischen Initiation und wird in jeder Ekstase des Schamanen zur erlebten Realität. Ekstase bedeutet im wörtlichen Sinne »außer sich sein«, d. h. der Schamane erlebt das Abspalten seiner Seele oder zumindest eines Teiles seiner Wahrnehmung vom normalen Körper, was letztlich einem Todeserlebnis gleichkommt. Darauf folgt für den Schamanen ein Zustand der doppelten Wahrnehmung – er ist gleichzeitig in seinem normalen Körper und auch in einer anderen

Welt, die meist als himmlische Sphäre vorgestellt wird. Er kann in diesem ekstatischen Zustand des Außer-sich-Seins aber auch genauso gut andere Orte dieser Welt, der normalen Realität des Alltags erleben.

Der Eintritt in die doppelte Wahrnehmung kennzeichnet nach toltekischer Auffassung das Erreichen der eigenen Mitte. Wir haben in Kapitel 2 das toltekische Modell der Bewußtheit, das leuchtende Ei und den Montagepunkt beschrieben, der darüber bestimmte, was und wie wir wahrnehmen. Im Sinne dieser Vorstellung bedeutet das Erreichen der eigenen Mitte eine Verschiebung des Montagepunkts zur Mitte des leuchtenden Eies, zum Zentrum, wo das Bindeglied zur Absicht, der Wille, ansetzt.

In diesem Zustand des In-seiner-Mitte-Seins nimmt man, laut Don Juan, direkt am Wissen der Absicht, des Nagual teil. Da dieses Wissen unabhängig von Sprache und Worten ist, bezeichnen die Tolteken es als »stilles Wissen«. Es ist das Wissen der gesamten Menschheitserfahrung, das laut C. G. Jung im kollektiven Unbewußten gespeichert ist. Das Erreichen der eigenen Mitte erlaubt es den Zauberern, Tolteken und Schamanen, direkt auf diesen unermeßlichen Schatz der Erfahrung von hunderten oder gar tausenden Generationen des Lebens auf dieser Erde zurückzugreifen. Was dies konkret bedeutet, soll nun abschließend erläutert werden.

Die Mythen der Völker berichten fast alle von einer legendären Vorzeit, in der die direkte Verbindung zum Himmel und zur Schicksalsmacht für alle Menschen gegeben und nutzbar war. Die australischen Aborigines sprechen von der mythischen »Traumzeit«, die Christen reden vom Paradies, in dem nicht nur die direkte Verbindung zu Gott, sondern auch eine harmonische Verbindung zwischen allen Lebewesen bestand. Der Huichol Matsuwa berichtet von einer Zeit, in der alle Menschen frei durch den Visionstunnel, die Nierika, zwischen den Welten hin und her reisen konnten. Eliade betont, daß dieser Mythos allgemein verbreitet ist.[157]

Der Mythos fährt folgendermaßen fort: Durch einen Sündenfall der Menschen oder Halbgötter, die sie zu dieser Zeit waren, wurde die transzendentale Verbindung unterbrochen; im christlichen Sinne ist dies die Vertreibung der Menschen aus dem Paradies. Auch dieses Element des Mythos ist allgemein verbreitet.

Die Schamanen und Zauberer stellen diese Verbindung, die in der mythischen Vorzeit für alle Menschen bestand, wieder her, aber sie müssen dafür einen hohen Preis entrichten. Matsuwa sagt:

»(...) und so wurde nur für die eine Ausnahme gemacht, die bereit waren, um des Wissens willen das Selbstopfer in seiner ganzen Härte zu erleiden. Diese besonderen Menschen würde man als Mara'akáme (Schamanenheiler) kennen, und sie dürften ihre Kräfte nur zum Heilen, Schützen und Leiten ihres Volkes benutzen.«[158]

Der Preis besteht also aus konkretem Leiden der Adepten und dem symbolischen Tod (Selbstopfer) in der Initiation zum Schamanen.

In der Wiederherstellung der einstigen Verbindung zwischen den Menschen und der transzendenten Schicksalsmacht, der Absicht, liegt daher auch der wahre Sinn der toltekischen Zauberlehre. Castaneda berichtet: »Und Don Juan hatte seine Überzeugung bekräftigt, daß die christliche Vorstellung von einer Vertreibung aus dem Paradies ihn wie eine Allegorie auf den Verlust unseres stillen Wissens anmute, unseres Wissens von der Absicht. Die Zauberei sei also eine Rückkehr zum Anfang, eine Rückkehr ins Paradies.«[159]

Auch Eliade teilt diese Ansicht über den eigentlichen Zweck des Schamanismus. Er schreibt über den Schamanen, wie er in allen Naturvölkern zu finden ist:

»(...) und er bemüht sich andererseits die ›Verkehrsmöglichkeit‹ wiederherzustellen, welche in illo tempore zwischen dieser Welt und dem Himmel bestand. Denn was heutzutage die Schamanen in Ekstase vollbringen, das war einst, am Morgen der Zeiten, allen Menschen in concreto möglich; sie stiegen zum Himmel auf und wieder herab, ohne dazu der Trance zu bedürfen. Die Ekstase bringt vorübergehend und für eine beschränkte Zahl von Menschen, die Schamanen, den uranfänglichen Zustand der ganzen Menschheit zurück. In dieser Hinsicht ist das mystische Erlebnis der

›Primitiven‹ eine Rückkehr zu den Ursprüngen, in die mystische Zeit des verlorenen Paradieses.«[160]

Durch dieses hohe Streben unterscheiden sich die Tolteken sowie die echten Schamanen von bloßen Hexen, Zauberern und Heilern. Ihr Streben richtet sich auf Transzendenz und auf die praktische Erfahrung derselben und nicht auf vom Eigendünkel geleitete Bestrebungen wie Macht über andere Menschen, Geld und dergleichen. Macht im toltekischen Sinne bedeutet, Macht über die eigene Bewußtheit, um jene magische Reise in das vergessene, aber immer vorhandene Paradies des stillen Wissens anzutreten.

3.1 Kosmologie und Mythos

»Nur die Ordnung oder Unordnung, die der kosmischen Ordnung entspricht, ist eine Ordnung.«

Amauta-Aphorismus[161]

Im vorigen Kapitel sind bereits die Begriffe Kosmologie und Mythos angeklungen. Wir haben gesehen, daß die Schamanen den Mythos von der paradiesischen Vorzeit, als Himmel und Erde noch miteinander verbunden waren, auf magisch-ekstatische Weise wiederbeleben und praktisch erleben. In Europa herrscht allerdings heute die Auffassung, daß Mythen entweder sinnlose Märchen seien oder daß sie auf psychologische Weise erklärt und gedeutet werden müßten. Im Leben der Naturvölker sowie im Altertum spielen die Mythen hingegen eine sehr bedeutsame Rolle, weil sie ordnend in das alltägliche Leben eingreifen, ähnlich wie Gesetzbücher, die im Leben des modernen Menschen eine regulierende Instanz darstellen. Zudem dienen sie als Grundlage für die religiösen Praktiken und Zeremonien. Eine besondere Bedeutung haben die Mythen jedoch für die Schamanen und Zauberer, auf die wir in diesem Kapitel näher eingehen wollen. Insbesondere sind da die kosmogonischen und kosmologischen Mythen zu nennen, die von der Entstehung und der Ordnung der Welt und des Kosmos berichten.

Zuerst stellt sich die Frage nach dem allgemeinen Sinn, der grundsätzlichen Funktion der Mythen. Eliade schreibt dazu:

»Die Mythen bewahren und vermitteln die Paradigmata, die beispielhaften Vorbilder, für das gesamte verantwortliche Handeln des Menschen.«[162] Als solche werden sie von Generation zu Generation weitergegeben. Die Überlieferung erfolgt im Normalfall von Mund zu Mund und nicht durch das geschriebene Wort.

Der Inhalt des Mythos ist auf diese Weise veränderlich; so sind z.B. die handelnden Personen austauschbar. Nur der Kern, die feste Grundstruktur des Mythos bleibt unveränderlich.

Solche Grundstrukturen sollen hier untersucht werden. So ähneln sich beispielsweise die Mythen der alten Griechen und der Römer: Zeus ist gegen Jupiter austauschbar, genau wie Hermes gegen Merkur, Aphrodite gegen Venus oder Chronos gegen Saturn. Die Funktion der einzelnen mythischen Gestalten – hier Götter – ist jedoch weitgehend identisch; so z. B. ihre feste Hierarchie oder ihr spezifisches Wirken.

Ein Rationalist mag einwenden, daß dies ja alles schön und gut und sicherlich historisch richtig sei, aber daß solche Mythen heute entmachtet, d. h. wirkungslos geworden seien. Dem ist jedoch nicht so. Die Mythen haben vielleicht ihre offensichtliche Wirkung verloren, aber unterschwellig – oft völlig unbewußt – wirken die archaischen Strukturen der Mythen weiter. So wirkt die jüdisch-christliche Kosmogonie, der Mythos von der Erschaffung der Welt durch Gott am Anfang der Zeiten, auch heute noch. »Und Gott segnete den siebten Tag und heiligte ihn, denn an ihm ruhte er von seinem ganzen Schöpfungswerk,«[163] lesen wir in der Bibel, in der Genesis, der Schöpfungsgeschichte der Juden und Christen.

Und genauso unterteilen wir auch heute noch die Woche in sechs »Werktage« und einen freien »Ruhetag«, den Sonntag, der sogar gesetzlichen Schutz genießt. All dies ist ein ferner Nachklang, eine Nachwirkung einer fast vergessenen Mythologie.

Bleiben wir im Beispiel der Woche als Zeiteinteilung und untersuchen wir deren mythische Wurzeln und Strukturen. Warum haben wir eine Zeiteinteilung »Woche« mit jeweils sieben Tagen?

Ist es nur eine hohle, leere Tradition? Schon das Schöpfungswerk der jüdisch-christlichen Mythologie umfaßt sieben Tage, und die Sieben wurde mithin zu einem Symbol Gottes. Man kann aber daraus schließen, daß die mythische Bedeutung der Zahl Sieben älter ist als die jüdisch-christliche Überlieferung.

Die Religionshistoriker führen den Kult der Sieben auf den babylonisch-mesopotamischen Gestirnskult zurück[164], der seinerseits auch heute noch unterschwellig nachwirkt, wie wir gleich zeigen werden. Denn schon vor vielen Tausend Jahren war den Kultpriestern im Zweistromland bei ihren Beobachtungen des Himmels aufgefallen, daß nur sieben sichtbare Gestirne offensichtlich nicht an der Himmelskuppel »angenagelt« waren, d. h. sie bewegten sich frei, nach eigenen Gesetzen über den Himmel. Diese waren die fünf Planeten Saturn, Jupiter, Mars, Venus und Merkur sowie Sonne und Mond. Alle anderen Himmelskörper bewegten sich gleichförmig nach derselben festen Gesetzmäßigkeit. Nur die oben genannten Sieben machten eine Ausnahme, obwohl jeder von ihnen seinen eigenen Gesetzen des Umlaufs folgte.

Auf diese Beobachtungen gründeten die Babylonier einen Kult, der der Vater der kosmologischen Mythologien des Altertums wurde. Es entwickelten sich hieraus das Pantheon der Griechen und Römer sowie die Astrologie und die Astronomie; und nicht nur das, der Kult der Gestirne bestimmte fortan die Einteilung der Zeit in Wochen – sieben Tagen, wobei jeder Tag einem Gestirn, bzw. dessen Gottheit geweiht war. Die Namen der einzelnen Wochentage legen auch heute noch Zeugnis für die Mythologien des Gestirnkultes ab. Folgende tabellarische Aufstellung zeigt die ursprüngliche Zuordnung der Wochentage zu den Gestirnen. Da sich jedoch über die Jahrhunderte die germanische, keltische, römische und christliche Mythologie darin vermischt haben (Austauschbarkeit der Namen!), werden zum Zweck der klaren Zuordnung auch die französischen, englischen und spanischen Namen der Wochentage angeführt. Die Beziehungen sind dann meist leicht zu erkennen.

Wochentag	englisch	französisch	spanisch	Planet
Montag	Monday	Lundi	Lunes	Mond
Dienstag	Tuesday	Mardi	Martes	Mars
Mittwoch	Wednesday	Mercredi	Miércoles	Merkur
Donnerstag	Thursday	Jeudi	Jueves	Jupiter
Freitag	Friday	Vendredi	Viernes	Venus
Samstag	Saturday	Samedi	Sábado	Saturn
Sonntag	Sunday	Dimanche	Domingo	Sonne

Im weiteren stammen unsere Monate mit ihren Bezeichnungen aus den alten Mondkulten und -mythologien. Die Jahresvorstellung folgt der Sonnenmythologie etc. Wir sehen, unsere heutige Zeit ist trotz rationalistischer Aufklärung nicht frei von mythologischen Elementen und deren Wirkung. Wir richten uns praktisch nach Mythen aus, die großenteils bereits dem Vergessen anheimgefallen sind, aber die nichtsdestotrotz weiterwirken und auf subtile Weise unsere Zeiteinteilung bestimmen.

Würde man die Augen für die Mythen und ihre bestimmenden Grundstrukturen öffnen, so könnte man in vielen alltäglichen, scheinbar profanen Routinen und Verhaltensweisen das Wirken uralter mythischer Komplexe wiedererkennen, die zwar nicht bewußt, aber dennoch ständig präsent sind. Der moderne Mensch hat es nicht geschafft, sich der archaischen Mythen zu entledigen; und das nicht, weil er nicht gründlich genug gewesen wäre im Prozeß der Aufklärung und der Profanisierung der Welt, sondern weil wir der regelnden und ordnenden Funktion der Mythen bedürfen. Denn sie erlauben es uns erst, unsere Stellung im Kosmos zu ergründen und zu bestimmen. Sie verleihen unserer Existenz Sinn und transzendente Bedeutung, wozu ein analytisches Denken allein niemals fähig sein kann. Eliade sagt: »Wenn man sich die Mühe macht, die authentische Bedeutung eines archaischen Mythos oder Symbols zu ergründen, kann man nicht umhin festzustellen, daß in ihr die Bewußtwerdung einer gewissen Stellung im Kosmos deutlich wird und daß sie damit auch eine metaphysische Stellung einbegreift.«[165]

Die Mythen sind also auf die transzendentale Ordnung des Kosmos gerichtet und geben auf diese Art den Menschen einen Sinn in ihrer individuellen Existenz, der allerdings über das Individuelle hinausgeht und den Einzelnen mit einer Transzendenz verknüpft. Wir haben dies ja schon anhand des Mythos von der »paradiesischen Vorzeit« erläutert.

Im Leben der Naturvölker ist die sinnverleihende Komponente der Mythen offensichtlich. Das Leben ist gemäß der Regeln des Mythos ritualisiert und jede Handlung hat als Wiederholung eines mythischen Elements ihren immanenten Sinn und klar umschriebene Bedeutung. Die ritualisierte Handlung wiederholt die Taten der mythischen Ahnen, der Götter und Heroen auf symbolische Weise und verbindet so den Ausführenden mit den mythischen Gestalten und deren Kraft. Das Leben des Menschen in den Naturvölkern ist somit auf vollkommene Weise in den Mythos eingebettet. Der Mythos offenbart mithin auch die Zukunft des Individuums, indem er die Geschichten vom Schicksal der Lebenden und Toten erzählt und diese symbolisch zusammenfaßt.

Fehlt dieses mythologische Eingebundensein in die kosmische Ordnung, so reduziert sich das Leben des Menschen auf die rein biologischen Akte wie Essen, Schlafen und Fortpflanzung. Das Leben verliert seinen Sinn und wird zur reinen Triebbefriedigung. Der moderne Mensch stellt sich damit abermals als der eigentliche »Primitive«, als haltloses Geschöpf dar, das planlos durch die Welt geht.

Aber, wie Castaneda sagt: »Es muß etwas mehr geben als das bloße Erdendasein, als Essen und Fortpflanzung.«[166] Darum wollen wir jetzt auf die Rolle der Mythen bei den Schamanen und den Tolteken zu sprechen kommen, deren Aktivitäten über dieses »bloße Erdendasein« hinausweisen.

Eliade sagt folgendes über die Beziehung der Schamanen zu Kosmologie und Mythos: »Nicht etwa die Schamanen haben, ganz für sich allein, die Kosmologie, Mythologie und Theologie ihres jeweiligen Stammes geschaffen, sie haben sie nur verinnerlicht, neu belebt und als Reiseplan für ihre ekstatischen Reisen benützt.«[167] Wir wollen nun im Folgenden untersuchen, inwieweit diese Aussage auch auf die Tolteken zutrifft.

Zu diesem Zweck müssen wir zuerst einen grundlegenden Mythos vorstellen, der bei den Indianern beider Amerikas allgemein verbreitet und der von kosmologischer Bedeutung ist: der Mythos von den »vier Weltecken«. So sagt der Sioux-Medizinmann Lame Deer über die Vier: »*Vier* ist die heiligste Zahl. Vier steht für Tatuye Topa – die vier Viertel der Erde.«[168]

Welche immense Bedeutung die mythische Vier im Leben der traditionellen Sioux auch heute noch hat, ist für einen Europäer kaum vorstellbar. Folgendes Zitat Lame Deers über die praktische Bedeutung der Vierzahl für die Sioux zeigt dies eindrucksvoll und zeigt auch das, was wir vorhin als Einbettung des Menschen in den Mythos bezeichnet haben:

> *»Die heilige Ziffer Vier verkörpert auch die vier Winde, die vier Himmelsrichtungen, das Symbol ist das Kreuz. Der Medizinbeutel des großen Geheimnisses enthielt viermal vier Dinge. (...) Vier Dinge machen das Universum: Erde, Luft, Wasser, Feuer. Wir Sioux sprechen von den vier Tugenden, die ein Mann besitzen sollte: Tapferkeit, Freizügigkeit, Ausdauer, Weisheit. Für eine Frau sind es Tapferkeit, Freizügigkeit, Aufrichtigkeit und Fruchtbarkeit. Wir Sioux machen alles mit der Ziffer Vier: Wenn wir Pfeife rauchen, machen wir vier Züge. Diejenigen unter uns, die der Native American Church angehören, nehmen während der Nacht, die wir durchbeten, viermal vier Löffel Peyote. In der Schwitzhütte gießen wir viermal Wasser über die heißen Steine. Vier Nächte lang dauert die Visionssuche beim hanblechia. Männer meiden vier Tage und Nächte lang den Kontakt zu Frauen, wenn eine wichtige Zeremonie bevorsteht.«*[169]

So bildet die Vierzahl bei den Sioux das mythische Grundmuster, das auf sämtliche Handlungen, Ideen und Vorgehensweisen angewandt wird. Diese Einhaltung der mythisch-kosmologischen Ordnung bei jeglichem Tun hebt jenes aus der Profanität des Alltags und läßt es zu einem Teil der heilig-transzendenten Ordnung des Universums werden.

Auch die Tolteken teilen den Mythos der Vier, der vier Weltekken, und messen ihm ähnliche Bedeutung zu wie die Sioux. Doña Soledad, eine Schülerin Don Juans, erzählt: »Es gibt vier Winde, wie es vier Himmelsrichtungen gibt. Das gilt natürlich für die Zauberer und für das, was die Zauberer tun. Vier ist für sie eine Zahl der Kraft.«[170] Beispiele für die Aufteilung der Dinge in vier Aspekte bei den Tolteken sind: Die vier natürlichen Feinde, die einem Mann auf dem Weg des Wissens entgegentreten; die vier Stimmungen des Pirschens; die vier Attribute der Kriegerschaft; vier Stufen auf dem Weg zur Bemeisterung der Absicht etc. Die

Tolteken übertragen die mythische Vier aber auch auf scheinbar profane Handlungen, ähnlich wie die Sioux. So erklärt La Gorda in »Der zweite Ring der Kraft« die toltekische Art zu essen: »(…) ein Krieger ißt jedesmal nur vier Bissen. Etwas später ißt er noch mal vier Bissen, und so weiter.«[171]

Das toltekische Wissen, wie wir es kennen, leitet sich direkt aus den präkolumbianischen Hochkulturen Mexikos ab – und dort war die Zahl Vier ebenfalls von überragender Bedeutung. Die Azteken, Maya und Tolteken ebenso wie auch die sudamerikanischen Inka gestalteten all ihre Werke nach dieser mythisch-kosmologischen Grundstruktur.

Die Ehrfurcht vor der heiligen Zahl Vier klingt so z. B. in der Maya-Schöpfungsgeschichte, dem »Popol Vuh«, an: »Mächtig fürwahr ist die Beschreibung, die Kunde, wie alles geschaffen wurde, Himmel und Erde; wie die vier Weltenden, die vier Seiten bestimmt und die Male gesetzt wurden; wie die Schnur gespannt und wie ausgemessen wurde die Weite des Himmels und der Erde. Vier Weltecken, vier Weltseiten machten Tsakól und Bitól, wie man sagt, die Mutter und der Vater von Leben und Schöpfung.«[172]

Der Übersetzer des »Popol Vuh«, Wolfgang Cordan, schreibt in seinen Anmerkungen über die Städtegründung im präkolumbianischen Amerika, welche immer nach dem Muster solcher kosmogonischer Mythen ablief:

> *»In früheren Zeiten war eine Städtegründung nicht die Ausführung einer rationalistischen Reißbrettzeichnung, sondern ein magischer Akt. Die Stadt als Abbild der Welt wurde grundsätzlich nach den vier Weltpunkten orientiert, quadratisch angelegt, quadratisch oder kreisförmig ummauert, in welcher zweiten Form wirklich die Quadratur des Zirkels vollzogen und jene Urfigur gezeichnet wird, die Jung das Mandala nennt (…).«*[173]

Jede Schöpfung, so z. B. die Gründung einer neuen Stadt, war also eine magisch-symbolische Wiederholung der Schöpfungsmythen. Dies sicherte den Einklang des neu Geschaffenen mit der ursprünglichen kosmischen Ordnung, die im Mythos offenbart worden war. Als Beispiel sei hier der magisch-symbolische Grundriß der Inka-Stadt Tiwanaku vereinfacht dargestellt:

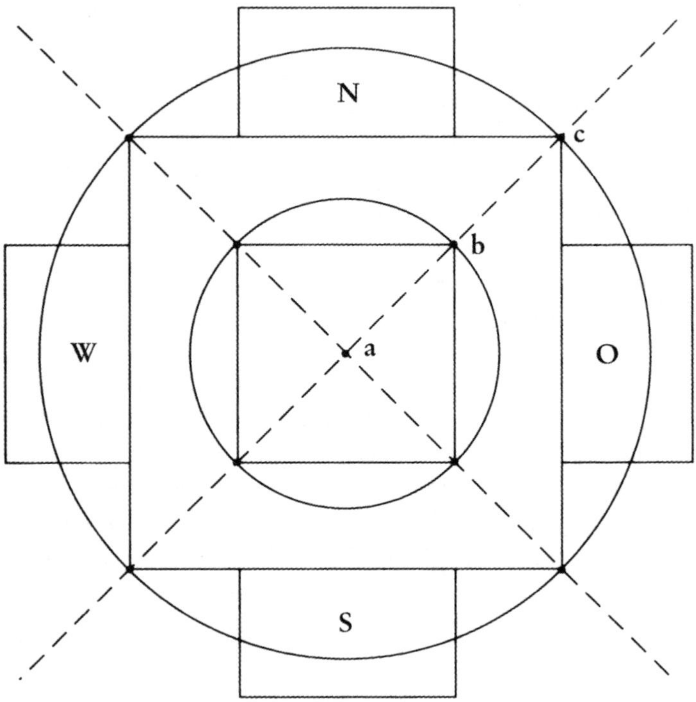

Abb. 5: Mythisch-symbolischer Grundriß von Tiwanaku (nach J. Miranda[174])

Hierzu einige erklärende Erläuterungen: Im Zentrum Tiwanakus (a) befindet sich die Hauptpyramide »Akhapana«, die ihrerseits nach den vier Weltecken ausgerichtet ist und die den Mittelpunkt der kosmischen Ordnung repräsentiert. Auf dem inneren Kreis (b) befinden sich bedeutende Heiligtümer, die jeweils auf den Ecken des inneren Quadrats erbaut wurden. Der äußere Kreis (c) gibt schließlich die Grenzmarkierungen der heiligen Stadt Tiwanaku an. Auf ihm, an den Ecken des äußeren Quadrats, finden sich die alten Grenzsteine und -markierungen der Tempelstadt.[175]

Wenn wir Abb. 5 auf die weitere Umgebung Tiwanakus projizieren, so stellt sich heraus, daß auch die anderen Städte im Sinne dieser magisch-kosmologischen Ordnung erbaut wurden. Wenn Tiwanaku das Zentrum des alten Inka-Reiches und gleichsam der »Nabel der Welt« ist, stellt es in Abb. 5 den Punkt »a« dar. Auf dem inneren Kreis (b) finden wir auf den Ecken des Quadrats die alten Städte Pukara, Sta. Ana, Tacna und Oruro. Auf dem äußeren Kreis (c) finden wir, ebenfalls auf den Ecken des Quadrats die heiligen Städte Cuzco und Potosi. Die Inka errichteten also nicht nur die Hauptstadt Tiwanaku nach den Regeln des kosmologischen Mythos, sondern auch ihr Reich.[176]

Solche Regelmäßigkeiten gelten für nahezu alle Hochkulturen des alten Amerikas, für die ein Schöpfungsakt immer nach den heiligen Regeln der ersten Schöpfung, der Kosmogonie, geschehen mußte. Diese Art des Denkens und Handelns ist zwar weit entfernt vom Zweckdenken unserer rationalistischen Kultur, aber die Ergebnisse dieser alten Kulturen sprechen auch durch die ästhetische Wirkung ihrer Monumente für sich. Eine moderne Großstadt wird mit ihren häßlichen Zweckbauten niemals die magische Schönheit der alten Tempelstädte erreichen, die zur Zeit ihrer vollen Blüte ihren Glanz über den ganzen Umkreis dieser alten Kulturen ausbreiteten.

Die Tolteken machen in diesem Sinne keine Ausnahme, aber die Zeit der heiligen Städte und Tempel gehört heute der Vergangenheit an. Die heutigen Tolteken errichten keine Pyramiden und Städte aus Stein, sondern aus Fleisch und Blut, aus lebenden Menschen. Damit kommen wir zum eigentlichen Mythos der Tolteken, der ohne all die vorbereitenden Erklärungen in diesem Kapitel für einen Europäer wohl kaum in seiner ganzen Tragweite zu erkennen wäre. Der Mythos der Tolteken heißt »Die Regel des Nagual« und soll nun seinem Grundriß nach dargestellt werden[177]:

Die Kraft, die das Universum, den Kosmos erschaffen hat, nennen die Tolteken den »Adler«, nicht weil er irgend etwas mit einem Adler zu tun hätte, sondern weil diese Kraft den »Sehenden« so erscheint. Der Adler regiert das Schicksal aller lebenden Wesen. Er verleiht ihnen bei ihrer Geburt die Bewußtheit, die die

Lebewesen weiterentwickeln und ausdehnen sollen. Die Mehrung der Bewußtheit ist also die Aufgabe allen Lebens und mithin der Sinn des Lebens. Durch den Tod kassiert der Adler die »Leihgebühr« für das Leben der Wesen, denn er ernährt sich von der Bewußtheit, die durch den Prozeß des Lebendigseins gemehrt und ausgedehnt wurde. Beim Tod wird also die Bewußtheit eines jeden Wesens gelöscht und gleichsam vom Adler verschlungen. Diesen Vorgang haben die alten Tolteken auf einem Fresko in allen Phasen verewigt (s. Abb. 6).

Abb. 6: Der »Adler«, leuchtende Eier verschlingend, die die Bewußtheit der sterbenden Lebewesen repräsentieren.
(»Quetzacoatl«-PyramideTula/Mexico, um 1000 n. Chr.
Abzeichnung nach einem Foto Henri Stierlins[178])

Doch der Adler gewährt jedem lebenden Wesen die Gabe, sich diesem Befehl zu widersetzen, um nicht gefressen zu werden, um die Bewußtheit zu behalten und gleichsam nicht zu sterben. Zu diesem Zweck erschuf der Adler einen Durchlaß zur Freiheit, zur totalen Bewußtheit. Er erschuf den Durchlaß, um die Bewußtheit weiterbestehen zu lassen. Außerdem erschuf der Adler spezielle

Lebewesen, die »Naguals« genannt werden, um die Lebewesen, die die Bewußtheit behalten wollen, zu dem verborgenen Durchlaß in die Freiheit zu führen. Diese »Naguals« sind nicht zu verwechseln mit der gleichnamigen Kraft, die wir bereits kennengelernt haben. Sie sind sog. Doppelwesen, die nicht wie alle anderen Lebewesen aus zwei Teilen bestehen, sondern aus vier Teilen. Dies bezieht sich natürlich nicht auf die physischen Körper, sondern auf die leuchtenden Eier dieser Wesen.

Im Falle des Menschen tritt der Nagual paarweise auf, als Nagual-Mann und Nagual-Frau, die zusammen ein Team, eine Einheit bilden. Sie haben vom Adler die Aufgabe erhalten, eine Gruppe von Menschen zu dem Durchlaß in die Freiheit zu führen. Diese Gruppe, genannt der »Zug des Nagual«, besteht aus viermal vier, also sechzehn Leuten, die den verschiedenen Menschentypen angehören, die der Adler erschaffen hat. Der Adler erschuf vier Typen von Männern und zweimal vier Typen von Frauen, die nun kurz vorgestellt werden:

Die vier weiblichen Typen werden die vier Himmelsrichtungen, die vier Winde, die vier Ecken eines Quadrats genannt. Die Tolteken sprechen daher von östlichen, nördlichen, westlichen und südlichen Frauen. Die weiblichen Typen unterteilen sich außerdem in zwei große Lager, die der rechte und der linke Planet genannt werden; der rechte Planet umfaßt vier Pirscherinnen: eine Ost-, eine Nord-, eine West- und eine Süd-Pirscherin. Der linke Planet umfaßt vier Träumerinnen, eine Ost-, eine Nord-, eine West- und eine Süd-Träumerin. Die vier männlichen Typen heißen: der gelehrte Mann, der Mann der Tat, der Organisator und der Kurier. Zusammen mit Nagual-Mann und Nagual-Frau bilden diese Menschen der verschiedenen Typen den Zug des Nagual, der sich schematisch wie in Abb. 7 darstellen läßt.

Man erkennt in Abb. 7 leicht die Ähnlichkeit der Anordnung im Vergleich zum typischen Aufbau Tiwanakus (vgl. Abb. 5). Der Zug des Nagual entspricht einer alten toltekischen Pyramide, die heute als »Quetzalcoatl«-Pyramide von Tula, der alten Hauptstadt der historischen Tolteken, bekannt ist und von der auch das Adler-Fresko der Abb. 6 stammt. Die Atlanter, die heute wahllos auf dem Dach der Pyramiden herumstehen, stellen die vier Träumerinnen

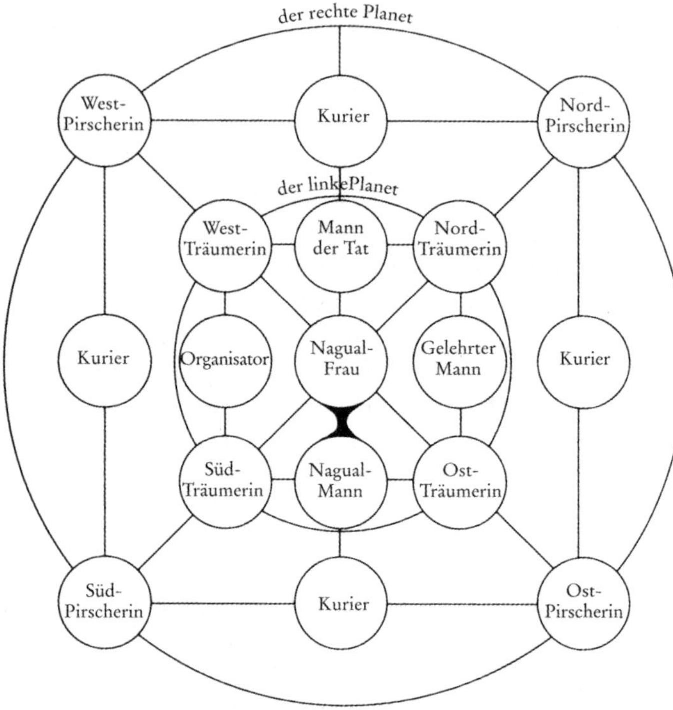

Abb. 7: Der Zug des Nagual als lebendige Pyramide

dar; sie entsprechen dem Prinzip des Nagual. Es gibt dort noch vier Säulen, die Kriegerinnen darstellen und mit Inschriften bedeckt sind; sie stellen die vier Pirscherinnen dar und entsprechen dem Prinzip des Tonal.[179]

In der mexikanischen Ruinenstadt La Venta, die einige tausend Jahre alt ist, hat man im Zentrum der großen Erdpyramide eine Gruppe von 16 kleinen Jadestatuetten entdeckt, wobei 15 davon um eine zentrale Figur versammelt waren; ein Hinweis für das große Alter des archaischen Mythos vom Zug des Nagual. Die heutigen Tolteken, zu denen auch Don Juan und Castaneda gehören, leben eben diesen Mythos –, und für sie ist dieser Mythos mehr als nur eine Erzählung, er ist eine »Landkarte«.[180] Dies entspricht wiederum der Art, wie die Schamanen laut Eliade ihre jeweiligen Mythen nutzen.

Wir werden in Kapitel 7 noch einmal näher auf das Thema »Zug des Naguals« eingehen, denn dieses Thema ist so umfangreich, daß es nicht auf drei Seiten abgehandelt werden kann. Zu bemerken bleibt, daß auch C. G. Jung die Menschen in vier Gruppen, vier verschiedene psychologische Typen[181] unterteilt, was dem Mythos vom Zug des Nagual eine gar nicht so mythologische, sondern eine sehr realistische Perspektive verleiht. Auch hierauf werden wir in Kapitel 7 zurückkommen müssen, da die Charakterisierung der einzelnen Typen noch aussteht.

Wir haben aber gesehen, daß Mythologie und Kosmologie für die Indianer und auch für die Tolteken ein sehr lebendiges Thema sind, während in Europa die Mythen für tot und begraben gehalten werden. Bestenfalls sind sie hierzulande Thema psychologischer Betrachtungen – für einen traditionellen Indianer hingegen sind sie erlebbare Realität.

3.2 Die Ganzheit des Selbst als befreite Wahrnehmung

»Wer die Menschen einst fliegen lehrt, der hat alle Grenzsteine verrückt; alle Grenzsteine selber werden ihm in die Luft fliegen, die Erde wird er neu taufen – als ›Die Leichte‹.«

Friedrich Nietzsche (1844–1900)[182]

Mit diesem Kapitel soll die rein theoretische Betrachtung der toltekischen Lehren abgeschlossen werden. Darum wollen wir die einzelnen Schritte der Betrachtung noch einmal rekapitulieren und ihre Bedeutung im Zusammenhang darstellen. Vorab noch der Hinweis, daß die vorliegende Untersuchung die einzelnen Themen keineswegs ausschöpft und nur mögliche Ansätze zur Betrachtung der toltekischen Lehre liefert, deren weitere Ausarbeitung anderen Arbeiten vorbehalten bleiben soll. Auch andere geisteswissenschaftliche Werke können ähnliche Vergleichsansätze liefern. Hier könnte man z. B. an die Philosophen des alten Griechenlands denken, an Platon oder die Vorsokratiker; an die existenzialistische Philosophie Sartres oder Wittgensteins sprachwissenschaftliche Untersuchungen. Die Einbeziehung all dieser Werke hätte jedoch bestenfalls zu Verwirrung geführt, so daß ich beschloß, die Untersuchungen hier auf vorliegende Vergleiche zu beschränken. Die Arbeiten von Husserl, Jung und Eliade liefern m. E. die fruchtbarsten Ansätze für eine solche Untersuchung, da sie einerseits die toltekische Lehre »verständlicher« machen, sie andererseits aber auch nicht dem rationalistischen Reißwolf einer »erklärenden« Entwertung ausliefern. Rufen wir uns also noch einmal die gemachten Schritte in Erinnerung und versuchen wir anhand dieser Zusammenfassung die eigentlichen Ziele der toltekischen Lehren herauszustellen:

Der erste Schritt war die philosophische Betrachtung der toltekischen Lehre im Sinne einer Erkenntnistheorie. Im Vergleich mit der Phänomenologie Edmund Husserls zeigten sich folgende philosophische Aspekte der toltekischen Lehre: Sie umfaßt eine Lehre vom Erscheinenden, eine Phänomenologie, und besitzt in diesem Sinne eigene Reduktionsmethoden, mit denen eine Annäherung an die »Dinge an sich« und an die »Welt an sich« möglich gemacht werden soll. So zeigten sich Ähnlichkeiten zwischen der Methode des Nicht-Tuns und der Methode Husserls, der phänomenologischen Reduktion. Beide Lehren kommen letztlich zu dem Schluß, daß eine reale transzendente Welt, wie sie der naive Verstand annimmt, von uns nicht erkannt wird oder erkannt werden kann. Das einzige Sein, auf das wir uns mit erkenntnistheoretischer Sicherheit beziehen können und dürfen, ist unser Bewußtsein. In diesem Sinne besitzt die toltekische Lehre ihre eigene philosophische Ontologie (Lehre vom Sein) und erweist sich als Lehre vom Bewußtsein.

Das normale Bewußtsein wird mit Hilfe einer Weltbeschreibung aufrechterhalten, die wir von klein auf erlernen und die wir später als selbstverständlich akzeptieren und reflektieren. Auch in diesem Punkt sind sich Husserl und die toltekische Lehre einig. Diese Weltbeschreibung wird mittels eines permanenten inneren Selbstgesprächs, dem inneren Dialog, aufrechterhalten und verteidigt. Die Ausklammerung all des gelernten und reflektierten Materials nennen die Tolteken das »Anhalten des inneren Dialogs« oder einfach das »Anhalten der Welt«. Husserl redet von der transzendentalen »Epoche« (gr. = das Anhalten). Mittels dieser radikalen Reduktion gelangt Husserl zum »transzendentalen Ich«, eine Vorstellung, in der das Ich als Zentrum der Bewußtheit gleichsam die ganze wahrgenommene und erkannte Welt darstellt. Die toltekische Lehre besitzt eine analoge Vorstellung, in der dieser Sachverhalt mittels der Allegorie von der »Insel des Tonal« verdeutlicht wird.

Die Tolteken benennen zwei grundsätzliche Auffassungsfunktionen, mit denen die normale Wahrnehmung und damit die normale Welt aufrechterhalten wird, »Sprechen« und »Vernunft«. Die funktionale Einheit, die beide bilden, wird als der »erste Ring der Kraft« oder als »Aufmerksamkeit für das Tonal« bezeichnet. Ziel der toltekischen Lehre über die normale Bewußtheit, einfach das »Pirschen« genannt, ist die Entthronung des tyrannischen Ichs (Tonal) und die Reduktion der Weltbeschreibung auf ein notwendiges Minimum.

Dies geschieht nicht ohne Grund, denn, wie der zweite Schritt der Betrachtung zeigt, besitzen wir Menschen von Geburt an eine zweite Art von Bewußtheit, ein zweites psychisches Zentrum, das dem Ich entgegengesetzt und ihm gewöhnlich verborgen ist. Die Tolteken nennen diese Bewußtheit daher Nagual (von tolt. *nahualli* = sich verbergen, maskieren). Das Nagual ist unter anderem verantwortlich für unsere Träume und dunklen Emotionen. Mit ihm beschäftigt sich der zweite Teil der toltekischen Lehren, das »Träumen«.

Wir haben diese Lehren mit der analytischen Psychologie C. G. Jungs verglichen und festgestellt, daß auch hier starke Parallelen zu finden sind. Jung postuliert aufgrund seiner Erfahrungen als Psychiater ebenfalls eine zweite Art Bewußtheit, einen autonomen psychischen Teil des Menschen, den er als »Unbewußtes« bezeichnet und den wir mit der toltekischen Vorstellung vom Nagual identifizierten. Beide Lehren besitzen analoge Modelle dieses Teiles unseres Gesamt-Selbst. Gemeint sind hier die toltekische Beschreibung vom leuchtenden Ei sowie das Jungsche Kugelmodell der Psyche. Die toltekische Lehre als eine Lehre vom Bewußtsein geht mit ihrem Wissen über diesen anderen Teil unseres Selbst theoretisch und praktisch sogar über die Kenntnisse der heutigen Psychologie hinaus.

Im weiteren untersuchten wir die Bedeutung der Träume und Visionen, die allesamt ein Produkt jenes Unbewußten, des Nagual sind, bei den Natur- und Kulturvölkern. Es zeigte sich, daß die meisten primitiven Völker eine ausgesprochen komplexe und hochentwickelte Psychologie besitzen. So unterscheiden sie z. B. verschiedene Seelen: eine Atem- oder Lebensseele und eine vom Körper weitgehend unabhängige Frei- oder Traumseele. Wir haben zeigen können, daß diese Vorstellung offenbar allgemein verbreitet und von einiger Bedeutung ist, da sie auf eine Transzendenz hinweist.

In diesem Zusammenhang ist zu betonen, daß es sich weder bei den Lehren der Naturvölker zu diesem Thema, noch bei der toltekischen Lehre des »Träumens« um eine Esoterik handelt. »Esoterik« bedeutet die Beschäftigung mit etwas Innerem; der Traum und die Traumseele werden aber, sowohl bei den Naturvölkern als auch bei den Tolteken, als etwas völlig Reales und Äußeres betrachtet, was eine esoterische Einordnung überflüssig macht. Auch handelt es sich bei diesen Lehren nicht um Geheimlehren, denn bei den Naturvölkern ist die Beschäftigung mit Traum und Traumseele ein allgemeines Erfahrungsgut und so verbreitet und selbstverständlich wie bei uns Lesen und Schreiben. Die Traumwirklichkeit wird von vielen Völkern sogar als die primäre, grundlegende, wenn nicht einzige Wirklichkeit betrachtet. Als allgemein dürfte daher auch die Nutzung der Träume als direkte Erkenntnisquelle gelten.

Das »Träumen« ist jedoch für die Tolteken nur eine von mehreren Auffassungsfunktionen für die andere Art des Bewußtseins, die andere Wirklichkeit des Nagual. Sie benennen sechs verschiedene Funktionen, die sie als »Fühlen«, »Träumen«, »Sehen«, »Wille«, »Tonal« und »Nagual« bezeichnen. Sie beziehen sich auf besondere, nicht-alltägliche Bewußtseinszustände, die die Tolteken durch ihre Lehre der Zauberei erschließen und nutzbar machen. Sie bilden zusammen eine funktionale Einheit, die als »zweiter Ring der Kraft« oder als »Aufmerksamkeit für das Nagual« bezeichnet wird. Von besonderer Bedeutung erweisen sich dabei das Zentrum des zweiten Kraftringes, der »Wille«, und das »Nagual«, das nur über den »Willen« zu erreichen ist.

Das führte zum dritten Schritt der Betrachtung, der Untersuchung der toltekischen Lehren über die »Bemeisterung der Absicht«. Die Tolteken identifizieren die »Absicht«, die über unsere gesamte Wahrnehmung und Erkenntnis bestimmt und unser Schicksal lenkt, mit dem »Nagual«, jenem verborgenen Teil unseres Gesamt-Selbst. Dieser ist aber offenbar kein persönlicher Bestandteil mehr, denn alles, was Person ist, erweist sich als »Tonal«. Das »Nagual« erscheint daher als überpersönliche

Macht, an der wir alle, kraft unseres Bindeglieds – dem »Willen« – teilhaben.

Dieser Aspekt wies uns über die Grenzen der Philosophie und der Psychologie hinaus in den Bereich theologischer Betrachtungen, speziell der Religionswissenschaft. So stellten wir im Vergleich mit den religionshistorischen Untersuchungen Eliades fest, daß die Idee von einer direkten Verbindung zur Schicksalsmacht offenbar eine allgemein verbreitete Vorstellung ist. Bei genauerer Betrachtung stellte sich heraus, daß diese Verbindung eine »Wieder-Verbindung« (Religion!) zur mythischen Urzeit, zum legendären Paradies darstellt. Die Schamanen und Tolteken sind bemüht, diese Verbindung wiederherzustellen, nachdem sie irgendwann in der Menschheitsgeschichte abgebrochen war. Beider Bestreben ist es, zu einer direkten Erfahrung von Transzendenz zu gelangen, eine tatsächliche Rückkehr in das verlorene Paradies anzutreten, was den Schamanen kurzfristig mit ihren Ekstasetechniken gelingt. In dieser Hinsicht stellt die toltekische Lehre auch eine Art Religion dar, allerdings eine merkwürdig veränderte: eine direkte, praktische Religion und Rückverbindung ohne Glauben oder Gott.

In diesem Zusammenhang stießen wir auf die regelnde und lenkende Kraft der Mythen, die für Schamanen und Tolteken eine ganz besondere Bedeutung besitzen. Beide benutzen die Mythen als eine Art Landkarte und Wegweiser auf den verschlungenen Pfaden ihres Wissens. Sie leben die Mythen praktisch, d. h. sie wiederholen die Handlungen ihrer mythischen Vorbilder. Diese Nutzung der Mythen ist allerdings mehr als nur eine symbolische Ritualisierung, es bedeutet für sie ein konkretes, praktisches Erleben in seinem wörtlichsten Sinne. Von besonderer Bedeutung sind da die kosmogonischen und kosmologischen Mythen, da sich in ihnen die natürliche Ordnung des Kosmos und der Welt offenbart. So stellten wir den toltekischen Mythos, die »Regel des Nagual« vor, der sich als besondere Version des indianischen Mythos von der Ordnung der Welt, von den vier Weltecken, erweist. Dieser Mythos zeigt auch das transzendente Ziel aller toltekischen Bestrebungen: die absolute Freiheit. Der Befreiungsmythos der Tolteken schließt mithin auch die Befreiung vom Tode ein, jenem mächtigen Gegenspieler des Menschen, der uns aus jüdisch-christlicher Sicht erst seit dem mythischen »Sündenfall«, seit der Vertreibung aus dem Paradies verfolgt. Die absolute Befreiung der toltekischen Lehre kann man gleichsetzen mit der endgültigen, wirklichen Rückkehr – oder besser gesagt »Heimkehr« – zu den Uranfängen, in den ursprünglichen Zustand einer mythischen Vorzeit.

Soweit die Zusammenfassung des bisher Gesagten. Wie stark der toltekische Nagualismus dem Schamanismus, wie er bei den Naturvölkern allgemein verbreitet ist, ähnelt, ergibt sich auch aus folgender Äußerung der Ethnologin Joan Halifax:

> *»Will man den Schamanismus auch nur in seinen Anfangsgründen verstehen, so ist es letztlich notwendig, genau hinzuhören, wenn Schamanen von ihrem Leben erzählen. Es ist der Schamane, der die gewöhnliche Welt, in der gelebt wird, und die philosophische Vorstellung vom Kosmos, die gedacht ist, in eins verwebt. Menschliches Dasein, Leiden und Tod werden vom Schamanen in ein System philosophischer, psychologischer, spiritueller und soziologischer Symbole gebracht; darin setzt er durch die Auflösung ontologischer Paradoxe und Daseinsschranken eine moralische Ordnung und beseitigt so die schmerzlichsten und unerfreulichsten Seiten menschlichen Lebens. Die Vollkommenheit einer zeitlosen Vergangenheit, das Paradies einer mythischen Ära, sind existenziell in der Gegenwart verwirklichbar. Und durch sein heiliges Wirken teilt der Schamane diese Möglichkeit allen mit.«*[183]

In der toltekischen Lehre, die sicherlich – wie jede Religion, Wissenschaft oder Weltanschauung – letztlich von den magischen, prälogischen Lehren der Schamanen abstammt, ist die o.g. Verwebung von philosophischen, psychologischen und religiösen Elementen besonders klar zu erkennen. Sie reduziert den Menschen nicht einfach auf bruchstückhafte Teilwahrheiten einzelner Fachgebiete, wie es die modernen Wissenschaften tun, sondern sie beläßt ihn im wesentlichen als Ganzes, indem sie die trennenden

Schranken des üblichen Denkens auf praktische und konsequente Weise zerbricht. So wird z. B. die trennende Schranke zwischen der normalen Wirklichkeit und der Traumwirklichkeit zerbrochen, indem die normale Wirklichkeit auf ein Produkt unseres Bewußtseins reduziert wird. Durch diesen magisch-philosophischen Akt verschwindet die Trennlinie, die den Traum als unwirklich und als minderwertiges Produkt unserer Psyche aus unserem bewußten Leben zurückhielt. Traum und normale Realität werden so auf die gleiche Stufe gestellt, mit gleichem Wert und gleichem Wirklichkeitsanspruch: der einen Wirklichkeit unserer Bewußtheit.

Diese Tendenz zur Auflösung der Trennlinien, zur Ganzwerdung oder Heilung unseres in sich getrennten Bewußtseins zieht sich durch das gesamte Lehrsystem der Tolteken und ist auch der zentrale, wesentliche Aspekt des Schamanismus. Unsere psychische Ganzheit wiederherzustellen ist auch das erklärte Ziel der analytischen Psychologie von C. G. Jung. Er schreibt über den eigentlichen Sinn seiner Lehre: »Die Psychologie gipfelt notwendigerweise in dem der Psyche eigentümlichen Entwicklungsprozeß, welcher in der Integration der bewußtseinsfähigen Inhalte besteht. Er bedeutet die Ganzwerdung des psychischen Menschen, welche für das Ichbewußtsein ebenso merkwürdige wie schwer zu beschreibende Folgen hat...«[184] Eine dieser Folgen ist, daß der betreffende, ganz gewordene Mensch sich selber nicht mehr als begrenzte Person, sondern als übergreifende, vermittelnde Daseinsform zu verstehen beginnt – ein allgemein ekstatischer Bewußtseinszustand, wie er für den Schamanen nur allzu typisch erscheint.

Diese Integration aller bewußtseinsfähigen Inhalte und mithin auch die Ganzwerdung des Menschen ist ein zentrales Ziel der toltekischen Lehren, ohne die die Befreiung, die Rückkehr in einen ursprünglichen Zustand nicht angetreten werden kann. Don Juan spricht in diesem Zusammenhang von der »Ganzheit des Selbst«:

»Nach einem lebenslangen Kampf weiß ich, daß es nicht darauf ankommt, eine neue Beschreibung zu lernen, sondern die Ganzheit des Selbst zu erreichen. Man sollte das Nagual erreichen, ohne das Tonal zu schädigen.«[185] Die toltekische Zauberlehre lehrt die Zauberei also mitnichten als Selbstzweck, sondern um jene mysteriöse Ganzheit zu erreichen, die einem allerdings nicht einfach in den Schoß fällt; man muß sie – womöglich in einem lebenslangen Prozeß – erarbeiten. Zu dieser Ganzheit gehört nämlich die Beherrschung beider Kraftringe, die jeder Mensch mit auf die Welt bringt, aber die nur wenige entwickeln.

Don Juan erklärt in der »Ring der Kraft«, daß jeder acht Punkte mit auf die Welt bringe. Vernunft und Sprechen sind allgemein bekannt. Fühlen ist immer unbestimmt, aber dem alltäglichen Bewußtsein nicht fremd. Aber nur in der Welt der Zauberer wird man mit Träumen, Sehen und Wille gänzlich vertraut. Und schließlich finde man am äußeren Rand dieser Welt die anderen zwei. Diese acht Punkte bilden die Ganzheit des Selbst.[186] Er verdeutlicht Castaneda diese Erklärung anhand einer schematischen Zeichnung dieser acht Punkte, die ähnlich wie Abb. 8 ausgesehen haben wird.

Diese acht Punkte, die wir im einzelnen bereits erläutert haben, stellen nach toltekischer Ansicht die grundsätzlichen Auffassungsfunktionen unserer Bewußtheit dar. Das bedeutet, daß diese Punkte unserer Wahrnehmung, unserer Bewußtheit zugänglich gemacht werden können; es bedeutet aber nicht, daß wir diese auch verstehen könnten, denn das Verstehen ist ein Privileg der Vernunft – und diese ist eben nur einer der Punkte, die unsere ursprüngliche Ganzheit ausmachen. Vernunft ist nur eine Möglichkeit, mit unserer Wahrnehmung und unserer Erkenntnis umzugehen. Die anderen Punkte bilden ähnlich separate Welten, so wie Fühlen oder Vernunft Welten für sich sind. So können wir auch lernen zu »träumen«, um auf bewußte Weise separate, neue Welten wahrzunehmen und zu erfahren; aber ob wir diese Vorgänge je verstehen werden, ist eine andere Frage. Um es noch einmal klar auszudrücken: Das Erreichen der Ganzheit des Selbst ist keine akademische Frage, sondern eine praktische Angelegenheit, und es hätte wenig Sinn, dieses Mysterium rational zu erörtern oder gar erklären zu wollen. Aus diesem Grunde will ich die Bedeutung des Erreichens der Ganzheit des Selbst nur in allegorischer Form bezeichnen:

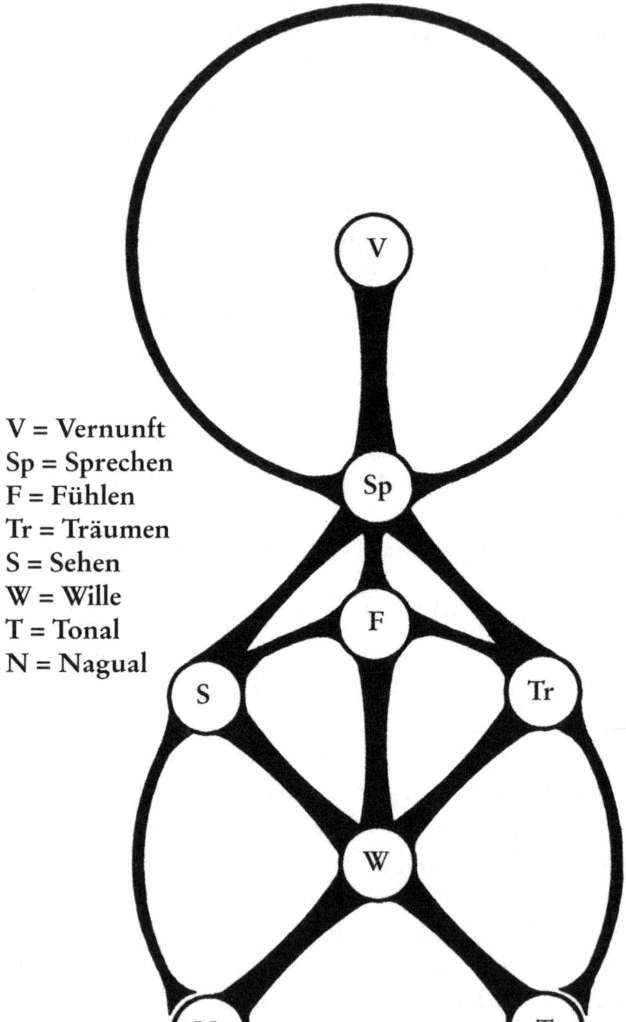

Abb. 8: Die acht Punkte der Ganzheit des Selbst

Unser erster Kraftring ist der Tag, die Wachbewußtheit. Die natürliche Zeit umfaßt aber auch die Nacht; eine Zeit, in welcher der normale Mensch schläft, d. h. völlig unbewußt ist. Unser zweiter Kraftring ist die Nacht, die Traumbewußtheit, die nur die Tolteken zur vollen Bewußtheit entfalten. Aber erst Tag und Nacht zusammen ergeben unsere ganze Zeit, und erst Wach- und Traumbewußtheit ergeben zusammen unsere ganze, volle Bewußtheit. Die Tolteken streben nach Harmonie zwischen diesen beiden Seiten unserer Ganzheit, während dem Durchschnittsmenschen nicht einmal bewußt ist, daß die andere Seite existiert und daß sie vielleicht umfassender ist als unsere Vernunft und unsere vernünftige Welt.

»Die Dämmerung ist der Spalt zwischen den Welten (...). Sie ist die Pforte zum Unbekannten.«[187] sagt Don Juan. Und das heißt, daß uns stets mehr Möglichkeiten offenstehen, als wir vielleicht ahnen oder wahrhaben wollen. Erst das Dämmerlicht zwischen Tag und Nacht, zwischen den Welten, enthüllt uns unsere Ganzheit, die Ganzheit all der Möglichkeiten unseres Bewußtseins.

Um es anders zu sagen: Unsere Bewußtheit ist in unseren Körpern eingeschlossen; der normale Körper ist – als Übereinkunft unserer Weltbeschreibung – ein Gefängnis für unsere Bewußtheit, die man sich als Vogel im Käfig vorstellen kann. Entfernen wir die Gitterstäbe der tyrannischen Norm unserer Vernunft, so können wir frei auffliegen, wie die bai-Seele der alten Ägypter, die sie als den Seelenvogel bezeichneten. Auch Don Juan spricht im Zusammenhang mit der Ganzheit des Selbst vom »Ausbreiten der Flügel der Wahrnehmung«.[188] Die Ganzheit des Selbst ist es, die allein zum Durchlaß in die Freiheit führt und damit auch in das mythische Paradies der Vorzeit, in dessen Zeitlosigkeit der Tod keine Rolle mehr spielt. Die Ganzheit des Selbst ist die aus ihrem Gefängnis befreite Bewußtheit, die befreite Wahrnehmung. Und die toltekischen Lehren sind ein Weg, um diese Befreiung zu erreichen.

Dieser Weg führt direkt zu jener Transzendenz, der schon seit Jahrhunderten im Bereich der Philosophie nachgespürt wurde, ohne jemals erreicht worden zu sein. Dies liegt vor allem an dem eklatanten Mangel an praktischem Bezug in dieser Geisteswissenschaft. Denn erst ein direkter, praktischer Bezug würde es der Philosophie erlauben, als tatsächlicher Orientierungspunkt für die Menschen in ihrem individuellen Leben zu wirken. Wir brauchen eine praktische Philosophie, wie sie bei den Schamanen oder bei den Tolteken selbstverständlich ist – denn, was bedeutet schon ein Wissen, das nicht nutz- oder anwendbar ist?

Die Tolteken lehren eine praktische Philosophie, und es ist jetzt angebracht, auf die praktischen Inhalte des Nagualismus einzugehen, denn, wie Don Juan sagt: »Wenn du sagst, du würdest mein Wissen verstehen, dann hast du nichts Neues zuwege gebracht.«[189]

Teil II

Die praktischen Künste der Tolteken

Der erste Teil dieses Buches beschäftigte sich mit den theoretischen Prämissen der toltekischen Lehren. Als Hilfe wurden Ansätze geisteswissenschaftlicher Arbeiten aus der europäischen Tradition herangezogen. Dies bedeutet jedoch nicht, daß das toltekische Wissen nicht auf eigenen Beinen stehen könnte. Es stellt ein in sich geschlossenes System dar, mit einem soliden theoretischen Unterbau und einem bis in alle Feinheiten ausgearbeiteten praktischen Weg. Diese Praxis, die Künste der Tolteken, werden in den nächsten zwölf Kapiteln vorgestellt.

Dieser Teil ist aus der Perspektive des Praktikers geschrieben, denn ich bin ein Tolteke. Ich erlernte unter schicksalhaften Umständen die praktischen Künste der Tolteken, die Kunst des Pirschens und die Kunst des Träumens, und habe dieses Wissen in meinem Körper gespeichert. Denn Wissen ist für die Tolteken keine Sache des Verstandes; es ist der Körper, der die wirklich bedeutsamen praktischen Dinge lernt.[190] Und er lernt Wissen wiederum nur durch die Praxis, durch das tatsächliche Leben und Erleben. Mein – im abendländischen Sinn – verstandesmäßiges Wissen über die toltekischen Lehren habe ich bereits in Teil I dieses Buches in seinen Ansätzen dargelegt. Dabei ist gleichsam erstmals eine Einführung in den toltekischen Nagualismus und in die Schriften Castanedas entstanden, der nicht das übliche Manko der Sekundärliteratur anhaftet, von Außenstehenden geschrieben worden zu sein, denen jeglicher innerer Zugang zum Thema fehlt. Dieser einführende Charakter des ersten Teiles ermöglicht es nun, direkt auf die Praxis einzugehen, da viele wesentliche Begriffe sowie die Ziele des toltekischen Nagualismus bereits bekannt sind.

Wir erinnern uns: Das Ziel aller toltekischer Bestrebungen ist die absolute Befreiung. Diese Freiheit ist als befreite Wahrnehmung

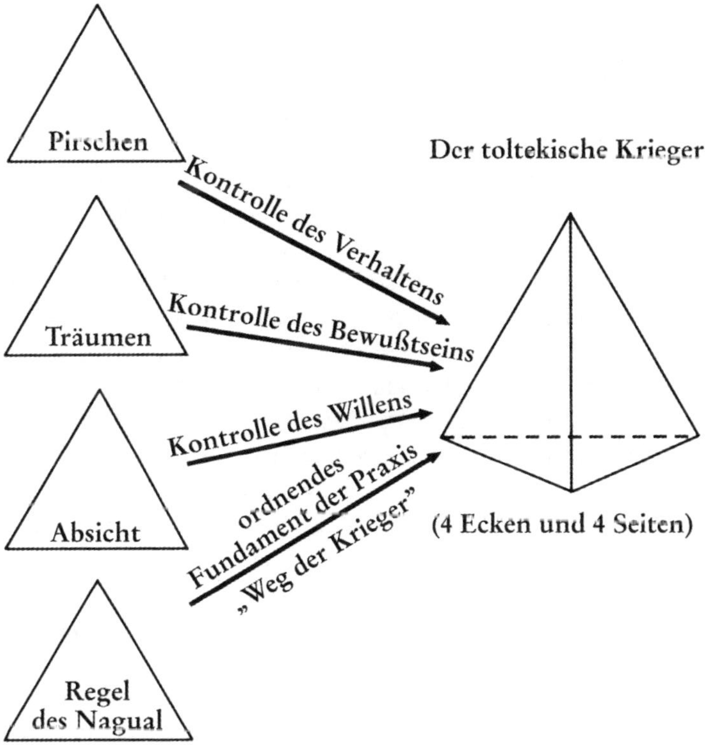

Abb. 9: Grundaufbau der toltekischen Praxis –
Die vier Aspekte eines Kriegers

und Bewußtheit zu verstehen. Wir haben auch erläutert, daß die Tolteken den Menschen als leuchtendes Ei »sehen«. Dieser leuchtende Körper hat ein charakteristisches Merkmal, den Montagepunkt, von dem wir bereits gesagt haben, daß er bestimmt, was wir letztendlich wahrnehmen. In diesem Sinne ist das toltekische Freiheitsstreben ein Streben nach der Bewegung des Montagepunkts. Zu diesem Zwecke haben die Tolteken drei große methodische Systeme ersonnen, die es ermöglichen, diesen Punkt willentlich und frei zu bewegen: Die Kunst des Pirschens, die Kunst des Träumens und die Bemeisterung der Absicht. Diese drei Methoden ermöglichen, wenn sie ausreichend beherrscht werden, eine freie Beweglichkeit des Montagepunkts und damit eine befreite Wahrnehmung. Das heißt, daß die Tolteken durch die

Techniken dieser Systeme fähig sind, alle nur möglichen Welten der Wahrnehmung und der Bewußtheit zu erreichen sowie zwischen ihnen zu wählen.

Trotz des ausführlichen ersten Teils müssen aber noch ein paar Begriffe der toltekischen Lehren eingeführt werden, die sich direkt auf die Praxis beziehen und die im Folgenden immer wieder auftauchen.

Die Praktiker der toltekischen Künste werden von Don Juan »Krieger« genannt. Der »Weg der Krieger« ist ein Grundkonzept der toltekischen Praxis. Dieser »Krieger« ist jedoch kein kriegerischer, streitsüchtiger Mensch, sondern jemand, der um Wissen und Bewußtheit kämpft. Die symbolische Bezeichnung bezieht sich auf die innere Einstellung, die man auf dem Weg des Wissens braucht, den »Kriegergeist«. Sie kennzeichnet die Ausnahmesituation des erwachten, bewußten Menschen in einer Welt, in der der Tod regiert.

Der toltekische Krieger lebt gemäß der »Herausforderung«, denn alles ist für ihn ein Rätsel, das gelöst werden muß, oder eine Prüfung, die er bestehen soll. Die zentrale Herausforderung besteht für den Krieger in der Überwindung des Todes, in jener endgültigen Befreiung, die wir mit einer Rückkehr in eine mythische Vorzeit gleichgesetzt haben.

In seinem Streben nach Freiheit wird der toltekische Krieger durch das Konzept der »Makellosigkeit« geleitet. Dies bedeutet für ihn das Einhalten des Verhaltenskodex der Krieger, der die »Regel« genannt wird. Wir haben diese »Regel« bereits ansatzweise als Mythos der Tolteken kennengelernt. Für sie ist die »Regel« jedoch mitnichten das, was wir in Europa unter einem Mythos verstehen. Für die Tolteken ist die »Regel« durchaus erlebbar und wird zur Landkarte, zum Instrument einer endgültigen Orientierung. »Makellosigkeit« bedeutet in diesem Sinne, stets sein Bestes zu geben.

In den nun folgenden Kapiteln sind daher meine eigenen Erlebnisse und Erfahrungen als Krieger mit eingebaut, ebenso wie die Erfahrungen meiner toltekischen Gefährten, denen ich hier noch einmal für ihre Unterstützung danken möchte. Außerdem möchte ich in diesem Teil auch auf Elemente des toltekischen

Wissens eingehen, die in der bisher vorliegenden Literatur zum Thema nur spärlich enthalten sind, die mir aber aufgrund meiner praktischen Erfahrung einsichtig sind, seien es die toltekische Heilkunde oder das Wissen über das Nagualtier.

Die Abhandlungen über die einzelnen toltekischen Künste umfassen je vier Einzelkapitel. Abschließend ist noch jeweils ein Kapitel über den Zug des Naguals und über das toltekische Wissen über die Erde angefügt, welches eine ganz besondere Bedeutung für die Praktiker besitzt. Eine zusammenfassende Schlußbetrachtung schließt den zweiten Teil ab.

4

Die Kunst des Pirschens

»›Dies ist deine Welt‹, sagte er und deutete auf die belebte Straße vor dem Fenster. ›Du bist ein Mensch dieser Welt. Und dort draußen, in dieser Welt, ist dein Jagdgrund. Wir haben keine Möglichkeit, dem Tun unserer Welt zu entfliehen, und darum macht ein Krieger seine Welt zu seinem Jagdgrund.‹«

Don Juan[191]

Die Kunst des Pirschens ist das grundlegende praktische System der toltekischen Lehren. Ich bezeichne es als grundlegend, weil es jedem offensteht, der bereit ist, sich damit zu beschäftigen. In den Bereich dieser Kunst fallen alle Handlungen und Ereignisse der alltäglichen Zeit, der normalen Welt, die wir bereits als den ersten Ring der Kraft kennengelernt haben. Da jener auch den Namen »Aufmerksamkeit für das Tonal« trägt, wollen wir ihn im Folgenden kurz als »erste Aufmerksamkeit« bezeichnen.

Wir alle sind Teil der ersten Aufmerksamkeit, ohne die es eine normale Welt mit Vernunft und Sprache nicht geben würde. Das Pirschen bezieht sich auf eben diese erste Aufmerksamkeit und ist somit für jeden zugänglich.

Die Praktiker dieser Kunst, kurz »Pirscher« genannt, halten sich in all ihren Handlungen an einen Kodex von Verhaltensweisen und Vorkehrungen, der die »Regel des Pirschens«[192] genannt wird. Wir stellten diese Regel bereits in Kapitel 1 vor und wiederholen hier noch einmal kurz die Kerngedanken der einzelnen Gebote:

- Das erste Gebot der Regel sagt, daß die Welt, die uns umgibt, ein unergründliches Geheimnis ist.
- Das zweite besagt, daß wir versuchen müssen, die Geheimnisse der Welt zu enträtseln, ohne jedoch darauf zu hoffen, daß uns das jemals ganz gelingen wird.
- Das dritte besagt, daß wir – als Teil der Welt – selbst ein unergründliches Geheimnis und folglich allem anderen gleichgestellt sind.

Aus diesen Geboten der Regel ergibt sich für die Pirscher, daß sie aktiv versuchen müssen, die Welt um sie herum zu verstehen. Es ist die Herausforderung der Pirscher, die Rätsel der sie umgebenden Welt sowie die des eigenen Selbst zu lösen. Sie lernen auf jedem Gebiet – und dieses Lernen kann definitionsgemäß kein Ende haben. So können das Leben und die Welt für den Pirscher niemals zum Ruhekissen werden und – gemäß der Regel – auch nicht zur Realitätsflucht.

Die Pirscher sind also trotz ihrer Überzeugung, daß die Welt ein unergründliches Mysterium darstellt, vollkommene Realisten, die sich mit allen Dingen der normalen Welt und ihres normalen Selbst befassen. So beschäftigen sie sich mit dem menschlichen Verhalten und dem menschlichen Körper, der den Tolteken zufolge der zentrale Ausdruck unserer ersten Aufmerksamkeit ist. Das Wissen über den physischen Körper schließt die Kenntnis von der richtigen Ernährung und die Heilkunde bzw. die Gesunderhaltung mit ein, auf die wir speziell in Kapitel 4 eingehen werden.

Auch alle anderen Dinge der Alltagswelt, seien es Wissenschaften, Bücher, Steine, Tiere, Pflanzen oder künstlich hergestellte Gegenstände, sind ein Teil des Mysteriums des Seins und gleichsam ein Teil des großen Rätsels, vor das sich der Pirscher gestellt sieht. Florinda, eine Gefährtin des Don Juan, drückt diesen Sachverhalt so aus:

»Folglich ist das Mysterium für den Krieger ohne Ende, ganz gleich, ob dieses Sein das Sein eines Kiesels, einer Ameise oder des eigenen Selbst ist.«[193]

Das Feld der möglichen Beschäftigung ist für die Pirscher unendlich groß, zumal sich auch die Bedingungen des Lebens und die individuellen Welten der Menschen maßgeblich voneinander unterscheiden. Bei vielen Menschen hält sich jedoch das hartnäckige Vorurteil, daß eine gute, korrekte Lebensweise, im Sinne der Lehren des Don Juan, nur unter den angeblich idealen Bedingungen einer natürlichen Umgebung zu verwirklichen sei; oder gar, daß man nur in Mexiko ein Tolteke sein und werden könnte. Ein solches Vorurteil ist unvereinbar mit der grundsätzlichen Haltung des Kriegers, der gemäß der Herausforderung lebt. Und so ist die erste Herausforderung für den Pirscher seine persönliche und individuelle Welt, seine eigenen Lebensbedingungen und -umstände, ganz gleich, wie oder was diese sein mögen. Seine eigene Welt wird für ihn zum Jagdgrund.

Zum besseren Verständnis muß hier gesagt werden, daß die Bezeichnung »Pirscher« direkt aus der Vorstellungswelt der Jagd entstammt. Don Juan bezeichnet sie auch als »Jäger«.[194] Im Beispiel der Jagd wird so auch das toltekische Verständnis vom Pirschen deutlich: Ein Jäger braucht, um erfolgreich zu sein, ein sehr großes Wissen über seine Umwelt, die Besonderheiten seines Jagdgrundes und das Verhalten und die Routinen seiner Jagdbeute. So wird er deren übliche Pfade und Gewohnheiten, ihre Paßwege und ihre Ernährungsweise kennen. Außerdem muß er wissen, wie er seiner Beute habhaft werden kann, wie man Fallen baut und wie man diese sinnvoll aufstellt.

Er bedarf also vor allem zweierlei: Zum ersten benötigt er eine genaue Kenntnis über seine Welt (Umgebung, Jagdgrund, Beute), und zum zweiten braucht er geeignete Methoden, um zum Jagderfolg zu kommen (Pirschtricks, Fallen).

Die Pirscher übertragen dieses archaische Wissen über die Jagd auf alles in der Alltagswelt. Denn auch die alltäglichen Handlungen der Menschen in der normalen Welt sind im wesentlichen Routinen, wie jedes »Tun«. Unter »Tun« verstehen die Tolteken jede sinnvolle Kette von Handlungen, die auf einen bestimmten Zweck gerichtet sind. Auch die einzelnen Schritte dieser Handlungsketten funktionieren wie alles in der normalen Weltbeschreibung aufgrund von Routinen.

Sowohl die Wissenschaften als auch der normale Mensch unterliegen bestimmten Routinen, die der Pirscher zu erkennen trachtet. Vor allem aber beobachtet der Pirscher sich selbst, denn auch die eigenen schlechten Angewohnheiten und Verhaltensweisen sind nichts anderes als spezifische Routinen. Die Pirscher versuchen zuerst, diese Routinen zu durchschauen, um sie dann – wenn nötig – auszuschalten bzw. ihnen eine Falle zu stellen. Diesen Vorgang nennen sie »Sich selbst anpirschen« – ein wesentlicher Grundgedanke der Kunst des Pirschens und auch der einzige Weg, unser eigenes Verhalten sinnvoll umzugestalten.

Zu diesem Zweck entwickelten die Pirscher ein Verfahren zur Kontrolle des eigenen Verhaltens. Sie erarbeiteten einen Verhaltenskodex, der im wesentlichen den grundsätzlichen Geboten der Regel des Pirschens Rechnung trägt und der diese zu etwas praktisch Anwendbarem macht: Die sieben grundlegenden Prinzipien des Pirschens.[195] Während ich die Prinzipien vorstelle, möchte ich auf die konkreten Auswirkungen eingehen, welche ihre Anwendung nach eigenen Erfahrungen und nach den Erfahrungen meiner Gefährten auf den Ausübenden haben.

»Das *erste Prinzip* der Kunst des Pirschens ist, daß der Krieger selbst sein Schlachtfeld wählt (...). Ein Krieger zieht nie in die Schlacht, ohne zu wissen, wie das Gelände beschaffen ist.«[196] Mancher mag sich an dem eher martialischen Vokabular stoßen. Aber Begriffe wie »Schlacht«, »Schlachtfeld« und »Krieger« bezeichnen einen Ausnahmezustand und werden bewußt auf die Situation des Praktizierenden übertragen. Die Ernsthaftigkeit der Übung des Pirschens soll damit unterstrichen werden.

Sinngemäß handelt es sich bei diesem Prinzip um das gleiche, was wir schon über den Jäger gesagt haben: Wenn ich Erfolg haben will, muß ich zuerst mit meiner Umgebung vertraut sein. In der Praxis würde das bedeuten, immer vom eindeutig Bekannten auszugehen oder sich zumindest mit den grundlegenden Fakten vertraut zu machen.

Wir jagen zwar in der heutigen Zeit gewöhnlich kein Wild mehr, aber wir können das erste Prinzip des Pirschens auf jegliche Tätigkeit ausweiten und übertragen. Ein typisches Tun ist z.B. das Gespräch, der Dialog. Die Einhaltung des ersten Prinzips wäre in diesem Fall, beim Gespräch nicht ins Blaue zu spekulieren und keinen fixen Ideen nachzuhängen. Vor allem aber sollte man wissen, worüber man spricht, und sich nicht auf Diskussionen einlassen, ohne einen konkreten Einblick in das Thema zu haben. Wenn man nicht umhin kann, über ein Thema zu sprechen, in das der Einblick fehlt, wäre Enthaltung das Richtige. Oder man versucht sich zuvor notdürftig über das Thema, das »Schlachtfeld« zu informieren.

Der dadurch entstehende Vorteil ist leicht abzusehen und bedarf keiner näheren Erläuterung. In der Anwendung zeigt sich, daß zur Einhaltung dieses Prinzips eine gewisse Selbstdisziplin nötig ist, die jedoch bei konsequenter Einhaltung wiederum gefestigt wird. Man ist sich zudem stärker im klaren darüber, was man wirklich will und was im Bereich der eigenen Möglichkeiten liegt.

Das *zweite Prinzip* des Pirschens heißt, alles Unnötige beiseite lassen. Es bedeutet, daß man sich bei seinen Taten und Handlungen auf die im Sinne des Erfolges notwendigen Schritte beschränkt und alles störende Beiwerk beiseite läßt. Die Anwendung des Prinzips erfordert nicht nur Disziplin, sondern auch eine Kontrolle über die eigenen Handlungen. Zur klaren Übersicht der eigenen Handlungsweise, die an Kompliziertheit verliert, kommt die Kraft des logischen Denkens, das sich durch die gezielte Anwendung kontinuierlich verbessert.

Durch die ständige Reduktion auf das Notwendige fallen eine Menge unsinniger Handlungen und Gedanken weg, deren man sich vorher nicht einmal bewußt war. Wenn man sich einmal genau ansieht, womit ein moderner Mensch seinen Tag anfüllt, erkennt man, daß ein großer Teil dieser Dinge und Handlungen kaum zum Wohlbefinden des Einzelnen beiträgt. Dinge wie Fernsehen, Computer, Video etc. haben sich zu autonomen Tyrannen der Privatwelt gemausert, die das Leben des einzelnen Menschen heute maßgeblich mitbestimmen. Sie bestimmen, wie, wann und womit der Mensch seine Bewußtheit, seine Welt ausfüllt, so daß am Ende keine Zeit mehr für echte Selbsterfahrung bleibt. Konsum füllt alles aus – und trotzdem langweilen sich die meisten Mitmenschen. Ein Pirscher läßt sich also nicht einfach vom TV berieseln, sondern sucht nach einer ihm – dem Menschsein – würdigeren Herausforderung.

Das *dritte Prinzip* des Pirschens heißt: Die letzte Schlacht auf Erden. Der Pirscher sollte sich bewußt sein, daß jede seiner Handlungen seine letzte sein kann. Wir alle haben keine Garantie, daß unser Leben über den Moment andauern wird. Der Tod ist der größte aller Jäger, denn wann entgeht ihm schon seine Beute? Er hat daher in der Vorstellung der Pirscher eine überragende Bedeutung. Er fordert von uns klare Entscheidungen, ob man sich auf eine Sache einlassen will oder nicht, denn jede Handlung könnte die letzte sein. Wir sollten uns so eindeutig für eine Richtung entscheiden, daß wir die Verantwortung dafür tragen können, bis hin zur letzten Konsequenz, dem möglichen Tod.

Die Anwendung des Prinzips fördert auf die Dauer die eigenverantwortliche Entschlußkraft der Praktiker. Die Übersicht über die eigenen Wünsche und Ziele nimmt weiter zu; außerdem gewinnt man eine neue Art von Selbstvertrauen, denn in der Bewußtheit, jede Handlung könnte die letzte sein, ist die Konzentrationsfähigkeit wesentlich gesteigert.

Konzentration darf jedoch nicht zur Verspannung führen, der Gedanke an den Tod nicht zur paranoiden Furcht. Daher lautet das *vierte Prinzip* des Pirschens: Entspanne dich, laß locker, fürchte nichts! Da man sich der Unausweichlichkeit des Todes bewußt ist, braucht man nichts mehr zu fürchten, denn man ist ja bereit, mit dem Schlimmsten zu rechnen. Daher kann man ganz losgelöst von Sorgen und Erwartungen handeln. In der Praxis stellt dieses Prinzip eine Einheit mit dem dritten Prinzip, der letzten Schlacht auf Erden dar. In Kombination befähigen diese Prinzipien den Praktiker, ein Lebensgefühl des Selbstvertrauens und der Eigenverantwortung zu entwickeln, was zur Reifung der ganzen Person des Pirschers führt.

Das *fünfte Prinzip* ist der kontrollierte Rückzug. »Wenn ein Krieger auf Widrigkeiten stößt, mit denen er nicht umzugehen weiß, zieht er sich für eine Weile zurück, (...). Er läßt seine Gedanken umherschweifen. Er beschäftigt sich eine Weile mit etwas anderem. Alles ist dazu geeignet.«[197] Wenn sich also in den Handlungen oder Gedanken des Pirschers eine Stockung ergibt, die nicht direkt überwunden werden kann, ist der kontrollierte Rückzug angebracht. Anstatt mit dem Kopf durch die Wand zu wollen, erlaubt uns der kontrollierte Rückzug, unsere Kräfte zu regenerieren und einen Moment zu entspannen. Das Prinzip ist in der Anwendung unproblematisch und einfach; man darf nur nicht vergessen, nach dem vollzogenen Rückzug mit frischer Kraft zum Thema, zur eigentlichen Handlung zurückzukehren. Denn auf die Anwendung des kontrollierten Rückzugs folgt in der Praxis die Anwendung des *sechsten Prinzips* der Kunst des Pirschens: Das Verdichten der Zeit.

»Der Krieger verdichtet die Zeit, dabei zählt sogar ein Augenblick. Im Kampf ums Leben ist eine Sekunde eine Ewigkeit; eine Ewigkeit, die das Ergebnis entscheiden kann. Der Krieger hat vor zu siegen, darum rafft er die Zeit. Der Krieger vergeudet keinen Augenblick.«[198] Das bedeutet, keine Zeit zu vergeuden und gleichzeitig zielstrebig und sicher zu handeln. Es heißt allerdings nicht, in Eile zu sein, denn in Eile sein heißt im allgemeinen, daß man schnell und schludrig handelt, nur um versäumte Zeit aufzuholen. Dies ist aber unmöglich, und die Pirscher wissen das. Ein Pirscher hetzt sich nie, er ist nie in Eile. Die Zeit zu verdichten heißt für ihn, im entscheidenden Moment einzuschreiten und seine Handlung schnell und sicher auszuführen. Das Gefühl, das sich bei der Übung dieses Prinzips einstellt, kann man am besten als Zustand der ungeteilten Aufmerksamkeit für die jeweilige Handlung oder Tat bezeichnen.

Das *siebte Prinzip* des Pirschens ist, daß ein Pirscher sich nie in den Vordergrund stellt. Die Anwendung dieses Prinzips ist erst dann möglich, wenn die anderen sechs Prinzipien angewandt worden sind. Die strikte Einhaltung der ersten sechs Prinzipien führt nämlich zu einem hohen Maß an Selbstdisziplin und zur Kontrolle des eigenen Verhaltens, die nötig sind, um das letzte Prinzip zu handhaben. Denn es verlangt erfahrungsgemäß sehr viel Disziplin und Kontrolle, um sich nicht irgendwo wichtig zu tun, sich vorzudrängen oder sich mit irgendeiner eingebildeten Könnerschaft ins Rampenlicht zu schieben.

Das siebte Prinzip enthält die ganze Konsequenz der Regel des Pirschens, nämlich daß man allem anderen gleichgestellt ist. Dieses »allem gleichgestellt sein« nennen die Tolteken auch die »Demut der Krieger«. Don Juan drückt die Quintessenz der Regel des Pirschens so aus: »Der Krieger beugt den Kopf vor niemandem, aber gleichzeitig erlaubt er es keinem anderen, seinen Kopf vor ihm zu beugen.«[199] Sich in den Vordergrund zu stellen, würde ja schon bedeuten, daß man seinen Kopf über andere erhebt, weil man glaubt, man wäre wichtiger oder besser als jemand oder etwas anderes. Solche Eitelkeiten sind stets illusionär, denn alles Leben ist dadurch, daß es letztlich dem Tod anheimfällt, auf mysteriöse Weise gleichgestellt. Der allgegenwärtige Tod führt alles menschliche Streben und Tun als Eitelkeit und Torheit ad absurdum und reduziert uns auf das, was wir wirklich sind: ein Nichts im Angesicht des unerklärlichen Todes.

Die Pirscher sind sich sowohl der Torheit allen menschlichen Tuns bewußt als auch der absoluten Endgültigkeit des Todes. Damit sie in dieser paradoxen Lage in der normalen Welt handeln können, entwickelten sie das Konzept der »kontrollierten Torheit«.

Wenn ein Pirscher handelt, wird man ihn nicht von anderen Leuten unterscheiden können; er scheint ganz vertieft in sein jeweiliges Tun zu sein, und sein Tun erscheint genauso töricht wie alles andere Tun auch. Der einzige Unterschied zwischen dem Durchschnittsmenschen und einem Pirscher besteht darin, daß ersterer seine Torheit nicht kontrolliert, weil er an das glaubt, was er tut. Der zweite, der Pirscher, kontrolliert seine Torheit, aber er glaubt nicht unbedingt an das, was er tut, sondern ist sich der vergänglichen Eitelkeit allen Tuns durchaus bewußt.

Die Pirscher kontrollieren ihre Torheit durch die Anwendung der sieben Pirschprinzipien, die sie durch Übung verinnerlichen. Sie ermöglichen es, ihr Tun auf eine neue Weise zu nutzen und es sinnvoll zu gestalten. Denn es ist völlig egal, auf welches Tun, auf welche Handlungen und Gedanken diese Prinzipien angewandt werden; alles kann für den Praktiker eine Herausforderung sein.

Fassen wir noch einmal die Auswirkungen der Pirschprinzipien auf den Praktiker zusammen: Die Anwendung führt – bei strikter Einhaltung – zu einem hohen Maß an Selbstdisziplin und zur Kontrolle über das eigene Verhalten. Sie führt zur Verbesserung der Fähigkeit des nüchternen Denkens und fördert Geduld und Ausdauer in den eigenen Aktivitäten. Außerdem wird die

Fähigkeit zur aktiven Improvisation in jeder möglichen Situation erlernt. Wichtig zu bemerken scheint mir, daß die Anwendung der Pirschprinzipien den Praktiker an keinerlei Tun hindert. Sie hindert ihn auch nicht daran, ein aktives soziales Leben zu führen. Da die Prinzipien mit etwas Übung auf alle menschlichen Handlungen anwendbar sind, braucht ein Pirscher auf nichts in der Welt zu verzichten – denn die Pirscher sind keine Asketen.

Wenn das Pirschen, die kontrollierte Torheit, ohne Eile und Zwang erlernt wird, scheint es auch eine allgemein positive Wirkung auf das eigene Stimmungsbild zu haben; man lernt, über sich selbst zu lachen und wird durch das gewonnene Gefühl der Selbstsicherheit und der Kontrolle umgänglicher.

Die Pirscher üben ihre kontrollierte Torheit in jeder möglichen Situation, und sie streben ständig nach einer kontrollierten Veränderung ihres Verhaltens sowie nach Veränderung ihres Umfelds. Auf diese Weise lernen sie nicht nur die normale Welt und die menschlichen Möglichkeiten in all ihren Varianten und Aspektierungen kennen, sondern sie lernen auch, ihren Montagepunkt zu verschieben. Die Verschiebungen, die durch die Techniken des Pirschens erzielt werden, sind Feinstverschiebungen, die nicht zur Wahrnehmung anderer Welten führen, sondern in einer veränderten Stimmung des Praktikers Ausdruck finden. Durch die Praxis des Pirschens ergeben sich somit typische Stimmungsbilder, die gleichzeitig bestimmte Positionen des Montagepunkts kennzeichnen.

Die Tolteken sprechen in diesem Zusammenhang von den »vier Stimmungen des Pirschens«[200]: *Rücksichtslosigkeit, List, Geduld* und *Sanftheit*. Erst wenn diese vier Stimmungen vom Praktiker kontrolliert werden, d. h. beliebig erreichbar und nutzbar gemacht worden sind, kann er sich als Pirscher betrachten. Die einzelnen Stimmungen bedürfen allerdings einer näheren Erläuterung, da eine einfache Nennung sicher zu Mißverständnissen führt.

- Rücksichtslosigkeit ist nicht gleich Härte; sie bedeutet im Sinne der Pirscher einen völligen Mangel an Mitleid, vor allem auch an Selbstmitleid; aber sie hindert die Pirscher nicht daran, hilfsbereit zu sein. Hilfsbereitschaft bedeutet nämlich für die Pirscher nicht den Drang, andere zu verändern, sondern sie stets in dem zu unterstützen, was sie bereits sind. Damit enthält sich der Pirscher des Urteils und ist doch voll handlungsfähig.

- List bedeutet nicht Grausamkeit und Heimtücke, sondern sie bezeichnet den Einfallsreichtum der Pirscher in allen Situationen, seine Tricks und Kniffe. All das hindert ihn nicht daran, gleichzeitig freundlich zu sein.
- Geduld darf niemals Nachlässigkeit oder Faulheit sein; sie bedeutet für den Pirscher seine echte Fähigkeit zu warten und gleichzeitig zur ausdauernden Beschäftigung mit jeglichem Tun.
- Sanftheit ist nicht gleich Albernheit und Schwäche; sie ist ein Ausdruck der gewaltfreien Zielstrebigkeit der Pirscher. Denn sie wissen, daß durch Zwang – egal, ob dieser sich gegen sich selbst oder andere richtet – nie etwas erreicht werden kann. Sanftheit ist eine dauerhafte Eindringlichkeit, mit der viel mehr erreicht werden kann als durch jede direkte Einflußnahme.

Die bislang aufgeführten Aspekte der Kunst des Pirschens stellen die praktischen Grundlagen, die Grundmethoden dieser Kunst dar, die für alles in der Welt der ersten Aufmerksamkeit gelten. Die sieben Prinzipien und vier Stimmungen des Pirschens sind unerläßliche Grundübungen für jeden Praktiker. Sie sind nach eigener Erfahrung umfassend anwendbar und von einigem Nutzen. Aber damit erschöpft sich die praktische Tätigkeit der Pirscher keineswegs; die Praktiker dieser Kunst üben neben den erwähnten Grundmethoden auch noch spezielle Techniken, wie z. B. die »persönliche Rekapitulation« oder das »Nichttun des Selbst«, die uns in den nächsten Kapiteln beschäftigen werden.

4.1 Die Rekapitulation des Lebens

»Alle Erinnerung ist Gegenwart. Im reineren Element wird alle Erinnerung uns wie notwendige Vordichtung erscheinen.«

Novalis (1772–1801)[201]

Eine der wichtigsten Grundübungen in der Kunst des Pirschens ist die »Rekapitulation«.[202] Bei ihr handelt es sich um ein Erinnerungs- und Gedächtnistraining großen Umfangs, das einige bedeutsame Effekte auf den Praktiker hat. Bei der Rekapitulation erinnern sich die Pirscher an ihr gesamtes bisheriges Leben, bis in die kleinsten Einzelheiten. Dies geschieht nicht ohne Grund, denn die persönliche Rekapitulation ist der Weg der Pirscher in die Freiheit, die ja das zentrale Ziel aller toltekischen Bestrebungen ist.

Dem liegt die Idee zugrunde, daß der Adler, jene Macht, die uns bei der Geburt die Bewußtheit schenkt und sie bei unserem Tod wieder verschlingt und gleichsam löscht, mit einer Kopie unseres Bewußtseins – anstelle unserer eigentlichen Bewußtheit – zufriedengestellt werden kann. Die Pirscher fertigen daher eine möglichst genaue Kopie ihrer Bewußtheit an, und das Mittel zum Kopieren und gleichsam die Kopie selbst ist die Rekapitulation.

Die detaillierte Rekapitulation des eigenen Lebens ist in der Praxis zwar eine aufwendige Angelegenheit, aber die Effekte dieser Erinnerungsarbeit sind so gravierend und bedeutsam, daß sich der Aufwand durchaus lohnt. Bevor wir auf die tiefere Bedeutung der Rekapitulation zurückkommen, soll jedoch zuerst beschrieben werden, wie man bei ihr vorzugehen hat.

Die Pirscher benötigen drei grundsätzliche Elemente zur Anfertigung ihrer persönlichen Rekapitulation: eine Rekapitulationsliste, einen Rekapitulationskasten oder -raum und eine spezielle Atemtechnik, die der Pirscher erlernen muß.

Das erste Element ist die Rekapitulationsliste, die gleichsam den Beginn der persönlichen Rekapitulation darstellt. In ihr vermerkt der Pirscher alle Daten seines Lebens vom jetzigen Zeitpunkt an, zurück bis hin zum Moment der eigenen Geburt. Diese Liste umfaßt z. B. alle Personen (soweit bekannt), mit denen er in seinem Leben zu tun hatte; die wichtigsten Ereignisse; die Orte, an denen er sich aufgehalten oder gelebt hat, bis hin zu besonderen Gegenständen, Handlungen, Routinen etc. In der Praxis hat es sich als günstig erwiesen, bei der Aufstellung einer solchen Liste mit einem individuellen Kategorisierungsschema zu arbeiten, das dem jeweiligen Leben des Praktikers entsprechen muß. Unter Kategorisierung verstehe ich dabei eine Unterteilung der Liste in verschiedene Sparten, wie z. B. eine Sparte »Schule – Arbeitsleben« im Unterschied zu »Familie – Privatleben«; diese Bereiche sind im Normalfall im täglichen Leben getrennt und so sollten sie auch bei der Auflistung des Lebens getrennt auftauchen.

Solche Kategorien erleichtern das Erinnerungsvermögen an Einzelereignisse und die damit verbundenen Personen ungemein; eine Erinnerung nach den Daten des Kalenders hat sich in der Praxis als unmöglich erwiesen. Meine persönliche Rekapitulationsliste umfaßte am Ende zehn Kategorien, in denen sich zu meinem Erstaunen mein ganzes bisheriges Leben zusammenfassen ließ. Einige meiner Gefährten kamen auf niedrigere oder etwas höhere Zahlen. Schließlich unterscheiden sich die Listen erheblich voneinander, genauso wie die betreffenden Personen in ihrem individuellen Leben.

Eine solche Liste sollte nicht zu sehr ins Detail gehen, da die detaillierte Erinnerung ein weiterer Schritt im Prozeß der Rekapitulation ist. Sie sollte es aber andererseits ermöglichen, die einzelnen Ereignisse unseres Lebens in unserer Erinnerung wiederzufinden; d. h. sie wird angefertigt, um uns als Erinnerungsschlüssel, als Landkarte unserer Vergangenheit zu dienen. Mein Tip für den praktisch Interessierten ist, bei der Anfertigung einer solchen

Liste ein Ringbuch- oder Karteisystem zu verwenden, da in der Praxis erfahrungsgemäß immer wieder Erinnerungen auftauchen, die man vorerst übersehen hatte und die man zudem nicht erwartet hätte.

Hier zeigt sich auch zum ersten Mal eine konkrete Auswirkung des Rekapitulationsprozesses: Erinnerungen von Ereignissen tauchen auf, die längst vergessen und verdrängt waren, angenehme und unangenehme, lustige und traurige Erlebnisse kommen an die Oberfläche des Bewußtseins. Doch zum ersten Mal werden all diese Ereignisse zusammengefaßt, zum ersten Mal ergibt sich ein echter Überblick über das eigene Leben. Jedem Absolventen dieser Übung fällt während der Niederschrift der Liste auf, daß er sich eigentlich nie zuvor Rechenschaft über sein ganzes Leben abgelegt hatte und daß dieses Leben, in seiner Gesamtheit gesehen, ganz anders abgelaufen ist, als man vorher gedacht hatte. Die Rekapitulationsliste erweist sich somit als ein vorzügliches Instrument des Sich-selbst-Anpirschens. Schon in diesem Stadium wird jedem Praktiker klar, daß sein Leben nie wirklich unter seiner bewußten Selbstkontrolle war, und viele beschließen, diesen Sachverhalt – und damit sich selbst – zu ändern.

Das zweite notwendige Element der Rekapitulation ist ein dunkler Kasten, der groß genug sein muß, um bequem darin zu sitzen. Dieser Rekapitulationskasten dient bei der ausführlichen Erinnerung, der detaillierten Rekapitulation, als Reizabschirmung, denn wenn alle äußeren Störreize ausgeschaltet werden, fällt die Erinnerung nicht so schwer. Die Konzentrationsfähigkeit nimmt mit der Reizabschirmung zu.

Oft ist es nicht einmal notwendig, einen solchen Kasten zu bauen, denn manchmal können auch andere, bereits vorhandene Örtlichkeiten den gleichen Zweck erfüllen. So wird in »Die Kunst des Pirschens« berichtet, daß Dona Soledad – eine Schülerin von Don Juan – sich in eine Erdhöhle verkroch, um dort über Jahre ihr Leben zu rekapitulieren. Ich persönlich hatte mich in der Anfangszeit meiner Rekapitulation in einen alten Kleiderschrank gesetzt, der mir vorzügliche Dienste geleistet hat. Von maßgeblicher Bedeutung ist dabei die Reizabschirmung; je besser diese ist, um so besser werden auch die Ergebnisse der detaillierten Rekapitulation sein.

Dazu ist noch ein drittes und letztes Element nötig: die richtige Atemtechnik. Sie ermöglicht ein besonders tiefes Erinnern, das dann kein gedachtes Erinnern mehr ist, sondern ein bildliches und gefühlsmäßiges Wiedererleben der erinnerten Situation. Auch die Psychologie C. G. Jungs kennt einen solch komplexen Erinnerungsvorgang, in dem der Erinnernde das Ereignis wiederzuerleben scheint. Jung nennt diesen Zustand »Hypermnesie«, und seiner Meinung nach hat diese Art Erinnerung eine natürliche psychotherapeutische Funktion.[203]

Er schreibt in seinem Buch »Über die Psychologie des Unbewußten« über den Fall einer Patientin, die in geistigen Dämmerzuständen, wie z. B. im Halbschlaf, ständig auf diese Art erinnerte. Diese Zustände führten sie zu den entscheidenden Problemen ihres vergangenen Lebens und den Ursachen für ihre neurotischen Beschwerden. Jung beschreibt ihre Erinnerungszustände: »Die Reminiszenzen jener Zeit traten in den Dämmerzuständen mit photographischer Treue wieder zutage, und zwar dermaßen bis ins letzte Detail deutlich, daß man annehmen muß, das wache Gedächtnis wäre nie imstande gewesen, so plastisch und genau zu reproduzieren. (Man nennt diese in eingeengten Zuständen des Bewußtseins nicht selten auftretende Steigerung des Erinnerungsvermögens Hypermnesie.)«[204]

Ich greife dieses Zitat auf, weil Jung hier genau das beschreibt, was die Pirscher rekapitulieren nennen. »Fotografische Treue« der erinnerten Bilder – das ist einer der typischen Effekte, die bei der toltekischen Erinnerungsmethode auftreten. Jung spricht von »eingeengten Zuständen des Bewußtseins« als begünstigende Faktoren; und genau solche werden ja von den Pirschern durch die Reizabschirmung und die Atemtechnik bewirkt. Die Rekapitulation der Pirscher wäre also im Sinne der Psychologie eine kontrollierte Hypermnesie und hat als solche einen natürlichen therapeutischen Wert, indem sie für einen inneren Ausgleich zwischen dem aktuellen Bewußtsein und dem verdrängten Unbewußten sorgt.

Zurück zu der Atemtechnik, die die toltekische Methodik der Rekapitulation vervollständigt. Sie wird im Folgenden im Zusammenhang mit dem ganzen Vorgang der detaillierten Rekapitulation geschildert:

Wenn der Pirscher seine Liste fertiggestellt hat und auch den Kasten gebaut bzw. einen entsprechenden Ort gewählt hat, beginnt die eigentliche Rekapitulation. Er nimmt seine Liste, die Landkarte seiner Vergangenheit, und setzt sich damit in den Kasten. Der eigentliche Vorgang wird dann durch einen speziellen Atemzug eingeleitet.

> *»Der Pirscher beginnt dabei mit dem Kinn auf der rechten Schulter und atmet langsam ein, während er den Kopf um 180 Grad auf die andere Seite dreht. Der Atemzug endet über der linken Schulter. Sobald das Einatmen beendet ist, fällt der Kopf in eine entspannte Haltung zurück. Beim Ausatmen blickt er gerade nach vorn. Dann nimmt der Pirscher sich das Ereignis vor, das am Anfang seiner Liste steht, und verweilt dabei, bis alle darin investierten Gefühle nacherlebt sind. Während der Pirscher sich an die Gefühle erinnert, die er einst in das Ereignis, an das er sich erinnert, investierte, atmet er langsam ein und bewegt den Kopf von der rechten Schulter zur linken. (...) Der unmittelbar anschließende Atemzug ist ein Ausatmen, das von links nach rechts erfolgt.«*[205]

Es ist nicht leicht, diese Atemtechnik in ihrem Rhythmus einzuhalten, aber sie erweist sich bei einiger Übung nicht nur als praktikabel, sondern auch als äußerst nützlich. Man kann durch die Intensität des Ein- und Ausatmens die Tiefenschärfe der Erinnerung regulieren, ganz ähnlich, wie wenn man einen an eine Glühbirne angeschlossenen Dimmer betätigen würde, der die Helligkeit der Glühbirne beliebig reguliert. Hierdurch lassen sich auch Ereignisse, die nur verschwommen präsent sind, zurückholen; zumindest in ihrem entscheidenden emotionalen Gehalt. Die ritualisierte Atemtechnik des von rechts nach links Einatmens und des von links nach rechts Ausatmens ist jedoch nicht willkürlich, sondern beruht direkt auf den toltekischen Erkenntnissen über den Menschen als leuchtendes Ei, als leuchtenden Energiekörper.

Die Tolteken haben durch ihr »Sehen« erkannt, daß der leuchtende Körper des Menschen ständig hauchdünne, spinnwebartige

Lichtfäden ausstößt, die von unseren Gefühlen und Emotionen angetrieben werden. Diese Lichtfäden, die ein Teil unserer ursprünglichen eigenen Leuchtkraft sind, verbleiben normalerweise an dem Ort, wo wir sie ausgesandt und zurückgelassen haben. Durch die spezielle Atemtechnik werden sie während der Rekapitulation aus dem erinnerten Ereignis zurückgeholt. Dieses Zurückholen geschieht beim Einatmen von rechts nach links. Dabei wird durch das Atmen, dem die Tolteken aufgrund seiner lebensspendenden Funktion magische Bedeutung beimessen, die ursprüngliche Kraft unseres leuchtenden Körpers wiederhergestellt.

Beim Ausatmen von links nach rechts stoßen die Pirscher solche Lichtfäden aus, die andere Menschen, die am erinnerten Ereignis beteiligt waren, in unserem Leuchtkörper zurückgelassen haben. Das Ausstoßen der fremden Fäden, die an sich Emotionen anderer Menschen sind, ist für die Pirscher von besonderer Bedeutung, denn sie sagen, daß diese »fremden Fäden die Grundlage unserer grenzenlosen Bereitschaft zur Überheblichkeit sind«.[206] Ohne das Ausstoßen dieser Fäden ist es für den Pirscher unmöglich, die kontrollierte Torheit zu bemeistern, die von uns die Grundeinstellung verlangt, sich allem anderen gleichgestellt zu fühlen. Überheblichkeit und eigene Wichtigkeit vertragen sich nicht mit der Lebensweise der Pirscher, der Praxis der kontrollierten Torheit.

Ich kann diese Sichtweise aus meiner eigenen Erfahrung nur bestätigen. Während der detaillierten Rekapitulation kommt man mit all den Gefühlen der persönlichen Vergangenheit ins reine und erlebt einen ungeheuren psychischen Ausgleich. An diesem inneren Ausgleich spürt man auch, ob ein Ereignis gründlich genug erinnert worden ist oder nicht. Belastet die Erinnerung den Praktiker immer noch, sollte die Arbeit am Ereignis fortgesetzt werden, bis ein Gefühl des »neutralen Beobachtens« erreicht ist.

So werden die eigenen Gefühle und Komplexe nach und nach aufgearbeitet, einfach nur durch den Prozeß des Erinnerns, der ein Prozeß der Bewußtwerdung ist. Man bekommt dadurch auch einen ausführlichen Überblick über alle persönlichen Gewohnheiten, Komplexe und Unarten, und man erkennt mithin, wie diese entstanden sind und wie sie sich nach und nach verfestigt haben.

Die Rekapitulation ersetzt auf diese Weise jegliche Psychotherapie, die versucht durch das Aufarbeiten von Kindheitserlebnissen etc. neurotische Verspannungen und Zwangsvorstellungen zu beseitigen. Sie ist ein gewaltiger psychischer Ausgleichs- und Reinigungsprozeß, den C. G. Jung wohl das Aufarbeiten des eigenen »Schattens«, unseres persönlichen Unbewußten, nennen würde.

So ist es dem Pirscher nach seiner detaillierten Rekapitulation schwer möglich, sich weiter selbst zu betrügen und Dinge vorzutäuschen, die uns ursprünglich nicht zu eigen sind. Denn all unsere Vorurteile und Fehleinstellungen werden durch den ausführlichen Erinnerungsprozeß, der Jahre dauern kann, an das Licht des Bewußtseins gebracht und unter die bewußte Selbstkontrolle gestellt. Castaneda sagt im Interview mit Graciela Corvalán treffend dazu: »Es scheint, daß wir zuletzt alle unsere Tricks kennen und es keine Möglichkeit mehr gibt, das Ich auf den Tisch zu legen, ohne daß uns sofort bewußt wird, was wir damit vortäuschen. Mit der persönlichen Rekapitulation macht man sich frei von allem.«[207]

Damit wären wir schon beim letzten Aspekt des komplexen Themas »Rekapitulation des Lebens« angelangt, und es stellt sich die Frage, auf welche Weise die Rekapitulation die Pirscher befreit bzw. inwiefern sie einen Weg in die von den Tolteken angestrebte Freiheit darstellt. Um diese Frage zu beantworten, muß noch einmal auf das toltekische Freiheitsstreben und auf den Tod eingegangen werden, da beides für die Pirscher eng mit der Rekapitulation verbunden ist.

Wir erwähnten bereits in Kapitel 3.1, daß für die Tolteken die Überwindung des Todes, das Nicht-vom-Adler-gefressen-Werden, die Freiheit bedeutet, und das heißt weiterhin, daß die Befreiten ihre Bewußtheit behalten dürfen. Es wurde auch erwähnt, daß die Rekapitulation als symbolische Kopie des eigenen Bewußtseins angefertigt wird, um diese dann dem Adler zu opfern und gleichsam das Original – die eigene Bewußtheit – zu behalten. Die Rekapitulation ist in diesem Sinne ein symbolisches Bezahlen unserer Schulden an den Adler, der uns unsere Bewußtheit bei der

Geburt geliehen hatte, um sie später durch den Tod mit Zinsen zurückzufordern. Aber der Adler kann eben auch mit einer genauen Kopie unseres Bewußtseins zufriedengestellt werden.

Der Gedanke der Rekapitulation ergibt sich aber auch auf direkte Weise aus dem toltekischen Wissen über den Tod. Die Tolteken sagen nämlich, daß der individuelle Tod mit einer solchen Rekapitulation beginnt.[208] Beim Sterben erleben wir demnach eine komplette Wiederholung unseres ganzen Lebens, allerdings rückwärts, vom Moment des Todes bis hin zum Moment unserer Geburt. Diese Vorstellung vom Ablauf des Sterbens ist auch bei den südamerikanischen Andenindianern allgemein verbreitet[209], aber es scheint sich bei dieser Auffassung nicht um einen Mythos zu handeln, da auch von westlichen Sterbeforschern (z. B. Kübler-Ross) über einen solchen »Lebensfilm« berichtet wird, mit dem das individuelle Sterben beginnt. Nach toltekischer Auffassung kommt es beim Sterben auf den reibungslosen Ablauf dieses »Lebensfilms«, der persönlichen Rekapitulation an. Denn wenn wir bei irgendeiner Erinnerung stocken, sei es aus Furcht, Verwunderung oder Freude, verschlingt uns der Adler und löscht die Bewußtheit. Wenn wir die Erinnerung unseres Lebens bis zum letzten Moment, unserer Geburt, vorurteilslos ertragen, wird hingegen die Freiheit erreicht; der Adler verschlingt uns nicht, und wir können unsere Bewußtheit behalten.

Die Rekapitulation der Pirscher ist also eine unmittelbare Vorbereitung auf ihren individuellen Tod. Die Übung erweist sich zudem als ein ritualisiertes Todeserlebnis, das den Pirschern schon zu Lebzeiten einen Einblick in die letzten Dinge gestattet. Auch in unserer modernen Welt sollten sich die Menschen wieder darauf zurückbesinnen, daß am Ende des Lebens der Tod wartet, der letztlich nicht weggeleugnet werden kann. Die Menschen in den Naturvölkern wissen hingegen nicht nur, wie sie zu leben haben, sondern auch, wie sie zu sterben haben. Ersteres glauben wir auch zu wissen, aber wissen wir auch etwas über den Tod und die Kunst des richtigen Sterbens?

Zum anderen ist die Rekapitulation eine Rückkehr zum ursprünglichen Zustand des Menschen vor der Geburt, ein »regressus at uterum«, wie Eliade sagen würde. Er berichtet von ganz ähnlichen Atem- und Reizabschirmungstechniken in Indien und China, die das gleiche Ziel verfolgen wie die toltekische Rekapitulation: Eine »Rückkehr zum Ursprung« und letztlich die »Unsterblichkeit«.[210] Wir sehen, daß auch hier die Befreiung wiederum mit einer Rückkehr in einen paradiesischen Zustand gleichgesetzt werden kann, in dem eine Trennung zwischen uns und der Welt noch nicht bestand.

Ähnlicher Techniken bedient sich auch die transpersonale Psychologie Stan Grofs (holotropes Atmen), die ebenfalls die fundamentale Bedeutung des Wiedererlebens der eigenen Kindheit und vor allem der Geburt hervorhebt, ohne deren bewußte Aufarbeitung ein erfülltes, glückliches Leben kaum möglich erscheint. Er verweist hierbei vor allem auf die Geburtstraumata, die in ihrer spezifischen Struktur all unsere späteren Ängste prägen, und nicht zuletzt auch unsere Todesangst, die wir durch ein konkretes Wiedererleben beseitigen können.[211] Die von Grof verwendeten Atemtechniken stellen erfahrungsgemäß tatsächlich ein sehr wirksames Mittel der Rückerinnerung dar, doch andererseits sind sie nicht unbedenklich und nicht für jedermann geeignet.

Die Rekapitulation ist jedenfalls, wie alle Elemente der Kunst des Pirschens, nicht nur den Zauberern zugänglich; sie liegt auch im Bereich der normalmenschlichen Möglichkeiten. Casteneda sagt dazu: »Die Rekapitulation ist allen Menschen möglich, aber man muß einen unbeugsamen Willen haben. Wer zögert oder schwankt, ist verloren, denn der Adler verschlingt ihn. In diesem Bereich ist für den Zweifel kein Platz.«[212]

4.2 Das Nicht-Tun des Selbst

»Es gibt für die Menschen, wie sie heute sind, nur eine radikale Neuigkeit – und das ist immer die gleiche: der Tod.«

Walter Benjamin (1892–1940)[213]

Die sieben Techniken des »Nicht-Tun des Selbst« weisen einem Pirscher, dessen Jagdgrund die erste Aufmerksamkeit, die normale Welt ist, den Weg zum zweiten Ring der Kraft, zur zweiten Aufmerksamkeit. Mit ihrer Hilfe kann er die vertraute Einheit seiner alltäglichen Weltsicht zerbrechen.

Wir führten die Idee des Nicht-Tuns zwar schon im ersten Kapitel dieses Buches ein, aber eine kurze Erläuterung des Prinzips ist hier noch einmal angebracht:

Die normale Welt und gleichsam die erste Aufmerksamkeit ist für die Tolteken im wesentlichen ein Produkt des Tuns. Ein »Tun« ist eine kontinuierliche Kette von Handlungen oder Gedanken, die einen bestimmten Zweck erfüllen. Die Elemente dieser Ketten des Tuns sind die Elemente unserer Weltbeschreibung, und die Anordnung dieser Elemente erfolgt ebenfalls nach den Regeln jener Beschreibung. Eine Kette des Tuns bedarf allerdings all ihrer Elemente, um eine funktionierende Einheit zu sein; fehlt z. B. eines der Elemente, bricht die Kette zusammen.

Das Nicht-Tun basiert nun auf der Idee, daß, wenn wir ein störendes Element in die Kette des Tuns einbauen, ebenfalls die ganze Kette zusammenbricht und somit der Weg frei ist für eine neue, totale Erfahrung, die nicht nach den Regeln der Weltbeschreibung konstituiert ist.

Das Nicht-Tun des Selbst bezieht sich – wie der Name schon sagt – auf die Unterbrechung unserer Vorstellung von uns selbst, unserem alltäglichen Selbstbild. Es reduziert uns auf das, was wir wirklich sind. Es läßt uns erkennen, wie willkürlich das normale Selbstbild ist, und daß dieses hauptsächlich auf erlernten Vorurteilen basiert, die sich zu einer komplexen Vorstellung von uns als Personen verfestigt haben. Das Nicht-Tun des Selbst ist ein Mittel, uns selbst zu verändern, so z. B. unsere Lebenseinstellung, unser Verhalten oder sogar unsere gesamte Lebensweise. Die einzelnen Arten des Nicht-Tun des Selbst zerbrechen die Einheit des Tuns, in diesem Fall des Tuns unseres Selbstbildes, an jeweils verschiedenen Stellen, weshalb sie im Folgenden getrennt behandelt werden. Da sie aber ein Teil der Kunst des Pirschens sind, stellen diese Methoden des Nicht-Tuns auch verschiedene Möglichkeiten des Sich-selbst-Anpirschens dar, wie wir gleich sehen werden. Sie gipfeln im »Anhalten der Welt«, das der Schlüssel zum zweiten Ring der Kraft, zur Welt der Zauberer ist.

1 Das Nicht-Tun der Gewohnheiten

Das Nicht-Tun der Gewohnheiten (Routinen)[214] ist die grundlegende Art des Nicht-Tun des Selbst. Es beruht auf der Beobachtung der Pirscher, daß alle normalmenschlichen Handlungen gewissen Routinen bzw. Gewohnheiten unterliegen. Das ganze Tun des Durchschnittsmenschen ist auf solche Routinen aufgebaut. So liegt z. B. der Tagesablauf schon von vorneherein fest; man steht morgens zur gleichen Zeit auf, frühstückt zur gleichen Zeit am gleichen Ort, nimmt immer zur festen Zeit sein Mittagessen ein und schläft schließlich immer zur gleichen Zeit im selben Bett etc. Man könnte ganze Bücher mit solch typischen Routinen füllen, aber das ist nicht Sinn und Zweck der Übung.

Da sich die Routinen von Person zu Person unterscheiden, ist dem Pirscher daran gelegen, vor allem seine eigenen Gewohnheiten genau zu beobachten und zu erkennen. Dabei ist es z. B. nützlich, schriftliche Aufzeichnungen von seinen Gewohnheiten zu machen. Hat man sie einmal kennengelernt, ist der nächste Schritt die Bemühung, sie zu unterbrechen. Das erste bei diesem Nicht-Tun der Routinen ist das Durchbrechen einfacher Gewohnheiten, z. B. eine Veränderung des gewohnten Tagesablaufs. So ißt man einfach nur dann, wenn man wirklich hungrig ist und nicht zu festen Uhrzeiten. Auch eine Änderung der Schlafgewohnheiten ist möglich: mit dem Kopf am Fußende des Bettes schlafen, mehrere kurze Schlafperioden anstatt einer langen einlegen oder auch tagsüber schlafen. Weiter läßt sich das Nicht-Tun der Gewohnheiten auf alle nur denkbaren Routinen anwenden. Das genaue Vorgehen richtet sich dabei natürlich direkt an den jeweiligen Routinen des Praktikers aus – und die sind ja bekannterweise recht verschieden.

Der Nichtpraktiker mag vielleicht die Vorteile dieses Nicht-Tuns nicht einsehen, aber für den Pirscher ergeben sie sich direkt. Er lernt seinen Körper und dessen wirkliche Bedürfnisse auf eine neue Art kennen und beachten, denn, indem er nicht routiniert ißt und schläft, ißt er nur, wenn er hungrig ist, und schläft nur dann, wenn er wirklich müde ist. Probleme wie Schlaflosigkeit, Einschlafstörungen oder Übergewicht schließen sich durch die Praxis dieses einfachen Nicht-Tuns von selbst aus. Das Nicht-Tun der Gewohnheiten ist damit auch der erste Schritt zur echten Selbsterfahrung, einer Erfahrung des unverfälschten »So-Seins« unseres Selbst, befreit von den Ketten unserer entstellenden, menschenunwürdigen Routinen. So beschäftigen sich auch die folgenden Arten des Nicht-Tun des Selbst mit dem Durchbrechen von Routinen, die allerdings nichts mit dem Tagesablauf zu tun haben, sondern typische Verhaltensweisen unseres alltäglichen Selbst kennzeichnen.

Wichtig zu bemerken ist noch, daß bei einer Routine, die unterbrochen und durch eine andere Verhaltensweise ersetzt wurde, nicht der Fehler gemacht werden darf, die neue Verhaltensweise ebenfalls zur Routine zu machen, denn dann wäre nichts erreicht. Die Pirscher trachten nach einer allgemeinen Befreiung von all den unsinnigen Routinen, die uns nicht nur versklaven, sondern uns auch an der echten Selbsterfahrung hindern, die das eigentliche Ziel der Praktiker ist.

2 Das Nicht-Tun der persönlichen Geschichte

Dieses Nicht-Tun, das auch den Namen »Das Auslöschen der persönlichen Geschichte«[215] trägt, ist wohl das Prinzip der toltekischen

Lehren, das die Glaubwürdigkeit Castanedas als Autor am stärksten untergraben hat. Es beruht auf der Grundvorstellung, daß ein Pirscher keine persönliche Geschichte im Sinne einer festen Vorstellung von der eigenen Vergangenheit – bei sich selbst und bei anderen – benötigt und sie daher auslöscht bzw. zurückläßt. Die Methode dazu ist denkbar einfach: Die Pirscher erzählen endlose Geschichten, aber keine davon über ihr wirkliches Selbst[216], über ihre Person, d. h. über ihr Leben als normaler Mensch in einer normalen Welt.

Genau diese Methode wandte Castaneda beim Schreiben seiner Bücher an. Er berichtet zwar über die Geschehnisse seiner Lehrzeit und über die Praxis der Zauberei, klammert aber sein eigenes Leben weitgehend aus. Der daraus resultierende Informationsmangel über die Person des Autors brachte Castaneda viel Kritik ein und führte zu den wundersamsten Spekulationen und Mutmaßungen seitens der Kritiker. Andererseits schützt diese Maßnahme den Erfolgsautor vor abertausenden Möchtegern-Schülern und Verehrern, denn Castaneda ist und bleibt durch sein Nicht-Tun unauffindbar und somit auch unerreichbar. Auf diese Weise kann er ungestört sein Leben entfalten und unbehindert weiter nach den traditionellen Regeln der Tolteken leben. Das Nicht-Tun der persönlichen Geschichte hat ihm seine ursprüngliche Freiheit des Unbekanntseins bewahrt.

Das Prinzip dieses Nicht-Tuns ergibt sich direkt aus den übrigen Praktiken der Pirscher: So trägt es dem siebten Prinzip des Pirschens Rechnung, nachdem ein Pirscher sich nie in den Vordergrund drängen soll. Es kommt nicht darauf an, wer wir sind (und nur das ist es, wovon unsere persönliche Geschichte berichtet), sondern es kommt darauf an, was wir sind, nämlich sterbliche Menschen in einer geheimnisvollen Welt. Zudem ist das Löschen der persönlichen Geschichte eine direkte Auswirkung der Rekapitulation der Pirscher, deren Praxis ein symbolisch rituelles Todeserlebnis darstellt. Nach der Beendigung der detaillierten Rekapitulation sind die Pirscher nicht mehr an die Begrenzungen ihrer Person gebunden, die sie mit ihrer kompletten Erinnerung hinter sich gelassen und durch die Atemtechnik energetisch ungültig gemacht haben. Die praktische Anwendung des Nicht-Tuns der persönlichen Geschichte fällt daher, wie auch die folgenden Arten des Nicht-Tuns, nach der ausführlichen Rekapitulation wesentlich leichter. Das Auslöschen der persönlichen Geschichte befreit uns von unserem beschränkten Selbstbild einer eingebildeten geschichtlichen Kontinuität, die sich in der aufrichtigen Rekapitulation ohnehin als gar nicht so kontinuierlich erweist.

3 Das Nicht-Tun der eigenen Wichtigkeit

Das Nicht-Tun der eigenen Wichtigkeit[217] ist eines der zentralen Prinzipien der toltekischen Lehren. Die eigene Wichtigkeit, oft auch »Eigendünkel« genannt, ist nach ihrer Überzeugung der größte Feind aller Erkenntnis. Der Eigendünkel der Menschen ist eine direkte Folge der normalen Ich-Bezogenheit allen Erkennens. Wenn alles, was wir erkennen, wissen und wahrnehmen, auf unser Ich bezogen ist, so müssen wir uns folglich wichtig nehmen, da ja alles auf das zentrale Ich bezogen zu sein scheint. Diese Ich-Bezogenheit oder ihre meist übersteigerte Form, die eigene Wichtigkeit, verstellt uns den wirklich neutralen Blick auf die Welt, da aus diesem Blickwinkel alles nur auf die eigenen eingebildeten Interessen bezogen wird.

Don Juan sagt das seinem Schüler in aller Deutlichkeit: »Solange du dich für das Wichtigste auf der Welt hältst, kannst du die Welt um dich her nicht wirklich beurteilen. Du bist wie ein Pferd mit Scheuklappen, und du siehst nur dich, losgelöst von allem übrigen.«[218] Die eigene Wichtigkeit stellt ebenso einen eklatanten Widerspruch zum dritten Gebot der Regel des Pirschens dar, die sagt, daß wir allem anderen gleichgestellt sind.

Es gibt nun verschiedene Wege, die eigene Wichtigkeit zu verlieren, von denen ich nur einen kurz skizzieren will. Don Juan rät seinem Schüler in »Reise nach Ixtlan«, mit Pflanzen zu sprechen, um die eigene Wichtigkeit zu verlieren. Um ehrlich mit einer Pflanze zu sprechen, müssen wir vom hohen Roß unserer Selbstüberschätzung herabsteigen und uns auf die gleiche Stufe stellen. Nach meiner eigenen Erfahrung halte ich diese Methode für besonders wirksam, da es dem modernen Menschen aufgrund seiner Entfremdung von der Natur erfahrungsgemäß noch schwerer fällt, tatsächlich ein ehrliches Gespräch mit einer Pflanze zu führen und die anfängliche Scheu vor dieser Übung abzulegen.

Man kann natürlich genausogut mit einem Käfer oder einem Nachtfalter reden – aber das Gefühl muß stimmen. Man muß sich bemühen, ehrlich und nicht herablassend zu sein, denn Heuchelei bewirkt bei dieser Übung nur das Gegenteil. Das Durchbrechen der ständigen Ich-Bezogenheit der eigenen Wichtigkeit stellt in der Praxis schon einen echten Sieg gegen die eigene Dummheit und Voreingenommenheit dar. Es ist eine echte Befreiung von der Tyrannei des Ichs und gibt uns die natürliche Stellung der gleichberechtigten Existenz in der Welt zurück. Erst dieses Nicht-Tun eröffnet uns alle Wege einer echten, unvoreingenommenen Selbsterfahrung.

4 Das Nicht-Tun des Zweifels und der Reue

Dieses Prinzip des Nicht-Tuns des Selbst bezieht sich auf die leidige Angewohnheit der Menschen, ihre eigenen Entscheidungen und Taten im nachhinein zu bezweifeln oder zu bereuen. Das Ausschalten dieser Routine erfolgt durch das Prinzip des »Verantwortung Übernehmens«.[219] Die Pirscher nehmen die volle Verantwortung für ihre Taten und Entscheidungen auf sich, und allein diese entschlossene Haltung befreit sie von Reue und Zweifeln. Dieses Prinzip des Nicht-Tuns korrespondiert eng mit dem dritten und vierten Prinzip des Pirschens. Das dritte, die letzte Schlacht auf Erden genannt, weist den Pirscher unmißverständlich darauf hin, daß jede Handlung seine letzte sein könnte. Dies ist für den Pirscher kein Grund zur Verzweiflung, sondern ein Anreiz zur Losgelöstheit. Er ist ja stets bereit, mit dem Schlimmsten, dem Tod, zu rechnen; und genau das bedeutet eben das Übernehmen der vollen Verantwortung. Wie kann man eine Handlung oder Entscheidung im nachhinein bezweifeln, wenn sie nicht zu diesem Schlimmsten geführt hat?

Die Pirscher sagen, man sollte sich vor einer Entscheidung sorgen und gründlich nachdenken. Ist sie aber einmal getroffen, so bleibt nur noch Zeit für das Handeln, und Zweifel und Reue stören dann nur. Daraus folgt natürlich auch, daß die Pirscher ihre

Entscheidungen sehr genau und gründlich treffen müssen. Die strikte Einhaltung dieses Nicht-Tuns erfordert ein hohes Maß an Disziplin vom Praktiker, stellt aber in der Beherrschung die eigentliche Ethik der toltekischen Lehren dar. Gründliche Vorüberlegung und Entscheidung, gefolgt von selbstverantwortlichem Handeln ist der Grundsatz dieses Prinzips; ein Grundsatz, der den Menschen in der heutigen Zeit, wo anscheinend niemand mehr direkt verantwortlich ist, nur Vorteile bringen kann. Das Nicht-Tun von Reue und Zweifel ist übrigens eng verwandt mit dem folgenden Nicht-Tun der Sorgen.

5 Das Nicht-Tun der Sorgen

In unserer alltäglichen Welt haben wir alle gelernt, uns Sorgen um alles mögliche zu machen. Sorgen um Geld, Ansehen, Ehre etc. bestimmen unseren Alltag. All dies ist aber – genau betrachtet – ebenso unnütz wie unsere eigene Wichtigkeit oder unsere persönliche Geschichte. Wir sehen dies spätestens dann klar und deutlich ein, wenn wir uns Klarheit über unseren Tod und unsere Sterblichkeit verschaffen.

Meine Mutter pflegte zu sagen: »Das Totenhemd hat keine Taschen«, d. h. wir können nichts ewig besitzen oder gar auf unsere letzte Reise mitnehmen. Die Methode des Nicht-Tuns der Sorgen entspricht dem gleichen Grundgedanken und ist dasselbe, was Don Juan als »Der Tod ist ein Ratgeber«[220] bezeichnet. Die Tolteken sagen nämlich, daß der Tod unser ständiger Begleiter ist. Er ist immer um eine Armeslänge links hinter uns. Er beobachtet uns – seine Beute –, solange wir leben; bis er uns eines Tages an der linken Schulter berührt und uns mitnimmt. Das ist dann der Moment des Todes und zugleich das Ende unseres individuellen Lebens. Im Tode endlich sind alle Menschen und alle anderen Lebewesen gleichgestellt – auch das zeigt wieder die Vergeblichkeit und Dummheit des Eigendünkels, der Selbstüberschätzung des Menschen.

Wenn nun Sorgen, Ungeduld und ähnliche Gedanken den Pirscher bedrücken, dann fragt er seinen Tod um Weisung. Don Juan erklärt das Vorgehen dabei so: »Wende dich nach links und frag deinen Tod um Rat. Ungeheuer viel Belangloses fällt von dir ab, wenn dein Tod dir ein Zeichen gibt, wenn du einen Blick auf ihn werfen kannst, oder, wenn du einfach das Gefühl hast, daß dein Begleiter da ist und dich beobachtet.«[221]

Für die Pirscher ist das »den Tod um Rat fragen« mehr als nur eine metaphorische Angelegenheit, denn sie können ihren Tod in diesen Momenten physisch spüren. Wenn der Tod antwortet oder einfach ein Zeichen seiner Anwesenheit gibt, spürt man ein Schaudern, das eiskalt vom Nacken über den Rücken hinab rinnt. Diese Empfindung ist das Signal der geheimnisvollen, mächtigen Präsenz des Todes, der alle Sorgen und Probleme nichtig macht und der die Menschen auf ihr nacktes, sterbliches Dasein reduziert. Die Pirscher behaupten, daß der Tod uns durch den Schauder sagt: »Ich habe dich noch nicht berührt, und nur meine Berührung zählt!«

Angesichts des Todes verschwinden daher nicht nur die Sorgen, sondern auch die eigene Wichtigkeit, die Selbstüberschätzung, der Zweifel und die Reue. Der »Tod als Ratgeber« ist also für die Pirscher eine ideale Methode des Nicht-Tuns und des Sichselbst-Anpirschens. Sie wird als solche häufig in der Praxis benützt, da sie auch eine besonders wirksame Methode zur Mäßigung in jederlei Hinsicht ist.

6 Das Nicht-Tun des Glaubens und der Erwartungen

Dieses Nicht-Tun wird auch als Technik des »Draufloshandelns«[222] bezeichnet und bezieht sich auf die besondere Fähigkeit der Pirscher, auch dann zu handeln, wenn sie nicht an die Handlung oder deren Zweck glauben. Der Durchschnittsmensch handelt nur dann, wenn er glaubt, daß die Handlung einen Sinn hat oder wenn er sich einen Vorteil verspricht. Beide Varianten beruhen darauf, daß der Durchschnittsmensch bestimmte Erwartungen an seine Taten knüpft. Treffen seine Erwartungen nach der Handlung nicht ein, ist er enttäuscht. Hätte er jedoch von vorneherein keine Erwartungen mit in die Handlung hineingebracht, so würde ihm zumindest die Enttäuschung erspart bleiben. Von dieser Einsicht geleitet, entwickelten die Pirscher dieses spezielle Nicht-Tun.

»Drauflosḥandeln« will aber zuerst einmal gelernt werden, denn das Zweckdenken des eigenen Nutzens ist nicht nur im Abendland verbreitet. Zu diesem Nicht-Tun gelangt man daher nur über die Erfüllung kleiner, unsinnig erscheinender Handlungen. So kann man z.B. seinen Gürtel beständig verkehrtherum schnallen, man kann neben dem Bett, anstelle darin schlafen, oder man kann auch ständig einen Hut tragen, wenn die Sonne nicht scheint etc. Wenn eine solche Handlung jedoch zur Routine wird, sollte man sie wieder aufgeben, denn sie hat ihren Dienst getan.

Solche Handlungen vermitteln dem Pirscher die schwierige Fähigkeit, auch dann zu handeln, wenn er nicht an den Sinn seiner Handlungen glaubt oder sie mit bestimmten Erwartungen verknüpft. Durch dieses »Handeln, ohne zu glauben« bekommen die Praktiker ein konkretes Gefühl davon, welche erweiterten Möglichkeiten sich ergeben, wenn wir unsere Erwartungen einfach ausklammern. Man erkennt dann auch mit großer Deutlichkeit, daß es vielleicht wahre und falsche Aussagen gibt, aber daß es keine wahren oder falschen Handlungen geben kann. Das Handeln entzieht sich weitgehend der Wertung des Verstandes, und genau dieser Tatsache tragen die Tolteken durch dieses Nicht-Tun Rechnung. Es befreit sie vom zwanghaften Zweckdenken des Verstandes und erlaubt es ihnen, einfach drauflöszuhandeln, um die Welt auf spielerische Weise neu zu entdecken.

7 Das Nicht-Tun des Sprechens

Die bislang aufgeführten Arten des Nicht-Tuns verursachen auf die Dauer einen einheitlichen Effekt, den die Tolteken als das »Anhalten der Welt«, bzw. als »Anhalten des inneren Dialoges«[223] bezeichnen. Dieser Zustand des Nicht-Denkens, der per definitionem auch das Nicht-Tun des Sprechens ist, ist das zentrale Ziel der praktischen Übungen des Nicht-Tuns. Don Juan sagt über die Bedeutung dieser Technik:

»Doch der Schlüssel zur Welt der Zauberer ist das Anhalten des inneren Dialogs (...). Alle übrigen Maßnahmen sind nur Stützen. Sie bewirken eigentlich nichts anderes, als das Anhalten des inneren Dialogs zu beschleunigen.«[224] Da man über dieses Nicht-Sprechen – wie der Name schon sagt – im eigentlichen Sinne nicht sprechen kann, will ich gleich eine kleine Geschichte über meine eigenen Erfahrungen mit dem Nicht-Tun und dem daraus resultierenden Anhalten der Welt erzählen, die das Gesagte verdeutlichen soll. Vorher will ich aber noch einmal auf die gemeinsame Tendenz all der angeführten Techniken eingehen, um zu zeigen, was es eigentlich mit dem Nicht-Tun des Selbst auf sich hat.

Die gemeinsame Tendenz alles Nicht-Tuns des Selbst ist die Reduktion unseres Selbstbildes auf das Wesentliche. Die einzelnen Techniken klammern bestimmte Gewohnheiten unserer Selbstbetrachtung aus. Durch das Nicht-Tun der persönlichen Geschichte klammert man die eingebildete Kontinuität unserer eigenen Vergangenheit aus, die ein wesentlicher Bestandteil des normal menschlichen Selbstbildes ist; auf ähnliche Weise klammert das Nicht-Tun der eigenen Wichtigkeit unseren eingebildeten Eigendünkel aus unserem Selbstbild aus etc.

Dieser allgemeine Prozeß der Ausklammerung erinnert stark an die Husserlsche Methode der phänomenologischen Reduktion, die sich ja auch der Ausklammerung von Vorurteilen bedient, um zur wirklichen reinen Erkenntnis zu gelangen. Das Nicht-Tun des Selbst geht jedoch weit über das theoretische Niveau hinaus und ermöglicht es dem Praktiker, sein Selbstbild wie eine Maske abzulegen und einen Blick auf sein wahres Selbst zu tun. Denn wenn wir die Maske des Selbstbildes abstreifen, kommt das eigentliche, ursprüngliche Wesen zum Vorschein, befreit von all den Trugbildern unserer Weltbeschreibung. Don Juan sagt dazu: »(…) das einzige, was wirklich ist, ist das Sein in dir, das sterben wird. Dieses Sein zu erreichen, das ist das Nicht-Tun des Selbst.«[225]

Eine solch desillusionierte, aber realistische Geisteshaltung schränkt die Beschäftigung mit dem Selbstbild natürlich auf ein Minimum ein – und das hat erstaunlich positive Folgen. Es erlaubt uns nämlich, die Welt auf eine neue, nicht ichbezogene Weise wahrzunehmen. Das Ablegen der Maske unserer Selbstbetrachtung gibt neue Möglichkeiten frei, von deren Existenz der Durchschnittsmensch gar keine Ahnung hat. Folgende Geschichte soll dies verdeutlichen.

Der Vorfall, von dem ich berichten will, liegt zwar schon einige Jahre zurück, aber ich habe jede Einzelheit davon klar in meiner Erinnerung behalten. Zu jener Zeit lagerte ich mit drei meiner Gefährten am Fuße eines Berghanges in den luxemburgischen Ardennen. Wir waren in diese Berge gekommen, um einige Techniken der toltekischen Lehren zu erproben. Berge beheimaten nämlich nach toltekischer Überzeugung besondere Kräfte, die im Flachland nur selten auftreten. Besonders reizte mich damals der Gedanke, in diesen Bergen Kraftobjekte zu finden; das sind besondere Gegenstände, vor allem Kristalle und Federn, die mit einer speziellen Energie aufgeladen sind und die aus diesem Grund zu verschiedenen Zwecken der Zauberei verwendet werden.

So hatte ich bereits einen halben Tag auf einem Felsen am Rande eines Sees gesessen und die Bussarde beobachtet, die in ausgedehnten Kreisen über einem entfernten Berggipfel schwebten. Der Gedanke daran, einige Federn von diesen kleinen Brüdern der Adler zu bekommen, hatte mich nicht mehr losgelassen. In Gedanken zog ich die Kreise der Vögel nach, und ich glaubte in diesem Moment zu begreifen, was die besondere Kraft wäre, die ihren Federn innewohnt. So beschloß ich, am folgenden Tag zusammen mit einem meiner Gefährten auf die Suche nach solchen Federn zu gehen.

Wir zogen bereits früh morgens los und durchstreiften planlos die riesigen Bergwälder. Bald begriffen wir, daß ein gewöhnliches Suchen oder ein Hoffen auf einen glücklichen Zufall nicht zum Erfolg und nicht zu den Federn führen würden. Während ich noch darüber nachdachte, wie es uns dennoch gelingen könnte, wäre ich beinahe auf ein großes Feld von Waldmeister-Pflanzen getreten, das plötzlich vor mir auftauchte. Diese Pflanze war für mich etwas Besonderes, denn sie war mir häufig in meinen Träumen der letzten Zeit erschienen. So hatte ich intensiv versucht, mich mit diesen Pflanzen anzufreunden. Ich redete häufig mit ihnen, was für mich auch eine Übung des Nicht-Tuns der eigenen Wichtigkeit war. Ich sprach zu ihnen, jedoch ohne die Hoffnung, daß sie mir jemals antworten würden.

So begann ich auch diesmal zu den Waldmeisterpflanzen zu sprechen, bis mich ein seltsames Gefühl befiel. Die Pflanzen schienen mich auf unerklärliche Weise aufzufordern, von ihnen zu essen. Ich kaute einige der faserigen Pflanzenspitzen, während ich mich zwischen den anderen Pflanzen niedersetzte. Eine innere Stimmung überwältigte mich und versetzte mich in körperliche Schwingungen. Ich sprach nicht mehr zum Waldmeister, ich sang ein Lied für ihn, der mir ein unverhofftes Gefühl der Zugehörigkeit zu diesem Wald, zu diesen Bergen vermittelt hatte. Vor allem spürte ich aber die enge Verbundenheit zu diesen Pflanzen, und dieses Gefühl verwandelte sich zugleich auf unerklärliche Weise in ein Bild, in eine Art Vision.

Ich sah einen Waldrand mit einer vorgelagerten Wiese. Mitten auf dieser Weise stand ein großer, kahler Baum, den wohl ein Blitz so zugerichtet hatte. An diesem Baum hingen Adlerfedern, ähnlich wie ich das aus Berichten über das Sonnentanzritual der Indianer in Nordamerika kannte. Diese Vision verschwand so plötzlich, wie sie gekommen war, doch ich behielt das starke Gefühl zurück, jetzt genau zu wissen, wo ich zu suchen hatte.

Wir verließen den Ort dieser Vision augenblicklich, denn ein inneres Gefühl leitete mich zielstrebig durch die Bergwälder. Nach einem einstündigen Marsch, auf dem wir kein einziges Wort gesprochen hatten, erreichten wir einen Waldrand. Ich glaubte meinen Augen nicht zu trauen, denn was ich vor mir sah, war das genaue Abbild meiner Vision. Während ich noch durch meine Verwunderung wie gelähmt war, hörte ich meinen Freund rufen, daß er eine große Schwanzfeder eines Bussards gefunden hätte. Daraufhin untersuchten wir die Fläche der Wiese um den alten Baum herum und fanden jeder fünf große Federn von offensichtlich verschiedenen Bussarden, die hier wohl ihre Mauser gehalten hatten.

Dieser Vorfall war nicht nur das erste Mal, daß ich durch eine Technik des Nicht-Tuns des Selbst die Welt angehalten hatte, sondern ich hatte mit Hilfe der Waldmeisterpflanzen auch meine ersten wirklichen Kraftobjekte erlangt, die ich auch heute noch besitze. Sie sind für mich ein sichtbares Symbol unserer verborgenen Möglichkeiten, die erst dann ans Licht kommen, wenn die starre Fixierung unserer Selbstbetrachtung – unser festes Selbstbild – zerbrochen wird. Erst wenn wir diese Maske ablegen, wird unser Blick frei für eine neue Weltbetrachtung, die nicht nur eine kryptische Metapher, sondern wahrnehmbare Realität ist. So könnte ich noch von einigen ähnlichen Vorfällen berichten, denn oben beschriebenes Erlebnis ist für mich und meine Gefährten kein Einzelfall geblieben. Erlebnisse dieser Art bedeuten für mich – und wahrscheinlich für alle Tolteken – die eigentliche, echte Selbsterfahrung, die uns für einen Moment aus der vertrauten Welt hinausträgt, hinein in eine andere Dimension unserer Möglichkeiten, in die Welt der Zauberei.

4.3 Die Heilkunde

»Du mußt die Heilkunst dort anwenden, wo deine Kräfte liegen. Diese Kräfte erbst du nicht; du mußt hart arbeiten, du mußt für sie fasten, sie herbeiträumen.«

Lame Deer[226]

In Castanedas Büchern finden wir immer wieder Hinweise darauf, daß Don Juan und einige seiner Gefährten und Gefährtinnen auch als Heiler tätig waren, doch konkrete Hinweise auf eine spezielle Heilpraxis der Tolteken oder gar einer dem Nagualismus eigenen Medizinphilosophie scheinen auf den ersten Blick nicht enthalten zu sein. Ihr ganzes Streben scheint ausschließlich auf das Erreichen von veränderten Bewußtseinszuständen gerichtet zu sein. Doch dieser Eindruck täuscht, denn im umfangreichen Wissenssystem der Tolteken sind auch die Grundlagen für eine Heilkunde im Speziellen enthalten, die sich nicht zuletzt auch aus der Lehre von den veränderten Bewußtseinszuständen ergibt, wie wir im Folgenden sehen werden.

Nun sind die Bereiche Heilung/Heilkunde sehr komplex und stellen gerade im indianischen Kulturbereich kein einheitliches Tätigkeitsfeld dar. Der Sioux-Medizinmann Lame Deer unterscheidet z. B. mehrere verschiedene Arten und Varianten von Medizinmännern und Heilern, die nicht nur unterschiedliche Tätigkeitsbereiche haben, sondern die sich auch unterschiedlicher methodischer Ansätze bedienen.[227] Florinda Donner berichtet in ihrem Buch »Die Lehren der Hexe«, daß Florinda Matus, eine Gefährtin des Don Juan, ihr ebenfalls verschiedene Kategorien von Heilpraktikern unterbreitet und auch vorgestellt habe. Sie führt drei verschiedene Gruppen auf:

1. Spiritisten;
2. Hexen und Zauberer;
3. einfache Heiler.[228]

Solche Unterscheidungen sind im gesamten indianischen Kulturraum verbreitet, und so finden wir z. B. auch in den Anden die grundsätzliche Trennung von *brujos* (Zauberern), curanderos (Heilern) und anderen spezialisierten Gruppen, wie z. B. den *yatiris* (Wahrsager).[229]

Eine solche Unterscheidung ist keinesfalls willkürlich, denn sie richtet sich direkt an den verschiedenen Krankheiten und Störungen sowie an deren verschiedenen Ursachen aus. So kennt auch die moderne Schulmedizin die Abgrenzung verschiedener Fachgebiete, ein Psychiater behandelt naturgemäß andere Störungen als z. B. ein Internist oder ein Urologe, und das liegt auch hier an der unterschiedlichen Herkunft der Krankheiten, ihrer ursächlichen Verschiedenheit voneinander.

Vordringliches Ziel aller Heilpraktiken – ob nun westliche Schulmedizin oder indianischer Zauberkult – ist die dauerhafte Heilung der krankhaften Störung oder, wenn dies nicht möglich ist, zumindest die Linderung der damit verbundenen Beschwerden. Diese allgemeine, pragmatische Zielsetzung steckt grundsätzlich hinter jeder Heilpraxis, ob modern oder archaisch, ob westlich oder östlich. Die Methoden, die zur Heilung führen, mögen noch so verschieden sein, aber hinter dem Phänomen einer jeden Heilung steckt nach toltekischer Ansicht immer das gleiche übergeordnete Prinzip, das in diesem Kapitel erläutert werden soll.

Wer hier allerdings den leidigen Streit zwischen westlicher Medizin und anderen Heilpraktiken erwartet, den muß ich enttäuschen, denn es kommt beim Vorgang einer Heilung nicht so sehr auf die Methode und deren theoretische Grundlagen an, sondern auf das Erreichen des Zieles, die Heilung einer Krankheit. »Wer heilt, hat recht«, sagte schon der griechische Arzt Hippokrates (um 400 v. Chr.), der als Vater der abendländischen Medizin als Erfahrungswissenschaft gilt. Wenn nun aber verschiedene Heilungssysteme mit unterschiedlichen Grundlagen und verschiedener Methodik beide in der Lage sind, eine bestimmte Krankheit zu heilen, wer hat denn dann recht? Ich würde sagen, beide und gleichzeitig keiner; aber eine solche Aussage bedarf der näheren Erläuterung. Dazu möchte ich eine Passage aus dem Buch von Florinda Donner zitieren, die das bisher Gesagte verdeutlicht:

> *»In scherzhaftem Ton, aus dem ich gleichwohl ihre Ernsthaftigkeit heraushören konnte, behauptete sie, daß auch ich zu der Ansicht neigte, die nicht-westlichen Praktiken seien ganzheitlicher als die westliche Medizin. Sie erklärte, ich sei im Irrtum, weil das Heilen (...) vom Praktiker und nicht von einem bestimmten Wissensschatz abhänge. Von nicht-westlichen Heilpraktiken zu sprechen sei völlig unsinnig, da es sich bei Heilung eben nicht wie bei der Medizin um eine formalistische Disziplin handle.«*[230]

Daraus ergibt sich, daß der Heiler selbst die zentrale Figur im Prozeß der Heilung darstellt und nicht etwa sein spezielles Fachwissen. Die Fähigkeit des Heilers, aktiv auf seinen jeweiligen Patienten einzuwirken, scheint die grundlegende Voraussetzung einer jeden erfolgreichen Heilung zu sein. Florinda Donner schreibt:

> *»Florinda (Matus – Anm. d. Autors) war fest davon überzeugt, daß jemand, der eine andere Person heilen könnte – sei es ein Arzt oder ein Wunderheiler –, in der Lage sei, die fundamentalen Gefühle des Patienten entscheidend zu verändern, was bedeute, daß diese Person dem Körper und gleichermaßen dem Geist neue Möglichkeiten eröffnete und die gewohnte Form, in der Körper und Geist harmonierten, systematisch zerstörte. Andere Wahrnehmungsformen würden dann zugänglich, und die ›normalen‹ Vorstellungen über Krankheit und Gesundheit könnten verändert werden, sobald neue körperliche Bedeutungen sich herauskristallisiert hätten.«*[231]

Diese Aussage ist in ihrer Gesamtheit nicht leicht verständlich, aber sie enthält die Essenz des toltekischen Wissens über die Heilkunde. Damit dieses Verständnis dem Leser deutlicher werden kann, werde ich nun im Folgenden meine Rekonstruktion der toltekischen Medizinphilosophie aufzeigen und erläutern. Zu diesem Zweck müssen wir uns zunächst über zwei grundlegende Begriffe Klarheit verschaffen, nämlich über Krankheit und Gesundheit.

Was bedeutet also Gesundheit im Sinne der toltekischen Lehren? Es bedeutet bestimmt nicht nur »Arbeitsfähigkeit«, womit der moderne Gesundheitsbegriff knapp zu umschreiben wäre. Gesundheit ist vielmehr ein Gleichgewicht, die Harmonie zwischen den verschiedenen Teilen unseres Selbst. Da wäre als erstes das Gleichgewicht innerhalb des Tonal zu nennen. Zum zweiten ist das Gleichgewicht zwischen Tonal und Nagual von Bedeutung. Nur wenn alle diese Teile und Schichten unseres Selbst miteinander harmonieren, kann man von einer einwandfreien Gesundheit sprechen. Diese echte Gesundheit kennt keinen Fortschritt, denn sie ist an sich nicht mehr zu steigern. In diesem Sinne kennt kein natürliches System, das sich in einem genauso natürlichen Gleichgewicht befindet, irgendeine Art von Fortschritt oder Steigerung. Jede willkürliche Veränderung in diesem System stört zwangsläufig die natürliche Harmonie. Wenn wir dies im Sinne des ökologischen Gleichgewichts in unserer Umwelt verstehen, bedeutet eine solche Störung eine ökologische Katastrophe unterschiedlichen Ausmaßes. Wenn wir die Störung im Sinne eines Eingriffs in unser inneres Gleichgewicht verstehen, so heißt die daraus resultierende Katastrophe eben Krankheit. Im Sinne des bislang Gesagten muß jedes Fortschrittsdenken, auf dem unser heutiges System der Zivilisation beruht, zu unvermeidlichen Katastrophen – im kleinen wie im großen Ausmaß – führen, da es das ursprüngliche Gleichgewicht zwangsläufig stört.

Nun erwähnte ich zwei verschiedene Gleichgewichtssysteme, die uns als Menschen eigentümlich sind. Störungen im Tonal selbst bewirken ganz andere Krankheiten und Probleme als eine Störung zwischen Tonal und Nagual, auf die wir im Folgenden gesondert eingehen wollen.

Der erstere Fall der Krankheitsentstehung ist die Störung des Gleichgewichts innerhalb des Tonal. Die beiden verschiedenen Schichten des persönlichen Tonal haben wir bereits in Kapitel 1.2 kennengelernt: die grobe, äußere Schicht, die Handeln und Tun darstellt, und die feinere innere Schicht, die Urteil und Entscheidung repräsentiert. Gleichgewicht im Tonal bedeutet demnach, daß die betreffende Person, das betreffende Tonal, nach seinen eigenen Entscheidungen und Urteilen handelt. Ungleichgewicht – also Krankheit – bedeutet, daß die betreffende Person trotz oder wider ihre eigenen Entscheidungen handelt. Eine solche Disharmonie muß nicht unbedingt gleich eine sichtbare, körperliche Erkrankung bewirken; es ist jedoch die wesentliche Voraussetzung für eine solche. In der modernen Medizin würde man dabei wohl von »Disposition«[232] reden.

Das Tonal, das identisch ist mit unserer Person, mit unserem normalen physischen Körper, ist nach toltekischer Ansicht die gesamte Summe all seines Tuns. Herrschen in dieser Gesamtsumme des Tuns immer nur bestimmte Handlungen oder Verhaltensweisen (Routinen) vor, entsteht natürlich auch ein Ungleichgewicht im Tonal, denn durch die Überbewertung eines bestimmten Tuns kommen natürlich andere Verhaltensweisen und Handlungen zu kurz oder werden ganz vernachlässigt. So entstehen Krankheiten nicht etwa aus einer Laune der Natur heraus, sondern der Kranke ist maßgeblich an der Entstehung seiner Krankheit beteiligt; er ist selbst verantwortlich für seinen Zustand. Auch der Huichol Schamane Matsuwa teilt diese Überzeugung der Tolteken.

> *»Er sagt, Gesundheit und Wohlbefinden hängen weniger von dem ab, was einer tut (essen, lieben, rauchen, Kaffee trinken und so fort), als vielmehr davon, was er nicht tut (harte Arbeit; lange Pilgerfahrten zu Fuß zu den Kakauyarixi; den Göttern Zeremonien weihen). Jedermann freut sich an den Dingen der ersten Art. Die der zweiten Art sind weitaus härter, so daß diese Aufgaben gescheut werden und ungetan bleiben. So findet die Krankheit schwache Körper und Geister vor, die ihr ein leichtes Opfer sind.«*[233]

Der Ausweg aus der Krankheit ist daher auch nicht nur eine Sache der äußerlichen Behandlung durch einen Heiler, sondern der Heiler muß sich – zusammen mit dem Patienten – um eine tiefere Lösung des Problems bemühen. Dabei ist zu berücksichtigen, daß der Heilerfolg in diesem Sinne auch maßgeblich von der Mitarbeit des Patienten abhängt, denn wenn dieser die Anweisungen des Heilers mißachtet, bleibt ein dauerhafter Erfolg der Behandlung meist ganz aus. Ich betone diesen Sachverhalt deshalb, weil für eine endgültige Beseitigung einer körperlichen Krankheit meist eine Umstellung des ganzen Lebens und Verhaltens des Patienten vonnöten ist. Denn nur eine solch radikale Maßnahme sichert den Ausgleich in der Summe der Handlungen und somit die Wiederherstellung der Gesundheit.

Auf dieses Wissen über den Zusammenhang zwischen unserem Tun und Handeln und unserer Gesundheit basiert das eigentliche System der Gesundheitsfürsorge bei den Tolteken. Don Juan erklärt seinem Schüler, daß es nicht nötig sei, spezielle Leibesübungen und Sport zu treiben, um sich gesund zu erhalten; er meint, »...um in einwandfreier Verfassung zu bleiben, brauche man sich lediglich im Nicht-Tun zu üben«.[234] Im Sinne des bislang Gesagten verwundert diese Aussage nicht, denn wenn ein Ungleichgewicht durch ein zu einseitiges Tun (Routine) entsteht, kann diese Tendenz nur durch das Nicht-Tun (der Routinen) wieder ausgeglichen werden. Das Nicht-Tun verschafft den Tolteken das nötige Gleichgewicht zum routinierten Tun und stellt somit das verlorene Gleichgewicht wieder her. Insofern sind die Techniken des Nicht-Tuns des Selbst, die im letzten Kapitel geschildert worden sind, ebenfalls präventive Mittel zur Gesunderhaltung des ganzen Körpers, auch wenn sie auf den ersten Blick etwas ganz anderes zu sein scheinen.

Die Tolteken haben aber auch eine ganz spezielle Technik des Nichttuns, welche sie immer dann anwenden, wenn sie eine Krankheit aus ihrem Körper beseitigen wollen. Dieses Nicht-Tun ist eine einfache praktische Übung: Zuerst legt man sich auf den Boden und winkelt den rechten Arm im Ellbogen an, so daß der Unterarm nach oben zeigt; die Handfläche wird dabei nach vorne gerichtet. Dann krümmt man die Finger so, als würde man eine Kugel umfassen. Daraufhin führt man mit Hand und Unterarm eine kreisende Bewegung aus, ganz ähnlich, wie wenn man eine große Kurbel einer altertümlichen Kaffeemühle betätigen würde.

Durch diese Bewegung ist es möglich, eine Krankheit aus dem Körper hinauszuschieben.

Ich habe diese Übung des häufigeren selbst praktiziert und muß sagen, daß sie einen einmaligen Effekt auf den Praktiker ausübt. Während der beschriebenen Kreisbewegung hat man mit der Zeit den Eindruck – oder vielmehr die körperliche Empfindung –, als ob man tatsächlich einen festen Gegenstand hin und her schieben würde. Zuerst fühlt man so etwas wie eine schleimige, flüssige Masse in der Hand; dieses Gefühl verdichtet sich aber zu einer konkreten Empfindung eines Gegenstandes, der im toltekischen Verständnis die hinausgeschobene Krankheit selber ist. Diese kugelartigen Energiegebilde kann man, wenn man sie in seiner Hand ganz deutlich spürt, einfach irgendwo hinwerfen oder hintun, um sich somit der Krankheit zu entledigen. Die Übung sollte aber sofort abgebrochen werden, sobald die Hand kalt wird, denn dann verliert man zuviel Energie und könnte sich dadurch gerade erst eine Krankheit zuziehen. Wenn die Hand warm bleibt, besteht keinerlei Gefahr, und der Prozeß kann erfolgreich zu Ende geführt werden. Diese Übung erweist sich in der Praxis als nützlich, aber ich rate dazu, nur kleinere Erkrankungen und Befindensstörungen damit zu behandeln, denn bei schwereren Krankheiten ist das Gleichgewicht meist so empfindlich gestört, so daß nur ein Arzt oder ein echter Heiler dieses wieder ins Lot bringen kann.

Die zweite Art Ungleichgewicht ist die Disharmonie zwischen Tonal und Nagual, die sich selten in einfachen körperlichen Erkrankungen ausdrückt, die aber in Form von psychischen Störungen verschiedener Stärke ein allgemein verbreitetes Phänomen in unserer Zivilisation ist. Direkte Folgen eines solchen Ungleichgewichts sind z. B. Schlafstörungen, Nervosität, Neurosen und Depressionen. Bei den Betroffenen ist meist das Gefühl von Sinnverlust und Sinnentleerung in bezug auf ihr Leben stark ausgeprägt; ein Zustand, der den heutigen Menschen treffend charakterisiert.

Alle diese Störungen sind Ausdruck eines unnatürlichen Überschusses an »Aufmerksamkeit für das Tonal«, einer dauernden Überbewertung des bewußten Ichs gegenüber dem Unbewußten, dem Nagual. Wenn das Ich (Tonal) die Botschaften des anderen Teils unseres Selbst, des Unbewußten (Nagual), permanent mißachtet, wendet sich letzteres gegen unser Wohlbefinden und unsere Gesundheit. Dies macht das Nagual nicht etwa, weil es zu blinder Zerstörungswut neigen würde, sondern um dem Tonal, dem bewußten Ich ein untrügliches Zeichen seiner Existenz und seiner ursprünglichen Macht über unser ganzes Sein zu geben.

Beachtet der Mensch in seinem bewußten Leben diesen anderen Teil nicht, treten z. B. oben genannte Störungen auf, die sich jedoch auf die Dauer in schweren – auch physischen – Krankheiten entladen können. Damit schafft das Nagual eine ausweglose Situation für das betreffende Tonal. In einer solchen Situation ist man unmittelbar gezwungen, sein ganzes Leben umzustellen, wenn man nicht an seinen Problemen zugrunde gehen will. Die moderne Medizin würde in solchen Fällen wohl von »psychosomatisch« bedingten Erkrankungen reden. Diese sind ohne Zuhilfenahme einer Psychotherapie meist schwer zu behandeln, zumal die Patienten zu häufigen Rückfällen neigen. Als typisches Beispiel möchte ich hier nur den Fall der psychisch bedingten, chronischen Magengeschwüre nennen. Solche Probleme müssen aufgrund ihrer tiefer liegenden Ursachen ganz anders behandelt werden als normale körperliche Erkrankungen, die ja meist durch ein Ungleichgewicht im Tonal selbst verursacht werden. Man sollte in einer solchen Situation eine Psychotherapie immer ernsthaft in Betracht ziehen.

Die einzig sinnvolle Prävention gegen solche – leider alltäglichen – Störungen ist die aufrichtige Beschäftigung mit den Botschaften des Unbewußten, des Nagual, die es uns ständig zukommen läßt. Hier ist vor allem die aktive Beschäftigung mit den Träumen gemeint, die dazu geeignet ist, einen echten Ausgleich zwischen den Teilen unseres Selbst zu ermöglichen. In diesem Sinne bedeutet die toltekische Praxis des »Träumens«, auf die wir in den folgenden Kapiteln zu sprechen kommen, ebenfalls eine solche Möglichkeit des Ausgleichs und somit ein Mittel zur allgemeinen Gesunderhaltung. Bei massiven Störungen des Gleichgewichts Tonal-Nagual ist allerdings meist die vermittelnde Hilfe eines Zauberheilers oder eines Psychotherapeuten unumgänglich.

Wir sehen, die toltekische Lehre verfügt über eine eigene Theorie von Gesundheit und Krankheit; sie kennt zwei fundamentale Gleichgewichtssysteme, deren Harmonie über den Gesundheitszustand des Individuums bestimmt. Disharmonie innerhalb des Tonals führt meist zu einfachen körperlichen Erkrankungen, denn der normale Körper ist Ausdruck unseres Tonal, unserer Person. Disharmonie zwischen Tonal und Nagual bewirkt verschiedenartige Störungen, die von leichten Depressionen bis hin zum völligen Sinnverlust und schweren psychosomatischen Erkrankungen unseres gesamten Lebenssystems führen können. Die Tolteken besitzen weiterhin ihr eigenes praktisches Gesundheitsvorsorgesystem, das maßgeblich auf dem Nicht-Tun basiert. Diese Techniken des Nicht-Tuns erhalten aufgrund ihrer grundsätzlich gegensätzlichen Struktur das fundamentale Gleichgewicht zwischen den einzelnen Schichten unseres Seins. Sie verhindern jede Einseitigkeit des Praktikers und führen zu einer gesunden Vielfalt in allen Lebensbereichen. Dies sind im wesentlichen die Grundzüge des toltekischen Wissens über die Heilkunde, wobei viele Einzelheiten und spezielle Varianten – aufgrund ihres Umfangs – ausgespart bleiben mußten. So bleibt am Ende nur noch ein Thema, auf das näher eingegangen werden muß: die Heiler selbst.

In diesem Zusammenhang tauchen immer wieder zwei typische Fragen auf: Wie wird man ein Heiler? Und, welche verschiedenen Methoden verwenden die unterschiedlichen Heiler? Auf diese beiden Fragen möchte ich abschließend versuchen, eine treffende Antwort zu geben.

Im gesamten indianischen Kulturraum sowie bei den meisten Naturvölkern ist die Heilkunst ein Vorrecht von Berufenen. Im Normalfall reicht der einfache Wunsch, Heiler zu werden, nicht aus, sondern besondere Umstände müssen hinzutreten. Der Sioux Lame Deer sagt über die Berufung zum Heiler: »…, ein Arzt und Heiler wirst du, weil ein Traum es dir sagt. Doch kein Mensch träumt von aller Medizin. Du mußt die Heilkunst dort anwenden, wo deine Kräfte liegen.«[235] Auch Mircea Eliade betont die Rolle der Träume bei der Berufung zum Schamanenheiler; eine andere verbreitete Art der Berufung sieht er in der sog. Initiationskrankheit des zukünftigen Heilers.[236] Letzterem liegt der bei den Naturvölkern weitverbreitete Gedanke zugrunde, daß ein wahrer Heiler zuerst sich selbst geheilt haben muß, bevor er darangehen kann, andere Menschen zu heilen. Dieses Sich-selbst-Heilen scheint von primärer Bedeutung zu sein, denn es bedeutet letztlich, daß der auf diese Art Berufene sein eigenes Gleichgewicht wiederhergestellt hat, nachdem es in seiner meist schweren Krankheit völlig aus dem Lot war. Er hat auf diese Weise das Wissen und die Kraft erlangt, ein verlorenes Gleichgewicht wiederherzustellen; damit hat er also die Befähigung zum Heilen erworben.

Das Wissen dieser Heiler ist natürlich kein Wissen im abendländischen Sinne, sondern gemeint ist vielmehr ein direktes Wissen des Körpers, von dessen primärer Bedeutung die Tolteken überzeugt sind. Der Körper des Heilers hat durch seine Krankheit und seine Wiedergesundung verschiedene Stadien von Gleichgewicht und Ungleichgewicht kennengelernt, und viel mehr noch, er hat die Kontrolle über diese Zustände erlangt. All das direkte Wissen kann ein zukünftiger Heiler aber auch durch seine Träume erlangen, in denen er ebenfalls verschiedene Erfahrungen mit den allgemeinen Gleichgewichtssystemen machen kann.

In den Naturvölkern treten aber auch immer wieder selbstberufene Leute auf, die trotz des Fehlens der o.g. »Qualifikationsmerkmale« den Beruf des Heilers ausüben. Diese werden jedoch im allgemeinen als schwächer betrachtet als die wirklich berufenen Leute. Als die fähigsten Heiler werden meist jene angesehen, die beide der oben beschriebenen Merkmale aufweisen und die zudem auch noch eine langjährige Ausbildung bei alten und erfahrenen Heilern durchlaufen haben.

Trotz solch prinzipieller Gemeinsamkeiten in der Art der Berufung zum Heiler, müssen doch verschiedene Gruppen von Heilpraktikern – wie bereits beschrieben – voneinander unterschieden werden. Sie bedienen sich verschiedener Methoden der Behandlung, die natürlich auch immer im engen Zusammenhang mit der jeweiligen Berufungsgeschichte des Heilers stehen. Wenn jemand z. B. von einer bestimmten Heilmethode träumt, so muß er diese anwenden, denn in genau dieser Methode liegt seine spezielle Heilkraft. Er kann nicht einfach auf eine andere Heilmethode umsteigen, selbst dann nicht, wenn er sie in einem intellektuellen

Sinne beherrscht. Denn in diesem Bereich zählt nur die tatsächliche Heilkraft und weniger das theoretische Wissen über Medizin und Heilung.

Die verbreitetste Art der verschiedenen Heilpraktiker ist der einfache Heiler. Er bemüht sich ausschließlich um die Wiederherstellung von Gesundheit und Wohlbefinden seiner jeweiligen Patienten.[237] Er bedient sich meist der Pflanzenheilkunde als primärer Behandlungsmethode, d. h. er verschreibt Tees aus verschiedenen Kräutern, aber auch andere Anwendungen, wie z. B. Bäder oder Waschungen. Der gewöhnliche Heiler ist meist vor allem mit den Heilkräften der Natur vertraut und wendet dieses Wissen auch gezielt in seinen Behandlungen an. Um ein solcher Heiler zu sein, muß man aber selbst in einem Gleichgewichtszustand sein. Für einen einfachen Heiler ist das Gleichgewicht zwischen ihm und den Pflanzen, die er verwendet, von größter Bedeutung. Ein echter Heiler dieser Art wird nie eine Pflanze in seinen Therapien verwenden, mit der er nicht persönlich bekannt bzw. befreundet ist. Er spricht mit den Pflanzen, die er für seine Heilzwecke sammelt; und nur diese aufrichtige Handlungsweise erlaubt es ihm, das Gleichgewicht zwischen ihm und den Pflanzen zu bewahren. Es ist nämlich die Pflicht eines solchen Heilers, sich bei den Pflanzen, denen er bei der Ernte Schmerz zufügt, dafür zu entschuldigen. Täte er das nicht, wären diese Pflanzen womöglich mit einer feindlichen Energie aufgeladen, die für Heilzwecke völlig ungeeignet wäre und die für den Patienten schädlich sein könnte. Es kommt also für einen solchen Heiler nicht so sehr auf die botanisch-medizinischen Kenntnisse an, sondern auf das Gleichgewicht, in dem er sich mit der Natur befindet. Die meist »sanfte« Medizin der Pflanzenheiler ist in allen Fällen leichter körperlicher Erkrankungen angebracht und verspricht in diesem Bereich die sicherste und schnellste Art der Heilung.

Eine andere Art der Heilkunde praktizieren die Zauberer und Hexen.[238] Die Behandlungsmethode dieser Heilpraktiker besteht meist in einer direkten Einflußnahme auf den Patienten. Diese bewirken die Zauberer, indem sie spezielle Kräfte, mit denen sie vertraut sind, auf ihre Klienten einwirken lassen. Ein solcher Zauberheiler muß sich dazu natürlich in einem absoluten

Gleichgewicht zu diesen Kräften befinden, denn er würde ansonsten nicht nur sich selbst, sondern auch seine Patienten gefährden. Die Anweisungen für die jeweilige Vorgehensweise erhält er über seine Träume und Visionen. Im toltekischen Verständnis bewirkt ein solcher Heiler eine direkte Verschiebung des Montagepunktes bei seinen Patienten, die das Leben der Betreffenden sofort und nachhaltig verändert. Zu diesem Zweck geht er meist sehr rücksichtslos mit ihnen um, denn das bewirkt die idealen Voraussetzungen für eine solche Verschiebung. Man kann auch sagen, daß der Zauberer mit diesem Mittel den inneren Dialog des Patienten anhält und gleichsam das Tor zur magischen Welt öffnet, in der eine »Wunderheilung« etwas durchaus Alltägliches ist. Diese Art der Heilung ist sicher nicht leicht zu verstehen, aber es ist der Heilerfolg, der den Praktikern auch in diesen Fällen recht gibt.

Eine weitere Art der Heilkunde praktizieren die Spiritisten.[239] Sie beschwören verschiedene Geister – im christianisierten Raum meist Heilige oder Teufel – und legen bei diesen für den Patienten ihre Fürsprache ein. Sie vermitteln zwischen den Kranken und höheren Instanzen, die dann letztendlich eine Heilung, einen Ausgleich bewirken sollen. Die Tolteken selbst beschwören in diesem Sinne nur die Absicht, die Schicksalsmacht selbst. Auf dieses Thema werden wir noch zurückkommen. Oft vermischen sich aber auch alle drei genannten Heilungsformen, denn es gibt Praktiker, die alle diese Methoden beherrschen.

Die Tolteken kommen durch ihre praktischen Übungen mit allen dreien in Berührung. Die Pflanzenheilkunde erschließt sich ihnen in ihren Übungen der Kunst des Pirschens. Das Pirschen schafft auch das nötige Gleichgewicht innerhalb des Tonal – ein Gleichgewicht zwischen dem Menschen und seiner Welt – und ermöglicht es den Tolteken, all die Kräfte der Natur für ihre Heilzwecke zu benutzen. Sie erlangen auch die Fähigkeit, das Gleichgewicht anderer Menschen zu regulieren, aber dazu verwenden sie meist auch Methoden der Zauberei.

Die Praktiken der Zauberei sind aber mitunter sehr verschieden, denn auch die Tolteken richten sich dabei individuell an verschiedenen Umständen, wie z. B. ihrem »Träumen« aus. Diese Art der Zauberheilung ist vor allem immer dann angebracht, wenn das

Gleichgewicht zwischen Tonal und Nagual gestört ist. Oft werden dann auch rituell-magische Heilungszeremonien abgehalten, die aber bei genauerer Betrachtung auch einige Ähnlichkeiten mit psychotherapeutischen Einzelsitzungen haben.

Ebenfalls auf die Wiederherstellung dieses Gleichgewichts richtet sich die Anrufung der Absicht. Eine solche Vorgehensweise ist jedoch nur den erfahrenen Praktikern möglich, und der Mechanismus dieser Heilung – wenn es überhaupt einen solchen gibt – ist nicht leicht zu verstehen. Aus diesem Grund soll hier noch nicht auf dieses Thema eingegangen werden.

All das Gesagte macht es aber leichter verständlich, daß auch Don Juan und seine Gefährten Praktiker der Heilkunde waren. Das Wissen über Heilung, Gesundheit und Krankheit liegt mithin auf dem Weg der Tolteken; und somit ergibt sich auch die Beschäftigung mit Heilung/Heilkunde für sie wie von selbst und quasi nebenher. Kehren wir also zum eigentlichen Weg der toltekischen Praxis zurück und wenden uns einem weiteren großen Bereich zu: der Kunst des Träumens, durch die auch schon so mancher Praktiker unverhofft zum Heiler wurde.

5

Die Kunst des Träumens

»Zukunftslehre des Lebens: Unser Leben ist kein Traum – aber es soll und wird vielleicht einer werden.«

Novalis (1772–1801)[240]

Die Kunst des Träumens ist das zweite praktische System der toltekischen Lehren. Während die Kunst des Pirschens noch allen Menschen offenstand, ist die Praxis des »Träumens« der Tolteken ein exklusiver Bereich der Zauberer, denn durch die Praxis dieser Kunst erschließt sich ihnen die eigentliche Welt der Zauberei. In diesen Bereich fallen daher alle Handlungen und Ereignisse, die außerhalb der normalen Zeit und Wirklichkeit stattfinden, wie z.B. veränderte Bewußtseinszustände, Träume, Visionen und außerordentliche Taten der Zauberer, die dem Verstand trotzen.

Die Praktiker dieser Kunst, »Träumer« genannt, erkunden durch ihre besonderen Techniken die Welten der Gesamtbewußtheit des Menschen; sie gehen sogar darüber hinaus und erforschen das Wesen und die Möglichkeiten der Bewußtheit selbst. Das Ziel der Träumer ist die »Bemeisterung der Bewußtheit«[241], die im Sinne des allgemeinen Freiheitsstrebens der Tolteken eine Befreiung der Bewußtheit aus den engen Schranken der Normalität bedeutet. Sie streben nach der freien Reisemöglichkeit durch alle möglichen, für die Bewußtheit erreichbaren Wahrnehmungszonen. Dies alles hört sich komplizierter an, als es in der Praxis wirklich ist; deshalb gehe ich nun direkt zur vorbereitenden Erläuterung der Grundtechniken des Träumens über.

Im voraus möchte ich jedoch eine Warnung anbringen: Die hier beschriebenen Techniken sind nach eigenen Erfahrungen äußerst wirksam und nicht ungefährlich. Psychisch labilen Menschen empfehle ich daher, jeden Versuch des praktischen Nachvollzugs der beschriebenen Techniken zu unterlassen; psychisch stabilen Menschen können diese Techniken jedoch ein neues Welt- und Selbstverständnis vermitteln, da sie einen tiefen Einblick in unser eigentliches Wesen gestatten. Doch auch hier möchte ich davor warnen, daß die beschriebenen Methoden einen tatsächlichen Eingang in die wundersame Welt der Zauberei darstellen und daß es auf diesem Weg ab einem gewissen Punkt kein Zurück mehr gibt. Der Träumer wird, sobald er die Technik ausreichend beherrscht, unwiderruflich zum Zauberer, denn wenn das Siegel, das die normale Zeit von der Traumzeit trennt, einmal zerbrochen ist, kann man den so geöffneten Verbindungskanal zwischen den Zeiten und Welten nicht mehr schließen.

Die konkrete Praxis des Träumens bedient sich hauptsächlich drei verschiedener Schritte, die nacheinander erlernt werden. Den ersten Schritt nennt Don Juan das »Arrangieren des Träumens«. Er erklärt seinem Schüler: »Das Träumen arrangieren (...) bedeutet, eine genaue und pragmatische Kontrolle über die allgemeinen Bedingungen eines Traumes zu haben, vergleichbar mit der Kontrolle, die man über jede Entscheidung in der Wüste hat, etwa ob man auf einen Berg steigen oder im Schatten einer Schlucht bleiben will. Du mußt mit etwas ganz Einfachem beginnen (...). Heute nacht mußt du im Traum deine Hände ansehen.«[242]

Wenn man im Traum eine Sache bewußt ansieht, verändert diese langsam ihre Form. Die erste Aufgabe, die dem Praktiker hier entgegentritt, ist diese Veränderung zu vermeiden. Dies gelingt nur auf eine einzige Weise: Der Träumer muß sein Wahrnehmungsfeld ständig ausdehnen. Wenn es dem Praktiker zum ersten Mal gelungen ist, auf die Hände zu schauen, während er sich im Traum befindet, muß er also – sobald sich das Traumbild seiner Hände zu verändern beginnt – seinen Blick auf einen anderen Bestandteil des Traumes richten. Sobald er spürt, daß die bewußte Kontrolle über die Traumwahrnehmung schwindet, kehrt er mit seinem Blick zu seinen Händen zurück. Diese Aktion regeneriert die Bewußtheit, indem sie ein Maß der Selbstreflexivität mit in den Traum hineinbringt. Das Hin und Her zwischen Händen und der restlichen Traumkulisse wiederholt der Praktiker, bis er endgültig die Kontrolle über den Traum verliert, was bedeutet, daß die Energie zum Träumen für dieses Mal aufgebraucht ist. Damit ist die erste Übung in der Kunst des Träumens auch schon beendet.

In der Lernphase ist das Träumen meist kurz, aber mit einiger Übung und einer besonderen gespeicherten Energie, auf die wir gleich noch kommen werden, gelingt es, die Zustände des Träumens beliebig auszudehnen. Die oben beschriebene Übung wiederholt der Lernende so lange, bis er eine funktionierende Kontrolle über seine Traumwahrnehmung erlangt hat. Don Juan sagt dazu: »Das Träumen ist real, wenn es einem gelingt, sich auf alles zu konzentrieren. Dann gibt es keinen Unterschied zwischen dem, was man tut, wenn man schläft, und dem, was man tut, wenn man nicht schläft. Siehst du, was ich meine?«[243]

Schon in dieser Phase des Lernens gibt es in der Praxis große Unterschiede im Erfolg des einzelnen. Nachdem ich selbst vor etwa zwanzig Jahren die Kunst des Träumens erlernte, begann ich ca. zwei Jahre später, anderen Menschen diese Art der aktivbewußten Nutzung der Träme beizubringen. Ich leitete dabei eine Gruppe von acht Personen beiderlei Geschlechts; vier von diesen acht Leuten schafften es nach einer Zeit von drei bis acht Wochen, in ihren Träumen bewußt auf die Hände zu sehen. Einem anderen gelang es erst nach Jahren der vergeblichen Bemühungen, doch noch in den Zustand des »Träumens« einzutreten. Seine ersten Versuche waren aufgrund von sehr regem Traumgeschehen gescheitert. Zwei von den acht Leuten gelang der Einstieg in das Träumen gar nicht. Die beiden hatten von Anfang an das gleiche Problem; sie erinnerten sich nur selten oder gar nicht an ihre nächtlichen Träume. Scheinbar ist das allgemeine Erinnerungsvermögen an die normalen Träume ein Parameter für die praktische Erlernbarkeit der Kunst des Träumens, denn die Leute, die das Träumen innerhalb kurzer Zeit erlernten, erinnerten sich im allgemeinen gut an ihre Träume. Eine Frau aus meiner Gruppe brauchte die toltekische Art zu träumen gar nicht erst zu erlernen, denn zum Erstaunen aller träumte sie von Natur aus in dieser bewußt kontrollierten Weise.

Im Laufe der Zeit machte ich noch einige weitere Erfahrungen mit anderen Praktikern der Kunst des Träumens, die ebenfalls obige Verteilung bestätigten. Menschen, die eine gute Erinnerungsfähigkeit an ihre normalen, nächtlichen Träume besitzen, erlernen die Kunst des Träumens meist leicht und problemlos; die ersten Erfolge stellen sich bei diesen Leuten meist bereits in den ersten zwei Monaten nach Beginn der ersten Versuche ein. Es gibt allerdings auch Ausnahmen, bei denen die innere Struktur des Traumgeschehens den bewußten Eintritt in das Träumen verhindert. Menschen, die sich nur selten oder gar nie an ihre normalen Träume erinnern, gelingt der Eintritt in das Träumen meist nicht. Diese Leute müssen, um doch noch Erfolg zu haben, zuerst ihre Träume »anlocken«, was bedeutet, daß sie zuerst die allgemeine Erinnerungsfähigkeit an die Träume wiederherstellen müssen. Dies ist z. B. durch das ständige Notieren aller – auch bruchstückhafter – Traumerinnerungen, was sofort nach dem Aufwachen erfolgen muß, möglich. Durch solche gewissenhafte Aufzeichnungen stärkt sich das Erinnerungsvermögen an die Träume oft gewaltig, und ein Erfolg in der toltekischen Traumübung ist ebenfalls meist abzusehen.

Ich selber gehöre zu der ersten Gruppe, denn ich besaß schon immer eine ausgeprägte Erinnerung an meine nächtlichen Träume. So war es mir auch nicht schwergefallen, in meinen Träumen auf die Hände zu sehen. Schon kurze Zeit nachdem ich in »Reise nach Ixtlan« von dieser Übung gelesen hatte, verbuchte ich meine ersten Erfolge. Meist wurden diese durch irgendwelche absurden Traumgeschehnisse eingeleitet, durch die ich mir bewußt wurde, im Traum und nicht etwa in der normalen Welt der Wahrnehmung zu sein. Sobald mir dies klarwurde, sah ich auf meine Hände. Ich weiß nicht, wie ich das Gefühl treffend bezeichnen soll, das ich am Anfang dabei empfand. Das Auf-die-Hände-Schauen bewirkt eine seltsame Klärung und Verstärkung der Traumbewußtheit. Es ist, als ob ein Schleier vor den Augen hinweggezogen wird, der zuvor unsere klare Sicht eingeschränkt hatte. Ein anderes Bild, das mir immer dann in den Sinn kommt, wenn ich das Gefühl des Eintretens in einen Zustand des bewußten Träumens beschreiben will, ist das Bild des Tauchers. Unsere normalen Träume sind verschwommen und unklar, ähnlich als ob man ohne Taucherbrille unter Wasser schwimmen würde. Der bewußte Eintritt in das Träumen bewirkt eine merkwürdige Klärung der Wahrnehmung des Traumes, ganz ähnlich, als ob man über die Wasseroberfläche aufgetaucht wäre, wo plötzlich alles wieder scharf begrenzt und klar erscheint.

Meine ersten Versuche in der Kunst des Träumens beschränkten sich auf die simple Einübung des Auf-die-Hände-Schauens, das im ständigen Wechsel mit dem Betrachten eines bestimmten Aspekts der Traumkulisse stand. Am Anfang gelang es mir in einem solchen Träumen, bis zu zehnmal auf die Hände zu sehen; in meinem subjektiven Zeitempfinden dauerten diese Zustände zwischen zwei und zehn Minuten an. Mit wachsender Übung dehnten sich diese Zustände jedoch in zeitlicher Hinsicht aus, und ich hatte häufig das Gefühl, über eine halbe Stunde in diesem bewußten Traumzustand verbracht zu haben. Auch häuften sich die Erfolge zahlenmäßig, so daß ich in manchen Nächten bis zu fünfmal in einen Zustand des Träumens geriet. Ich will nun ein Träumen dieser Art exemplarisch schildern; nicht etwa, weil es etwas Besonderes wäre, sondern weil es eher recht typisch für diese frühe Lernphase ist:

Ich befand mich auf dem alten Burgberg einer meinem kleinen Heimatort benachbarten Stadt. Plötzlich bemerkte ich, daß ich – wie ich da so stand – mit beiden Beinen über dem Boden schwebte. Meine Füße berührten den Grund nicht einmal. Da erkannte ich, daß ich offensichtlich träumte. So schaute ich auf meine Hände, bis das Bild anfing, verschwommen und undeutlich zu werden. Dann richtete ich meinen Blick auf die Umgebung. Ich sah in einiger Entfernung die Kirche, die einen ganz gewöhnlichen Anblick lieferte, ganz so, als ob ich tatsächlich an dem Ort meines Traumes stehen würde. Mein Blick schwenkte auf eine nahe gelegene Ruine einer alten Befestigungsmauer, als ich spürte, daß die Schärfe meiner Bewußtheit nachließ. Mein Blick kehrte also wieder zu den Händen zurück, und augenblicklich war meine Bewußtheit regeneriert und so scharf wie zuvor. Dann richtete ich meinen Blick auf die nähere Umgebung. Ich betrachtete eine Parkbank, die direkt vor mir stand. Um sie herum standen verschiedene Pflanzen und Kräuter; so erkannte ich z. B. Pflanzen des Knoblauchkrauts und verschiedene Taglichtnelken. Mein Blick wechselte noch mehrere Male zu meinen Händen und anderen Elementen der Szene, bevor ich die Kontrolle verlor und der ganze Vorgang wieder in einem normalen Traum endete.

Bei mir enden die bewußten Traumzustände meist in normalen Träumen oder in tiefem Schlaf. Es gibt aber auch Träumer, die direkt nach einem solchen Erlebnis aufwachen. Diese Variante erweist sich für den Anfänger oft als problematisch, weil er dann häufig sofort nach dem ersten Auf-die-Hände-Sehen aufwacht und nicht länger in dem neuartigen Bewußtseinszustand verweilen kann. Solche nicht selten auftretende Probleme können nur durch reichliche Übung überwunden werden; dies gilt auch für ähnliche Anfangsschwierigkeiten. Das Erlernen des Träumens ist in dieser Hinsicht anderen Lernprozessen analog, wie z. B. dem Erlernen des Laufens oder des Sprechens, die auch nicht von heute auf morgen beherrscht werden. Es bedarf immer eines großen Aufgebots an eigener Energie, um irgendeine neue Sache in unserem Leben zu erlernen, und der Lernprozeß bedarf auch immer einer gewissen Zeit. Der erste Schritt beim Erlernen des Träumens ist abgeschlossen, wenn sich die Traumszenen nicht mehr verändern und als ebenso fest und real wahrgenommen werden wie unsere normale Welt.

Dann folgt der zweite Schritt. Er stellt den Träumer vor das Problem der Fortbewegung im Träumen, was bedeutet, daß der Praktiker lernen muß, willentlich bestimmte Orte aufzusuchen. Er muß lernen, mit seiner neugewonnenen Aufmerksamkeit – der zweiten Aufmerksamkeit – zu reisen. Dazu muß man sich im Träumen an einen bestimmten, vorher gewählten Ort begeben. Doch im Reich der zweiten Aufmerksamkeit gibt es eine wahre Unzahl an verschiedenen Möglichkeiten der Fortbewegung. So kann man z. B. verschiedene Arten des Fliegens erlernen oder auch bestimmte Techniken des »Wechselns der Szene«. Solche Techniken ermöglichen es dem Träumer, von einer Traumszene in eine gewünschte andere Szene überzuwechseln, was dann auch im Bruchteil einer Sekunde geschieht. Jeder Träumer entwickelt dabei seine eigenen Techniken, denn das Träumen ist ein praktisches Phänomen, das durch erklärende Worte allein nicht zugänglich wird. Auch Don Juan betont diesen Sachverhalt: »Jeder Krieger hat seine eigene Art zu träumen. Jede Art ist anders. Das einzige, was wir gemeinsam haben, ist die Tatsache, daß wir Tricks versuchen, um die Suche aufzugeben. Das einzige Gegenmittel besteht darin, trotz aller Schranken und Enttäuschungen weiterzumachen.«[244]

Für die Leute aus unserer Gruppe, die das Träumen erlernt hatten, war auch der zweite Schritt kein Problem. Alle waren sich darin einig, daß die Erfahrung dieses durch die Fortbewegung erweiterten Träumens ein absolut unerhörtes Erlebnis ist. Die im Zustand des bewußten Träumens empfundene Realität geht sogar über die der normalen Wahrnehmung hinaus. Man hat im Träumen phantastische, nahezu unbegrenzte Möglichkeiten der Empfindung und der Wahrnehmung, so daß das »Cyber-Space« des heutigen Computerzeitalters im Vergleich mehr als nur kindisch und stümperhaft wirkt. So wird in der »virtuellen Realität« des Träumens der alte Menschheitstraum vom Fliegen ohne jegliche Hilfsmittel für den Träumer zur konkreten, erlebten Wirklichkeit. Ich sage »Wirklichkeit«, weil es der einzig treffende Ausdruck für das ungeheuere Erlebnis einer konkreten Erfahrung, wie etwa die des Fluges über Häuser und Felder hinweg, ist.

Zum zweiten Schritt des Träumens, der Übung der Fortbewegung, gehört auch die »Koordinierung der Traumzeit«. Der Träumer muß lernen, die Zeit, zu der er schläft und träumt, in Übereinstimmung mit der erlebten Traumzeit zu bringen. Das heißt konkret, daß, wenn man nachts träumt, die Traumszene ebenfalls in der Nacht sein muß; und wenn man tagsüber träumt, soll im Traum ebenfalls Tag sein. In der Praxis bedeutet das für den Träumer auch, daß er die feste Routine des regelmäßigen, nächtlichen Schlafens aufgeben muß, wenn er in seinem Träumen Tageslicht genießen will. Dies ist eine Variante des Nicht-Tuns der Routinen, das wir bereits in 4.2 kennengelernt haben. Überhaupt besitzen die Arten des Nicht-Tuns eine große Bedeutung für die Praktiker der Kunst des Träumens, wie wir noch sehen werden.

Der zweite Lernschritt ist abgeschlossen, wenn der Träumer sowohl frei die Szene seines Traumes wählen kann, als auch die Zeit seiner Traumreise koordinieren kann. In dieser Stufe der Könnerschaft ist der Praktiker kein Lehrling mehr, sondern ein ausgebildeter Träumer. Wenn ich sage, daß die Träumer ihre Traumszene selbst bestimmen, bedeutet dies nicht, daß sie einen direkten Einfluß auf die Traumkulisse hätten oder die Traumszene zusammenphantasieren würden, sondern es bedeutet ein ganz ähnliches »Wählen«, wie wenn ich zwischen einer Bahnfahrkarte nach Hamburg oder nach München wählen würde. München bleibt weiterhin München, und eine Traumszene bleibt eine Traumszene, nur daß die toltekischen Träumer ihre Traumszene wählen können, was dem normalen Träumer nicht möglich ist.

Don Juan erklärt das allgemeine Prinzip, wie Träumer das Thema, den Ort ihres Träumens auswählen, so: »Die Erklärung der Zauberer, wie man ein Thema zum Träumen auswählt (...), besagt, daß ein Krieger das Thema wählt, indem er absichtlich vor seinem inneren Auge ein Bild festhält, während er seinen inneren Dialog abstellt. Mit anderen Worten, wenn er einen Augenblick aufhören kann, mit sich selbst zu sprechen und wenn er dann, sei es nur für einen Moment, das Bild oder die Vorstellung von dem, was er beim Träumen sehen will, festhalten kann, dann wird ihm der gewünschte Gegenstand erscheinen.«[245]

Diese Methode stellt in der Praxis eine große Hilfe dar. Wenn ich z. B. eine besondere Landschaft in der normalen Welt entdecke, in die ich gerne beim Träumen zurückkehren möchte, betrachte ich diese Landschaft ganz einfach und stelle meinen inneren Dialog ab. Der Körper nimmt auf diese Weise die betrachteten Bilder ganz tief in sich auf, um sie beim Traumzustand wieder hervorzubringen.

Das gleiche Prinzip wende ich auch auf Fotografien, Bilder u. ä. an, was es mir erlaubt, in meinem Träumen auch andere Orte dieser Welt zu besuchen, an denen ich mit meinem physischen Körper nie gewesen bin. Die gespeicherte Szene taucht dann in meinem Träumen auf, und ich kann darin handeln, ganz als ob ich tatsächlich physisch an diesem Ort wäre.

Ausgearbeitet ist diese Methode in der toltekischen Technik des »Gaffens«, die ich in Kapitel 5.2 als eine Art Technik des Nicht-Tuns für Träumer schildern werde. Die Träumer bedienen sich des »Gaffens«, einer besonderen Art des Anschauens der Dinge, um den betrachteten Gegenstand – was immer es auch sein mag – in ihrem Träumen wiederzufinden. Der Castaneda-Schüler Richard Yensen, der mein Wohltäter wurde, zeigte mir außerdem eine Methode, diese Technik zu verfeinern. Während man eine Szene betrachtet, die für das Träumen ausgewählt ist, kann man durch besonders intensive Atmung die Ergebnisse verbessern. Man stellt sich dabei vor, die betrachtete Szene ganz tief einzuatmen – ein Vorgang, der der magischen Kraft unseres Atmens volle Rechnung trägt und der nach eigenen Erfahrungen sehr wirksam und nützlich ist.

Der gesamte zweite Schritt der Kunst des Träumens, das Erlernen des Reisens und der Fortbewegung, ist die konsequente Vorbereitung auf den dritten und schwierigsten Schritt: dem Abspalten des Doppelgängers. Der zweite Schritt koordiniert das Träumen mit der normalen Welt, und diese Koordination von Ort und Zeit soll es den Träumern ermöglichen, ihr Träumen praktisch, d. h. in der normalen Welt, einzusetzen. Dies geschieht mit Hilfe des Doppelgängers, der auch das andere Selbst genannt wird. Don Genaros Schüler Nestor sagt dazu: »Ein Doppelgänger ist der andere, der Körper, den man beim Träumen bekommt. Er sieht genauso aus wie man selbst.«[246]

Im Träumen hat man ja auch einen Körper, der nicht unbedingt identisch mit dem physischen Körper ist, denn er kann fliegen, durch Wände gehen und andere unvorstellbare Taten vollbringen. Die Tolteken nennen diesen Körper einfach den »Traumkörper«. Der Doppelgänger ist nun auch so ein Traumkörper, der allerdings eine genaue Kopie des physischen Körpers ist. Dieser Doppelgänger handelt auch nicht einfach in irgendeinem Traum oder Träumen, sondern in der normalen, physischen Welt. Ein erfahrener Träumer kann nämlich seinen Traumkörper nicht nur in jeden beliebigen Traum projizieren, sondern er kann ihn auch in die Welt des Alltags hinüberholen. Der dritte Schritt der Kunst des Träumens kann jedoch nicht wie die ersten beiden bewußt gesteuert oder gar beschleunigt werden; vielmehr beginnt der dritte Schritt mit einem ganz speziellen Traum, der den Prozeß des Erlernens der Kunst des Träumens abschließt.

In diesem Traum sieht sich der Träumer für gewöhnlich selbst im Bett liegen und beobachtet, wie sein normales Selbst schläft. Anstatt aufzuwachen, widmet sich der Träumer, der nun in seinem Doppelgänger ist, irgendeiner Aktivität. Er kann dann ganz so handeln, als wäre er in seinem normalen Körper.[247] Dies bedeutet jedoch nicht, daß der Doppelgänger grundsätzlich die gleichen Fähigkeiten des normalen Körpers besitzen würde. Er kann z.B. nicht essen oder trinken. Dafür ist er mit allen ursprünglichen Fähigkeiten des Traumkörpers ausgestattet; so kann er fliegen und durch Wände gehen; außerdem hat er die erstaunliche Fähigkeit, sich in alle beliebigen Lebensformen zu verwandeln, in Tiere oder Pflanzen. Auf diese Fähigkeiten des Doppelgängers bzw. des Traumkörpers und all seine weiteren Möglichkeiten werden wir im nächsten Kapitel zurückkommen, wo auch Platz für erläuternde praktische Beispiele ist.

In unserer Gruppe haben bislang nur zwei diese Stufe der Kunst des Träumens erreicht; einer meiner Gefährten und ich selbst. In beiden Fällen lagen zwischen dem Erlernen der ersten Schritte und dem Erreichen des Doppelgängers mehrere Jahre der praktischen Übung. Dies verdeutlicht die Ernsthaftigkeit der Übung des Träumens, die keine Sache der Phantasie ist, sondern ein ernsthaftes praktisches Erlernen einer Wahrnehmungsform, die eindeutig zu den gesamten Möglichkeiten der menschlichen Bewußtheit gehört. Diese Möglichkeiten werden jedoch selten entwickelt, sei es aus Furcht vor der Ungeheuerlichkeit einer außerkörperlichen Erfahrung oder einfach aus Unwissenheit. Für die Tolteken stellt das Erreichen einer solchen Bewußtheit eine grundsätzliche Herausforderung dar, die sich gerade auch aufgrund ihrer Schwierigkeit lohnt.

Abschließend möchte ich noch einmal auf die spezielle Energie eingehen, die – wie eingangs erwähnt – für das bewußte Träumen unerläßlich ist. Diese Energie ist unsere grundsätzliche Lebensenergie, die die Tolteken korrekterweise als »sexuelle Energie« bezeichnen. Die toltekische Vorstellung von der sexuellen Energie deckt sich weitgehend mit der psychologischen Vorstellung der »Libido«[248] als sexueller Lebenskraft. Daß unsere gesamte Lebensenergie sexueller Natur ist, ergibt sich aus der einfachen Tatsache, daß unser Leben durch einen sexuellen Akt entsteht. Der erste Funke Bewußtheit entsteht im Moment der Zeugung, wenn männliche und weibliche Energien zu einem neuen Lebewesen verschmelzen. Die sexuelle Energie ist also mithin auch die Energie unserer Bewußtheit.

Wir verbrauchen unsere Bewußtheitsenergie normalerweise allerdings völlig in der normalen Wahrnehmung unserer Alltagswelt und natürlich bei all unseren sexuellen Aktivitäten. So bleibt am Ende nicht mehr genügend Energie für das bewußte Träumen übrig.

Die Träumer müssen also – um in ihrer Kunst erfolgreich zu sein, ihre sexuelle Energie sparen und umdirigieren. Das Umdirigieren der sexuellen Energie bedeutet, daß man in seinen alltäglichen Handlungen den unnötigen Gebrauch von Bewußtseinsenergie vermeidet. Dies wird vor allem durch die verschiedenen Techniken des Nicht-Tuns erreicht, aber ebenso auch durch die Anwendung der sieben Pirschprinzipien. All diese Techniken führen zu einem bewußteren Umgang mit unserem Leben und folglich auch zu einem bewußteren Umgang mit der Lebensenergie.

Das direkte Sparen der sexuellen Energie bedeutet für den Träumer die Enthaltung von sexuellen Aktivitäten, die seine Energie nur unnötig schwächen würden. Die Träumer führen daher in sexueller Hinsicht meist ein recht asketisches Leben. Diese Askese entspringt jedoch keiner moralischen Grundhaltung, sondern sie ist für den Praktiker eine energetische Notwendigkeit. Don Juan sagt dazu: »Es ist die sexuelle Energie, die das Träumen regiert (...). Der Nagual Elias hat mich gelehrt – und ich habe dich gelehrt –, daß du entweder Liebe machst mit deiner sexuellen Energie oder du träumst damit. Eine andere Möglichkeit gibt es nicht.«[249] Daraus darf man aber nicht schließen, daß die Träumer sich jede sexuelle Aktivität versagen würden, denn dies würde auf die Dauer zwangsläufig zu einem Ungleichgewicht und zur Krankheit führen. Es bedeutet vielmehr einen bewußten Umgang mit unserer sexuellen Energie, die von Natur aus viel mehr ist als ein bloßer Anlaß zur Triebbefriedigung.

5.1 Traumkörper und Nagualtier

»Der Traum belehrt uns auf merkwürdige Weise von der Leichtigkeit unserer Seele in jedes Objekt einzudringen – sich in jedes sogleich zu verwandeln.«

Novalis (1772–1801)[250]

Nach den Erläuterungen des vorangegangenen Kapitels können Sie sich vielleicht eine ungefähre Vorstellung vom »Träumen« machen. Aber in der Praxis stellt die Kunst des Träumens einen so ungeheuerlich weiten Bereich dar, daß es schwerfällt, konkrete Schilderungen der tatsächlichen Reichweite des Träumens zu geben. Denn die Kunst des Träumens umfaßt definitionsgemäß einen weiteren Bereich als die Kunst des Pirschens. Wer sich an den Definitionsbereich des Pirschens erinnert, wird vielleicht verwundert einwenden, daß dies unmöglich sei, da das Pirschen schließlich alle nur möglichen Dinge und Handlungen in der normalen Welt einschließt – und da komme schließlich einiges zusammen. Das Träumen aber geht viel weiter. Folgendes Zitat gibt eine ungefähre Vorstellung von diesen Dimensionen; dort erklärt Zuleica, eine Gefährtin des Don Juan und gleichzeitig Castanedas Lehrerin des Träumens, etwas Grundsätzliches über ihre Kunst:

»Sie sagte, daß unsere erste Aufmerksamkeit an die Emanationen der Erde gebunden sei, während unsere zweite Aufmerksamkeit an den Emanationen des Kosmos hänge. Damit wollte sie sagen, daß ein Träumer definitionsgemäß die Grenzen der alltäglichen Angelegenheiten hinter sich gelassen hat.«[251] So reist Castaneda mit Zuleicas Hilfe im Träumen zu anderen Planeten in fremden Sonnensystemen. All das stellt für den Träumer kein Problem dar, wenn er nur genügend gespeicherte Energie für die Reise hat.

Solche Reisen finden natürlich auch nicht im normalen physischen Körper statt, sondern im eigentlichen Traumkörper. Dieser ist die wahrnehmbare Ausdrucksform unserer zweiten Aufmerksamkeit und ist im eigentlichen eine Blase von Energie, eine leuchtende Kugel; im Gegensatz dazu ist der normale Körper die eigentlich wahrnehmbare Ausdrucksform unserer ersten Aufmerksamkeit.

Nun sprach ich aber im letzten Kapitel davon, daß der Doppelgänger der Tolteken ebenfalls ein Traumkörper sei, und ich sagte auch, daß der Doppelgänger eine perfekte Kopie des Körpers darstellt. Wie ist das zu verstehen, wenn der Traumkörper andererseits eine leuchtende Kugel ist? Die Erklärung dafür ist einfach, wenn auch vielleicht nicht direkt verständlich: Die menschliche Gestalt des Doppelgängers ist eine Projektion unserer eigenen Erinnerung an unseren physischen Körper, sie ist eine Art Holographie innerhalb des leuchtenden Energiefeldes des wahren Traumkörpers. So kann der Traumkörper auch andere Gestalten annehmen; er kann sich – ebenfalls im Sinne einer holographischen Projektion – auch als Tier oder als Pflanze manifestieren.

Auf dieser Fähigkeit des Traumkörpers basieren die unzähligen Geschichten von Hexen und Zauberern, die sich in Tiere verwandeln können. Besonders im indianischen Kulturraum, und so auch in Mexiko, kursieren eine Unzahl an solchen Geschichten über Zauberer und Hexen, die zu einer solchen Verwandlung fähig sein sollen. Die archaisch-bedrohliche Kuriosität dieser Erzählungen scheint vor allem die abendländische Ethnologie verwirrt zu haben, denn dort herrscht die unsinnige Ansicht, der Nagualismus würde sich auf einen solchen Verwandlungskult beschränken. Natürlich kennt auch der toltekische Nagualismus die grundsätzliche Möglichkeit einer solchen Verwandlung, aber dies ist nur ein winziger Aspekt des komplexen Wissenssystems der Tolteken. Um die diesbezüglichen Irrtümer ein wenig aufzuklären, möchte ich hier näher auf dieses Thema eingehen. Die Mißverständnisse seitens der herkömmlichen Ethnologie sind nämlich immer so lange unvermeidlich, wie die Betrachtung der Phänomene von außen geschieht; d. h. ein Ethnologe müßte, um wirklich zu begreifen, was die Zauberer fremder Völker eigentlich machen, selbst ein Zauberer werden – ganz nach dem Vorbild Castanedas. Zumindest aber müßte er genau hinhören, wenn ein Zauberer über seine Praxis berichtet.

Auch ich habe im Laufe meines Trainings in der Kunst des Träumens Erfahrungen mit solchen Verwandlungen gesammelt. So lernte ich im Träumen, wie man sich in eine Katze oder in einen Bussard verwandelt. Da es schwer ist, im intellektuellen Sinne über solch außergewöhnliche Erfahrungen zu berichten, will ich im Folgenden einfach schildern, wie sich ein solcher Vorfall zugetragen hat. Die Erfahrung, von der ich erzählen möchte, basiert nicht etwa auf einem isolierten Einzelerlebnis bzw. einem einzelnen Traum, sondern auf einer ganzen Serie von »Träumen«. Es scheint ohnehin ein typisches Merkmal des Träumens zu sein, daß bestimmte Themen geradezu serienmäßig auftreten, d. h. bestimmte – für den einzelnen Träumer typische – Motive tauchen immer wieder in seinem Träumen auf.

Zu der Zeit, von der ich berichten will, »träumte« ich ständig vom Fliegen. Mein Träumen war damals schon so weit entwickelt, daß ich nicht mehr auf die Hände zu sehen brauchte, um meine klare Bewußtheit, im Träumen zu sein, zu erhalten. Die Traumszenen gestalteten sich ebenfalls klar und veränderten sich nicht. In diesen Flugträumen empfand ich mich allerdings als Mensch, mit einem menschlichen Körper, der meinem normalen physischen Selbst recht ähnlich war. So flog ich also in einem Traumkörper mit menschlicher Gestalt durch die Luft, auf eine ähnlich lächerliche Art wie Superman oder verwandte Fiktionsgestalten. Dies setzte sich fort, bis Folgendes geschah:

Plötzlich befand ich mich in den Bergen. Ich wußte, daß ich in einen Traumzustand geraten war, denn wenige Augenblicke zuvor hatte ich mit geöffneten Augen auf meinem Bett gelegen. Früher wäre ich wahrscheinlich durch den Schreck eines solch plötzlichen Szenenwechsels aufgewacht, doch die ständige Übung des Träumens bewirkte eine seltsame Ruhe und Gelassenheit angesichts solcher Situationen. Ich schaute mich also in der neuen Szene um. Die Berge waren mir bekannt, es waren die gleichen, in denen ich mich noch kurz zuvor mit meinen Gefährten aufgehalten hatte. Ich spürte den Wunsch, mich fortzubewegen und versuchte ein

Stück zu gehen. Aber diesen Versuch gab ich schnell wieder auf, denn das normale Gehen des physischen Körpers fällt dem Traumkörper meist ziemlich schwer. So begann ich zu fliegen. Dabei kam mir der Gedanke, daß ich diese Gegend noch nie von oben gesehen hatte, ja, daß ich im Träumen noch nie Berge überflogen hatte. Ich gewann schnell an Höhe, denn solche Gedanken sind für den Traumkörper keine Sache der Vernunft, die er gar nicht hat, sondern direkte Befehle, die sofort in die Tat umgesetzt werden.

So schwebte ich knapp über den Baumwipfeln den Hang eines Berges hinauf. Plötzlich hörte ich hinter mir den langgezogenen Schrei eines Bussards. Ich wendete in meinem Flug und sah, daß der Vogel in nicht allzugroßer Entfernung auf einem Baumwipfel saß und mich beobachtete. Als er bemerkte, daß nun auch ich ihn beobachtete, breitete er seine Schwingen aus und startete zum Flug. Ich fürchtete schon, daß er nun davonfliegen würde, als ich sah, daß der Vogel direkt auf mich zuhielt. Er streifte knapp an mir vorbei und machte kurz darauf wieder kehrt. Er umkreiste mich. Wollte er mich Eindringling aus seinem Revier vertreiben? Ich schaute instinktiv in eines seiner dunklen Vogelaugen, um seine Absicht zu erkennen. Da spürte ich, daß er mich aufforderte, mit ihm zu fliegen. Daraufhin erhielt ich meine erste Lehrstunde bei einem Vogel. Dies mag aus dem Munde eines Europäers lächerlich klingen, aber genau das ist es, was geschah. Ich fahre also in meiner Schilderung fort:

Der Bussard flog ein Stück vor mir. Durch flüchtige Rückwärtsblicke forderte er mich auf, seine Flugbewegungen nachzuempfinden. Meine ersten Versuche müssen wohl sehr unbeholfen auf den Vogel gewirkt haben, denn er kam neben mich und zeigte mir auf übertriebene Weise die einzelnen essentiellen Flugbewegungen. Ich begriff, daß ich mich wesentlich stärker auf meine Arme konzentrieren mußte, wenn ich genauso fliegen wollte wie mein gefiederter Lehrer. Kaum war mir dieser Gedanke gekommen, waren die Arme des Traumkörpers Flügel geworden. Ich spürte jede einzelne meiner Federn, aber das Erstaunlichste war die neuartige Beweglichkeit, die diese Flügel besaßen. Durch leichte Kipp- und Drehbewegungen konnte ich nun meinen Flug steuern. Mein Begleiter beäugte mich neugierig, aber er schien noch immer nicht mit mir zufrieden zu sein. Er begann, auf übertriebene Weise seinen Kopf hin und her zu drehen. Da begriff ich, was er sagen wollte: Ich hatte noch immer meinen menschlichen Kopf; meine Verwandlung war noch nicht vollständig. So begann ich, meinen Kopf auf die gleiche Weise zu drehen, wie es mir der Bussard vorgemacht hatte. Es fällt mir schwer zu schildern, was dann geschah. Ich war selbst ein Bussard, und ich fühlte so, als wäre ich nie etwas anderes gewesen. Zusammen mit meinem Artgenossen kreiste ich auf einem unsichtbaren Luftstrom in die Höhe. Diese Art der Fortbewegung erforderte keinerlei Kraftaufwand; es war, als würde man auf einem warmen, unsichtbaren Kissen dahingleiten. In diesem Moment wußte ich einfach alles über diese Vögel, denn ich war einer von ihnen. Dieses Wissen kann ich jedoch schwerlich in Worte fassen, aber ich spürte es in diesen Momenten ganz tief in mir. Das Wissen war in den Bewegungen der Flügel, im Drehen des Kopfes, einfach in allen Teilen des Vogels enthalten und – dieser Vogel war ich.

Dann gesellten sich zwei weitere Artgenossen zu uns. Zusammen kreisten wir in einer gigantischen unsichtbaren Spirale immer weiter in die Höhe. Und immer, wenn ich den Kopf zur Seite drehte, konnte ich unter uns die Berglandschaft beobachten. Meine Farbwahrnehmung war merkwürdig verändert; alle Grüntöne stachen kräftiger hervor als in der normalen Wahrnehmung. Mit meinen Greifvogelaugen konnte ich ebenfalls alle Konturen der Landschaft bis ins kleinste Detail erkennen. Die Dinge schienen stärker gegeneinander abgesetzt zu sein, d. h. meine Augen schienen mit einem wesentlich größeren Auflösungsvermögen ausgestattet zu sein.

Nach meinem subjektiven Zeitempfinden muß ich eine lange Zeit mit den Bussarden über die Berge geflogen sein. Irgendwann zog mich eine Art Gefühl zurück in den normalen Körper. Ich lag noch immer mit geöffneten Augen auf meinem Bett und glaubte zu sehen, wie sich die Berge, über die ich geflogen war, langsam in die Rauhfaserdecke meines Zimmers verwandelten.

Im Wachzustand überprüfte ich dann die Zeit meiner Unternehmung. Objektiv gesehen konnten nur wenige Minuten vergangen sein, und trotzdem war ich stundenlang in diesen Bergen gewesen und hatte Unglaubliches gesehen und erlebt. Die mit diesem Träumen verbundenen Gefühle und Empfindungen waren so real gewesen, wie sie überhaupt nur hätten sein können. Daß das Träumen offenbar nicht in der Zeit unserer Uhren stattfindet, hatte ich schon vorher häufig festgestellt. Auch Castaneda betont diesen Sachverhalt. Graciela Corvalán berichtet in ihrem Interviewbuch:

»Nach Castaneda nimmt das Träumen keine Zeit in Anspruch. Das heißt, das Träumen findet nicht in der Zeit unserer Uhren statt. Die Traumzeit ist etwas sehr Kompaktes.«[252] Aber in meinem Träumen war ein neues Element hinzugetreten, das ich vorher nicht kannte. Ein Vogel hatte mich offensichtlich gelehrt, wie ein Vogel zu fliegen. Und allein diese Tatsache schien bewirkt zu haben, daß sich mein Traumkörper sogleich in einen Vogel der gleichen Art verwandelte. Solange ich in diesem Zustand war, hatte ich das Gefühl, schon immer ein solcher Vogel gewesen zu sein, und die Erinnerung an meine menschliche Gestalt war nahezu verblaßt. Ich hatte meine erste konkrete Empfindung davon erhalten, daß die Träumer, wie Zuleica sagt, die Grenzen der alltäglichen Angelegenheiten hinter sich gelassen haben.

Wenn mir nun einer die stereotype Frage stellen will, ob ich mich nun für einen Bussard halte, der träumt, ein Mensch zu sein, oder für einen Menschen, der träumt, ein Bussard zu sein, so muß ich ehrlich antworten, daß mich das wenig interessiert. Als Tolteke bin ich der Auffassung, daß das Wesentliche an meiner Erfahrung das Überschreiten der normalen Wahrnehmungsgrenzen ist. Mein innerstes Wesen ist weder Mensch noch Adler, es ist – wie das Wesen eines jeden Lebewesens – reine Bewußtheit, oder, wie die Tolteken sagen, reine Leuchtkraft.

Von diesem Zeitpunkt an hatte ich jedenfalls in all meinen Träumen die Fähigkeit, mich willentlich in einen Bussard zu verwandeln. Ich brauchte dazu nur im Träumen jene Schritte nachzuvollziehen, die der alte Bussard mich gelehrt hatte. So kehrte ich häufig in diese Berge zurück, um in Vogelgestalt meinen alten Lehrer und dessen Sippe zu treffen. Auf diese Weise lernte ich einiges von und über diese Vögel, was ich auch in der Alltagswelt der ersten Aufmerksamkeit bestätigt fand. So haben diese Greifvögel ihr eigenes Verständigungssystem, das allerdings nicht auf einer Lautsprache basiert, sondern vielmehr durch visuelle Signale wie z. B. Blickkontakt oder Kopfdrehen zustande kommt. Nach meinen ausgedehnten Traumerfahrungen wollte ich meine tatsächlichen Verständigungsmöglichkeiten mit Bussarden in der normalen Alltagswelt testen und habe das auch getan. Ich ging zuerst in Adlerparks und Freiwildgehege, um mit meinen neuen Traumverwandten zu reden. Dabei benutzte ich die eben erwähnte »Zeichensprache«, genau wie ich sie im Träumen erlernt hatte, und die Kommunikation funktionierte tatsächlich; die Vögel gaben die entsprechenden Antwortzeichen, die ich zum großen Teil verstand. Unsere »Gespräche« kreisten um nichts Belangreiches im Sinne des Menschen, sondern wir taten uns gegenseitig unsere Gefühle kund.

Später kam ich auch immer häufiger in freier Wildbahn in Kontakt mit meinen Traumverwandten und hatte interessante Begegnungen; doch das ist eine andere Geschichte...

In den Naturvölkern hört man immer wieder Geschichten von Zauberern und Schamanen, die die Sprache der Tiere sprechen sollen. Meiner eigenen Erfahrung nach ist eine solche Fähigkeit keineswegs Fiktion, sondern so wirklich, wie sie überhaupt nur sein kann. Aber um überhaupt den Versuch zu machen, sich mit einer anderen Lebensform zu verständigen, muß der Mensch vom hohen Roß der Selbstüberschätzung herabsteigen. Solange er sich für die Krone der Schöpfung hält, wird er nämlich nicht erkennen, was er wirklich ist: ein integrierter Teil der Schöpfung. Zu dieser Erkenntnis werden wir alle zurückkehren müssen, wenn der Mensch nicht ein Riesen-Desaster, eine globale Katastrophe ungeahnten Ausmaßes heraufbeschwören will.

Wir müssen das Leben auf dieser Erde im Innersten verstehen lernen, und zu diesem Leben gehören nicht nur wir Menschen; alle Pflanzen und Tiere zusammen bilden erst das große Potential des Lebens. Wenn ich höre, daß Wissenschaftler Sonden ins All schikken, um die unendlichen Weiten dort draußen zu erforschen und um anderen intelligenten Lebensformen im All ein Zeichen von unserer Existenz zu geben, dann frage ich mich immer: Haben sie es auch schon einmal mit den Lebewesen auf dieser Erde versucht?

Andere wieder schwören auf die Außerirdischen und warten auf die sensationelle Begegnung dritter Art. Ich weiß nichts über Außerirdische, aber ich weiß etwas über das Leben auf unserem Planeten.

Hier sind für uns Menschen ständig Begegnungen der dritten Art möglich, nämlich Begegnungen mit den anderen Lebensformen unserer Erde. Und diese Begegnungen sind nach meinen eigenen Erfahrungen oft verwunderlicher als die kühnsten Schilderungen von UFOs oder Außerirdischen. Ich sage das nicht nur in bezug auf das Träumen, denn direkte Kontakte zu anderen Lebensformen dieser Erde gehen für die Tolteken über jeden psychologischen Symbolismus hinaus und reichen in die Sphäre der Alltagswelt hinein. Das im Träumen Gelernte ist nämlich durchaus übertragbar auf die Welt der ersten Aufmerksamkeit, was wir im weiteren auch noch sehen werden.

In früheren Zeiten – wie auch heute noch bei den traditionell lebenden Naturvölkern – waren die Verbindungen zu anderen Lebensformen sehr wichtig, denn sie lieferten den Jägern der Vorzeit nützliche Informationen über ihre Umwelt. Wie die Untersuchungen an auf Steinzeitstufe lebenden Völkern (z. B. Naskapi, Aborigines) zeigen, wurden solche Trauminformationen als direkte Jagdhilfen verwendet. Mit der Zeit bildeten sich jedoch ausgeprägte Kulte um die Traumtiere. Ich kann die persönliche Betroffenheit des archaischen Menschen durch solche, wenn auch traumhafte, Verwandlungserlebnisse voll verstehen, denn das Gefühl der inneren Verwandtschaft mit seinem Traumtier ist geradezu unbeschreiblich. Dieses spezielle Gefühl war m. E. der wesentliche Grund dafür, daß mit der Zeit die Traumtiere nicht mehr gejagt wurden, sondern einen besonderen Schutz zugewiesen bekamen; sie waren von nun an tabu.

Die speziellen Tier-Traumkulte bildeten sich durch Zusammenschlüsse von Menschen, die das gleiche Traumtier teilten. Hatte ein Mensch mehrere Traumtiere, so konnte er gleichzeitig verschiedenen Kulten angehören. Die Mitglieder eines jeden Kults verglichen ihr jeweiliges Wissen und pflegten einen intensiven Kontakt zu ihrem Traumtier. Mit der Zeit wurden die Beziehungen zum jeweiligen Traumtier jedoch mehr und mehr ritualisiert, so daß oft keine tatsächlichen Verwandlungserfahrungen mehr gefordert wurden, um der kultischen Gemeinschaft beitreten zu können. Meist reichte dann eine einfache rituell-symbolische Initiation in den betreffenden Kult. Nur in wenigen Traditionen hat sich die Beschäftigung mit den Traumtieren so rein erhalten wie im toltekischen Nagualismus. Bei den meisten Völkern existieren nur noch ritualisierte Formen dieses Kultes, in denen das betreffende Traumtier, welches dann meist als eine Art Schutzgeist gedacht wird, z. B. durch das Datum der Geburt nach einem Ritualkalender bestimmt wird. Solche Dogmatisierungen haben jedoch meist zu einer Verflachung des ursprünglichen Kultes geführt, da die tatsächliche Erfahrung mit den kultischen Inhalten fehlt.

Aus dieser Tatsache heraus sind auch die Mißverständnisse der Ethnologie in bezug auf diese Kulte verständlich. So liest man z. B. in Meyers Taschenlexikon zum Stichwort »Nagualismus«: »(...), v.a. in Zentral-Amerika verbreiteter Glaube an einen meist als Tier oder Pflanze gedachten persönl. Schutzgeist, dem sich ein Individuum in schicksalhafter Simultanexistenz verbunden fühlt.«[253] Oder, Wolfgang Cordan, der Übersetzer des Popol Vuh, schreibt in seinen Anmerkungen zum Stichwort »Schutzgeister« (Nagual):

> *»Nágual, ein Wort, das noch jedem Indio Zentralamerikas, auch wenn er katholisiert und ›integriert‹ ist, einen magischen Schauer verursacht. Die náguals sind Schutzgeister, meist Tiere, die jeden Lebenden begleiten. Der Tag der Geburt bestimmt den nágual. Die Indios in Chiapas und Guatemala führen fast alle hinter den spanischen Namen als Drittnamen ihren nágual, den sie vor Außenstehenden ängstlich verbergen. Denn es genügt, das Geisttier eines Feindes, etwa ein Gürteltier, zu fangen und unter magischen Riten zu quälen, um dem Gegner Krankheit oder gar den Tod zu senden.«*[254]

In diesen Aussagen stecken viele richtige Komponenten, aber sie sind auf eine so unglückliche Weise miteinander verworren, daß die Gesamtaussage eher als falsch bezeichnet werden muß. Daher will ich im Folgenden das Bedeutungsknäuel der obigen Definitionsversuche auflösen:

- *Simultanexistenz:* Dieser Ausdruck trifft tatsächlich auf einen Grundzug des Nagualismus zu, nämlich auf unsere ursprüngliche Dualität von Tonal und Nagual. So identifiziert die Ethnologie den zentralamerikanischen Tonalismus richtigerweise mit dem Nagualismus. Die Simultanexistenz besteht also zwischen dem Ich, dem normalen Körper, der Ausdruck für das Tonal ist, und zwischen dem anderen Selbst, dem Traumkörper, der ein Ausdruck für das Nagual ist. Dieser Traumkörper, der per se das Nagual ist, kann sich auch als Tier manifestieren, was zum zweiten Stichwort führt:
- *Geisttier:* Persönlich bevorzuge ich die Benennung »Traumtier« für diesen Aspekt unserer zweiten Aufmerksamkeit. Die Tolteken verwenden auch den Namen »Nagualtier«. Dieses Nagualtier stellt mithin nur eine Vorliebe des jeweiligen Zauberers dar, der zu einer solchen Verwandlung fähig ist. So bevorzugte Don Juan die Krähe und Don Genaro den Adler. Von Castaneda wird berichtet, daß sein Nagualtier ein Säbelzahntiger, also ein Tier aus einer längst vergangenen Epoche sei. Ich selbst bevorzuge die Katze als Nagualtier. Sie haben aber auch von mir gehört, daß ich mich in meinem Träumen in einen Bussard verwandelte. Dies zeigt, daß das jeweilige Nagualtier eben nur eine Vorliebe des Praktikers kennzeichnet. Der Traumkörper hat des weiteren mannigfaltige Ausdrucks- und Erscheinungsformen. Die zweite Aufmerksamkeit, das Nagual an sich, ist jedoch der persönliche »Schutzgeist« und nicht etwa eine bestimmte Tier- oder Pflanzenart. Diese werden durch ein entsprechendes Nagualtier allerdings zu Freunden und vertrauten Helfern des Zauberers.
- *Beeinflußbarkeit durch Manipulation des Nagualtiers*: Gerade hier türmen sich die Mißverständnisse der Ethnologen. Nicht etwa durch die rituelle Beeinflussung eines Tieres der entsprechenden Art wird der magische Einfluß ausgelöst, sondern durch eine direkte Manipulation der verkörperten zweiten Aufmerksamkeit des jeweiligen Zauberers. So könnte ein

anderer Zauberer oder ein sonstiger böswilliger Mensch mir nicht dadurch schaden, indem er einen Bussard oder eine Katze quält; er müßte schon meine manifestierte zweite Aufmerksamkeit, meinen Traumkörper selbst manipulieren. Man muß also des tatsächlichen Traumtieres habhaft werden, das quasi der Zauberer selbst ist – und das ist zum Glück nicht so einfach.

- *Nagualismus:* Das Wissen um das Nagualtier und alle damit verbundenen Praktiken stellen nur eine Seitenlinie des tatsächlichen Nagualismus dar, und diese ist nicht einmal von großer Bedeutung. Don Juan rät Castaneda davon ab, sich zu stark auf diese Verwandlungen einzulassen, da sie das wahre Ziel des Nagualismus, die totale Befreiung, verdunkeln können. Zu leicht gerät man auf Abwege in dem unermeßlich großen Reich der Möglichkeiten unserer Bewußtheit. Für mich sind jedoch auch gerade solche Verwandlungen ein Symbol der eigentlichen Reichweite unserer Wahrnehmung, ein Zeichen, das über unsere Existenz als Menschen in einer Alltagswelt hinausweist und unsere wahre Natur offenbart: unsere Natur als reine Bewußtheit, in der die Form – ob Mensch, Tier oder Pflanze – einen sekundären Charakter hat.

  Der Nagualismus ist jedenfalls etwas wesentlich Komplexeres als ein einfacher Glaube an irgendwelche Geisttiere. Immerhin handelt dieses ganze Buch von den verschiedenen Aspekten dieser alten Lehre. Wenden wir uns also anderen nagualistischen Praktiken zu, nämlich den Arten des Nicht-Tuns der Blick-Fixierung, die für die Praktiker der Kunst des Träumens eine große Bedeutung haben.

5.2 Das Nicht-Tun der Blickfixierung

»Es mag sein, daß du mich jetzt nicht verstehst, weil du gewohnt bist, so zu denken wie du schaust, und so zu schauen wie du denkst.«

Don Juan[255]

Wir haben in einigen Beispielen angedeutet, was ein Träumer mit seinem Träumen anfängt, d. h., welche Möglichkeiten er darin hat. Nun ist ein Praktiker aber nicht ständig in Zuständen des Träumens, so daß sich die Frage stellt, was der Träumer in der normalen Welt und in der alltäglichen Zeit macht; und, vor allem, welche Techniken er praktiziert, um sein Träumen zu fördern.

In diesem Sinne sind vor allem die verschiedenen Arten des Nicht-Tuns zu nennen, von denen ich eine Gruppe – das Nicht-Tun des Selbst – bereits erläutert habe. Auch diese Techniken gehören zum täglichen Leben der Träumer. Sie kennen aber noch eine weitere Gruppe von Nicht-Tun, die ich – mangels eines passenderen Ausdrucks – als das »Nicht-Tun der Blickfixierung« bezeichnet habe.

Wir erinnern uns: Ein Nicht-Tun ist das praktische Gegenteil eines Tuns. Ein Tun ist immer eine Routine, eine Gewohnheit. Das Nicht-Tun zerbricht den vertrauten Kreis der Routinen, der in Wirklichkeit ein Teufelskreis unserer Selbstbetrachtung, unserer permanenten denkenden Selbstreflexion ist. So zielt das Nicht-Tun der Blickfixierung – wie auch der Name schon sagt – auf die gewohnheitsmäßige Vorrangstellung der Augen in unserer Wahrnehmung.

Wir alle sind gewohnt, unsere Welt mit den Augen wahrzunehmen; unsere gewohnheitsmäßige Erkenntnis ist eine »schauende« Erkenntnis. Wie stark dies zutrifft, erkennt man spätestens dann, wenn man die urtümliche Furcht des Menschen vor der Dunkelheit betrachtet; im Dunkeln können die Augen ihre Welt nicht mehr ordnen, und ein Vakuum der Wahrnehmung entsteht. So ist der Durchschnittsmensch in der absoluten Finsternis völlig hilflos, da er zu stark auf die gewohnte Benutzung der Augen angewiesen ist. Ein Blinder findet sich im Dunkeln jedoch ebensogut zurecht wie im Hellen. Er hat gelernt, andere Wahrnehmungsfunktionen auszubauen wie z. B. das Gehör, welches ihm die Orientierung in seiner finsteren Welt ermöglicht. Auf einem ähnlichen Prinzip gründet auch die erste Art des Nicht-Tuns der Blickfixierung.

1 Das Horchen auf die Geräusche der Welt

Das normale Denken und Handeln ist auf sichtbare Ziele und Wirkungen ausgerichtet, da unsere Augen normalerweise der primäre Wahrnehmungssinn sind. Unsere ganze Weltanschauung ist das, was der Name schon sagt: eine An-»schauung«; also etwas, was direkt mit unseren Augen und mit unserer visuellen Vorstellungskraft zu tun hat. Wir verlassen uns in einem viel stärkeren Maße auf das, was wir »mit eigenen Augen gesehen« haben, als auf das, was uns auf andere Weise zu Bewußtsein kommt.

So werden die »Anschauungen« unserer üblichen Weltbetrachtung vor allem durch unseren Sehsinn gestützt. Daraus entwickelt sich ein Teufelskreis, der all unsere anderen Sinne zu etwas Sekundärem deklassiert. Die direkte Folge ist meist ein Verkümmern der sog. »sekundären« Sinnesfunktionen. Man durchbricht diesen Circulus vitiosus am besten, indem man sich stärker auf eine bisher sekundäre Funktion konzentriert: auf das Hören.

Don Juan sagt dazu: »Vor allem mußt du deine Ohren benutzen, um deinen Augen etwas von ihrer Bürde zu nehmen. Wir sind von Geburt an gewöhnt, unsere Augen zu benutzen, um unsere Welt zu beurteilen. Wir sprechen mit anderen wie mit uns selbst hauptsächlich über das, was wir sehen. Ein Krieger ist sich dessen bewußt und horcht auf die Welt; er horcht auf die Geräusche der Welt.«[256]

Die Übung ist eine einfache: Man verlagert die Aufmerksamkeit von den Augen zu den Ohren hin. Man beachtet dabei stärker das, was man hört, anstelle vom gewohnten einfachen Betrachten der Welt. In der Praxis bedarf die Vervollkommnung dieser Technik jedoch einiger Übung und Selbstdisziplin. Wenn dieses Nicht-Tun aber ausreichend beherrscht wird, ist es ein probates Mittel zum Anhalten des inneren Dialogs.

Wenn man in diesen Zuständen des Nicht-Denkens ganz auf die Geräusche der Welt konzentriert ist, erlebt man die seltsamsten Hör-Sensationen. Es fällt mir schwer, das damit verbundene Gefühl zu beschreiben. Nach einer solchen Übung fühlt man sich meist sehr entspannt und mit einer neuen, prickelnden Energie aufgeladen. Es ist ohnehin ein Merkmal dieser Gruppe des Nicht-Tuns, daß unser Körper dadurch auf spürbare Weise Energie aus der ihn umgebenden Welt bezieht. Man kann sagen, daß die Träumer hierdurch ihre Lebensenergie, ihr Grundpotential an sexueller Energie verstärken und mehren. Das Horchen auf die Geräusche der Welt im speziellen stärkt außerdem unser normalerweise schwaches auditives Differenzierungsvermögen, denn man lernt mit der Zeit, Gehöreindrücke zu unterscheiden, von denen man vorher nicht einmal wußte, daß sie existieren.

2 Das richtige Gehen

Das »richtige Gehen«[257] richtet sich gleich gegen zwei typische Gewohnheiten: zum einen gegen die Gewohnheit, beim Gehen etwas in den Händen zu tragen, und zweitens gegen die Gewohnheit des zentrierten, zielgerichteten Schauens bei der Fortbewegung. Die praktische Übung dieses Nicht-Tuns ist einfach: Zum ersten darf man, während man geht, nichts in den Händen tragen. Wenn etwas transportiert werden muß, verwendet man dann eine Schultertasche oder einen Rucksack, so daß die Hände frei bleiben. Dann krümmt man die Finger nach innen ein, jedoch ohne eine Faust zu machen oder die Hand zu schließen. Während man so mit eingekrümmten Fingern geht, konzentriert man seinen Blick nicht auf irgendein Detail der Wahrnehmung, sondern man versucht, die ganze 180-Grad-Spanne unseres gesamten Blickwinkels gleichzeitig wahrzunehmen. Die Augen bleiben dabei einfach geradeaus gerichtet, aber der Blick soll eben nicht auf ein Objekt fixiert werden, sondern er soll alles gleichzeitig und gleichwertig wahrnehmen. Don Juan erklärt hierzu:

> *»Es komme dabei gar nicht auf eine bestimmte Stellung der Finger an (...). Es gehe lediglich darum, durch das Anspannen der Finger in verschiedenen ungewohnten Haltungen die Aufmerksamkeit auf die Arme zu lenken; das einzig Wichtige sei, daß die unkonzentriert blickenden Augen eine Unmenge Bilder von der Welt auffangen, ohne sie klar zu sehen. In diesem Zustand (...) könnten die Augen Details aufnehmen, die zu flüchtig für die normale Beobachtung seien.«*[258]

Diese Übung ist das beste Mittel zum Anhalten des inneren Dialogs, denn, wie Don Juan sagt, überflutet das richtige Gehen unser Tonal mit Informationen. Man nimmt auf diese Weise alles wahr, was vorher durch unser verstandesgemäßes Schauen aus unserer Bewußtheit »weggefiltert« wurde. Diese Unmenge an Bildinformationen kann von unserer ersten Aufmerksamkeit nicht mehr verarbeitet werden, und dadurch wird der innere Dialog gestoppt.

Man kann bei der Übung des richtigen Gehens erstaunliche Sinneserfahrungen machen; so spürt man das Überfluten des Tonal nahezu körperlich. Es ist, als ob Wellen von einer unbekannten Beschaffenheit durch den physischen Körper hindurchgehen würden. Es ist das gleiche Gefühl der Energieaufladung durch die Kraft des Nicht-Tuns, die ich schon vorhin erwähnte. Beim richtigen Gehen erhascht man mit einiger Übung auch schon einmal Bilder von der leuchtenden Welt der Energiefelder, wie sie die Zauberer beschreiben. Denn durch das mit der Übung verbundene Anhalten des inneren Dialogs werden auch mithin andere Wahrnehmungsfunktionen der zweiten Aufmerksamkeit aktiviert. So ist das richtige Gehen eine Übung, die auch beim Erlernen des toltekischen »Sehens« hilft, das mehr ist als das bloße Schauen. Denn beim »Sehen« erkennen die Tolteken die Welt so, wie sie wirklich ist: eine Welt der in permanenter Veränderung befindlichen Energiefelder, die als leuchtende Objekte wahrgenommen werden können.

3 Die Gangart der Kraft

Die »Gangart der Kraft«[259] darf nicht mit vorangegangener Übung verwechselt werden, denn sie bezeichnet eine eigenständige Technik des Nicht-Tuns, die es dem Praktiker ermöglicht, sich sicher in der Dunkelheit fortzubewegen. Normalerweise streift niemand im Freien durch die Dunkelheit, besonders nicht in der weglosen Wildnis, in stockfinsteren Nächten oder finsteren Wäldern. Aber genau das ist auch eine Gewohnheit des normalen Menschen; er meidet solche Unternehmungen gewohnheitsmäßig. Die Gangart der Kraft ermöglicht es den Praktikern aber gerade, sich in den ansonsten gefürchteten Situationen der Dunkelheit sicher und gezielt fortzubewegen. Da es sich um ein Nicht-Tun handelt, werden die genauen Anweisungen der Übung den Durchschnittsmenschen noch mehr verwundern, denn die Gangart der Kraft ist kein Gehen durch die Dunkelheit, sondern ein zügiges Laufen.

Diese spezielle Art zu laufen verlangt eine besondere Körperhaltung: Der Rumpf ist beim Laufen leicht nach vorne gebeugt, der Rücken aber durchgestreckt. Die Knie werden bei jedem Laufschritt sehr hoch angezogen, die einzelnen Schritte müssen nämlich kurz und präzise sein. Die Finger werden ebenfalls gegen die Handflächen eingekrümmt; nur Zeigefinger und Daumen werden ausgestreckt, und zwar so, daß der Zeigefinger direkt gen Boden weist.

Auf diese Weise kann man tatsächlich im Finsteren selbst durch unwegsame Gegenden laufen, was ich auch des öfteren erfahren habe. Ich habe diese Gangart der Kraft zusammen mit drei meiner Gefährten in weitgehend unberührten Bergwäldern während sternloser Nächte ausprobiert. Die meisten Menschen wissen heute gar nicht mehr, wie finster eine Nacht wirklich ist, denn sie kennen nur die moderne Welt der Straßenlampen und Autoscheinwerfer. Aber so eine Nacht in einem Bergwald ist wirklich finster. Mit ein wenig Übung gelang es aber jedem von uns, die Gangart der Kraft mit Erfolg anzuwenden. Wir liefen in zügigem Tempo – fast wie bei Tageslicht – durch die unterholzreichen Bergwälder. Ab und zu stolperte einer von uns, vor allem, wenn der Blick nicht mehr direkt vor die Füße gerichtet war, sondern von irgendeinem Störeinfluß abgelenkt wurde.

Die Anwendung der Gangart der Kraft verlangt eine besondere Stimmung vom Praktiker, ohne die die Übung zum Scheitern verurteilt ist. Zum ersten ist da das Gefühl des Vertrauens in die eigenen Fähigkeiten erforderlich und zum zweiten ein Gefühl der Selbstvergessenheit. Man kann letzteres vielleicht am besten umschreiben, wenn man sagt, daß man sich bei der Anwendung der Gangart der Kraft mit der Nacht vereinigt. Wenn man durch das »Verschmelzen« der eigenen Gefühle mit der Nacht gleichsam ein Teil von ihr geworden ist, wird die Fortbewegung selbst in mondlosen Nächten möglich, wie ich durch meine eigenen Versuche erfahren habe. Solange Selbstvertrauen und die Fähigkeit der Selbstvergessenheit fehlen, sollte jedoch niemand diese Übung versuchen, denn er würde sich wahrscheinlich nur verletzen.

Für den erfahrenen Praktiker ist diese Übung nicht nur nützlich im Sinne der Fortbewegung, sondern auch im Sinne des Aufspeicherns von Energie. Der Körper erlebt durch die Übung einen spürbaren direkten Energieschub, den ich nicht genau beschreiben kann; es ist hiermit wie bei vielen der toltekischen Übungen: man muß sie selbst erleben, um genau zu wissen, was damit gemeint ist. Sie alle führen – wie die Gangart der Kraft – zu einer erfahrbaren Erweiterung des Horizonts unserer eigenen Möglichkeiten.

4 Das Suchen nach dem Rastplatz

Der Durchschnittsmensch glaubt gewöhnlich, daß jeder Platz auf der Erde prinzipiell gleich gut zum Rasten und Verweilen geeignet ist, denn er weiß nichts von den Energien der Erde. So gibt es überall auf dem Erdboden gute und schlechte Plätze. Die guten Plätze sind solche, die die Energie des rastenden Lebewesens mehren, die schlechten sind solche, die die Energie schwächen und absaugen. Der größte Teil des Erdbodens besteht jedoch aus mehr oder weniger neutralen Plätzen.

Das »Suchen nach dem Rastplatz«[260] ist nun eine Übung des Nicht-Tuns, mit der man solche guten Plätze, die unsere Energie mehren, finden kann. Bei der Übung geht es darum, die Energie eines Platzes mit den Augen zu »fühlen«. Ein solches »Mit-den-Augen-Fühlen« gehört natürlich nicht zum Repertoire der normalen Wahrnehmung, weshalb auch einige Übung notwendig ist, bevor diese Technik wirklich beherrscht wird.

Man geht bei diesem Nicht-Tun folgendermaßen vor: Wenn man in einer Gegend ist, in der man einen Rastplatz sucht, wird der Blick während des suchenden Umherschauens nicht zentriert, d.h. nicht auf eine bestimmte Stelle gerichtet. Man kneift die Augen so weit zusammen, daß die Sicht verschwimmt. Auf diese Art lassen sich »visuelle« Gefühle auffangen, die wie stetige Energiewellen von allem Existierenden ausgehen. Solche Gefühle manifestieren sich jedoch bei verschiedenen Praktikern auf verschiedene Weise. Ich persönlich empfinde diese Gefühle als eine Art farbiger Felder: Violett für die schlechten Plätze, die unsere Energie aufsaugen, und Hellgrün für die guten Plätze, die die Energie mehren und stärken. Diese »Farben« sind natürlich keine Farben im üblichen Sinn, sondern es sind besondere Gefühle, die ich persönlich am ehesten mit Farben vergleichen würde.

Wenn das Zusammenkneifen der Augen noch nicht zum Ziel führt, kann man den Blick auch dadurch dezentrieren, indem man einfach zu schielen anfängt. Denn ist die Blickfixierung gebrochen, können unsere Augen viele ungewöhnliche Dinge erfassen, auch die Gefühle, die von der Welt ausgehen. Die normale Wahrnehmung fordert aber stets einen konzentrierten Blick von uns und schließt uns auf diese Weise von Erfahrungen aus, die nicht nur möglich, sondern auch – wie die Suche des guten Rastplatzes – durchaus nützlich sind.

5 Das Fühlen der Linien der Welt

Die Technik dieses Nicht-Tuns habe ich bereits in anderem Zusammenhang geschildert, nämlich in Kapitel 4.3 über die Heilkunde der Tolteken. Dort wurde es als Methode des Ausstoßens von Krankheiten ausführlich beschrieben, so daß ich hier nur noch einmal kurz darauf eingehen möchte. Ziel der betreffenden Übung ist es, spezielle Energiefelder und -linien mit den Händen zu fühlen, ähnlich wie bei vorangegangener Übung die Augen zu einem solchen »Fühlakt« eingesetzt wurden. Die Träumer sammeln zudem Erfahrungen mit solchen »Linien« in ihrem Träumen, wo sie sich z. B. mit Hilfe der Linien fortbewegen können. Don Juan bezeichnet diese Energie- oder Lichtlinien auch als die »Linien der Welt« und mißt ihnen besondere Bedeutung bei, auf die wir hier allerdings nicht näher eingehen werden.

Vorliegende Übung beschränkt sich darauf, Energielinien aus unserem Körper auszustoßen; vor allem solche Energien, die Krankheiten und Mißstimmungen verursachen. Die Übung ist die einzige dieser Gruppe des Nicht-Tuns, die nicht direkt zum Ansammeln von Energie verwendet wird, sondern bei der sogar Energie abgegeben wird. Diese abgegebene Energie ist jedoch eher schädlicher Natur, woraus sich auch der Heileffekt der Übung ergibt, den ich in der Praxis durchaus zu schätzen lernte.

6 Das Gaffen

Die wichtigste Technik dieser Gruppe des Nicht-Tuns ist für die Träumer das sogenannte »Gaffen«.[261] Unter Gaffen verstehen die Tolteken eine besondere Art, die Dinge der Welt anzuschauen. Das Erlernen dieser Technik ist ein langwieriger Prozeß, der jedoch seine speziellen Früchte trägt. Die Übungen des Gaffens sind nämlich die beste Vorbereitung auf das eigentliche Träumen. So lehrte Don Juan seine Schüler – mit Ausnahme von Castaneda, der aufgrund seiner rationalistischen Verklemmung eine andere Art der »Vorbehandlung« bekam – das Gaffen als vorbereitenden Schritt zur Kunst des Träumens. La Gorda beschreibt die ersten Schritte des Gaffens so:

> *»Als erstes legte der Nagual (Don Juan – Anm. d. Autors) ein trockenes Blatt auf den Boden und ließ es mich stundenlang anschauen. Jeden Tag brachte er so ein Blatt und legte es vor mich hin. Zuerst dachte ich, es sei immer dasselbe Blatt, aber dann bemerkte ich, daß es verschiedene Blätter waren. Wenn wir dies erkennen, sagte der Nagual, dann schauen wir nicht mehr, sondern wir gaffen.«*[262]

Das Gaffen verlangt also eine ganz besondere Aufmerksamkeit vom Praktiker, denn durch einfaches rationales Kategorisieren kann man ein Einzelobjekt wie ein trockenes Blatt nicht von einem anderen ähnlichen Objekt bzw. Blatt unterscheiden. Unsere erste Aufmerksamkeit, das Sprechen und die Vernunft, sind bei einer solchen Übung überfordert. Wenn wir aber praktisch lernen, eine solche Unterscheidung zu machen, so muß uns eine andere Art von Aufmerksamkeit dabei helfen, nämlich die zweite Aufmerksamkeit.

Die Übung des Gaffens stärkt also unsere zweite Aufmerksamkeit, und damit die Kraft zum Träumen. Diese übergreifende Verbindung zwischen Gaffen und Träumen wird auch im weiteren Bericht von Gorda deutlich:

> *»Dann legte er einen ganzen Haufen trockenes Laub vor mich hin. Er befahl mir, mit der linken Hand darin herumzurühren und die Blätter zu fühlen, während ich sie angaffte. Ein Träumer bewegt die Blätter in Spiralen, gafft sie an und träumt anschließend von den Mustern, die die Blätter bilden. Der Nagual sagte, daß der Träumer von sich behaupten darf, das Blätter-Gaffen zu beherrschen, wenn er zuerst von den Mustern der Blätter träumt und dann am nächsten Tag die gleichen Muster in seinem Haufen dürren Laubes wiederfindet.«*[263]

Eine solche Übung mag dem Nichtpraktiker natürlich unsinnig erscheinen, aber die Gaffer erlernen durch ihre stetigen Übungen das willentliche Anhalten des inneren Dialogs. Denn bei einer stupid-monotonen Aktivität wie dem Gaffen verstummt der innere Dialog mit der Zeit. Ohne das innere Zwiegespräch wird dann die erste Aufmerksamkeit funktionsuntüchtig; sie wird jedoch direkt von der zweiten Aufmerksamkeit abgelöst, die sich in den Vorgang einschaltet. Man übt beim Gaffen also eigentlich, wie man den ersten Ring der Kraft abschaltet bzw. anhält, und gleichzeitig, wie man den zweiten Ring der Kraft, die Aufmerksamkeit für das Nagual, einschaltet. Da es beim Träumen ebenfalls um ein solches »Einschalten« geht, ist die Verbindung zwischen beiden Techniken offenbar; Gaffen und Träumen gehen in der Praxis sozusagen Hand in Hand. Was dies bedeutet, möchte ich anhand einer kleinen Geschichte aus meiner eigenen Erfahrung erläutern:

Ich selbst bin ein Steine-Gaffer. Die Übung des Blätter-Gaffens ist nämlich nur der Einstieg in diese Technik. Trockene Blätter sind ungefährlich für den Anfänger und daher besonders geeignet für den Start. Wird das Gaffen aber einmal beherrscht, kann der Praktiker quasi alles angaffen. So gaffte ich über mehrere Jahre kleine Kieselsteine. Bei ihnen blieb der Erfolg, den ich beim Blätter-Gaffen relativ schnell gehabt hatte, leider lange Zeit aus, denn ich fand diese Steine in meinem Träumen einfach nicht wieder. Dies änderte sich rapide, als ich eines Tages einen besonderen Kiesel, einen kleinen bernsteinfarbenen Achat, fand. Ich gaffte diesen Stein besonders intensiv, denn sein feines Linienmuster faszinierte mich vom ersten Augenblick an. Und schon kurze Zeit später tauchte dieser Stein dann auch in meinem Träumen auf. Hier erkannte ich neue Eigenschaften des Achats; so konnte ich z. B. seine Leuchtkraft, seine spezifische Energie ganz deutlich wahrnehmen. Als ich im Wachzustand wieder auf den Stein gaffte, erkannte ich, daß ich diese Fähigkeit aus meinem Träumen mit in die normale Welt geholt hatte. Ich erkannte jedes Detail, welches ich im Träumen zu »sehen« gelernt hatte, wieder. Nun war ich endlich ein Steine-Gaffer geworden.

Wochen später träumte ich wieder von dem Achat, aber er war nun nicht mehr allein: Ein anderer Achat von ähnlicher Größe lag direkt neben ihm. Ich erkannte die Strukturen des neuen Steins bis ins kleinste Detail hinein. Wenige Tage später, wieder im normalen Wachzustand, erlebte ich eine der größten Überraschungen meines Lebens. Ich fand im Kies hinter unserem Haus genau den zweiten Stein, von dem ich zuvor geträumt hatte. Zuerst glaubte ich, daß meine Erinnerung mir einen Streich gespielt hätte, ähnlich wie bei einem Déjà-vu-Erlebnis, in dem man ja auch glaubt, eine bestimmte Szene schon einmal erlebt oder gesehen zu haben. Doch solche Erlebnisse häuften sich in der Folgezeit, so daß sich jeder Zweifel ausschloß. Ich träumte von Zeit zu Zeit von weiteren neuen Steinen, die alle kleine Achate waren; kurz nach den entsprechenden Träumen fand ich diese Steine dann auch in der normalen Wirklichkeit wieder. Heute habe ich 48 solcher Steine, die ich in einem kleinen Lederbeutel aufbewahre.

Bei einigen dieser Träume träumte ich sogar von der genauen Stelle, an der ich die Steine später wiederfinden sollte. Zudem erhielt ich über das Träumen genaue Anweisungen, wozu ich diese Steine einsetzen sollte. So dienen einige davon zu speziellen Heilzwecken, andere zur Zauberei und wiederum andere zu Orakelzwecken.

All diese Vorfälle gaben mir einen ersten Eindruck von der tatsächlichen Macht des Träumens und von den Möglichkeiten des Gaffens. So halte ich die Kombination von Gaffen und Träumen für die beste Art, »sehen« zu lernen, jene besondere Wahrnehmungsart, der sich die Tolteken bedienen, um die Welt so zu erkennen, wie sie wirklich ist, nämlich eine Welt der leuchtenden Energiefelder.

Um dies zu erreichen, gaffen die Träumer alles mögliche; sie üben sich im Gaffen der Pflanzen, der Tiere und auch im Gaffen von anderen Phänomenen, sei es Regen, Nebel, Feuer, Rauch oder Wolken. Im Träumen lernt der Gaffer dann konkrete Einzelheiten über sein gegafftes Thema. Diese Einzelheiten lernt er beim nächsten Gaffen mit in die normale Welt hinüberzunehmen. Auf diese Weise wird das im Träumen Gelernte direkt in der Alltagswelt anwendbar.

7 Das Nicht-Tun des Schlafens und der Träume

All die Arten des Nicht-Tuns der Blickfixierung fördern auf indirekte Weise das Träumen, das selbst nichts anderes als ein Nicht-Tun ist. Es ist das Nicht-Tun des Schlafens und der normalen Träume. Der Durchschnittsmensch hat die Gewohnheit, im Schlaf entweder völlig unbewußt zu sein oder seine wenigen klaren Momente, die Träume, nicht ernstzunehmen. Die Tolteken ändern dies durch ihr bewußtes Träumen, in dem man eine vergleichbare Kontrolle über alle Ereignisse und Handlungen im Traumgeschehen bekommt, ganz als wäre man in der Alltagswelt.

Das Träumen ist gewiß kein Phantasieprodukt, denn es greift auf magische Weise auf die Ereignisse in der normalen Welt und

Wirklichkeit über. Die Träumer erlangen durch die Übung ihrer Kunst und der begleitenden Techniken die mysteriöse Fähigkeit, all ihr Traumwissen auch praktisch auf die Welt des Alltags zu übertragen. Die Krönung aller Bemühungen der Träumer in dieser Hinsicht ist natürlich das Hinüberholen des Traumkörpers in die normale Welt und Zeit, welches auch das Erreichen des Doppelgängers genannt wird. Auf dieses Thema werde ich unter anderem auch im nächsten Kapitel zurückkommen.

All die im Zusammenhang mit der Kunst des Träumens beschriebenen Handlungen, Techniken und Ereignisse mögen dem Leser seltsam oder gar absurd erscheinen. Ich muß zugeben, daß auch meine Vernunft – selbst nach Jahren der praktischen Erfahrung – sich weigert, all diese Dinge in ihrer vollen Tragweite zu akzeptieren. Aber die Erfahrung lehrte mich, daß sie praktisch zugänglich sind, wenn auch nicht unbedingt für unsere Vernunft. Die Kunst des Träumens belehrt uns auf merkwürdige Weise von der tatsächlichen Natur unserer Bewußtheit, unseres ganzen Daseins. All die Techniken der toltekischen Lehren scheinen darauf hinauszulaufen, daß wir unsere Bewußtheit als ein unergründliches Mysterium kennenlernen, das zwar nutzbar, aber nicht unbedingt verständlich ist. Vielleicht ist es so, wie Don Juan sagt: »Da gibt es nichts zu verstehen. Verstehen ist nur eine unbedeutende Sache, ach so unbedeutend.«[264]

5.3 Das Mysterium der Bewußtheit

»Dies ist wahrhaftig das Mysterium der Bewußtheit. Der Mensch ist erfüllt von Dunkelheit, von unerklärlichen Dingen. Es wäre verrückt, uns selbst anders sehen zu wollen.«

Don Juan[265]

In diesem Kapitel will ich auf die Ziele der Kunst des Träumens eingehen, denn all die beschriebenen Übungen sind keineswegs einem Selbstzweck unterworfen. Sie bilden insgesamt einen großen Plan, der zu zwei zentralen Zielen führt. Als erstes ist die Beherrschung des Bewußtseins zu nennen. Diese ist es, die dann zur Verwirklichung der endgültigen Befreiung führt.

Natürlich kann die beherrschte Bewußtheit auch zu anderen Zwecken mißbraucht werden, wie beispielsweise zur Hexerei. Glücklicherweise ist das Erreichen dieses Zieles so schwierig, daß Menschen mit derartigen Ambitionen normalerweise von vornherein zum Scheitern verurteilt sind. Die Praxis der Kunst des Träumens bewirkt nämlich eine erstaunliche Veränderung in der Psyche der Träumer. Don Juan sagt dazu: »Wenn ein Krieger einmal das Sehen und das Träumen beherrscht und sich seiner leuchtenden Gestalt bewußt ist, dann hat er für derlei kein Interesse mehr.«[266]

Don Juan betont hier wieder die Bedeutung der Erkenntnis, ein leuchtendes Wesen zu sein, die für die Tolteken keine metaphorische Redeweise, sondern erlebbare Realität ist. Das Wissen über unsere Natur als leuchtende Wesen, als Bündel von Energiefeldern, ist der Schlüsselpunkt der toltekischen Erklärung unserer Bewußtheit. Aus diesem Grunde werde ich versuchen, die wesentlichen Punkte der toltekischen Lehren hierzu darzustellen.

Ich habe die toltekische Vorstellung vom Menschen als leuchtendes Ei bereits in Kapitel 2 als Modell der Bewußtheit vorgestellt, aber in Wirklichkeit ist diese Vorstellung viel mehr als nur ein Modell. Man kann tatsächlich lernen, den Menschen und alle anderen Lebewesen als leuchtende Wesen wahrzunehmen. Dies geschieht jedoch nicht durch die alltägliche Wahrnehmung, sondern durch das »Sehen«, das trotz des irreführenden Namens nicht direkt mit unseren Augen zu tun hat. So kann ein Seher auch mit geschlossenen Augen weiterhin die Welt der leuchtenden Wesen »sehen«.

Wie ich bereits erwähnte, wird die Fähigkeit des »Sehens« am leichtesten durch die Praxis des Träumens erlernt. So kann ich in meinem Träumen sehr leicht den leuchtenden Aspekt aller Dinge und Wesen erkennen. In der normalen Welt aber sind die Ergebnisse meiner Bemühungen auf diesem Gebiet noch recht dürftig; so erkenne ich mit meinem »Sehen« zwar die Farbe und Intensität der Leuchtkraft eines Lebewesens, aber viele der bedeutsamen Einzelheiten entgehen mir dabei immer noch ganz. Das »Sehen« ist eine der am schwierigsten zu erlangenden Fähigkeiten der Tolteken, zumal es nicht als Technik erlernbar ist, sondern sich zusammen mit anderen Techniken und Fähigkeiten, wie dem Träumen, entwickelt.

Das toltekische Wissen über die Bewußtheit basiert auf einer langen Tradition von Sehern, die die Ergebnisse ihres »Sehens« systematisiert und geordnet haben. Dabei entstand ein System, das die Tolteken als die »Wahrheiten über das Bewußtsein«[267] bezeichnen. In ihnen ist die ganze toltekische Weltanschauung enthalten, wobei die Tolteken »Welt« in einem sehr reduzierten Sinne verstehen, nämlich als den ganzen Raum der Möglichkeiten unseres Bewußtseins. In diesem Sinne unterscheiden sie drei grundsätzliche Bereiche: das Bekannte, das Unbekannte und das Unerkennbare.

Das Bekannte ist identisch mit dem Tonal, der normalen Welt, dem physischen Körper und der zugehörigen alltäglichen Wahrnehmung. In den Bereichen des Bekannten fallen alle menschlichen Alternativen, d. h. alle unsere Wahlmöglichkeiten des Handelns und Wahrnehmens in der normalen Welt. Das Unbekannte ist identisch mit dem Nagual, der anderen Welt der Zauberer, dem Traumkörper und allen zugehörigen Erkenntnismöglichkeiten der nicht-alltäglichen Wahrnehmung, wie z. B. das »Sehen« oder das Träumen.

Der Bereich des Unbekannten umfaßt alle menschlichen Möglichkeiten im Sinne der Wahrnehmung all dessen, was unserer ordnenden Bewußtheit überhaupt zugänglich ist. Insofern ist das Unbekannte dem Bekannten durchaus ähnlich, wie auch aus folgender Äußerung Don Juans ersichtlich wird:

> *»Sie definieren das Unbekannte als etwas, das dem Menschen zwar verborgen, vielleicht durch einen angstmachenden Kontext verdunkelt, aber dennoch dem Menschen zugänglich sei. Das Unbekannte werde sich irgendwann in das Bekannte verwandeln. Das Unerkennbare hingegen sei das Unsagbare, das Undenkbare, das Unergründliche. Es sei etwas, das uns niemals bekannt werden wird, und doch sei es da – verwirrend und zugleich furchterregend in seiner Unermeßlichkeit.«*[268]

Das Unerkennbare ist der Bereich, in dem unsere Wahrnehmung – ganz gleich in welcher Form – nichts mehr ordnen kann. Die Tolteken meiden diesen Bereich deshalb kategorisch, denn die Beschäftigung mit dem Unerkennbaren führt zu einer großen geistigen Verwirrung, die unter Umständen irreparabel sein kann. So ist nur das Unbekannte der eigentliche Forschungsbereich der toltekischen Seher.

In Jahrhunderten der Kleinarbeit vermaßen die Tolteken den Bereich des Unbekannten, den Bereich der menschlichen Möglichkeiten. Dies geschah primär durch das »Sehen« jener Krieger. Sie beobachteten auf diese Weise alles und jedes auf dieser Erde, aber der entscheidende Durchbruch gelang ihnen, als sie ihr »Sehen« auf die Menschen selbst konzentrierten. Sie erkannten die eigentlichen Mechanismen der Wahrnehmung und der Bewußtheit durch das »Sehen« des leuchtenden Eies. Sie »sahen«, daß die Leuchtkraft selbst die Bewußtheit war, und sie erkannten auch, daß das leuchtende Ei nicht gleichmäßig erhellt war; besondere

Zonen strahlten intensiver als andere. Vor allem entdeckten sie einen besonders stark leuchtenden Bereich, der ungefähr am Scheitelpunkt des leuchtenden Eies lokalisiert ist.

Dieser Bereich zog auch aus einem anderen Grund das Interesse der Seher auf sich; er war nämlich nicht wie die anderen Merkmale des leuchtenden Körpers an einen festen Punkt gebunden, sondern er bewegte sich beim Schlafen in das leuchtende Ei hinein. Die Seher registrierten besonders starke Verschiebungen dieser Leuchtzone, während sie träumende Menschen beobachteten. Durch das Befragen jener Träumer ergab sich ein interessantes Ergebnis: Je weiter die leuchtende Zone in das leuchtende Ei hineingerutscht war, desto phantastischer und komplexer waren die erlebten Trauminhalte gewesen. Durch diesen Ansatz kamen die Seher letztlich zu dem Schluß, daß diese leuchtende Zone bestimmt, was das betreffende Wesen wahrnimmt. Sie bezeichnen diese Zone daher als den Punkt, wo die Wahrnehmung zusammengesetzt oder montiert wird, oder kurz als den »Montagepunkt«.[269]

Auf diese Erkenntnis gründeten die Tolteken von nun an ihre Erforschung des Unbekannten. Sie »sahen«, daß das Bekannte mithin nur die gewohnte Position des Montagepunktes ist, und daß diese Position keineswegs angeboren, sondern erlernt ist. Bei einem neugeborenen Lebewesen, ob Mensch, Tier oder Pflanze, ist dieser Punkt noch locker und bewegt sich in einem recht weiten Bereich. Erst durch den Lernakt, der auf Druck der Artgenossen geschieht, wird die Position des Montagepunktes normiert. Für den Fall eines Neugeborenen bedeutet dies, daß die Mitmenschen ihn zwingen, seine Position des Montagepunkts der Position der Mitmenschen anzugleichen. Erst diese Angleichung ermöglicht es den Menschen, eine gemeinsame Welt, die nach den gleichen Gesetzen montiert ist, wahrzunehmen. Der soziale Konsens, die Normalität, ist demnach ein Produkt der Gleichschaltung der Montagepunkte innerhalb einer Gruppe von Menschen. Diese Gleichschaltung funktioniert aber offenbar nur in der Wachbewußtheit, ja Wachbewußtheit bedeutet sogar, daß der Montagepunkt in seiner normalen Position ist. Im Schlaf rutscht der Montagepunkt jedoch sehr weit in das leuchtende Ei hinein, und andere, nichtalltägliche Dinge werden wahrgenommen.[270]

Außergewöhnliche Wahrnehmungen finden also immer dann statt, wenn der Montagepunkt seine gewohnte Position, die Normalität, verläßt und sich in andere Regionen des leuchtenden Eies verschiebt. Die Seher haben mithin erkannt, daß das Unbekannte im eigentlichen Sinne jene Regionen des leuchtenden Eies darstellt, die nicht durch den Montagepunkt zur Wahrnehmung hervorgehoben werden. Diese Regionen werden nur selten, und wenn überhaupt, im Traum wahrgenommen, denn die Träume stellen offenbar eine natürliche Verschiebung des Montagepunkts dar.

Auf dieser Erkenntnis gründeten die Tolteken in ferner Vergangenheit die Anfänge der Kunst des Träumens, mit deren Hilfe die natürliche Traumverschiebung des Montagepunkts kontrolliert und somit willkürlich nachvollziehbar gemacht werden sollte. Durch die Praxis des kontrollierten Träumens und des »Sehens« erkannten die Seher mit der Zeit, daß bestimmte Positionen des Montagepunkts immer die gleichen Wahrnehmungen beim betreffenden Träumer auslösten. Auf diese Weise vermaßen sie das Unbekannte; sie kartographierten es, indem sie die Bedeutung aller Regionen des leuchtenden Eies der Menschen entschlüsselten. Abb. 10 zeigt ein Fragment dieser Kartographie des Unbekannten, des leuchtenden Eies eines Menschen. Jeder eingezeichnete Punkt stellt dabei eine mögliche Position des Montagepunktes dar, die dann im einzelnen noch erläutert werden müssen.

Das Band, welches sich senkrecht über und durch das leuchtende Ei zieht, nennen die Tolteken das »organische Band«[271] oder einfach »menschliches Band«. Dieses leuchtet heller als das übrige Ei. Es durchzieht jenes als eine eigenständige Schicht der Leuchtkraft. Alle organischen Lebewesen haben ein solches Band in ihren leuchtenden Körpern, und ihre Montagepunkte halten sich immer im Bereich dieses schmalen Bandes auf (B und C). Wenn nun ein Zauberer seinen Montagepunkt aus der Region der Normalität (A) hinausbewegt und ihn in die Region der Tiere (B) verschiebt, so nimmt er wahr, wie er sich in ein Tier verwandelt.

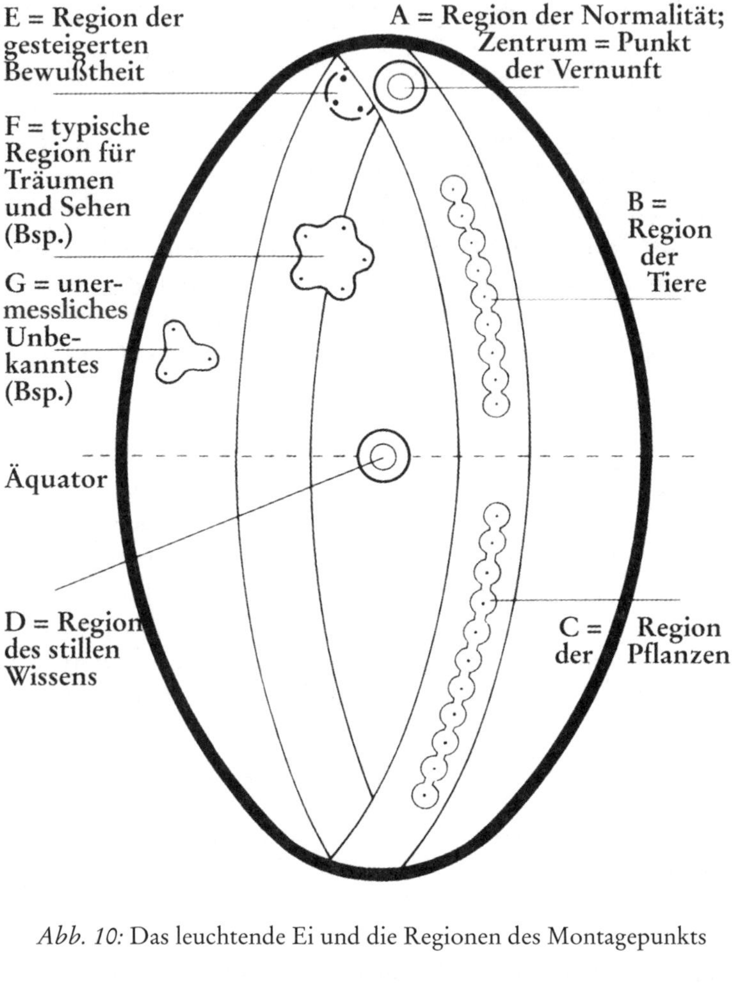

Abb. 10: Das leuchtende Ei und die Regionen des Montagepunkts

Verschiebt er seinen Montagepunkt gar unter den Äquator des leuchtenden Eies, erlebt er, wie er sich in eine Pflanze (Region C) verwandelt. Natürlich gibt es in der Region der Tiere (B) und der Pflanzen (C) nicht nur eine mögliche Position des Montagepunkts, sondern extrem viele. Es gibt allein in diesen Bereichen ebenso viele Positionen des Montagepunkts, wie es Tier- und Pflanzenarten auf der Erde gibt – und von denen gibt es ja Millionen. All diese Verschiebungen, die zu Verwandlungserlebnissen führen, finden jedoch immer an der Oberfläche des leuchtenden Eies und des organischen Bandes statt.

Im Traum verschiebt sich der Montagepunkt in das leuchtende Ei hinein, verläßt jedoch das organische Band nicht. Die normalen Träume finden dabei meist an den Rändern dieses Bandes statt, die eine besondere Bedeutung haben: Sowohl am rechten wie am linken Rand des Bandes finden sich seltsame Anhäufungen von menschlichem »Bewußtseinsmüll«, welche die Tolteken als die »linke und rechte Halde«[272] bezeichnen. Auf der linken Halde findet der Träumer Visionen von Religiosität, Spiritualität und Gottesfurcht etc., während auf der rechten Halde Visionen und Gefühle von Gewalt, Sexualität, Wollust und körperlicher Aktivität vorherrschen. In der Nähe dieser Regionen finden alle normalen Träume statt, die sich daher meist klar als »links- oder rechtshaldig« einordnen lassen. Aber auch an den Rändern, die die Region der Normalität, des »gesunden Menschenverstandes«, umgrenzen, gibt es diese Halden. Menschen, die ihren Montagepunkt ständig – d.h. im Wachzustand – in einer solchen Position fixiert halten, nennt man im allgemeinen »radikal« oder »fanatisch«.

Das kontrollierte Träumen der Tolteken findet nicht mehr an den Rändern des Bandes, sondern auf dessen Mitte statt. Die Ränder, die Halden, machen durch die starken Gefühlswallungen, die dort empfunden werden, eine nüchterne Kontrolle so gut wie unmöglich. Eine typische Region für das Träumen wäre z.B. der in Abb. 10 eingezeichnete Bereich F. Allerdings ist dies nur ein Beispiel, denn prinzipiell können die Träumer ihren Montagepunkt an jeden nur möglichen Ort im leuchtenden Ei verschieben. Auf der Mitte des organischen Bandes nehmen die toltekischen Träumer eine leuchtende Welt wahr, die keine Welt der Objekte mehr ist, sondern eine Welt der Energiefelder. Geschehen solche Verschiebungen in die Tiefe des organischen Bandes nicht aus einem Traumzustand, sondern direkt aus der Wachbewußtheit heraus, redet man nicht von Träumen, sondern von »Sehen«.

Das »Sehen« ist dem Träumen also im Prinzip recht ähnlich, nur geschieht es von verschiedenen Ausgangspunkten aus. Beim Träumen nutzen die Tolteken den natürlichen Anstoß der Traumverschiebung, während zum »Sehen« der Montagepunkt willentlich bewegt werden muß. Und genau dies ist ein zentrales Problem der toltekischen Praxis.

Die Fixierung des Montagepunktes an seine gewohnte Stelle innerhalb der Region der Normalität ist nämlich extrem stark. Wir haben Jahre der rationalen Erziehung gebraucht, um ihn dort fest zu vertäuen, und es dauert eine geraume Weile, bis man fähig ist, den Montagepunkt wieder von dort wegzubewegen. Alle toltekischen Praktiken zielen im Endeffekt auf eine solche Bewegung hin. Das Pirschen z. B. unterliegt dieser zentralen Zielsetzung. Wir erinnern uns: Das Pirschen ist eine Methode zur Kontrolle des Verhaltens in der alltäglichen Welt. Die Seher haben dieses System ersonnen, weil sie festgestellt haben, daß ungewohntes Verhalten, wenn es permanent eingehalten wird, den Montagepunkt vibrieren, erzittern läßt. Insofern bewirken alle Techniken des Nicht-Tuns einen solchen Effekt auf den Montagepunkt. Dieser Effekt summiert sich mit der Zeit, und die Pirscher werden schließlich fähig, ihren Montagepunkt durch Manipulation des eigenen Verhaltens willentlich und frei zu bewegen.

Die Träumer nutzen im Gegensatz dazu die natürliche Traumverschiebung des Montagepunktes. Zwar bewegt sich der Montagepunkt bei jedem Menschen im Schlaf und im Traum sehr tief in das leuchtende Ei hinein, aber der Durchschnittsmensch hat keinerlei Kontrolle über diese Vorgänge. Das bewußte Träumen der Tolteken ermöglicht eine solche Kontrolle, wenn auch nicht in dem Sinne, wie man dies mißverstehen könnte. Die Träumer kontrollieren nicht die Verschiebung des Montagepunktes an sich, denn sie sind auf die jeweilige Richtung der natürlichen Traumverschiebung angewiesen. Sie lernen vielmehr – und das ist der Unterschied zu normalen Träumen –, ihren Montagepunkt an der neuen Stelle fest zu vertäuen. Durch dieses Festlegen entsteht für die Träumer kurzfristig eine völlig neue Welt der Wahrnehmung, die jedoch im einzelnen davon abhängig ist, wohin sich der Montagepunkt eigentlich verschoben hat. Erst mit großer Übung im Träumen gewinnt der Praktiker auch eine Kontrolle über die Richtung der Verschiebung.

Besonders interessante Träume treten auf, wenn sich der Montagepunkt der Mitte des Eies nähert (Abb. 10, Region D). Hier tauchen verschiedene typische Inhalte auf: Zum ersten ist da die Begegnung mit der »menschlichen Gestalt« zu nennen, die die Tolteken mit der abendländischen Gottesvorstellung gleichsetzen.

Die menschliche Gestalt ist jene Wesenheit, die uns – wie in der biblischen Schöpfungsgeschichte geschildert – nach ihrem Ebenbild erschaffen hat.[273] Ich hatte einmal das Glück, in meinem Träumen jener Gestalt zu begegnen. Sie erscheint meist als strahlende Lichtgestalt, die ansonsten aber genau wie ein Mensch geformt ist. Sie ist unser eigentliches Urbild, der Prägestock, nach dem wir geformt worden sind. Es ist schwierig, das unvergleichliche Glücksgefühl zu beschreiben, das man bei einer Begegung mit der menschlichen Gestalt haben kann. Den toltekischen Lehren zufolge hat diese Gestalt aber keine wirkliche Macht, denn sie ist nicht identisch mit jenen Kräften, die unser Schicksal regieren.

Eine andere typische Wahrnehmung, die auftritt, wenn der Montagepunkt sich der Mitte nähert, ist eine gigantische schwefelgelbe Nebelwand. Diese ist im eigentlichen Sinne eine »Barriere der Wahrnehmung«[274], die die organische Welt, wie wir sie kennen, von tatsächlichen anderen Welten trennt. Wenn der Montagepunkt in die Nähe der Mitte verschoben wird, ist es möglich, das organische Band zu verlassen und in den restlichen Teil des leuchtenden Eies vorzudringen.

Außer dem organischen Band gibt es sieben weitere Bänder, die alle für unsere Wahrnehmung zugänglich gemacht werden können. Diese sieben Bänder gehören im eigentlichen Sinn zu anderen Lebewesen, die auf unserer Erde existieren, die aber nicht organisch sind; d. h. diese Wesen haben keinen für uns sichtbaren Körper. Die Tolteken sprechen von diesen »anorganischen Lebewesen«[275] als Existenzen, die zwar Bewußtheit haben, aber die im organischen Sinne kein eigenes Leben besitzen. Man nennt diese Wesen auch »Verbündete«, weil die Zauberer häufig Kontakte zu ihnen knüpfen, die für beide Seiten einen Vorteil haben können.

Die Verbündeten leben in sieben Parallelwelten, die alle hier auf unserer Erde existieren, die aber durch eine Barriere der Wahrnehmung voneinander getrennt sind. Durchdringt ein Zauberer diese Barriere (die Nebelwand), so gelangt er zuerst in eine Art Zwischenzone, in ein Niemandsland, das die Zauberer die »Vorhölle« nennen und das zwischen dem organischen Band und der nächsten jener sieben Welten liegt. Für den Montagepunkt bedeutet dies, daß er sich jetzt außerhalb des organischen Bandes befindet und in einen Bereich eingedrungen ist, den die Tolteken als das »unermeßliche Unbekannte« bezeichnen (Abb. 10, Region G).

Don Juan sagt über solche Verschiebungen des Montagepunktes: »(…) sie sind das unermeßliche Unbekannte, wo es überhaupt keine Spur des Menschlichen gibt. Dies ist tatsächlich ein Bereich von so überwältigender Weite, daß es auch den besten Sehern schwerfiele, diesen zu beschreiben.«[276] Auch ich will nicht versuchen, dies zu tun, denn man müßte zu viele Anleihen an alltägliche Vorstellungen machen, die in diesem Bereich einfach nicht zutreffen. Ich will es dabei belassen zu sagen, daß sich hinter der Nebelwand andere Welten befinden, die ebenso absolut und faktisch-real sind wie unsere normale Welt der alltäglichen Wahrnehmung.

Der eigentliche Effekt der Verschiebung des Montagepunkts in die Mitte des leuchtenden Eies – vor allem beim Träumen – ist jedoch der Eintritt in die doppelte Wahrnehmung, die auch das »Erreichen des Doppelgängers« genannt wird. In diesem Moment erlebt man die Abspaltung eines Teiles seines Selbst von seiner normalerweise geeinten Persönlichkeit. Da ich nicht für andere Zauberer sprechen kann, bleibt mir nur übrig zu schildern, wie ich selbst den Eintritt in den Doppelgänger erlebt habe:

Eines Morgens befand ich mich, wie schon oft erlebt, in einem Zustand des bewußten Träumens. In diesem Träumen hatte ich eine verrückte Idee: Ich fragte mich, was wohl passieren würde, wenn ich mich einfach rückwärts fallen lassen würde. Ich erwähnte bereits, daß solche Gedanken für den Traumkörper keine Sache des diskursiven Denkens sind, sondern direkte Befehle. So ließ ich mich nach hinten fallen, aber anstatt irgendwo aufzuschlagen oder durch den Boden gebremst zu werden, fiel ich immer weiter. Ich raste mit einer unheimlichen Geschwindigkeit durch eine Art Lichttunnel, der kein Ende zu haben schien. Ich fiel und fiel. Plötzlich landete ich abrupt in meinem normalen Körper. Ich lag wieder in meinem Bett und dachte, daß dieses Manöver wohl nichts gebracht hätte. Doch plötzlich ergriff mich ein seltsamlebendiger Wind, der von unten aus meinem Bett zu kommen schien. Dieser Wind war so stark, daß er mich in die Höhe blies. Meine Haare flatterten, während ich zirka einen Meter über dem Bett schwebte, allein gehalten durch die Kraft dieses Windes. So etwas hatte ich nie zuvor erlebt. Der Wind ließ nach, und ich stellte mich neben mein Bett. Als ich auf das Bett blickte, packte mich der Schrecken: Da lag ich und schlief noch immer tief und fest. Ich wußte, daß ich in meinem Doppelgänger gelandet war, und daß ich mich jetzt auf keinen Fall wecken durfte. Deshalb verließ ich mein Zimmer sofort und bewegte mich durch das Haus.

Ich versuchte zu erkennen, ob etwas anders war als sonst, aber alles schien normal und realistisch. Nur ich war nicht normal, ich schlief, und trotzdem war ich wach und lief durch das Haus. So beobachtete ich alle Einzelheiten dieses Morgens auf das genaueste: Ich sah z. B. meiner Mutter beim Kochen zu, aber offenbar bemerkte mich niemand. Irgendwann zog mich ein Gefühl in meinen Körper zurück und ich erwachte sofort. Meine Gedanken kreisten sofort um eine Verifizierung des Erlebten. So stand ich auf und ging in die Küche. Meine Mutter stand dort und kochte. Sie bereitete eben das Gericht zu, das ich in meinem Doppelgänger wahrgenommen hatte. Auch die anderen Einzelheiten, die ich beobachtet hatte, waren auf ihrem Platz. So hatte ich an diesem Tage Post bekommen, und genau diesen Brief hatte ich im Doppelgänger an dem Platz liegen gesehen, wo ich ihn nun vorfand. Dies war mein erstes Erlebnis mit meinem Doppelgänger gewesen, und ich wunderte mich nicht schlecht darüber. Ich hatte mir das ganz anders vorgestellt, aber was macht das jetzt für einen Unterschied? Ein anfängliches Gefühl der Verstörtheit wich langsam einem seltsam berauschenden Glücksgefühl: Ich hatte meinen Doppelgänger erreicht.

Damals wußte ich noch nichts über den Montagepunkt und dessen Verschiebungen, aber ich war mir deutlich bewußt geworden, daß ich die Tür zu einem der seltsamsten Mysterien unserer Existenz geöffnet hatte. Seit diesem Erlebnis sind nun einige Jahre verstrichen, und ich habe noch häufiger die Möglichkeit gehabt, mich von der Wirklichkeit des Doppelgängers zu überzeugen. Solche Erlebnisse sind wahrhaft die Krönung aller Bemühungen in der Kunst des Träumens.

Doch zurück zum Montagepunkt und dessen Bewegung. Die Träumer lernen, diesen Punkt willkürlich durch ihr gesamtes leuchtendes Ei zu bewegen. Dabei erreichen sie Zonen der Bewußtheit und der Wahrnehmung, die dem Durchschnittsmenschen verschlossen und verborgen sind. Der Weg zur Freiheit führt für die Träumer über all diese Erfahrungen im Spektrum der gesamten Möglichkeiten unserer Bewußtheit. Die endgültige, absolute Befreiung erlangen die Träumer aber erst durch einen ganz besonderen Akt, für den ich heute sicherlich noch nicht bereit bin: Sie verschieben dann ihren Montagepunkt in hoher Geschwindigkeit über die gesamte Breite des leuchtenden Eies. Dieser Akt entzündet die totale Bewußtheit, d. h. man wird sich gleichzeitig allem bewußt. Allein dieser Vorgang scheint die Freiheit zu bringen. Castaneda schreibt dazu: »In diesem Augenblick werden sie von einem inneren Feuer verzehrt und verschwinden vom Antlitz dieser Erde, frei, als hätten sie nie existiert.«[277]

Allein die Beherrschung der Bewußtheit, die willkürliche Beweglichkeit des Montagepunkts, scheint dieses Ergebnis zu bewirken. Und eben um diesen Montagepunkt zu bewegen, üben sich die Tolteken in ihren Künsten. Die Kunst des Pirschens löst den Montagepunkt aus seiner erlernten Fixierung und ermöglicht dem Praktiker Feinverschiebungen desselben. Die Kunst des Träumens bewirkt weiträumige Verschiebungen, die der Praktiker aber zu kontrollieren lernen muß. Eine dritte Methode zur Verschiebung des Montagepunkts ist die »Beherrschung der Absicht«, auf deren praktische Aspekte wir gleich kommen werden.

Zum Schluß dieses Kapitels bleibt mir nur noch, davor zu warnen, die Erklärung der Bewußtheit durch das Prinzip des Montagepunkts überzubewerten. Die Bewußtheit ist und bleibt ein unergründliches Mysterium, ein einziges Wunder. Für den Praktiker ist dies leicht einsichtig, denn, welche Welt ist wirklicher, die normale oder die geträumte? Der Doppelgänger, der Vogel oder der physische Körper? Ist in unserer Bewußtheit überhaupt Raum für etwas anderes als das Wunder?

6

Die Bemeisterung der Absicht

»Der Wind weht, wo er will, und du hörst sein Sausen; aber du weißt nicht, woher er kommt, noch wohin er geht. So verhält es sich mit jedem, der aus dem Geist geboren ist.«

Jesus (Joh. 3, 8)

Nach den Erläuterungen des letzten Kapitels über das leuchtende Ei und den Montagepunkt könnte der falsche Eindruck entstehen, daß das Geheimnis unserer Wahrnehmung und unserer Bewußtheit in uns liegt und quasi auf ein innerpsychisches Produkt reduzierbar wäre. Dieser Eindruck täuscht, denn wie immer erweist sich die toltekische Lehre auch als wesentlich komplexer, als dies zunächst den Anschein hat. Die Lehre von den Wahrnehmungsmechanismen des leuchtenden Eies ist durchaus keine solipsistische Lehre, was bedeuten würde, daß nur wir selbst existierten und unsere Welt ein reines Trugbild unserer Wahrnehmung wäre. Dem ist nicht so, denn das leuchtende Ei ist ja durch die Ranke des Willens, das Bindeglied, mit der Welt verknüpft, was immer diese Welt auch sein mag.

Da wir aber nun verschiedene Welten und Dinge wahrnehmen können, wie die toltekischen Praktiken zeigen, muß dieses Etwas, mit dem wir über unser Bindeglied verknüpft sind, ein Übermächtiges, Geheimnisvolles sein. Die Tolteken nennen dieses Etwas »Absicht«, »Geist«, »Nagual« oder auch das »Abstrakte«, weil es sich dabei um etwas nicht mehr konkret Greifbares handelt. Und doch ist es vorhanden und bestimmt unsere Wahrnehmung, indem es die Position unseres Montagepunktes festlegt. Indem es bestimmt, was wir wahrnehmen, bestimmt es aber auch gleichzeitig unser Schicksal. Wenn wir nämlich z. B. wahrnehmen, daß wir einen Unfall haben, so zwingt uns die Absicht folglich diese Wahrnehmung auf; ein solcher »Unfall« wird aber mithin in seiner Wirkung zu unserem Schicksal. Aufgrund dieses direkten Wirkcharakters der Absicht bevorzuge ich persönlich den schlichten Namen »Kraft« für die Schicksalsmacht.

Da die Absicht eine so zentrale Bedeutung hat, und vor allem auch weil sie die Position unseres Montagepunkts bestimmt, entwickelten die Tolteken ein drittes praktisches System ihrer Lehren, das die »Bemeisterung der Absicht«[278] genannt wird. Dieses System unterscheidet sich von den beiden anderen Bereichen, der Kunst des Träumens und der Kunst des Pirschens, und doch ist es die Verbindung und die Essenz von beiden. Dieser Sachverhalt ist nicht einfach zu verstehen, obwohl er sich für den Praktiker direkt ergibt. Die Absicht ist nämlich eine Kraft, die sich vor allem durch die Attribute der Allgegenwart und Allmacht auszeichnet. Trotz dieser Attribute ist sie keinesweges Gott, denn die Absicht kann weder beschrieben noch vorgestellt werden. Mit Gott verbindet der Mensch jedoch immer eine bestimmte Vorstellung, ein Gottesbild, das sich bei genauerer Betrachtung immer als das Bild des Menschen, als die menschliche Gestalt selbst erweist. Deshalb sagen die Tolteken, daß die menschliche Gestalt Gott sei. Sie erweist sich auch als das klare Licht der Liebe, das die Mystiker bei ihrer Vereinigung mit Gott, der unio mystica, als unbeschreibliches Glücksgefühl und als ein Gefühl der wiedergefundenen Ganzheit erfahren.

Die Absicht hingegen ist unbeschreiblich, und wir können sie lediglich über ihre Wirkungen erleben. Daher ist es nur möglich, im indirekten Sinne über die Absicht zu sprechen. Wenn die Absicht unsere Wahrnehmung bestimmt und vorschreibt, indem sie die Position des Montagepunkts bestimmt, müssen folglich all unsere Wahrnehmungen Wirkungen der Absicht sein. Die Tolteken sagen daher, daß sich die Absicht ständig in unseren Wahrnehmungen offenbart. Dem Durchschnittsmenschen entgeht leider der Offenbarungscharakter seiner Wahrnehmung, denn Wahrnehmung, Welt und Existenz, all dies ist für ihn zu etwas Alltäglichem und Langweiligem degradiert, das für ihn keine tiefere Bedeutung besitzt. Wenn er etwas wahrnimmt, fragt er sich, was er damit tun kann, aber er fragt sich eigentlich nie, was dies zu bedeuten hat. Der normale Mensch ist auf sein Selbstbild und das damit verbundene Tun fixiert, und diese ständige Fixierung hindert ihn daran, von den ständigen Offenbarungen der Absicht zu profitieren.

Genau diesen Sachverhalt bezeichnen die Tolteken als den ersten abstrakten Kern des Wissens um die Absicht. Da man nicht in direktem Sinne über die Absicht reden kann, fassen sie das Wissen über die Absicht in Form von kleinen Geschichten zusammen. Ich zitiere also die Geschichte des ersten abstrakten Kerns so, wie sie von Castaneda überliefert wurde:

> *»Die Geschichte erzählt von einem Mann, der irgendwann lebte, einem normalen Mann ohne irgendwelche besonderen Eigenschaften. Wie jeder andere war er ein Mittler für den Geist. Und kraft dessen war er, wie jeder andere, Teil des Geistes, Teil des Abstrakten. Aber er wußte es nicht. Die Welt hielt ihn so emsig beschäftigt, daß er weder die Zeit noch die Neigung hatte, der Sache auf den Grund zu gehen. Der Geist versuchte vergeblich, die Verbindung zwischen ihnen zu offenbaren. Mit Hilfe einer inneren Stimme enthüllte der Geist ihm seine Geheimnisse, aber der Mann war unfähig, diese Enthüllungen zu verstehen. Natürlich hörte er die innere Stimme, doch er glaubte, es wären seine eigenen Gefühle, die er empfand, und seine eigenen Gedanken, die er dachte. Um ihn aus seinem Schlaf zu rütteln, gab der Geist ihm drei Zeichen, drei aufeinander folgende Offenbarungen. In körperlicher Gestalt und in auffälligster Weise kreuzte der Geist den Weg des Mannes. Aber der Mann war unempfänglich für alles, außer seinen eigenen Sorgen.«*[279]

Genau das ist die Situation des Durchschnittsmenschen, und obwohl der Protagonist dieser Geschichte ein Mann ist, kann man genauso gut auch »Frau« einsetzen. Die Fixierung auf unser

Selbstbild macht uns blind für alles andere. So könnten uns durch unsere Wahrnehmung die größten Offenbarungen zuteil werden; wir würden sie in unserer selbstischen Verblendung nicht sehen oder sie gar für ein Produkt unseres eigenen Genies halten. Unsere Selbstbetrachtung führt uns auf manche Weise in die Irre, aber der Effekt ist immer der gleiche, denn durch die ständige Fixierung auf uns selbst rostet unser Bindeglied zur Absicht ein. Auf diese Weise berauben wir uns selbst unserer ursprünglichen Möglichkeiten, ohne überhaupt davon zu wissen.

Wüßten die Menschen um ihre ständige Verbindung zur Absicht, so könnten sie aktiv in ihr Schicksal eingreifen, indem sie ihr Bindeglied manipulierten. Zumindest aber würden ihnen die Pläne der Schicksalsmacht klar werden, und ihr Leben wäre dann nicht mehr ein sinnloser Zufall, sondern eingebettet in alles übrige. Andererseits wären sie dann keine normalen Menschen mehr, sondern Zauberer, denn, erinnern wir uns: Normalität bedeutet, daß der Montagepunkt ständig in einer bestimmten Position fixiert gehalten wird. Aber genau aus dieser ständigen Fixierung ergibt sich die Stagnation, das Einrosten unseres Bindeglieds zur Absicht. Normalität ist Stagnation, und Stagnation ist der Tod unseres Bindeglieds.

Wir alle haben gelernt, um jeden Preis normal zu sein. Anomalität ist gesellschaftlich geächtet, denn sie stört die soziale Ordnung. Aber was ist das eigentlich, diese Ordnung, die der Gott der Moderne zu sein scheint? Sie bestimmt uns dazu, daß wir kurz nach unserer Geburt lernen, eine Rolle zu spielen, eine Rolle, die, genau betrachtet, des Menschseins unwürdig ist. Die Lebensgeschichte eines heutigen Menschen, der die soziale Ordnung, die Normalität lebt, ist kurz geschildert. Sie liest sich wie der klassische Lebenslauf für ein Bewerbungsschreiben: Wir wurden irgendwo und irgendwann geboren, besuchten einen Kindergarten und eine Schule, erlernten einen Beruf, den wir dann bis ins hohe Alter ausüben. Vielleicht heiraten wir zwischendurch und haben Kinder. Irgendwann sterben wir dann, ohne auch nur einen Blick auf den eigentlichen Sinn unseres Lebens getan zu haben. Ein solches, typisches Leben nenne ich des Menschseins unwürdig, wie hart dies auch klingen mag.

Ein religiöser Mensch wird sich wenigstens auf ein Jenseits vertrösten, aber welcher Mensch ist heute noch wirklich religiös? Viele geben es zwar vor, aber wer von diesen Leuten ist denn bereit, für seine Religion wirklich einzustehen und all ihre Regeln im Alltag zu beachten? So schustern sich die meisten Menschen ihre eigene Religion zusammen, ein merkwürdiges Gemisch aus Kapitalismus, Christentum und humanistischer Bildung; aber – und das ist der Punkt – glückliche Menschen kann ich darunter nicht entdecken. Und auch das berühmt-berüchtigte positive Denken wird daran kein Jota ändern. Sie werden vielleicht sagen, es sei leicht, von meinem hohen Roß herab die Welt zu verurteilen, aber ich muß darauf antworten, daß mir genau das fern liegt. Ich will den Leser aufwecken, denn ich bin ein Mittler des Geistes, der Absicht.

Diese Einsicht ist mir nicht zugeflogen, ich mußte es auf die harte Art lernen. Denn auch ich übersah die Offenbarungen, die der Geist mir zugedacht hatte. In meiner Dummheit bemerkte ich nicht, wie sich merkwürdige »Zufälle« in meinem Leben häuften.

Wir alle haben nämlich die »Gabe«, daß wir besondere, erstaunliche Vorfälle auf verschiedene Weise als Zufälle entwerten und verdrängen. Genauso erging es mir, bis sich der zweite abstrakte Kern ereignete. Auch dieser ist eine Geschichte für sich: Sie berichtet davon, wie der Geist, der keine Antwort auf seine Offenbarungen erhalten hatte, dem Mann nun eine Falle stellt. Don Juan erzählt: »Es war eine großartige List, nicht weil der Mann etwas Besonderes gewesen wäre, sondern weil die unbegreifliche Kette von Ereignissen, die der Geist auslöste, den Mann genau in dem Augenblick zugänglich machte, als der Geist an die Tür klopfte.«[280]

Genau dies geschah auch mir. Da die Absicht die eigentliche Schicksalsmacht ist, hat sie verschiedene Wege und Möglichkeiten, den Menschen eine Falle zu stellen. Mir stellte sie eine Falle in Form einer schweren Krankheit. Diese stellte sich allerdings nicht von einem Tag auf den anderen ein, sondern hatte ihre spezielle Vorgeschichte. Ich hatte über Jahre seltsame Träume gehabt, die – wie ich heute weiß – einen komplexen magischen Inhalt hatten. Durch meine abendländische Erziehung geprägt, lehnte ich den

Inhalt dieser Träume jedoch einfach ab. Doch mehr und mehr wurden dann aus den Träumen Alpträume, die oft so stark waren, daß ich aufwachte und mich übergeben mußte. Diese Träume waren mit seltsamen sensorischen Empfindungen gekoppelt, die ich nur schwer beschreiben kann. Ich fühlte dabei, wie ich, d.h. meine Wahrnehmung, durch meine Schädeldecke meinen Körper verließ und dann hoch über meinem physischen Ich schwebte. Die damit verbundenen Empfindungen ekelten mich an, ich sträubte mich mit ganzer Kraft gegen diese Zustände. Langsam begannen sich auch direkte körperliche Symptome einzustellen. So lief ich dann von Arzt zu Arzt, bekam aber meist die gleiche Antwort, daß ich unter typischen, durch die Pubertät bedingten, psychosomatischen Verspannungen leide. Doch die Zustände ließen nicht nach und wurden auch durch verschiedene medikamentöse Behandlungen nicht gebessert; sie wurden eher schlimmer.

Eines Tages endete das Ganze in einem Zusammenbruch, und ich wurde in ein Krankenhaus eingeliefert. Nach mehrwöchigen Untersuchungen stellte sich heraus, daß ich an einer sog. »Kinderkrebserkrankung«, einer Art Lymphkrebs litt. Man sagte mir, ich hätte nur noch eine Chance, wenn ich mich auf eine eineinhalbjährige harte Therapie einlassen würde; ansonsten hätte ich wohl kaum noch drei Monate zu leben. Ich war in eine Sackgasse geraten; die Falle des Schicksals, des Geistes, der Absicht oder wie immer man es nennen will, war zugeschnappt. Mir blieb keine Wahl; unter diesen Umständen mußte ich meine Lebenseinstellung – und somit mein ganzes Leben – ändern. Das erste Mal in meinen jungen Jahren mußte ich kämpfen, und zwar um das nackte Überleben. In einer solchen Situation stehen einem zwar viele Leute zur Seite, aber was hilft das schon. Ich begriff zum ersten Mal, daß ich – trotz der vielen Leute um mich herum – allein war. Nur mein Kampf zählte, und der Preis war mein Einsatz, mein Leben; ein Preis, den nur ich zahlen konnte; ein Kampf, den mir niemand abnehmen konnte. Ich fühlte das, was Florinda Matus, eine Gefährtin des Don Juan, zu ihrer Schülerin sagt, auch wenn ich es damals nicht in Worte fassen konnte: »In einer vertrauten Umgebung gibt es Hunderte von Wegen (…) aber wenn man allein ist, in Gefahr und Dunkelheit, gibt es nur einen Weg: den Weg des Kriegers.«[281]

In dieser Zeit des einsamen Kampfes gegen den Tod ereignete sich jedoch etwas, was ich damals beinahe übersehen hätte: Der Geist klopfte an meine Tür. Ich mußte die ersten Monate meiner Behandlung im Krankenhaus verbringen, und so ergaben sich die unterschiedlichsten Gespräche. Einer Schwesternhelferin hatte ich von meinen seltsamen Träumen und Empfindungen erzählt, die mich auch hier noch verfolgten. Sie hörte interessiert zu und sagte mir, daß bestimmte Elemente meiner Schilderung sie an gewisse parapsychologische Berichte erinnerten, die sie in einem Buch gelesen hatte. So schwenkte unser Gespräch auf die Parapsychologie und Themen wie Nahtod-Erfahrungen etc. Sie können sich vorstellen, daß mich dies in meiner Situation ungemein interessierte. Ich hatte mich vorher nie ernsthaft mit solchen Themen auseinandergesetzt, und vor allem der Gedanke an den Tod war für mich etwas Fremdes gewesen.

Zirka eine Woche später überraschte mich Sabine, die Schwesternhelferin, mit einem Buch. Es war das Werk eines englischen Biologen über den Hintergrund von okkulten und parapsychologischen Phänomenen. Das Buch hatte den Titel »Geheimes Wissen«, und sein Autor war der Engländer Lyall Watson. Zuerst wußte ich nicht so recht, was ich mit diesem Buch anfangen sollte. Bei meinem ersten Herumblättern hatte ich so viele absurde Thesen gelesen, daß es mir schwerfiel, mich ernsthaft auf die Lektüre einzulassen. Aber was hatte ich schon zu verlieren, und Zeit hatte ich auf einmal in Massen; etwas, das ich vorher nicht gekannt hatte. Beim genaueren Lesen erwies sich das Buch als doch nicht so schlecht, wie ich am Anfang gedacht hatte.

Sabine hatte recht gehabt, denn es gab tatsächlich verblüffende Parallelen zwischen meinem Erleben und einigen der hier geschilderten Fälle. Vor allem ein Kapitel faszinierte mich: »Der Geist ist stärker als die Materie.«[282] So wurde hier über Aura-Phänomene berichtet, und es findet sich in diesem Kapitel auch eine Schilderung von Castaneda über das »Sehen«.[283] Während ich dies las, wurde mir bewußt, daß auch ich solche Wahrnehmungen von der Leuchtkraft der Menschen gehabt hatte; ich hatte sie nur als psychische Störungen hinweginterpretiert. Trotzdem lag immer noch eine gewisse Distanz zwischen mir und dieser Lektüre, denn der

Rationalismus hatte mich trotz meiner Jugend schon ganz in seinen Bann gezogen. So entging mir das Wesentliche, obwohl es direkt vor mir schwebte.

Die weitere Lektüre des Watson-Buches trug seltsame Früchte. Zusammen mit einem Arzt und einer Praktikantin bastelte ich Papp-Pyramiden und ähnliche Dinge, um die Experimente Watsons nachzuvollziehen. Damals betrachtete ich diese Handlungen als bloße Beschäftigungstherapie und als willkommene Abwechslung von den Unannehmlichkeiten der Krebstherapie. Heute weiß ich, daß mein Schicksal, der Geist, mich auf meine eigentliche Bestimmung hinwies, aber ich war noch immer zu blind, um dies wirklich zu erkennen. Ich war schon mitten im dritten abstrakten Kern verwickelt, den die Tolteken die »Läuterung des Bindeglieds« oder das »Sich-selbst-Anpirschen«[284] nennen. Um nämlich wieder Zugang zur Sphäre des Geistes zu bekommen, muß unser Bindeglied zur Absicht eine Läuterung erfahren, eine Reinigung von all dem Müll des Alltags, von unseren Ängsten und Sorgen. Das beste Mittel zu einer solchen Läuterung sind die verschiedenen Arten des Nicht-Tuns des Selbst, die ich in Kapitel 4.2 vorstellte. Sie alle stellen auch Methoden des Sich selbst Anpirschens dar, ob es sich nun um das Verlieren der eigenen Wichtigkeit oder um den Tod als Ratgeber handelt. So hatte ich in dieser Zeit der absoluten Ungewißheit über mein Leben und meine Zukunft ausreichend Gelegenheit, mich mit meinem Tod zu beschäftigen. Diese Beschäftigung führte in einer ernsten Situation wie der meinen jedoch nicht unbedingt zur Resignation, sondern sie spornte mich doppelt an, mich ganz auf den Kampf um mein Leben zu konzentrieren.

So praktizierte ich Techniken des Nicht-Tuns, von denen mein Verstand gar nichts ahnte. Mein Körper entdeckte all diese Möglichkeiten, wobei der hohe Druck der Krankheit offenbar eine zentrale katalytische Funktion hatte. Ich beschäftigte mich mit meinem möglichen Ende – ohne Furcht und ohne Ausflüchte – und fand den Tod als Ratgeber. Ich bastelte Pyramiden oder las Bücher, deren Sinn ich nicht einsah; heute weiß ich, daß ich dabei das Nicht-Tun des Glaubens und der Erwartungen entdeckte, denn an welche Erwartungen sollte ich mich noch hängen? All dies half mir ungemein, auch wenn ich es damals nicht bemerkte. Ich durchlief einen unfreiwilligen Läuterungsprozeß, dessen Folge eine komplette Abrechnung mit meinem bisherigen Leben war. Viele Menschen versuchen sich selbst in einer solchen Situation auf Leben und Tod vorzugaukeln, daß sie doch völlig unschuldig an ihrer Lage seien, und fragen sich ständig, womit sie dies »verdient« hätten. Ich wußte allerdings ganz genau, daß ich selber verantwortlich für meine Lage war, und ich begann zu begreifen, wie ich mich in diese Sackgasse manövriert hatte.

Es ist hier nicht der Ort, um die Gründe meiner Krankheit – so wie ich sie »sehe« – zu schildern, aber lassen Sie mich sagen, daß der Grund in meiner eigenen Wichtigkeit, in einer alltäglichen selbstischen Verblendung lag. Im Sinne der toltekischen Heilkunde würde man wohl von einem stark gestörten Gleichgewicht zwischen Tonal und Nagual reden. Und genau dies wurde durch das Nicht-Tun, das ich praktizierte, von dem mein Ich und mein Verstand allerdings nichts wußten, günstig beeinflußt. Aber der entscheidende Durchbruch ereignete sich erst Wochen später. Ich muß dabei betonen, daß ich zu dieser Zeit von Castaneda oder Don Juan nur das wußte, was ich in kurzen Auszügen bei Watson gelesen hatte.

Der Durchbruch kam in Form eines Traumes, einer Vision, obwohl ich nicht weiß, ob ich überhaupt schlief, als sich der seltsame Vorfall ereignete, von dem ich im Folgenden berichten will. Ich sagte bereits, daß die Alpträume und die damit verbundenen seltsamen Empfindungen und Wahrnehmungen mich weiterhin verfolgten. Sie endeten jedoch mit dem Traum, der Vision, die von da an mein Leben bestimmen sollte:

Plötzlich befand ich mich wieder zu Hause, ja ich wußte nicht einmal, daß ich eigentlich im Krankenhaus war. Ich befand mich im Haus, als ich meinen Vater aus dem Garten rufen hörte. Er rief mich und meinen Bruder; er sagte etwas von einer seltsamen Erscheinung, die am Himmel aufgetaucht wäre. So rannten mein Bruder und ich in den Garten, um nachzusehen, was denn eigentlich los sei. Mein Vater berichtete hastig, er habe ein UFO entdeckt, und wies mit dem Finger in Richtung Nordosten auf ein leuchtendes Objekt, das über dem Horizont stand. Als ich es erblickte, begann das Objekt sich auf uns zu zubewegen. Es wurde immer größer, und ich begann, Einzelheiten wahrzunehmen. Es ist mir allerdings völlig unmöglich, dieses »Ding« zu beschreiben, obwohl jede Szene der Vision auch heute noch vor meinem inneren Auge steht. Es verformte und veränderte sich ständig. Ich begriff intuitiv den Offenbarungscharakter dieser Vision, denn plötzlich wußte ich, daß es mitnichten ein UFO war, was wir da sahen. Das Objekt dehnte sich weiter und weiter aus, es drohte uns jeden Moment zu berühren. Ich sah, wie sich aus dem Objekt ein Durchgang formte, als es uns auch schon erreicht hatte. Ich rief meinem Vater und meinem Bruder zu, sie sollten durch den Durchgang springen, aber dies schien zu spät zu kommen. Ich sprang und landete sicher auf der anderen Seite. Mein Vater und mein Bruder waren verschwunden; ich war allein. Aber was war mit der Welt geschehen? Dies war zwar noch der Garten, in dem ich mich vor dem Sprung befunden hatte, aber alles schien verändert zu sein.

Ich wußte, daß dies das Paradies, der Himmel sein mußte. Alles erstrahlte in einem lebendigen Licht, das von allem und jedem auszugehen schien. Und ich sah eine neue Sonne, die ein intensives lebendiges Leuchten ausstrahlte. Für einen unendlich langen Augenblick starrte ich in dieses Licht, bis ich ganz darin aufging und mich selber in das Licht verwandelte. So endete die Vision, aber sie begleitet mich überall, wo ich mich auch befinde. Sie ist wie eine parallele Szene, die stets vorhanden ist, ohne sich mit der Wahrnehmung der normalen Welt zu überschneiden. Ich wußte – auch ohne Castaneda –, daß ich den Durchlaß in die Freiheit gefunden hatte.

Heute bin ich mir sicher, daß das, was mir da widerfahren war, der vierte abstrakte Kern, der vierte Schritt auf dem Weg zur Absicht war. Der vierte abstrakte Kern wird auch das »Herabsteigen des Geistes«[285] genannt. Don Juan sagt dazu: »Es gibt eine Schwelle, die, wenn sie einmal überschritten ist, keine Rückkehr erlaubt (...). Von dem Augenblick an, da der Geist anklopft, dauert es normalerweise Jahre, bis ein Lehrling diese Schwelle erreicht. Doch manchmal erreicht man diese Schwelle beinahe sofort.«[286] Dies war bei mir der Fall. Ich hatte den Geist »gesehen«, der auf mich herabstieg. Für mich manifestierte er sich in einer Vision des Paradieses, aber das Entscheidende ist nicht die Form, in der der Geist erscheint, sondern die praktische Veränderung, die durch sein Eingreifen bewirkt wird. Von diesem Augenblick an wußte ich ohne jeden Zweifel, daß ich meinen Kampf gewinnen würde.

Dies kam mir nicht als rationale Einsicht, sondern äußerte sich praktisch in meinem Lebensgefühl. Auf einmal leuchtete auch die normale Welt in neuen Farben, und ich fragte mich, ob ich vielleicht vorher nie richtig hingeschaut hatte. Ab da nahm mein Leben eine ungeahnte Wende, und Sie sehen, ich lebe heute noch – ich habe meinen Kampf gewonnen.

Damit will ich den Bericht von meinen ersten Kontakten zur Absicht beenden. Ich hoffe, man versteht, daß vorstehende Geschichten nicht nur von dem Erlebnis erzählen, das mich zum Zauberer machte, sondern daß diese Geschichten direkte Berichte von der Absicht und ihrer Wirkung, dem Schicksal, sind. Es ist leider nicht möglich, direkt über die Absicht zu sprechen. Daher habe ich es genauso gehalten, wie es die Tolteken tun, und in Form meiner eigenen Geschichte über die Wirkungen der Absicht gesprochen.

Wichtig zu bemerken scheint mir noch, daß jeder Mensch, ja jedes Lebewesen, durch ein Bindeglied mit der Absicht verbunden ist, und damit jedem die ursprüngliche Möglichkeit zur Beeinflussung der Absicht, des Schicksals, offensteht. Diese Beeinflussung ist jedoch kein Akt des Glaubens, noch ist es eine Sache des Verstandes; für diese Dinge sind immer Worte notwendig. Aber das Wissen um die Absicht ist ein Wissen ohne Worte, ohne Gedanken und Wünsche. Der Geist, die Absicht ist unabhängig von all diesen Dingen, und doch steht dieses Wissen jedem Menschen zur Verfügung. Die Tolteken nennen das Wissen der Absicht daher das »Stille Wissen«. Es steht jedermann zur Verfügung, der bereit ist, sich praktisch darauf einzulassen; jedem, der bereit ist, sein Bindeglied zur Absicht wiederzubeleben, um die Transzendenz, die jederzeit vorhanden ist, zu erfahren.

6.1 Persönliche Kraft und unbeugsame Absicht

»Und darin leit der Wille, der stirbet nimmer. Wer kennet die mysteria des Willens sampt seiner Macht? Ist doch Gott selbst nur ein großer Wille, der durchdringt alle Ding ob seines hohen Eiferns. Der Mensch stehet den Engeln nach, ja letztlich dem Tode selbst, nur kraft der Schwäche seines so matten Willens.«

Joseph Glanvill (1636–1680)[287]

In diesem Kapitel will ich versuchen, näher auf den eigentlichen Umgang der Tolteken mit der Absicht einzugehen. In diesem Zusammenhang gilt es vor allem, zwei zentrale Begriffe der toltekischen Lehren zu klären, die eng miteinander verbunden sind, nämlich die »persönliche Kraft« und die »unbeugsame Absicht«. Diese beiden Prinzipien kennzeichnen im wesentlichen den praktischen Umgang der Zauberer mit der Schicksalsmacht. Während im vorherigen Kapitel noch die Wirkung der Absicht auf den Menschen im Vordergrund stand, soll nun die umgekehrte Richtung betrachtet werden, nämlich der Einfluß der Zauberer auf die Absicht und mithin auf das Schicksal selbst.

Bevor wir auf die Beeinflussung der Absicht eingehen, müssen wir uns noch einmal klarmachen, wodurch die Absicht zur Schicksalsmacht wird, denn im Verständnis dieses Prinzips wird auch die Möglichkeit der Beeinflussung derselben offenbar. La Gorda erinnert sich an etwas, das Don Juan ihr über die Absicht sagte: »Aber er sagte mir, daß die Menschen Sklaven der Absicht sind. Sie sind fest in ihrer Hand. Sie heißt uns zu tun, was immer sie will. Sie läßt uns in der Welt handeln. Sie läßt uns sogar sterben.«[288] Wir sagten bereits, daß dieser übermächtige Einfluß dadurch zustande kommt, daß die Absicht darüber bestimmt, was wir wahrnehmen. Andererseits sagten wir aber auch, daß wir im Prozeß der Erziehung, der Sozialisation, erlernen, was wir als unsere Welt wahrnehmen. Offensichtlich haben wir es mit einem Paradox zu tun. Dieses Paradox besteht aber nur für die Vernunft, denn in der Praxis lösen sich solche scheinbaren Widersprüche von selbst auf.

Zwar zwingt die Absicht uns zur Welterfahrung, doch es steht uns ursprünglich frei, welche Art von Realität wir wahrnehmen wollen und wie wir diese Wahrnehmung interpretieren. In dieser Erkenntnis liegt auch unser ureigenstes magisches Erbe. Der normale Mensch kennt nur die Absicht der alltäglichen Welt, die Absicht des Tuns, denn er hat nichts anderes gelernt. Ein Zauberer jedoch weiß auch um die Absicht des Nicht-Tuns, die ihn befähigt, eine andere Welt, andere Aspekte der Absicht wahrzunehmen. Dadurch, daß ein Zauberer eine andere Art der Wahrnehmung lernt, hat er am Ende mindestens zwei Möglichkeiten der Wahrnehmung, nämlich die alltägliche und die nicht-alltägliche Wahrnehmung. Diese Verdoppelung der Möglichkeiten bringt ein gewisses Maß an Freiheit für den Zauberer mit sich. Er kann jederzeit wählen, ob er die Welt auf normale Weise wahrnehmen oder ob er andere Wahrnehmungsfunktionen benutzen will, die ihn befähigen, die Dinge anders zu »sehen«. Der normale Mensch hat diese Freiheit nicht, denn ihm bleibt nur die Möglichkeit der alltäglichen Wahrnehmung; und das, weil er eben nichts anderes gelernt hat. Freiheit aber bedeutet, daß man zumindest zwischen zwei Möglichkeiten wählen kann.

Aus diesem Grund sagen die Tolteken, daß die Menschen Sklaven der Absicht sind. Sie sind Sklaven derselben, weil sie nur eine Möglichkeit des Umgangs mit ihrer Welt haben, die die Tolteken als Tun bezeichnen. Wenn man aber neue Möglichkeiten der Wahrnehmung und des Umgangs mit der Welt erschließt, verändert sich alles. La Gorda fährt in obigem Zitat fort: »Wenn wir aber Krieger werden (...), dann wird die Absicht unser Freund. Sie läßt uns für einen Augenblick frei werden.«[289] Dieser Moment der Freiheit ist der Moment des Umschaltens auf eine andere Wahrnehmungsfunktion. Wenn wir fähig sind, andere Dinge wahrzunehmen, ändert sich auch unser Schicksal.

Wir sehen, daß zur Befreiung von einem unliebsamen Schicksal zuerst eine Befreiung unserer Wahrnehmung die grundlegende Voraussetzung ist. Doch diese ist nicht leicht zu erreichen, denn die gewöhnliche Wahrnehmung hat sich bei den meisten Menschen so weit verfestigt, daß sie kaum noch Platz für neue Erfahrungen und Möglichkeiten bietet. Zudem verbraucht die Wahrnehmung der Alltagswelt die ganze Bewußtseinsenergie, die dem normalen Menschen zur Verfügung steht. Der Durchschnittsmensch steckt in einem Teufelskreis: Er hat nur eine Art der Weltbetrachtung erlernt, und die raubt ihm seine Zeit und verbraucht zudem seine ganze Energie. Hätte er freie Energie übrig, könnte er – genau wie die Zauberer – andere Wahrnehmungsformen erreichen und aus seinem Teufelskreis ausbrechen. Hätte er nur! Aber er hat nicht. Die meisten Menschen haben ja nicht einmal genug Energie, um ihr Manko einzusehen. Sie begreifen nicht, daß sie von vornherein unfrei sind und ein sklavenähnliches Leben führen. Dies ist traurig, aber leider wahr. Meine Erfahrung zeigt mir, daß sich die meisten Menschen einreden, frei zu sein, es letztlich aber nicht sind. Sie sind ihrer Welt, ihrer Wahrnehmung in einem geradezu unheimlichen Maß ausgeliefert, und es gibt nur einen Ausweg aus dieser scheinbar harmlosen Sackgasse der Normalität und festgefahrenen Routinen: das Aufspeichern von Energie, von persönlicher Kraft.

Das Aufspeichern von Energie ist im wesentlichen ein Befreien von Energie, und diese Befreiung geschieht durch einen Prozeß, den die Tolteken das Entwickeln »unbeugsamer Absicht«[290] nennen. Das Prinzip der Entwicklung von unbeugsamer Absicht ist ganz einfach, was jedoch nicht heißt, daß es in der Praxis leicht zu bewerkstelligen wäre; es kommt dabei nämlich wesentlich auf das Durchhaltevermögen des jeweiligen Praktikers an. Der ganze Prozeß beginnt mit irgendeiner beliebigen Tat, die in Folge immer wiederholt werden muß. Durch diese ständige Wiederholung stellt sich mit der Zeit ein Gefühl ein, das die Tolteken unbeugsame Absicht nennen. Don Juan sagt: »Es ist eine Entschlossenheit (…), wie manche Leute sie zeigten. Eine Zielstrebigkeit, ungehemmt durch widersprüchliche Wünsche und Interessen.«[291]

Einigen wenigen ist die Fähigkeit zur unbeugsamen Absicht von Natur aus gegeben; diese Menschen sind sozusagen geborene Zauberer. Aber man kann diese Fähigkeit auch entwickeln, indem man – wie gesagt – eine bestimmte Handlung konsequent durchhält. Zum besseren Verständnis ist hier ein Beispiel angebracht: Die Tolteken entwickeln ihre unbeugsame Absicht z. B. bei der Übung des Träumens. Das Erlernen des Träumens beruht nämlich auf einem einfachen Akt der Wiederholung unserer Bemühungen. Man versucht immer wieder, im Traum auf seine Hände zu sehen, egal ob man die Übung für sinnvoll hält oder nicht, und egal wieviel Rückschläge man dabei erfährt. Allein diese Vorgehensweise scheint den Erfolg im Träumen zu bringen. Und selbst wenn man die Technik des Träumens beherrscht, ist nach meinen eigenen Erfahrungen die ständige Wiederholung der Bemühungen immer noch erforderlich. Man muß sozusagen ständig die eigene Absicht, in das Träumen einzugehen, erneuern. Diese permanente Wiederholung der Bemühungen führt zu einer überlegenen Selbstdisziplin, die an sich eine Ausformung des Gefühls der unbeugsamen Absicht ist. Kennt man dieses Gefühl aber einmal, so kann man es auf jede beliebige Handlung übertragen.

Natürlich kann die unbeugsame Absicht nicht nur durch das Träumen erreicht werden, denn alles kann letztlich dieses Gefühl auslösen. So bedienen sich die Tolteken der verschiedenen Arten des Nicht-Tuns, der Pirschprinzipien etc. zur Entwicklung dieses Gefühls. Voraussetzung ist nur, daß die betreffenden Übungen durchgehalten werden. In diesem Fall zeitigen sie einen besonderen energetischen Effekt, den man als befreite Energie bezeichnen kann. Don Juan bemerkt dazu: »Unbeugsame Absicht ist aber auch die überschüssige Kraft, die frei wird, sobald der Montagepunkt in einer anderen als seiner üblichen Position fixiert bleibt.«[292]

Diese befreite Kraft ist das gleiche, was in Castanedas Werken als »persönliche Kraft« auftaucht. Es ist das Ziel der Krieger, möglichst viel von dieser Kraft zu speichern, denn es ist eben diese Energie, die die Zauberer zu ihren magischen Taten befähigt. In diesem Sinne ist die unbeugsame Absicht auch die Methode der Zauberer, ihren Montagepunkt in Bewegung zu bringen.

In der Welt der toltekischen Zauberei beginnt alles mit einem Akt der Absicht. Ein Krieger »beabsichtigt« die Verschiebung seines Montagepunkts, er beabsichtigt neue Möglichkeiten der Wahrnehmung, wie dies z. B. beim Träumen der Fall ist. Es beginnt mit der Absicht, auf die Hände zu schauen. Wird das Ergebnis erreicht, d. h. gelingt das Auf-die-Hände-Schauen tatsächlich, so hat der Krieger den Umgang mit einer neuen Absicht erlernt. Er hat eine Fähigkeit erlangt, die nun seiner persönlichen Absicht, seiner persönlichen Kraft unterliegt. Wenn ein Krieger im Träumen das Fliegen lernt, so erlernt er im eigentlichen Sinne die Absicht des Fliegens. Kennt er nämlich einmal alle Gefühle, die mit dem Fliegen verbunden sind, so braucht er diese Gefühle nur zurückzurufen, sie quasi wieder zu »beabsichtigen«, und schon wird er fliegen.

Dasselbe Prinzip gilt auch in der normalen Welt und betrifft jeden praktischen Lernakt. In der normalen Welt lernen wir jedoch nur die verschiedenen Absichten des Tuns, und diese sind uns bereits so bekannt, daß uns das Wesentliche an jedem Lernakt entgeht. Wir sind nämlich stets der irrigen Meinung, daß die Zwecke des Tuns das Wesentliche seien. In Wirklichkeit besteht die Schwierigkeit eines jeden Tuns nicht in der Einsicht seiner Zweckdienlichkeit, sondern im Erlernen der einzelnen Schritte, die jedoch nur einen minimalen Bezug zum eigentlichen Zweck aufweisen. Diese Tatsache wird am besten in einem Beispiel deutlich: Nehmen wir das Beispiel vom Erlernen des Radfahrens. Ziel und Zweck dieses Tuns ist die schnellere, relativ mühelose Fortbewegung von einem Ort zum anderen. Dieser Zweck spielt beim Erlernen des Radfahrens aber kaum eine Rolle; er dient höchstens als Ansporn für die Bemühungen beim Lernen. Das eigentliche Lernen des Radfahrens besteht in einer praktischen Übung des Gleichgewichts, das wir hier auf eine neuartige Weise einsetzen müssen. Im toltekischen Sinne würde man sagen, daß man lernen muß, dieses neue Gleichgewicht zu »beabsichtigen«. Kennt man die Absicht dieses Gleichgewichts einmal, so braucht man nur die damit verbundenen Gefühle zu erinnern, und schon funktioniert das Ganze. Daran sieht man, wie wenig Lernen eigentlich mit Zwecken und Zielen zu tun hat, denn das im Beispiel Gesagte gilt prinzipiell für jedes Tun, für jede erlernte Fähigkeit. Dies vergessen wir alle nur allzu leicht, weil die Zwecke, die im Eigentlichen nur eine Sache der Vernunft und nicht der Praxis sind, einen so hohen Stellenwert in unserer Weltbeschreibung einnehmen. Die Tolteken sind sich dieser Verblendung durchaus bewußt und reduzieren den Lernakt auf das, was er wirklich ist: eine Sache der Absicht und der persönlichen Kraft.

Don Juan macht dies seinen Schülern immer wieder deutlich: »Es gibt nur einen Weg, um zu lernen, und das ist die Praxis. Über die Kraft nur zu reden, ist sinnlos. Wenn du wissen willst, was Kraft ist, und wenn du sie speichern willst, dann mußt du dich unmittelbar selbst auf alles einlassen.«[293] Daher reicht es nicht, wenn ich hier nur erläutere, was unter persönlicher Kraft und unbeugsamer Absicht zu verstehen ist. Dem Leser würde all das unmittelbar klarwerden, wenn er sich auf eine der praktischen Übungen der Tolteken einlassen würde, wie sie z. B. in den Kapiteln über das Nicht-Tun geschildert wurden. Da diese Übungen jedoch oft nicht einfach und unter Umständen auch nicht ungefährlich sind, möchte ich Sie zu einer einfachen Übung des Nicht-Tuns anleiten, die in der Lage ist, das Gesagte zu verdeutlichen. Ich entwickelte diese Übung, die im wesentlichen ein Nicht-Tun der Blickfixierung ist, als Hilfstechnik zur Kunst des Träumens. Sie ist vor allem dazu geeignet, einem Nichtpraktiker ein Gefühl davon zu vermitteln, was es heißt, seinen Montagepunkt an einer ungewohnten Stelle fixiert zu halten. Es ist eine Übung, bei der geschielt werden muß, aber keine Angst, sie schadet den Augen nicht.

Es handelt sich um eine Übung des »kontrollierten Schielens« der Augen, die ich das »Vereinen von Gleichem« nenne. Sie benötigen dazu zwei ähnliche, möglichst gleichgroße Objekte, wie etwa zwei gleichgroße, ähnliche Kiesel, zwei Würfel oder zwei sonstige, möglichst gleiche Objekte. Wichtig ist, daß diese nicht viel größer als Ihr Daumen sein dürfen. Sie können diese Übung aber auch einfach an den beiden Kreisen von Abb. 11 ausprobieren, die speziell für dieses Experiment des Nicht-Tuns gedacht sind. Legen Sie die Gegenstände auf gleiche Weise nebeneinander, wobei der Abstand zwischen den Gegenständen 10 cm nicht überschreiten soll.

Der Abstand der Augen soll ca. 15 bis 20 Zentimeter von den Gegenständen (eine Handspanne) betragen. Die Augen sollten möglichst senkrecht auf die Objektebene schauen. Dann beginnt man zu schielen. Man wird dabei bemerken, daß sich die Objekte scheinbar aufeinander zu bewegen. Man schielt dann so, daß die Objekte – oder die Kreise in Abb. 11 – sich gegenseitig überlagern. Wir haben dann den visuellen Eindruck, daß ein drittes Objekt, ein dritter Kreis hinzugekommen sei. Am Anfang wird das »zusammengeschielte« Objekt verschwommen sein, aber mit etwas Übung gelingt es leicht, diese Wahrnehmung von einem eigentlich nicht vorhandenen dritten Objekt scharfzustellen, ganz als ob man ein wirkliches Objekt betrachten würde. Am Anfang trennen sich die Bilder häufig voneinander, aber auch das ist mit Übung leicht zu beheben. Die Übung dürfte Ihnen bereits nach wenigen Minuten gelingen. Wer keine geeigneten Objekte zu Hand hat, versucht sich einfach an Abb. 11. (Nächste Seite. Das Buch ist dazu um 90 Grad zu drehen!)

Sollte Ihnen die Übung gar nicht gelingen, überprüfen Sie noch einmal die Anweisungen, denn bei genauer Einhaltung funktioniert dieses Nicht-Tun immer. Gelingt es Ihnen nicht, das zusammengeschielte Bild scharfzustellen, d. h. in klaren Konturen zu betrachten, so versuchen Sie einfach, während der Übung den Abstand zwischen Gegenstand und Augen zu verändern (meist zu verringern), und schon wird das neue Bild klar erscheinen.

Sie werden bemerkt haben, daß es während dieser Übung unmöglich ist, klar zu denken, denn, wie jede Übung des Nicht-Tuns, führt sie zu einem Anhalten des inneren Dialogs. Da es sich um ein Nicht-Tun handelt, ist es auch nicht nötig, an einen Sinn oder Zweck der Übung zu glauben. Denn immer wenn man handelt, ohne zu glauben, handelt es sich um ein Nicht-Tun. Die Übung vermittelt ein Gefühl von diesem Sachverhalt; sie zeigt, daß man auch dann zielstrebig und sicher handeln kann, wenn man keine spezifischen Erwartungen an die Handlung knüpft. Eben diese zielstrebige Sicherheit ist eine Vorform von dem, was die Tolteken unbeugsame Absicht nennen. Wenn Ihnen die Übung geglückt ist, dann haben Sie mithin auch eine neue Absicht erlernt, die Absicht vom »Vereinen des Gleichen«. Versuchen Sie daher die

Abb. 11: Experiment »Nicht-Tun«

Übung noch einmal. Sie werden feststellen, daß sie Ihnen nun ganz leicht gelingt und daß die anfänglichen Probleme nicht mehr auftreten. Dies liegt an der einfachen Tatsache, daß Sie nun wissen, was Sie zu beabsichtigen haben, damit sich zwei Bilder zu einem vereinigen.

Die Aufmerksamkeit, die nötig ist, um zwei Objekte zu einem Bild zu vereinigen und dieses Bild klar und scharf wahrzunehmen, ist der Aufmerksamkeit, die man zum Träumen benötigt, sehr ähnlich. Bei beiden Übungen, dem Träumen und dem »kontrollierten Schielen«, nutzen wir die zweite Aufmerksamkeit, und das Wahrgenommene wird somit nicht mehr von Vernunft und Sprechen aufrechterhalten, sondern von unserem Willen, von unserer kontrollierten Absicht.

Einen Effekt, den obige Übung auslöst, werden Sie wohl nicht bemerkt haben: den Effekt der befreiten und gespeicherten Energie. Denn, wie Don Juan sagt: »Kraft hat die Eigenschaft, nicht bemerkbar zu sein, wenn sie gespeichert wird.«[294] Sie werden vielleicht fragen, woher denn die Kraft stammen soll, die da freigesetzt und gespeichert wird. Die Antwort ist ganz einfach: Bei obiger Übung hat sich Ihr Montagepunkt ganz leicht verschoben. Erst diese Verschiebung ermöglichte die neuartige Wahrnehmung der Verschmelzung zweier getrennter Objekte in ein einziges Objekt. Durch die Verschiebung des Montagepunkts lockert sich die normale Fixierung desselben auf die Alltagswelt. Diese Lockerung ist jedoch gleichbedeutend mit freiwerdender Energie.

Wir alle sind uns gar nicht bewußt, wieviel Energie und Kraft nötig ist, den Montagepunkt auf der normalen Position fixiert zu halten; wieviel Energie eigentlich nötig ist, »normal« zu sein. Einen Eindruck von dieser Anstrengung, von der benötigten Kraft, bekommt man, wenn man bedenkt, daß die natürliche Müdigkeit, die ein jeder am Ende eines Tages empfindet, ein Produkt der Erschöpfung unserer Energie ist, die wir zur Fixierung des Montagepunkts auf die Position der Normalität, der Wachbewußtheit, benötigen. Die Müdigkeit ist der Drang des Montagepunkts, sich zu entspannen und sich in eine Traumposition zu verschieben. Nur dieser Vorgang regeneriert unsere Bewußtseinsenergie. Diese Erklärung belegt auch die Tatsache, daß Träume offensichtlich lebensnotwendig sind. Dies hat die Naturwissenschaft ebenfalls experimentell herausgefunden, aber erklären kann sie es nicht. Die toltekische Vorstellung vom Montagepunkt und dessen Bewegungen wirft nicht nur Licht auf das »Warum« dieser Tatsache, sondern sie macht auch den ganzen Vorgang zu einer praktisch nutzbaren Angelegenheit.

All die Techniken des Nicht-Tuns bewirken nämlich leichte bis starke Verschiebungen des Montagepunkts, die die Praktiker zu kontrollieren lernen. Dadurch wird ihnen ein bewußter Umgang mit ihren Energien möglich, trotz der Tatsache, daß auch die Tolteken nicht in der Lage sind, ihre aufgespeicherte Energie zu bemerken. Die Krieger wissen aber im Gegensatz zum normalen Menschen, daß die Normalität, die Fixierung des Montagepunkts, all unsere Energie aufbraucht. Die Übungen des Nicht-Tuns ermöglichen ihnen jedoch, ihren Montagepunkt in ständiger Bewegung zu halten. Dieser Vorgang führt zu o.g. Energieaufspeicherung und mithin zu einer Befreiung der Wahrnehmung.

Die Seher haben herausgefunden, daß sich die Energie bei diesen Vorgängen vom Montagepunkt auf unser Bindeglied zur Absicht verlagert. Dies »sahen« sie, indem sie bestimmte Verschiebungen in der Helligkeit der Leuchtkraft in den verschiedenen Regionen des leuchtenden Eies registrierten, während sie Krieger beim Nicht-Tun beobachteten. Durch diese Übungen wird das Bindeglied zur Absicht also nach und nach gestärkt. Je mehr Energie aber auf dem Bindeglied versammelt ist, desto stärker wird auch der Einfluß des Zauberers auf die Absicht und das Schicksal.

Man bemerkt, wenn eine gewisse Menge von Energie aufgespeichert wurde. Sie drückt sich in meist spontanen Taten des Zauberers aus, die der menschlichen Vernunft trotzen. Die Tolteken sprechen in diesem Fall vom erlangten »Willen« oder einfach von einem befreiten Bindeglied zur Absicht. Der Praktiker ist dann plötzlich zu unglaublichen Taten fähig; er kann Dinge verändern oder beeinflussen, ohne körperlich einzugreifen. Alle Akte, die die Parapsychologie als Tele- oder Psychokinese bezeichnet, fallen in diesen Bereich.

Ich selbst habe den »Willen« erst einige Male erlebt. Er äußert sich meist spontan, in Situationen, in denen man es kaum erwarten würde. So ging ich eines Nachts spät nach Hause, durch ein berüchtigtes Stadtviertel, in dem es von betrunkenen Streitsüchtigen nur so wimmelte. Ich geriet auch prompt in eine unangenehme Situation. Zwei Betrunkene lungerten ca. 20 Meter vor mir an einer Straßenecke. Als sie mich bemerkten, fingen sie an, mich anzupöbeln. Ich ging konsequent weiter, aber ein Gefühl der Verlegenheit angesichts dieser unangenehmen Situation übermannte mich. Die beiden müssen dies wohl bemerkt haben, und einer kam drohend auf mich zu. Mir war schwindlig, ich hatte das Gefühl, jeden Moment ohnmächtig zu werden. In diesem Moment spürte ich, wie ein Gefühl durch meine Körpermitte zuckte, beinahe wie ein elektrischer Schlag; es schoß an meinem Nabel vorbei aus mir heraus und schlug dem Betrunkenen, der auf mich zugeeilt war, die Beine weg. Es war, als hätte ein unsichtbarer Balken seine Beine seitlich weggeschlagen. Er fiel längs hin, rappelte sich auf und lief zeternd davon. Seinen Kumpel ergriff ebenfalls Panik, und beide schienen zu meiner Verwunderung um ihr Leben zu laufen. Ich hatte bewußt gar nichts gemacht; dieses Gefühl hatte mich mit einer ungeahnten Macht erfaßt und mich aus meiner unangenehmen Situation befreit. Zuerst wollte ich mir einreden, daß es sich um einen dummen Zufall gehandelt hatte, aber spätere Erfahrungen mit dem Willen bestätigten mir durch ihre Ähnlichkeit, daß es sich wirklich um die Manifestation der persönlichen Kraft, den »Willen« der Zauberer, gehandelt hatte.

Abschließend bleibt mir nur zu sagen, daß man den »Willen« nicht bewußt erreichen kann, d. h. es gibt keine speziellen Techniken, die den »Willen« hervorbringen. Der einzige Weg zum »Willen« führt über das Aufspeichern von Energie durch die Technik des Nicht-Tuns und über die Geduld. »Geduld« bedeutet für die Krieger die echte Fähigkeit des Wartens, des Wartens auf ihren »Willen«, der die echte Fähigkeit der Beeinflussung der Absicht und des Schicksals bedeutet. Bis zu diesem Punkt bleibt den Praktikern nur Eines: das sparsame Haushalten mit ihrer Energie, der Lebenskraft, ohne die sowohl der Zauberer als auch der normale Mensch ein hilfloser Spielball der Schicksalsmächte ist.

6.2 Gesten und Vorläufer

> *»Und man in Mährchen und Gedichten*
> *Erkennt die wahren Weltgeschichten,*
> *Dann fliegt vor einem geheimen Wort*
> *Das ganze verkehrte Wesen fort.«*
>
> Novalis[295]

Man wird sich vielleicht fragen, warum ich vor jedes Kapitel ein Motto setze. Dies ist für mich weder ein stilistischer Kunstgriff noch eine sentimentale Schrulle. Ich verstehe solche Mottos und Aphorismen auch nicht als einfache Sinnsprüche, sondern ich begreife sie als Vorläufer. Die Tolteken bedienen sich solcher Vorläufer als praktische Hilfsmittel. Die Kunst des Aussendens von Vorläufern gehört in den Bereich des Wissens um die Absicht und ist eine praktische Angelegenheit für die Zauberer. Aus demselben Grunde tauchen in Castanedas Werken immer wieder Gedichte von spanischen Romantikern, wie z. B. von Juan Ramon Jimenez oder César Vallejo auf. Dem Leser wird wahrscheinlich noch nicht einleuchten, was ein solcher Vorläufer ist und wozu er dienen soll. Daher will ich versuchen, dieses Thema verständlicher zu machen, zumal es eine nicht geringe Bedeutung für den praktischen Umgang mit der Absicht hat.

Von Don Juan und seinen Gefährten wird immer wieder berichtet, daß sie Gedichte lieben. Man könnte natürlich sagen, klar, jeder mag ein gutes, schönes Gedicht; aber für die Tolteken hat diese Vorliebe einen tieferen Hintergrund. Um diesen zu beleuchten, muß ich zuerst allgemein auf die Dichter eingehen, die als Schöpfer der lyrischen Werke eine besondere Rolle einnehmen, die man auch als kulturhistorische Funktion begreifen kann. Don

Juan äußert sich folgendermaßen zum Thema: »Die Dichter (...) sehnen sich unbewußt nach der Welt der Zauberer. Weil sie keine Zauberer auf dem Pfad der Krieger sind, ist diese Sehnsucht das einzige, was sie haben.«[296]

Besonders stark tritt diese Sehnsucht nach der magischen, wieder verzauberten Welt in der literarischen Strömung der Romantik zutage, so z. B. im deutschen Raum bei E.T.A. Hoffmann, Tieck oder Novalis. Ich persönlich habe eine Vorliebe für Novalis, denn er drückt viele der Gedanken der Zauberer auf poetische Weise – bis ins Feinste ausgesponnen – aus. Ich möchte hierfür ein Beispiel geben; ein Gedicht, das vom Tode handelt und das den Gedanken vom »Tod als Ratgeber« tief in sich trägt. Es ist ein Auszug aus Novalis' Gedicht »Das Lied der Toten«[297]:

Helft uns nur den Erdgeist binden
Lernt den Sinn des Todes fassen
Und das Wort des Lebens finden;
Einmal kehrt euch um.
Deine Macht muß bald verschwinden,
Dein erborgtes Licht verblassen,
Werden dich in kurzen binden,
Erdgeist, deine Zeit ist um.

Es erinnert uns an die endgültige Bestimmung alles Lebendigen; es spielt aber auch auf ein Thema an, das für den normalen Menschen nicht greifbar ist. Da ist beispielsweise der Ausdruck vom »erborgten Licht«, eine Bezeichnung, die auch typisch für die toltekischen Seher ist. Der Dichter nimmt also eine Seherfunktion ein, die über jede Profanität seiner Gedichte hinausweist und den transzendenten Sachverhalt begreift.

Bei den meisten Dichtern wird eine solche Mittlerfunktion zwischen dem transzendent-Heiligen und dem menschlich-Profanen wohl tatsächlich – wie Don Juan sagt – unbewußt ablaufen. Aber Novalis war sich dieser Rolle durchaus bewußt; so schreibt er: »Dichter und Priester waren im Anfang eins, und nur spätere Zeiten haben sie getrennt. Der echte Dichter ist aber immer Priester, so wie der echte Priester immer Dichter geblieben. Und sollte nicht die Zukunft den alten Zustand der Dinge wieder herbeiführen?«[298]

Die Funktion eines Priesters ist die Mittlerrolle, von der ich oben sprach. Laut Novalis gilt nun das gleiche für die Dichter, deren Wurzeln dem gleichen transzendenten Urgrund entspringen. Und auch die Zauberer verstehen sich als Mittler des Geistes, der abstrakten Schicksals- und Schöpfermacht, die sie durch ihre Taten und Werke zum Ausdruck bringen. Das Gesagte trifft mit Sicherheit auch auf Castaneda zu, der durch die poetische Schilderung seiner Erlebnisse in der Welt der Zauberei über die Grenze der einfachen Berichterstattung hinausgeht und somit alles in ein Kunstwerk verwandelt. Die Tolteken verstehen sich ja grundsätzlich als Künstler, was jedoch nicht im modernen Sinn des Wortes »Künstler« mißverstanden werden darf. Echte Kunstwerke bringen eine tieferliegende Realität zum Ausdruck; sie befassen sich mit Dingen, die dem profanen Alltagsblick verborgen bleiben. In diesem Zusammenhang liegt der Sinn der Vorläufer, über die Don Juan Folgendes zu sagen hat:

»Die Zauberer üben die Kunst, Pfadfinder auszusenden, Vorläufer, welche die Grenzen unserer Wahrnehmung erforschen. Dies ist ein weiterer Grund, warum ich Gedichte liebe. Ich begreife sie als Vorläufer. Aber wie ich dir sagte, die Dichter wissen nicht so gut wie die Zauberer, was solche Vorläufer erreichen können.«[299] Die Vorläufer erforschen die Grenzen der menschlichen Wahrnehmung; sie erkunden die eigentlichen Möglichkeiten unserer Gesamt-Bewußtheit. Ein Beispiel:

Sie alle kennen bestimmt den französischen Schriftsteller Jules Verne (1828–1905), der mit seinen Büchern *Von der Erde zum Mond* und *Reise um den Mond* sowie dem Werk *20 000 Meilen unterm Meer* die Literaturgattung der Science-fiction begründet hat. Verne beschrieb hundert Jahre (1865) vor dem tatsächlichen Ereignis (1969) die Landung einer bemannten Raumkapsel auf dem Mond. Bei Verne dienten zwar noch Springgurken als Raketenantrieb und die Astronauten benötigten keinerlei Sauerstoffgeräte, aber ansonsten war seine Beschreibung einer Mondlandung sehr treffend und genau. Und dies zu einer Zeit, als noch niemand an die Erfindung des Automobils dachte, geschweige denn an bemannte Raumflüge. In *20 000 Meilen unterm Meer* beschrieb Verne ein U-Boot, an dessen Erfindung auch noch niemand gedacht hatte. Die literarische Welt des Jules Verne sollte erst ein Jahrhundert später zur Wirklichkeit werden.

Oft hört man daher die Behauptung, Verne habe in seinen Werken die Zukunft vorausgesehen, und man könnte vielleicht auf die Idee kommen, dies wäre unter einem Vorläufer zu verstehen. Dem ist jedoch nicht so. Verne hat nicht etwa die Zukunft vorausgesehen, sondern er hat mit seinen Werken die menschlichen Möglichkeiten erforscht und vermessen. In diesem Sinne handelt es sich bei seinen Werken um Vorläufer im toltekischen Sinn. Solche Vorläufer erkunden keineswegs eine fest determinierte Zukunft, denn so etwas gibt es nicht, sondern sie erkunden die Reichweite unserer Bewußtheit und die Möglichkeiten unserer gesamten Erkenntnisfunktionen.

Im Rahmen einer solchen Betrachtungsweise stellt sich das Problem der Fiktion in der Literatur in einem völlig neuen Licht dar. Kann ein Dichter oder Schriftsteller wirklich etwas »erfinden«? Greift er in seiner Vorstellung nicht immer auf Dinge zurück, die er irgendwo in sich trägt? Der literarische Schöpfungsakt scheint grundsätzlich mehr zu sein als ein bloßes Konstrukt der Phantasie eines Autors. Irgendwoher muß er ja seine Bilder, seine Ideen beziehen; man kann nicht aus dem bloßen Nichts schaffen. Selbst wenn Castaneda ein Schreiber fiktionaler Romane wäre, so könnte eines Tages jemand (wie z. B. ich) kommen, der all das bisher Fiktionale auf praktische Weise verwirklicht, ganz ähnlich, wie es bei Verne der Fall war. In dieser Hinsicht muß ich jedoch eine kleine Einschränkung machen, die im Sinne literarischer Schöpfung nicht übersehen werden darf: Man sollte ganz klar zwischen Konstrukten unserer Vernunft und echter Schöpfung unterscheiden. Das Konstrukt ist immer vernünftig, es hält sich an die Regeln des Bekannten, während die echte Schöpfung auch immer ein unerklärliches, neues Element beinhaltet, das über die Grenzen des Bekannten hinausweist.

Einmal abgesehen von den Problemen der Fiktion, welche Vorläufer kennen die Tolteken, und wie beschäftigen sie sich mit ihnen? Tatsächlich besteht der größte Teil der toltekischen Lehren aus Vorläufern, die als »Erzählungen der Kraft«[300] bezeichnet werden. So heißt der Originaltitel des vierten Castaneda-Buches, das in Deutschland unter dem Namen *Der Ring der Kraft* erschienen ist, *Tales of Power*, was am besten mit »Erzählungen der Kraft« übersetzt werden kann. So sind beispielsweise der Doppelgänger oder die Befreiung durch die Rekapitulation Erzählungen der Kraft. Für den Laien oder den Lehrling der Zauberei hören sie sich zunächst wie Märchen oder Mythen an, die einen sinnbildlichen Inhalt verdeutlichen sollen. Sie erscheinen als Symbol. So wird der durchschnittliche Castaneda-Leser auch nicht über die Stufe des symbolischen Verständnisses der Erzählungen hinausgehen. Das soll jedoch kein Vorwurf sein, denn die erste Stufe des Umgangs mit einer Erzählung der Kraft ist notgedrungen das symbolische Verständnis. Vielen ist jedoch nicht klar, daß man über diese Stufe hinausgehen kann. Man kann die Inhalte der Erzählungen selbst nachvollziehen und zum Protagonisten der jeweiligen Geschichte werden. Ich spreche hier jedoch nicht von Akten der Phantasie, sondern von einer tatsächlichen Realisation der Erzählung jenseits von jeglichem Symbolismus.

In dieser Hinsicht ist der Vorläufer eine Erzählung, die uns auf tatsächliche Möglichkeiten hinweist. Ob wir diese jedoch jemals nutzen können, hängt von verschiedenen Faktoren ab. Hier sind vor allem die Geduld und das Einsatzvermögen des Praktikers zu nennen. Unter Einsatzvermögen verstehe ich dabei natürlich die persönliche Kraft des Betreffenden, die freie Energie, die die absolute Voraussetzung für jeden Wahrnehmungsakt darstellt. Die Erzählungen der Kraft sind mehr als nur Märchen und Geschichten; sie sind die Vorläufer zu tatsächlichen Aktionen der Zauberer und quasi Drehbücher von Schauspielen, die auf einer magischen Bühne zur Wirklichkeit werden. Dieser Sachverhalt wird den Nichtpraktikern jedoch nie wirklich einsichtig sein, und die Erzählungen der Kraft werden für sie leider immer nur Erzählungen bleiben.

Für meine Gefährten und mich sind diese Erzählungen nicht nur Erzählungen geblieben, sondern sie haben sich in konkrete Taten der Kraft verwandelt. So berichtete ich z. B. über die Kunst des Träumens, die für viele Leser nur eine Art Denkspiel darzustellen scheint, im Sinne einer direkten Praxis. So ist für mich der Doppelgänger keine Erzählung mehr, sondern eine direkt erreichbare Realität. Viele andere Beispiele habe ich im Verlauf dieses Buches bereits geschildert.

Es gibt ganz allgemein in Castanedas Werken viele Erzählungen der Kraft, die häufig aber nur am Rande erwähnt werden und die daher in der Ausführung zu kurz kommen. Eine handelt von den Nachtfaltern, die für die toltekischen Zauberer eine besondere Bedeutung besitzen. Don Juan erzählt darüber: »Die Nachtfalter sind seit undenklichen Zeiten die vertrauten Freunde und Helfer der Zauberer.«[301] Er berichtet weiter, daß die Nachtfalter Boten der Kraft sind, die sozusagen eine Mittlerfunktion zwischen der Kraft, der Absicht und den Zauberern innehaben. Auch ich habe bei der Lektüre von »Der Ring der Kraft« immer über diese Stelle hinweggelesen, da mir dieses Thema völlig unverständlich war. Die Erzählung über die Nachtfalter blieb eine Erzählung der Kraft für mich, bis zu jenem Ereignis, von dem ich jetzt berichten will. Ich habe diese Geschichte ausgewählt, weil sie auf das abschließende Thema dieses Kapitels überleitet, auf die Gesten. Diese Gesten sind die spezielle Art der Zauberer, Botschaften an die Kraft, an die Absicht zu schicken. Es gibt dazu wohl kaum eine bessere Art, als die natürlichen Boten, die Nachtfalter, für diese Aufgabe zu nutzen.

Ich bin ein Träumer, und daher beginnt für mich jede Neuerung in meinem Leben mit einem Traum. So träumte ich eines Nachts von einem großen Nachtfalter, der vor mir hin und her surrte. Er führte mir eindrucksvolle Kunststücke vor; so verwandelte er sich zyklisch in eine Lichtkugel und wieder zurück in seine normale Gestalt. Ich beobachtete ihn aufmerksam. Dann flog er mir ins Gesicht, und ich spürte, wie sich unsere Energien vereinigten. Ich empfand dieses Gefühl als äußerst angenehm und bereichernd. Dann erwachte ich.

Am darauffolgenden Tag – es war Spätsommer – flog ein großer Nachtfalter ins Haus, der unruhig um die Lampe kreiste. Ich begann mit ihm zu reden und sagte ihm, er solle sich doch beruhigen, denn er habe von mir nichts zu befürchten. Er setzte sich daraufhin an eine Wand, und ich trat näher an ihn heran. Seine Augen schienen zu glühen; sie waren wie zwei orangerote Lichtbälle, prall gefüllt mit einer geheimnisvollen Energie. Ich spürte, daß er mich mit seinen Augen von oben bis unten musterte. So begann ich wieder zu sprechen und fragte ihn nach seinem Anliegen. Er flog auf und begann wieder um die Lampe zu kreisen. Ich überlegte nun, wie ich diesen Nachtfalter zum Freund gewinnen konnte. Dann kam mir die Idee: Ich bot ihm zu trinken an. Ich krempelte mein Hemd auf und steckte meinen Unterarm unter die Wasserleitung. Den nassen Arm streckte ich dem surrenden Falter entgegen, als praktische Geste meiner Absicht. Ich sprach zu ihm, daß er wohl durstig sei und daß er sich ruhig auf meinen Arm niederlassen könne, um zu trinken. Der Falter umkreiste meinen Arm zuerst vorsichtig, doch dann setzte er sich zu meiner Überraschung, rollte seinen langen Rüssel aus und begann tatsächlich zu trinken.

Die Feuchtigkeit auf meinem Arm verdunstete in der Sommerhitze zusehends, und es war nur eine Frage von Momenten, bis mein Arm völlig trocken sein würde. Der Nachtfalter begann bereits mit unruhigen Bewegungen seines Rüssels die letzten mikroskopischen Pfützen in den Poren und Hautritzen abzusuchen. Dann rollte er seinen Rüssel ein und begann, an meinem Arm hochzuklettern. Er wanderte zielstrebig nach oben, bis zu meinem Gesicht. An meinem Mund angekommen, rollte er den Rüssel wieder aus. Ich konnte dies zwar nicht sehen, aber ich spürte deutlich die Suchbewegungen einer feinen Sonde in meinem Mundwinkel. Das Kitzeln seiner Beine auf meiner Haut empfand ich als sehr angenehm. Er verweilte jedoch nicht lange an meinem Mund und kletterte weiter in die Höhe. An meinem linken Auge machte er halt, und die Prozedur begann von neuem. Nun trank er an meinem Auge. Mein Augenlid flatterte durch den Kitzelreiz unkontrolliert, was den Falter jedoch nicht im mindesten zu stören schien. Nachdem er offensichtlich genug getrunken hatte, kletterte er noch eine ganze Weile auf mir herum. Später ging ich mit dem Nachtfalter auf meinem Hemd hinaus in die Nacht, wo ich ihn mit einer Botschaft an die Kraft fliegen ließ. Ich sagte einfach: »Flieg jetzt!«, und verschwunden war er.

Seit diesem Erlebnis habe ich ein besonderes Freundschaftsverhältnis zu den Nachtfaltern. Immer, wenn sich einer von ihnen in unserer Wohnung verirrt oder sie gezielt aufsucht, biete ich ihm Nahrung an. Große Nachtfalter lieben vor allem Honigwasser mit einem kleinen Schuß Rum oder sonstigem Alkohol. Kleinere Falter nehmen auch gerne Obstsäfte, wie Apfelsaft und ähnliches. Die Nachtfalter lieben die Nähe von Menschen, aber nur, wenn sie genau wissen – und das spüren sie –, daß ihnen keine Gefahr droht. Sie sitzen dann oft stundenlang auf einem herum; sie scheinen das größere Energiefeld des Menschen zu genießen. Auch einige meiner Gefährten haben daraufhin den praktischen Umgang mit den Nachtfaltern erlernt und Freundschaft mit ihnen geschlossen. Ein solches lebendiges Verhältnis beginnt immer mit einer Geste. Genau wie man einem menschlichen Gast als Geste des Willkommenseins Speise und Trank reicht, begrüßt man auch die nicht menschlichen Gäste. An manchen Abenden im Spätsommer oder Herbst bietet unsere Wohnung einen ungewohnten, skurrilen Anblick. Oft hocken gleich mehrere Falter auf uns herum, oder sie sitzen einfach auf dem Tisch, ganz so, als ob es nichts Selbstverständlicheres auf der Welt gäbe.

Diese Art von Freundschaft ist der erste Schritt zurück zu den verlorenen Ursprüngen unserer Existenz, in denen nach der Legende Tiere und Menschen in inniger Freundschaft und Verbundenheit zusammengelebt haben sollen. Verscheuchen Sie daher einen verirrten Nachtfalter nicht, und vor allem, tun Sie ihm nichts zuleide. Die Folgen einer solchen unbedachten Handlung können ganz immens sein, denn die Nachtfalter sind alte Freunde der Schicksalsmacht, der Sie auf diese Weise den offenen Krieg erklären würden. Aus solchen Gründen entstehen immer wieder Krankheiten, die der Betreffende als Sommergrippe etc. hinwegzuerklären versucht. Selten kommen die Menschen auf die Idee, daß Krankheiten und Unglück dadurch entstehen können, daß sie sich selber an einem Teil der Natur, an einem Teil des Geistes vergangen haben.

Wenn Sie aber Freundschaft mit den Nachtfaltern, mit Ihrer Umgebung und mit Ihrem Schicksal schließen wollen, so müssen Sie dies Ihren jeweiligen Gegenpart auch wissen lassen; erst dann werden die Nachtfalter, die Mitmenschen oder das Glück zu Ihnen kommen. Ein Kundtun dieser Absicht geschieht immer durch eine Geste. Eine Geste darf jedoch niemals mit selbstsüchtigen Erwartungen verknüpft sein; sie muß vielmehr unserem innersten Wesen entspringen. Man könnte vielleicht sagen, daß eine wahre Geste »von Herzen« kommen muß, denn sie ist ein Ausdruck unserer innersten Aufgeschlossenheit für alles Lebendige und mithin auch für den Geist, jene Kraft, die unser Schicksal regiert. Don Juan sagt über diese echten Gesten:

> *»Denn der Geist hört nur zu, wenn der Sprechende in Gesten spricht (...). Solche Gesten sind aber nicht Zeichen der Körpersprache, sondern Taten von wahrer Freude; Taten von wahrer Freigebigkeit, von wahrem Humor. Als Geste für den Geist verschenken die Zauberer ihr Bestes und opfern es still dem Abstrakten.«*[302]

All die Beschwörungsgesänge und Rituale der Zauberer und Schamanen aller Traditionen verfolgen dieses Ziel, aber über die starren Muster des Rituals vergessen viele das innerste Element, die wahre Freude. Aus diesem Grund nimmt die toltekische Tradition weitgehend Abstand von Ritualen, die leider nur allzuleicht in einen starren, dogmatischen Formalismus ausarten. Etwas Ähnliches ist dem Christentum widerfahren, und dort vor allem der katholischen Kirche. Leider gelingt es ihr nur noch selten, die wahre Freude des Lebens zu vermitteln, den wahren lichten Geist, der einst die Grundlage all ihrer Handlungen und Rituale war. Die Menschen von heute sollten sich wieder dem Geist zuwenden, aber es gibt keine festen, programmgemäßen Wege, um dies zu erreichen. Der erste Schritt ist jedoch immer der gleiche: das Wiedergewinnen der echten Lebensfreude, ohne die unser Leben zu einem stumpfen Mechanismus verkommt.

Das moderne, sinnentleerte Leben der zunehmenden Entfremdung ist geradezu gekennzeichnet durch einen Mangel an natürlicher Lebensfreude, die sich meist in Verdruß und Unlustgefühlen aller möglichen Schattierungen ausdrückt. Der moderne Mensch muß zuerst die Lebenslust wiedergewinnen, bevor er seinen Geist zu neuem Leben erwecken kann. Alles ist dazu geeignet, sofern es ein Vorläufer zu einem glücklichen Leben ist. Manche Leute finden ihre innersten Gefühle wieder, während sie Musik hören, andere beim Lesen eines Gedichtes oder einer Geschichte; wieder andere finden ihre Gefühle in der Natur wieder – und alle diese Wege sind gut. »Verwende dazu alles, was du hast«, sagte mir mein Wohltäter, und er hat recht behalten. Denn nur, wenn wir die echten Gefühle wiederfinden, die die Voraussetzung zur wahren Freude sind, kann sich unser Schicksal und das der ganzen Menschheit wenden. Der Geist, die Kraft, die Absicht oder wie auch immer man es nennen will, wird anwesend sein, wenn Sie Ihre Gefühle wiederfinden. Vielleicht wird der Geist sogar ein untrügliches Zeichen seiner Präsenz geben, ein Omen, eine Offenbarung, die den weiteren Weg des Schicksals weist.

6.3 Omen und Orakelkunde

»Wir haben aber nicht berücksichtigt, daß der Geist kraft seiner ursprünglichen, auch psychologisch nicht zu bezweifelnden Autonomie durchaus in der Lage ist, sich selbst zu offenbaren.«

C. G. Jung[303]

Die letzten Kapitel beschäftigten sich damit, wie die Zauberer zur Kraft, zur Absicht gelangen. Ich erwähnte aber bereits in Kapitel 6, daß die Absicht auch von selbst auf den Menschen zugeht und sich ihm offenbart. Die Tolteken nennen einen solchen Offenbarungsakt Omen oder Zeichen. Omina stellen sich stets zu Anfang einer Handlung oder eines Ereignisses ein. Die jeweiligen Umstände eines Anfanges können also immer als Zeichen ausgedeutet werden. So beobachten die Zauberer scheinbare Kleinigkeiten und Umstände der umgebenden Welt, die dem Durchschnittsmenschen einfach entgehen würden. Man kann zwar nicht behaupten, daß die Zauberer aus den Omina die Zukunft lesen würden, aber sie beziehen daraus wertvolle Hinweise über die Tendenz allen Geschehens. Solche tendenziösen Informationen über den weiteren Verlauf des Schicksals kann man aber auch auf gewisse Art und Weise »provozieren« oder herbeibeschwören. Zu diesem Zweck dienen vornehmlich die Orakel, die bestimmte Techniken der Befragung des Schicksals darstellen. Auf diese beiden Themen möchte ich hier eingehen, um das Thema Absicht Schicksal abzuschließen und abzurunden.

Um verständlich und kurz über diesen Themenkreis zu berichten, muß ich noch einmal auf die Wahrnehmung und ihre Mechanismen zurückkommen. Vor allem muß geklärt werden, wie die Tolteken das Wahrgenommene im Sinne des Wissens um die

Absicht verstehen. Ich sagte bereits, daß die Absicht unsere Wahrnehmung bestimmt und aus genau diesem Grunde zur Schicksalsmacht wird. Daher nennen die Tolteken das Wahrgenommene, das vom normalen Menschen als umgebende Welt aufgefaßt wird, ein »Gebäude der Absicht«. Don Juan erklärt hierzu: »Die Absicht errichtet Gebäude vor uns und fordert uns auf einzutreten. So nämlich verstehen Zauberer alles, was um sie her geschieht.«[304] Dieses Gebäude der Absicht ist also der Ausdruck von all dem, was die Absicht uns über unser Bindeglied als Wahrnehmung aufzwingt. Dies wäre sehr fatal, wenn die Absicht nicht gleichermaßen auch Informationen über die innere Ordnung des Wahrgenommenen mitteilen würde. Diese Informationen liegen aber schon in der Grundstruktur des Wahrgenommenen beschlossen, und sie werden immer dann offenbar, wenn wir in ein neues Gebäude der Absicht eintreten.

All dies hört sich komplizierter an, als es ist. Voraussetzung für das praktische Erkennen von Omina und Zeichen ist jedoch ein geläutertes, d.h. funktionstüchtiges Bindeglied zur Absicht. Omina und Zeichen sind im Eigentlichen Gesten des Geistes, der Absicht an uns Menschen; ganz ähnliche Gesten, wie wir sie im letzten Kapitel geschildert haben, nur diesmal in umgekehrter Richtung. Durch diese Gesten spricht der Geist zu uns, er tut seine Absicht kund. Man muß allerdings verschiedene Arten solcher Bekundungen grundsätzlich unterscheiden: Die echten Omina oder Aufforderungen sowie die Wegweiser und Bestätigungen. All diese Arten von Zeichen leiten einen Zauberer auf geheimnisvolle Weise durch die Welt, durch die verschiedenen Gebäude der Absicht. Ich möchte im Folgenden auf die einzelnen Arten von Gesten des Geistes an die Menschen näher eingehen.

Die bedeutsamste Art von Zeichen ist das echte Omen, das durch seine spezielle Grundstruktur gekennzeichnet ist. Es weist immer eine Dreiteilung auf, d.h. es besteht immer aus drei separat wahrnehmbaren Elementen. Wenn ich z.B. plötzlich mit einem Menschen zusammenstoße und gleichzeitig ein Windstoß mich umfährt, während gerade die Sonne durch die Wolken bricht, so ist das ein Omen. Diese Art von Zeichen ist kein einfacher Hinweis des Schicksals, der Absicht mehr, sondern ein direkter Befehl, ein Wink mit dem Zaunpfahl. Wenn außer der Person, mit der ich zusammengestoßen bin, kein anderer Mensch in der Nähe ist, ist die Deutung des Zeichens einfach; sie bezieht sich dann direkt auf die betreffende Person. Das Leben dieser Person ist dann das neue Gebäude der Absicht, in welches wir eintreten sollen. In einem solchen Fall sagen die Zauberer, daß sie ein Zeichen mit der betreffenden Person haben. Dieses Zeichen verpflichtet sie dann, sich aktiv um den Betreffenden zu kümmern.

Genanntes Beispiel ist natürlich ein Extremfall, denn die Gleichzeitigkeit deutet ein besonders starkes Omen an. Auch beziehen sich solche Omina nicht immer auf Personen. Sie können sich auf praktisch alles und jedes beziehen, und sie können auch in jeder beliebigen Form auftauchen. Aus diesem Grunde ist es sehr schwer, in verständlicher Form über die Omina zu reden. Sie sind aber genau das, was der normale Mensch als ein seltsames Zusammentreffen von scheinbaren Zufällen kennt. Oft sind sie aber auch beinah unmerkbar, und sie offenbaren sich nur den geschärften Sinnen der Zauberer. Allgemein ist diesen Omina nur, daß immer drei auffällige Elemente aufeinander folgen oder gleichzeitig auftreten. Don Juan sagt über diese Omina, welche die Dreiteilung aufweisen, sie wären ein »immer wiederkehrendes Muster, das jedesmal sichtbar wurde, wenn die Absicht einen Hinweis auf etwas Bedeutsames geben wollte«.[305]

Die Zauberer lassen sich ausschließlich durch solche Omina leiten, und sie würden nie etwas Neues beginnen, ohne ein entsprechendes Omen erhalten zu haben. Aus diesem Grunde ist es auch unmöglich, zu einem Zauberer zu gehen und um Unterweisung zu bitten. Zauberer benötigen immer den Wink des Schicksals, ein Omen, um eine solche Aktivität zu begründen. So benötigt ein Schüler ein Omen, ein verbindendes Zeichen mit seinem Lehrer, damit eine fruchtbare Verbindung entstehen kann. Alles andere wäre ein »Gegen das Schicksal Handeln«, das für beide Seiten fatale Folgen haben könnte. Wenn ein Zauberer andererseits ein Zeichen für einen besonderen Menschen hat, und dieses Zeichen sagt, daß der Betreffende in der Zauberei unterwiesen werden soll, so wird der Zauberer alles daransetzen, um den Betreffenden zu gewinnen. Allein das Omen gibt hier den Ausschlag, denn in ihm offenbart sich auf eindeutige Weise der Wille der Schicksalsmacht.

In diesem Zusammenhang taucht natürlich immer die Frage auf, ob ein Zauberer ein Omen auch fehldeuten könne, denn sonderbare Zufälle könnten ja verschiedene Deutungen ermöglichen. In der Praxis sind ominöse Vorgänge jedoch meist eindeutig und klar; aber, wie schon erwähnt, man benötigt eine klare und geläuterte Verbindung zur Absicht. Manche Menschen bringen sogar von vornherein ein funktionstüchtiges Bindeglied mit, auch ohne Zauberer zu sein. Sie deuten die Vorgänge ihres alltäglichen Lebens genauso zutreffend, wie es sonst nur Zauberer tun. Diese Menschen haben meist einen sehr guten, starken und natürlichen Lebensstil; sie leben mit ihrem Schicksal und nicht dagegen. Don Juan sagt zusammenfassend zur Deutung der Omen:

> *»Wenn ein Zauberer ein Omen deute (…), dann wisse er dessen Bedeutung genau, und ohne zu ahnen, wieso er dies wisse. Dies sei eine der verblüffenden Folgen jener Verbindung zur Absicht. Und nachdem die Zauberer bewußt danach strebten, dieses Bindeglied zu verstehen und zu stärken, könne man sagen, daß sie alles intuitiv erahnen – untrüglich und zutreffend. Das Deuten von Omina sei eine Selbstverständlichkeit für die Zauberer – und Irrtümer unterliefen ihnen nur, wenn persönliche Gefühle dazwischenträten und die Verbindung des Zauberers zur Absicht überschatteten. Ansonsten sei ihr Wissen völlig zutreffend und zweckbestimmt.«*[306]

Ein Beispiel: Zur Zeit als sich der Vorfall ereignete, suchte ich gerade eine Wohnung. Ich lebte allerdings in einer Stadt, in der ständige Wohnraumknappheit herrscht. So dachte ich über verschiedene Möglichkeiten nach, wie ich dennoch an eine geeignete Wohnung kommen könnte. An dem Tag, an dem ich mich darum kümmern wollte, lief mir dann dreimal die gleiche Frau über den Weg. Ich kannte sie von früher, sie war meine Tutorin im ersten Studienjahr gewesen. Danach hatte ich sie drei Jahre nicht mehr gesehen. Nun lief sie mir schon das dritte Mal über den Weg. Ich beschloß, ihr zu folgen, denn der ominöse Charakter des Ereignisses war für mich offenbar. Sie lief schnurgerade in eine Mitwohnzentrale, ein Vermittlungsbüro für Wohnungssuchende. Ich dachte, sie würde wohl auch eine Wohnung suchen, aber als ich in das Büro eintrat, saß sie hinter dem Schreibtisch; sie leitete diesen Laden. Genau an diesem Tag hatte sie ein passendes Angebot hereinbekommen, das ich sofort annahm. So hatte ich meine Wohnung gefunden, ohne große Lauferei, Annoncen oder sonstige Umstände. Natürlich beziehen sich Omen auf viele verschiedene Sachverhalte und Dinge, aber dieser Fall war nur allzu typisch. Ein dreigeteiltes Omen, das auf den Eintritt in ein neues Gebäude der Absicht hinwies. In diesem Fall war es sogar ein Gebäude im wörtlichen Sinne.

Eine andere Art von Zeichen sind die Wegweiser und Bestätigungen. Sie sind keineswegs so spektakulär wie echte Omina, aber sie sind von immenser Wichtigkeit für die Praxis der Zauberer. In der Allegorie vom Gebäude der Absicht könnte man sagen, daß es sich um die Wegweiser innerhalb des Gebäudes handelt, die die Absicht uns gibt, damit wir uns nicht im Inneren verlaufen.[307] Die echten Omina, von denen oben die Rede war, weisen immer auf die Möglichkeit oder Notwendigkeit des Eintritts in ein neues Gebäude der Absicht hin, während Bestätigungen und Wegweiser interne Merkmale dieses Gebäudes sind. Solche Wegweiser können jedoch – wie alle Bekundungen der Absicht – jede beliebige Form und Gestaltung annehmen. Darum will ich mich hier an die allgemeinen Merkmale halten, um zu erläutern, was unter einem Wegweiser zu verstehen ist. Ein Wegweiser ist ebenfalls etwas, das der normale Mensch als merkwürdigen Zufall auffassen würde. Ein passender merkwürdiger Zufall sozusagen. So spiele ich z.B. mit dem Gedanken, das Haus zu verlassen, um einen Freund zu besuchen. Zur gleichen Zeit höre ich nebenan am Fernseher jemanden sprechen: »Ist es nicht besser, hier zu bleiben?«

Das tue ich dann auch, und fünf Minuten später stellt sich für mich wichtiger Besuch ein, der mich sonst wohl nicht angetroffen hätte. Dies ist ein typisches Beispiel für einen Wegweiser. Solche Wegweiser haben nicht die Dreiteilung der Omina, sie sind vielmehr scheinbare Zufälle, die sich aber strukturell genau in den momentanen Handlungsablauf einpassen und ihn sinnmäßig verändern.

Für einen Zauberer sind in dieser Hinsicht viele Einzelheiten von Bedeutung. So richtet sich Don Juan häufig an den Handlungen der Krähen aus, die für ihn ominöse Bedeutung besitzen, da die Krähe sein Nagualtier ist. Ich persönlich beziehe solche Wegweiser aus den Handlungen der Katzen. Wenn gar eine überfahrene Katze auf meinem Weg liegt, so mache ich häufig einfach kehrt, da ein derart schlechtes Zeichen nichts Gutes für den weiteren Verlauf dieses Weges verheißt. Dieser Wegweiser ist für mich jedoch zumindest ein Warnschild. Man mag sagen, dies sei blanker Aberglaube, aber die Ergebnisse geben den Zauberern recht. Es ist meines Erachtens wesentlich naiver, an den Zufall zu glauben, wo doch das Leben selbst und gerade auch die ordnende Bewußtheit mehr als nur ein blinder Treffer aufs Geratewohl zu sein scheinen.

Eine weitere Art von Bekundungen der Absicht stellen die Bestätigungen dar, die ein Zauberer von allem und jedem in der Welt erhalten kann.[308] Auch hier findet man eine wiederkehrende Grundstruktur der Ereignisse. Eine solche Bestätigung läuft nämlich meist so ab: Man denkt über irgendeine Sache nach oder spricht über ein bestimmtes Thema. Man ist sich aber nicht unbedingt sicher, ob das Gesagte oder Gedachte richtig ist. Aber genau in diesem Moment, wo einem dies auffällt, knackt der Kühlschrank auffällig laut, ein Donner kracht oder ein Gegenstand fällt polternd vom Tisch. Solche Geräusche, die plötzlich auftreten und auf etwas Gesagtes oder Gedachtes folgen, bezeichnen die Tolteken als Bestätigung oder Zustimmung der Kraft. Diese können natürlich auch auf andere Weise erfolgen, wie etwa durch einen plötzlichen Windzug etc., aber sie haben immer die Bedeutung, daß man sich auf dem richtigen Weg befindet. Die Kraft, die Absicht, sagt uns auf diese Weise: »Richtig! Weiter so!«

Zwischen diesen drei Arten von Zeichen muß klar unterschieden werden, denn nicht alle seltsamen und ungewöhnlichen »Zufälle« oder Ereignisse haben den gleichen Stellenwert bzw. die gleiche Bedeutung. Von größter Bedeutung sind die Omina, die immer auf etwas Bedeutsames und Neues hinweisen, auf das wir uns einlassen sollten. Die Wegweiser sind bedeutsam für individuelle Kurskorrekturen, die man auf seinem Weg ab und zu vornehmen muß. Die Bestätigungen sind eher unwichtiger Natur, obwohl sie gerade für den Anfänger auf den Wegen der Zauberei sehr hilfreich sein können.

All diese Zeichen weisen dem Zauberer seinen individuellen Weg durch die Welt; sie markieren gleichsam die Wegbiegungen, Abzweigungen und Meilensteine auf dem Weg seines Schicksals. Er achtet ständig auf Bekundungen der Absicht, die ihn auf geheimnisvolle Weise anleiten, ein besseres, stärkeres Leben zu führen.

Ich möchte noch auf ein letztes Thema eingehen, und das betrifft das aktive Befragen der Absicht. Wenn ein Zauberer nicht weiß, wie es in seinem Leben weitergehen soll, dann denkt er sich nicht einfach irgend etwas aus, sondern er befragt die Absicht. Normalerweise wird er dazu an einen für ihn bedeutsamen Ort gehen und dort auf ein Zeichen warten. In Ausnahmefällen wird er sich aber auch eines Orakels bedienen, um die Absicht zu erkunden bzw. das Schicksal zu befragen. Diese Methode wird er jedoch vor allem dann anwenden, wenn ein Patient oder Ratsuchender mit einem Problem zu ihm kommt.

Es gibt natürlich verschiedene Arten des Orakels, und heutzutage erfreuen sich einige Orakelsysteme wieder zunehmender Beliebtheit. Da sind vor allem das abendländische Tarot, das chinesische I-Ging und die altgermanischen Runenorakel zu nennen. Bei allen diesen Systemen hat man es mit ausgeklügelten Methoden der Schicksalsbefragung zu tun, die sicher alle ihren Zweck erfüllen. Die Zweckdienlichkeit eines Orakels hängt jedoch maßgeblich vom Praktiker, vom jeweiligen Orakelsteller und -deuter ab. Hier muß vor allem ein zentrales Mißverständnis ausgeräumt werden, denn ausgeklügelte Systeme wie die oben genannten verleiten gerne zu dem Trugschluß, daß Orakel eine fest determinierte Zukunft vorhersagen würden. Dem ist jedoch nicht so. Sie geben bestenfalls Informationen über die allgemeine Tendenz unseres Schicksals, über die Pläne, die die Absicht mit uns hat. Sie können dem Frager sagen, was er mit seinem Leben anfangen kann und wie er das anzustellen hat. Gelebt werden muß das Schicksal weiterhin vom Einzelnen, denn Orakel stellen keinen Lebensersatz dar, sondern nur eine Orientierungshilfe.

Ich will hier nicht auf die genannten Orakelsysteme eingehen, obwohl ich mich in der Praxis mit ihnen auseinandergesetzt habe. Es existiert bereits reichlich Literatur zu diesem Thema. Ich will vielmehr kurz auf ein typisch mexikanisches Orakel eingehen, das in seiner archaischen Einfachheit die Grundzüge eines jeden Orakels enthält. Die mexikanischen Zauberer, und so auch die Tolteken, bedienen sich des einfachen Mais-Orakels zur Befragung des Schicksals.

Es gibt sehr viele verschiedene Formen dieses Mais-Orakels, aber die ursprünglichste Art ist wohl die des einfachen Schicksalswurfes. Dazu benötigt man 24 Maiskörner und ein rechteckiges, grobes Woll- oder Leinentuch, das nicht zu klein sein darf. Der Orakelsteller sitzt an einem Ende dieses Tuches, der Frager am anderen. Es ist unzweckmäßig, ein Orakel ganz für sich selbst und allein zu erstellen, da die eigenen Erwartungen dann nur die Verbindung zur Absicht überschatten und das Ergebnis verfälschen. Darum sollten Orakelsteller und Frager nie ein und dieselbe Person sein. Der Orakelsteller sitzt, wenn er ein Zauberer ist, in Richtung seiner bevorzugten Himmelsrichtung, und wenn er kein Zauberer ist, so sitzt er mit dem Gesicht nach Norden gewandt. Der Patient oder Frager sitzt direkt gegenüber und wendet sein Gesicht in Richtung Süden, denn der Süden ist der Ursprung der Kraft.

Dann beginnt der Vorgang der Schicksalsbefragung. Der Frager muß mit lauter Stimme sein Anliegen mitteilen; er sollte dabei jedoch mehr zur Kraft sprechen als zum Orakelsteller. Ist das Anliegen kundgetan, ruft der Orakelsteller die Absicht an. Er macht dies ebenfalls mit lauter Stimme, denn ansonsten wird das Ergebnis verfälscht werden. Er ruft dreimal laut »Absicht!« oder auch »Schicksal!«. Beim dritten Ausruf wirft er die Maiskörner über das Tuch, und zwar mit der linken Hand, denn sie ist die Hand der zweiten Aufmerksamkeit, der Kraft. Die rechte Hand ist unwirksam, denn sie ist die Hand des Verstandes, der ersten Aufmerksamkeit. Sind die Körner geworfen, liegt die Antwort vor. Nur wenn Körner über die Begrenzung des Tuches hinausgerollt sind, muß der ganze Vorgang – in allen Einzelheiten – wiederholt werden. Dies kann jedoch insgesamt nur dreimal geschehen.

Rollen immer wieder Körner vom Tuch, muß der Prozeß ohne Ergebnis abgebrochen werden.

Bleiben alle Körner auf dem Tuch, folgt die Deutung der Antwort. Diese steht natürlich in engem Zusammenhang mit der Frage des Ratsuchenden. Hat er z. B. nach der Heilung einer Krankheit gefragt, so ist von größter Bedeutung, ob die Maiskörner zwischen ihm und dem Orakelsteller eine Linie freigeben. Dies ist ohnehin das wesentlichste Merkmal dieser Orakelform. Versperren Maiskörner die direkte Linie zwischen Zauberer und Patient, ist die Heilung noch nicht möglich. Hindernisse, symbolisiert durch die Maiskörner, versperren dann den direkten Weg zur Heilung. Besteht jedoch eine freie Linie, so ist der Weg zur Heilung frei, und keine Hindernisse sind zu erwarten.

Dies ist die allgemeine Art der Auskunft, welche diese Orakelform gewährt. Sie sagt entweder, daß der Weg zur Absicht des Fragers offen ist, oder aber daß dieser Weg versperrt ist. Der Orakelsteller kann aber mit einiger Erfahrung aus der Zahl und der Lage der Maiskörner die Art und Beschaffenheit der Hindernisse und Prüfungen ablesen; so kann er z. B. sagen, was den Frager erwartet.

Er kann auch anhand der Zahl der Maiskörner in den verschiedenen Ecken des Tuches genauere Auskünfte über die Einzelheiten der jeweiligen Antwort ablesen. Dies hängt jedoch maßgeblich von der Ausrichtung des Tuches im Sinne der Himmelsrichtungen ab. So steht der Norden für Fähigkeiten und Stärken des Fragers, der Osten für seine Gedanken und Pläne, der Westen für seine Gefühle und Neigungen, und der Süden steht für seine verborgenen Kräfte und Potentiale. Von Bedeutung ist dabei, wie viele Körner in den jeweiligen Ecken auftauchen. Gerade Zahlen stehen für Gleichgewicht, ungerade Zahlen wiederum für Ungleichgewicht. Die Zahl Drei und ihre Vielfachen stehen für Dynamik und Bewegung; die Zahl Vier und ihre Vielfachen stehen für Harmonie und Stabilität.

Es gibt in diesem Sinne Hunderte von Einzelheiten, die der Orakelsteller anhand eines so einfachen Systems ersehen kann. Ich will daher nicht weiter darauf eingehen, und es sei dem Interessierten selbst überlassen, hinter die Geheimnisse der Orakelkunst zu kommen. Der beste und einzige Weg zu lernen ist nämlich die Praxis und nichts als die Praxis. Dies gilt vor allem, wenn es um das Thema Schicksal und Absicht geht. So gelangt auch Castaneda zur Erkenntnis, »daß das natürliche Wissen der Absicht jedem zugänglich ist; daß aber nur diejenigen es beherrschen, die bereit sind, es zu erforschen«.[309]

7

Der Kriegertrupp des Nagual

»Tolteke ist, wer die Geheimnisse des Pirschens und des Traumes kennt. Sie alle sind Tolteken. Sie bilden eine kleine Gruppe, die es verstanden hat, eine Tradition von mehr als 3000 Jahren lebendig zu erhalten.«

Carlos Castaneda[310]

Die Darstellung des toltekischen Wissens wäre nicht vollständig, würden wir einen anderen Aspekt außer acht lassen: die Tolteken selbst, als Ausübende der drei Künste Pirschen, Träumen und Absicht. Diese Praxis leitet die Tolteken zu einem auf die Freiheit orientierten, selbständigen Leben an. Aber trotz dieser genuinen Selbständigkeit bilden die Tolteken kleine Gruppen, die aus einer bestimmten Anzahl von Praktikern – Krieger genannt – bestehen. Eine solche Gruppe wird als »Kriegertrupp des Nagual« oder als »Zug des Nagual«[311] bezeichnet. Die Menschen einer Gruppe werden durch gemeinsames Streben nach Freiheit und echtem Wissen vereint und geleitet. Es gibt allerdings spezielle Regeln, nach denen sich eine solche Gruppe zusammensetzt. So müssen die einzelnen Krieger im Zug des Nagual bestimmten Menschentypen angehören. Auch erfüllen diese verschiedenen Menschen spezielle Aufgaben innerhalb der Gruppe. Auf all dies möchte ich in diesem Kapitel näher eingehen.

Zunächst muß jedoch gesagt werden, daß niemand eine solche Gruppe einfach zusammenstellen kann. Die Verbindung zwischen den Leuten einer Gruppe wird stets durch Omina bekräftigt; d. h. die Kraft wählt die Personen aus. Allein die Schicksalsmacht hat die Entscheidungsgewalt darüber, ob ein Mensch zum Krieger, zum Sucher nach Freiheit und Wissen bestimmt ist, und auch darüber, welche Gefährten ihn auf seiner Suche begleiten werden. Die Bedeutung solcher Omina habe ich schon im letzten Kapitel unterstrichen. Zudem gehören die einzelnen Krieger den grundsätzlichen Menschentypen an, aus denen sich die menschliche Rasse zusammensetzt. Daher will ich nun zuerst auf diese Typologie eingehen.

Die Tolteken unterteilen die Menschheit in vier grundsätzliche Gruppen, die sich im einzelnen noch weiter differenzieren lassen. Eine solche fundamentale Differenzierung widerspricht dem europäischen Einheitsdenken und dem Gleichheitsprinzip. Im indianischen Kulturraum ist eine Differenzierung nach der Zahl Vier jedoch allgemein verbreitet und stellt eine Notwendigkeit der kosmischen Ordnung dar (vgl. Kap. 3.1). Auch die analytische Psychologie kommt zu einem solchen Schluß: Jung unterscheidet vier Funktionstypen, die sich jeweils durch die Vorherrschaft einer der vier fundamentalen psychischen Grundfunktionen auszeichnen. Jung erläutert die Ergebnisse seiner Forschung so:

> *»Ich unterscheide im ganzen vier Grundfunktionen, zwei rationale und zwei irrationale Funktionen, nämlich Denken und Fühlen, Empfinden und Intuieren.«*[312] *Durch diese grundsätzliche Unterscheidung kommt Jung dann zu den »(...) auf diesen Grundfunktionen basierenden Menschentypen, die man als Denk-, Fühl-, Intuitions- und Empfindungs-Typus bezeichnen kann (...). Eine weitere Unterscheidung in zwei Klassen erlaubt die Libidobewegung, nämlich Introversion und Extraversion. Alle Grundtypen können sowohl der einen wie der anderen Klasse angehören.«*[313]

Damit wäre die grundsätzliche Typologie, auf die Jung in seinem Standardwerk »Psychologische Typen« hinarbeitet, kurz dargestellt. Er liefert dort ausführliche und genaue Beschreibungen der einzelnen Typen[314], auf die wir hier aber aus Gründen des Umfangs nicht näher eingehen wollen. Sie entsprechen jedoch weitgehend der toltekischen Typologie. Für Jung ist die allgemeine Typologisierung kein starres Muster; seiner Meinung nach kommen auch alle möglichen Mischtypen vor. Die Tolteken sind jedoch der Überzeugung, daß die Typen grundsätzlich immer in Reinform auftreten und daß nur der Prozeß der Erziehung eine scheinbare Vermischung von Typen vortäuscht. Ihre Typologie basiert nämlich nicht nur auf Charaktermerkmalen, sondern auch auf genuinen Unterschieden im leuchtenden Ei der betreffenden Menschentypen.[315]

> *»Die weiblichen Krieger heißen die vier Himmelsrichtungen, die vier Ecken eines Quadrats, die vier Stimmungen, die vier Winde, die vier verschiedenen weiblichen Charaktere, aus denen die menschliche Rasse besteht.*
> *Die erste ist der Osten. Sie wird die Ordnung genannt. Sie ist optimistisch, fröhlich, sanft, ausdauernd wie eine stetige Brise.*
> *Die zweite ist der Norden. Sie wird Stärke genannt. Sie ist einfallsreich, schlicht, direkt, verläßlich wie ein starker Wind.*
> *Die dritte ist der Westen. Sie wird Gefühl genannt. Sie ist nach innen gekehrt, reumütig, schlau, verstohlen, wie ein kalter Windstoß.*
> *Die vierte ist der Süden. Sie wird Wachstum genannt. Sie ist nährend, laut, scheu, warm, wie ein heißer Wind.«*[316]

Es gibt allerdings zwei verschiedene Gruppen von Frauen, die jedoch immer gleichzeitig einen der obigen Typen darstellen: die Pirscherinnen und die Träumerinnen. Diese beiden Richtungen würde Jung wohl als extravertierte und introvertierte Typen beschreiben. Die Pirscherinnen sind auf die Welt bezogen und damit extravertiert. Die Träumerinnen sind weniger »realistisch« im normalen Sinne und damit eher introvertiert. Diese Unterscheidung ist jedoch eine zusätzliche zu der Grundeinteilung in die vier Himmelsrichtungen. So sprechen die Tolteken z. B. von Süd- oder Nord-Pirscherinnen oder von West- und Ost- Träumerinnen. Alle Kombinationen sind in dieser Hinsicht möglich, woraus sich ergibt, daß es acht verschiedene Frauentypen gibt, vier Träumerinnen und vier Pirscherinnen.

Die Männer werden ebenfalls in vier Gruppen unterteilt, die jedoch nicht weiter klassifiziert werden. Introversion und Extraversion scheinen hier keine so große Rolle zu spielen. Nachfolgend nun die toltekische Unterteilung der Männer:

> *»Die drei männlichen Krieger und der Kurier repräsentieren vier Typen der männlichen Aktivität und Persönlichkeit. Der erste Typ ist der kenntnisreiche Mann, der Gelehrte; ein edler, zuverlässiger, heiterer Mann, ganz dem Vollbringen seiner Aufgabe hingegeben, was immer sie sein mag.*
> *Der zweite Typ ist der Mann der Tat, höchst unbeständig, ein großartiger, temperamentvoller, wankelmütiger Gefährte.*
> *Der dritte Typ ist der Organisator hinter den Kulissen; der geheimnisvolle unbekannte Mann. Über ihn kann nichts gesagt werden, weil er über sich selbst nichts bekannt werden läßt.*
> *Der Kurier ist der vierte Typ. Er ist der Gehilfe, ein verschwiegener schwermütiger Mann, der sich gut bewährt, wenn er richtig geführt wird, der sich aber nicht allein behaupten kann.«*[317]

Hier wird die Entsprechung zu den Jungschen Typen offenbar: Der gelehrte Mann entspricht dem Denk-Typ, der Mann der Tat dem Fühl-Typ, der Organisator dem Intuitions-Typ und der Kurier dem Empfindungs-Typ. Auch wenn die Tolteken davon ausgehen, daß die Mischung aus diesen Typen nur eine scheinbare, aus der Erziehung hervorgehende Verfremdung ist, so kennt die toltekische Lehre doch einen echten intermediären Typus, der die Eigenschaften aller vier Typen auf sich vereinigt. Dies kommt sowohl bei den Männern als auch bei den Frauen vor. Man spricht in einem solchen Fall von einem Doppelwesen, dessen leuchtendes Ei eine ungewöhnliche Struktur aufweist; es ist sozusagen zweigeteilt und hat auf den beiden Seiten eine unterschiedliche Art der Bewegung innerhalb der Leuchtkraft: Die rechte Seite wogt, während die linke Seite wirbelt. Bei einem normalen leuchtenden Ei ist die Bewegung jedoch immer gleichförmig.

Die Doppelwesen zeichnen sich außerdem auch noch durch andere besondere Eigenschaften aus, wie zum Beispiel daß sie aufgrund ihres Doppeltseins über ein ungewöhnlich großes Potential von Energie verfügen, das sie für verschiedenste Zwecke einsetzen können. Aufgrund des Zusammenfallens der jeweiligen Eigenschaften der verschiedenen Menschentypen sind sie zudem ideale Mittler zwischen den Menschen. Diese Eigenschaft machen sich die Tolteken praktisch zunutze, indem sie solchen Doppelwesen, der sogenannten Nagual-Frau und dem Nagual-Mann, die Führung der Kriegergruppen anvertrauen. Don Juan beispielsweise war ein solcher Nagual-Mann, der mit der Leitung eines Kriegertrupps betraut war. Eine solche Führungsrolle darf jedoch nicht mißverstanden werden. Die Naguals sind keine Befehlshaber, sondern Wegführer, die den Weg zur Freiheit für alle Beteiligten erkunden.

»Was den Charakter betrifft, so ist der Nagual-Mann hilfsbereit, stetig, unwandelbar. Die Nagual-Frau ist ein streitbares Wesen, und doch entspannt, immer wachsam, aber ohne Anstrengung. Beide reflektieren die jeweiligen vier Typen von Männern und Frauen als vier Arten des Verhaltens.«[318]

In der heutigen Zeit, wo ein Gleichheitsdenken zum Credo der sozialen Ordnung geworden ist, klingen Gedanken, die von der Verschiedenheit bestimmter Menschentypen ausgehen, wie Ketzerei. Sie beleidigen den allmächtigen Götzen der zivilisatorischen Gleichschaltung. In einer Typisierung ist aber nicht gleich notwendigerweise eine Wertung enthalten. C. G. Jung sagt über die Notwendigkeit einer Beschäftigung mit den verschiedenen Menschentypen:

»Über die psychologische Verschiedenheit der Menschen, diesem notwendigsten Faktor der Lebensenergie einer menschlichen Gesellschaft, wird keine soziale Gesetzgebung

hinwegkommen. Darum ist es wohl nützlich, von der Verschiedenartigkeit der Menschen zu reden. Diese Unterschiede bedingen derartig verschiedene Glücksansprüche, daß keine auch noch so vollkommene Gesetzgebung ihnen jemals auch nur annähernd genügen könnte.«[319]

Diese Aussage spricht für sich. Sie enthält aber auch einige der grundlegenden Gedanken, die für den Kriegertrupp der Tolteken von zentraler Bedeutung sind. So spricht Jung von der typischen Verschiedenheit als »notwendigsten Faktor der Lebensenergie einer Gesellschaft«. Gemeint ist damit, daß die Verschiedenartigkeit zu einer Art Polarität zwischen den Menschen führt und daß erst diese Polarität ein Spannungsgefälle erzeugt, aus dem dann jegliche soziale Energie und Potenz entspringt. Verschiedenartigkeit fördert jegliche Entwicklung, Gleichartigkeit hemmt sie. Dies ist ein energetisches Prinzip, das auf alle Vorgänge in der Gesellschaft zutrifft. Die Tolteken tragen dem voll Rechnung, indem sie die Verschiedenartigkeit innerhalb des Kriegertrupps vorschreiben:

Ein toltekischer Kriegertrupp besteht aus zwei Doppelwesen: dem Nagual-Mann und der Nagual-Frau; vier Männern: dem Gelehrten, dem Mann der Tat, dem Organisator und dem Kurier des Nagual; acht Frauen: der Ost-, Nord-, West- und Süd-Pirscherin und weiterhin der Ost-, Nord-, West- und Süd-Träumerin; letztlich hat ein solcher Trupp im Idealfall noch eine weitere Gruppe von Kurieren, drei an der Zahl, die entweder Männer vom Typ des Kuriers oder aber südliche Frauen sein können. Die Gesamtanzahl an Mitgliedern einer solchen Gruppe beträgt also siebzehn.

Eine solche maximale Verschiedenheit der Mitglieder liefert die volle Energie, die aus einer menschlichen Gesellschaft überhaupt hervorgehen kann; sie berücksichtigt ja schließlich die größtmögliche Vielfalt. Daß diese energetischen Spannungsverhältnisse auch zu größeren Reibereien innerhalb der Gruppe führen können, will ich nicht abstreiten. Ich habe dies selber oft genug erlebt, und auch Castaneda berichtet laufend von Querelen innerhalb seines Kriegertrupps. Je weiter sich die Bewußtheit der einzelnen Mitglieder entwickelt, desto seltener werden solche Verspannungen, und die Energie kann dann eher zu sinnvollen Zwecken eingesetzt werden. Und selbst Reibereien und Querelen sind günstig für die allgemeine Entwicklung der Bewußtheit, auch wenn dies zuerst gar nicht so den Anschein hat.

Ein anderer wichtiger Aspekt ist die Tatsache, daß die Verschiedenartigkeit der Menschen verschiedene »Glücksansprüche« bedingt. Ein Denk-Typ erlebt ein Glücksgefühl, während er verstehend über eine Sache nachdenkt; Verständnis ist für ihn ganz eng mit dem Glück verbunden und wird somit zu seinem Lebensziel. Einem Empfindungs-Typen bedeuten Gedanken hingegen wenig; sein Glück liegt im Empfinden des Jetzt, und dieses Auskosten des Moments ist für ihn zentral. Ein Intuitions-Typ kann mit dem Jetzt nicht allzuviel anfangen; für ihn gibt es nur das Morgen. Er ist nur glücklich, wenn er auf etwas Zukünftiges hinarbeiten kann. Den Fühl-Typ interessiert weniger Zukunft oder Jetzt; er konzentriert sich ständig auf die Problematik, ob er etwas gut findet oder nicht. Er ist ein Ästhet, der nur in seinem jeweiligen Element blüht.

Meiner eigenen Erfahrung nach existieren diese Typen universell, und ihre Verschiedenheit kann jeder in seiner unmittelbaren Umgebung erfahren. Wenn wir die Verschiedenheit ignorieren, schaffen wir nur ein künstlich-steriles Klima, in dem weder der eine noch der andere wirklich gedeihen und blühen kann. Jung deutet ja auch direkt auf die Ignoranz der heutigen, angeblich »sozialen« Gesetzgebung in dieser Hinsicht hin. Die Tolteken tragen der natürlichen Verschiedenheit in ihrer Gruppe jedoch voll Rechnung. So erfüllt jedes Mitglied spezielle Aufgaben, die anderen wieder verschlossen sind, und umgekehrt. Don Juan berichtet über sein Erstaunen als Lehrling, als er begriff, wie der Kriegertrupp seines Wohltäters organisiert war:

> *»Erfreut und überrascht stellte er fest, daß keiner einen höheren Rang bekleidete als die anderen. Manche erfüllten Aufgaben, die den anderen verschlossen blieben – aber dies machte sie nicht überlegen.«*[320]

Im Folgenden möchte ich näher auf die einzelnen Aufgaben der verschiedenen Menschentypen innerhalb eines Kriegertrupps eingehen. So beschäftigt sich der gelehrte Mann mit der Kunst des Pirschens und den dazugehörigen Themen. Sein Arbeitsgebiet ist das Reich der ersten Aufmerksamkeit, der normale Körper und die normale Welt. Seine Aufgabe bezieht sich demzufolge auch auf diesen Bereich. Er ist ein Heiler oder beschäftigt sich mit der Heilkunde. Dort ist er vor allem auf die üblichen Krankheiten des normalen Körpers spezialisiert; seine typische Heilmethode ist die Pflanzenheilkunde und die Naturheilverfahren. Der gelehrte Mann hat mithin auch die Aufgabe der Gesundheitsvorsorge für die gesamte Gruppe der Krieger. In diesem Gebiet hat er die Autorität und unterweist seine Gefährten z. B. in der Anwendung und der Zubereitung der medizinischen Pflanzen.

Der Mann der Tat befaßt sich mit der Kunst des Träumens; er hat sein besonderes Talent in diesem Bereich der Möglichkeiten der Bewußtheit. Er hat ein Feingefühl für die zweite Aufmerksamkeit und deren Bewegung. Diese Sensibilität für die innere Bewegung aller Dinge und Wesen macht ihn zu einem Spezialisten für die richtige Geschwindigkeit einer Sache und damit für das Gleichgewicht der Kräfte. So hat er seine besondere Autorität in Sachen Gleichgewicht und Bewußtheit. Er unterweist seine Gefährten in Übungen des Nicht-Tuns etc., die alle in seinen Fachbereich fallen.

Der Organisator ist der eigentliche Chef eines Kriegertrupps. Sein Bereich ist die Absicht und somit der direkte Kontakt zur Schicksalsmacht. Er ist ein Kenner der verborgenen Bedeutungen aller Symbole und ein Spezialist in Sachen Ritual und Beschwörungstechniken. Von seinem Beobachtungsposten hinter den Kulissen durchschaut er die Menschen und deren Probleme. Er erkennt die Probleme der Verbindung aller lebenden Wesen und erahnt intuitiv die richtigen Lösungsmöglichkeiten. Eine typische Beschäftigung für ihn ist der Orakeldienst. Er unterweist seine Gefährten in diesen Dingen und sorgt für eine funktionierende Verbindung zur Absicht. Außerdem obliegt ihm die eigentliche Organisation innerhalb des Kriegertrupps; er sorgt sozusagen für die Feineinstellung jeglicher sozialen Ordnung.

Der Kurier des Nagual ist der Gehilfe des Nagual-Manns. Seine Aufgabe ist jedoch von sehr großer Bedeutung, denn er erkundet als Späher und Pfadfinder die zukünftigen Wege und Möglichkeiten des ganzen Kriegertrupps. Er erkundet das Unbekannte, welches der Trupp auf dem Weg zur endgültigen Befreiung zu durchschreiten hat. Seine Ergebnisse teilt er dem Nagual-Mann mit, der sie wiederum an den ganzen Kriegertrupp weiterleitet.

Der Nagual-Mann vermittelt zwischen diesen vier Typen, die ohne ihn keinen gemeinsamen Nenner finden würden. Er sorgt für den Zusammenhalt der Gruppe und ist gleichzeitig ihr Sprecher. Die Aufgabe des Nagual-Mannes ist das Finden des Durchlasses in die Freiheit. Er ist der Wegführer des gesamten Kriegertrupps und hat daher in Sachen des »Weges der Krieger« höchste Autorität. Er ist zudem ein direkter Mittler der Absicht, und er hat dafür Sorge zu tragen, daß der Trupp im richtigen Geist an seine Aufgaben geht.

Er teilt seine Aufgabe mit der Nagual-Frau, die die gleiche Autorität und Stellung innehat. Nagual-Mann und Nagual-Frau sind im eigentlichen ein Wesen, denn der Geist der Befreiung läßt die trennenden Schranken der Person verschwinden. Die Nagual-Frau vermittelt des weiteren zwischen den weiblichen Kriegern des Trupps; sie ist ihre Sprecherin und der Sammelpunkt aller weiblichen Energien.

Die vier Pirscherinnen sind Spezialistinnen im Umgang mit anderen Menschen und allen alltäglichen Angelegenheiten. Sie sind die tragende Kraft des Kriegertrupps in der normalen Welt. Die Ost-Pirscherin ist zuständig für alle Angelegenheiten der Ordnung in der ersten Aufmerksamkeit, während die Nord-Pirscherin eher auf die Stärken und Kräfte derselben spezialisiert ist. Die West-Pirscherin ist eine Meisterin im Umgang mit den menschlichen Gefühlen, und hier liegt auch ihr Arbeits- und Aufgabengebiet. Die Süd-Pirscherin schließlich ist für das Wachstum der ersten Aufmerksamkeit zuständig. In dieser Rolle überwacht sie auch sämtliche Neuzugänge in diesem Gebiet. Sie entscheidet z. B. darüber, ob die Kontakte der Krieger im Trupp zu den anderen Menschen angebracht und nützlich sind. Der Arbeitsbereich der Pirscherinnen ist mithin sehr groß, denn er umfaßt sämtliche Alternativen der ersten Aufmerksamkeit und der normalen Welt.

Die vier Träumerinnen sind die höchsten Autoritäten ihrer Kunst. Sie haben eine angeborene Fähigkeit zum leichten Eintritt in das Reich der zweiten Aufmerksamkeit. Die Ost-Träumerin ist eine Kennerin der verborgenen Ordnung des Träumens. Die Nord-Träumerin kennt eher die Kräfte und Wirkungsmöglichkeiten der zweiten Aufmerksamkeit. Das beste Gespür für diese Dinge hat jedoch die West-Träumerin, die eine wahre Expertin in den Feinheiten der Kunst des Träumens ist. Die Süd-Träumerin schließlich ist für das Wachstum der zweiten Aufmerksamkeit zuständig. Sie überwacht die neuen Kräfte und Energien, mit denen sich die Krieger des Trupps beschäftigen. Die Träumerinnen haben wie die Pirscherinnen ein riesiges Arbeitsfeld; es bezieht sich hier jedoch eher auf die Möglichkeiten der nicht-alltäglichen Wahrnehmung und auf die neuen Welten, die durch das Träumen offenbar werden.

Die drei zusätzlichen Kuriere können verschiedene Aufgaben erfüllen, die sich daraus ergeben, zu welchem Krieger oder zu welcher Kriegerin sie zugeteilt wurden. Ein männlicher Kurier wird einem der drei Krieger, ein weiblicher Kurier einer Kriegerin zugeteilt.

Sie helfen dann erkundend und forschend bei der Aufgabe des jeweiligen Kriegers. Wenn z. B. ein männlicher Kurier dem gelehrten Mann des Kriegertrupps zugeordnet wird, so wird er diesen durch Assistenz und Forschungshilfe zur Seite stehen. Er könnte dann z. B. neue medizinische Pflanzen erkunden oder ähnliches. Entsprechendes gilt bei anderer Zuordnung.

Sie sehen, die Ordnung eines solchen Trupps ist nicht einfach, sondern stellt ein kompliziertes Gefüge dar, in dem jeder eine bestimmte Aufgabe erfüllt. Diese Aufgaben entsprechen dem eigentlichen Wesen des betreffenden Menschentyps und geben ihm die Möglichkeit, in seinem Bereich aufzublühen. Dafür, daß der Betreffende durch seine Spezialisierung nicht zu kurz kommt, sorgt das Vorhandensein aller anderen genuinen Menschentypen innerhalb des Trupps. Durch die Typisierung, d. h. die Ausbildung verschiedener Menschentypen scheint die Natur eine Arbeitsteilung und Spezialisierung genauso wie ein soziales Gefüge vorzusehen. Derselbe Gedanke steckt in der Aussage, daß eine solche Gruppe ein Abbild der kosmischen Ordnung darstellt. Ich berichtete ja bereits in Kapitel 3.2 von dem entscheidenden Zusammenhang zwischen den kosmogonischen und kosmologischen Mythen und der Ordnung im menschlichen Leben. Der Kriegertrupp des Naguals stellt eine solche Möglichkeit der Ausrichtung des gesamten Lebens an einem Mythos dar. Wird der Mythos jedoch gelebt, verwandelt er sich in eine konkrete Möglichkeit und wird zum Lebensweg.

Das toltekische System basiert auf dieser Möglichkeit. Es ist kein unzusammenhängendes Konglomerat von einzelnen Techniken und Praktiken, sondern es ist ein Ganzes, ein komplettes Lebenssystem mit immanentem Sinn. Denn all die Aktivitäten der Tolteken richten sich nach der kosmischen Ordnung aus, und das Ziel der Praktiker ist die Befreiung von den Schranken des alltäglichen, sterilen Bewußtseins, das uns in einem Leben gefangenhält, das in keiner Weise unserer wahren Existenz entspricht. An die Stelle der üblichen, eingefahrenen Lebensweise des Durchschnittsmenschen tritt die überlegene Lebensweise des Kriegers, die alle ursprünglichen Möglichkeiten des Menschseins wieder eröffnet.

Ein Kriegertrupp läßt sich vielleicht am besten in einer Allegorie verstehen: Das toltekische Wissen ist ein Schiff; der Kriegertrupp stellt die Crew, die Mannschaft des Schiffes. Starthafen ist die normale Welt; Ziel und Bestimmung des Schiffes ist der Durchlaß zur Freiheit. Diese endgültige Reise wird jedoch erst dann angetreten, wenn die Besatzung zu dieser Reise bereit ist. Vorher werden viele Übungsfahrten über das Meer der zweiten Aufmerksamkeit zu anderen Inseln der Wahrnehmung unternommen. Darin liegt der tiefere Sinn der Übungen in der Kunst des Träumens. Die einzelnen Mitglieder der Mannschaft haben verschiedene Aufgaben auf dem Schiff: Der Organisator ist der eigentliche Captain. Er übergibt seine Anordnungen an die Steuerleute, den Nagual-Mann und die Nagual-Frau. Diese sind die eigentlichen Navigatoren des Schiffes, denn sie kennen die Route zur Freiheit. Die anderen Krieger haben alle spezielle Aufgaben, die ich nur an einigen Beispielen klarmachen will. So ist der gelehrte Mann der Schiffsarzt; er sorgt für die Gesundheit der Mannschaft. Der Kurier des Naguals ist ein Späher, quasi der Ausguck, der durch seine Beobachtungen wesentlich den Kurs des Schiffes mitbestimmt. Der Mann der Tat ist so etwas wie der Bootsmann; er bestimmt durch die Verteilung der Ladung das Gleichgewicht des Schiffes und dadurch, wie viele Segel er setzen läßt, die Geschwindigkeit der Reise. Die Süd-Pirscherin bestimmt die weitere Ladung des Schiffes, während die Ost-Pirscherin auf deren Ordnung und Verteilung bedacht ist etc. Man könnte diese Beispiele weiter ausführen, aber ich glaube, daß verständlich ist, was ich mit dieser Allegorie sagen will.

Auch ich bin Mitglied eines solchen Kriegertrupps. Die zugehörigen Leute hat die Absicht selbst durch entsprechende Omina ausgewählt und bezeichnet. Einige dieser Leute befinden sich auf dem Weg der Tolteken und arbeiten auf beschriebene Weise zusammen. Andere wieder leben als normale Menschen und haben ihre Bestimmung noch nicht im vollen Umfang erkannt oder akzeptiert. Doch das ganze Schicksal – und so auch die Entwicklung einer Gemeinschaft von Kriegern, von Suchenden nach Freiheit und Wissen – ist ein in Veränderung befindlicher Prozeß, dessen Früchte nur langsam reifen. Vor allem aber kann niemand zur Lebensweise eines Kriegers gezwungen werden, denn die Lebensweise der Krieger ist die absolute Freiheit. In dieser Einsicht liegt jedoch auch die Hoffnung beschlossen, die meine Gefährten und ich auf dem Weg der Tolteken teilen: die Hoffnung, daß die Freiheit jedem Menschen offensteht, der sich mit der Entschlossenheit der Krieger, der unbeugsamen Absicht, darum bemüht.

8

Die Erde

»Wir alle müssen uns selbst als einen Teil der Erde sehen; nicht als einen Feind von außerhalb, der versucht, ihr seinen Willen aufzunötigen. Wir, die wir die Bedeutung der heiligen Pfeife kennen, wissen auch, daß wir – als Teil der Erde – keinen Teil von ihr verletzen können, ohne uns selbst zu verletzen.«

Lame Deer[321]

Das Wissen der Tolteken schließt ein wesentliches Thema mit ein, das bis jetzt noch nicht berührt wurde: die Erde. Sie ist es, die unser Leben und unsere Bewußtheit erst ermöglicht. Das Wissen um diese Tatsache erfüllt die Tolteken mit tiefer Dankbarkeit für unseren Heimatplaneten, der so viel mehr ist, als man gewöhnlich weiß oder ahnt. Darum will ich nun abschließend auf das toltekische Wissen über die Erde eingehen, das für sie eine ganz besondere Bedeutung besitzt.

Der erste Punkt, auf den ich in diesem Zusammenhang hinweisen will, ist, daß die eigentliche Natur der Erde, ihr innerstes Wesen, den meisten Menschen verschlossen bleibt. Die Tatsache, daß die Erde selbst ein lebendes Wesen ist, ist den meisten Menschen unbekannt. Don Juan erklärt seinem Schüler:

»Die alten Seher sahen, daß die Erde einen Kokon hat (...). Sie sahen, daß da eine Kugel ist, die die Erde einschließt, ein leuchtender Kokon, der die Emanationen des Adlers umschließt. Die Erde ist ein gigantisches Lebewesen, das denselben Kräften unterliegt wie wir.«[322]

Die Erde ist nicht nur ein toter Haufen anorganischer Materie, wie uns die Schulweisheit erklären will, sondern ein lebendes Wesen, das die Ursache allen Lebens – einschließlich des Menschen – ist. Korrekterweise muß man sogar sagen, daß unser Leben nur ein winziger Teil jenes gewaltigen globalen Lebens ist. Und alle anderen Lebewesen auf dieser Erde haben ebenfalls Anteil an dieser übergeordneten, umfassenden Existenz. Die Menschen in den Naturvölkern sprechen von Pflanzen und Tieren als unseren Brüdern und Schwestern. Dies ist weder Naturschwelgerei noch primitives Weltverständnis, sondern eine korrekte Schlußfolgerung aus der zentralen Tatsache, daß die Erde die große Mutter allen Lebens ist.

Auch in Europa spricht man zuweilen von der »Mutter Erde«, aber aus diesem Munde hört sich dies wie blanker Hohn an. Denn wenn die Erde die Mutter ist, so sind die meisten zivilisierten Menschen notorische, skrupellose Mutterschänder. Es fehlt hier meist jeder Respekt vor der Erde: Wir überhäufen sie mit Abfällen und vergiften ihre Atmosphäre; wir vergewaltigen sie mit riesigen Bohrtürmen und Maschinen, und wir schänden sie, indem wir sie mit Teer, Asphalt und Beton zuplanieren, nur um mit einem noch schnelleren Auto in unseren Tod rasen zu können. Die Reihe solcher Vergleiche könnte bis ins Unendliche fortgesetzt werden. Sie brauchen sich nur einmal umzusehen und Sie werden erkennen, welche schöne neue Welt wir in unserer grenzenlosen Dummheit erschaffen haben.

Es gibt mehrere Millionen Tier- und Pflanzenarten auf dieser Erde und nur eine dieser Arten hat die Fähigkeit erworben, all dies in seiner Bewußtheit zu überblicken: der Mensch. Und was macht er mit dieser Fähigkeit? Er nutzt sie, um die Umwelt auszubeuten, um mehr »Profit« aus ihr zu ziehen. Dabei verkennt er aber seine tiefe Eingebundenheit in alles Naturgeschehen dieser Erde und steuert unweigerlich auf seinen eigenen Untergang hin.

Wir alle müssen lernen, unsere Fähigkeiten richtig einzusetzen, aber dazu ist ein allgemeiner Bewußtseinswandel nötiger als alles andere. Wir sind ein Teil des ganzen Lebens dieser Erde, und als Teil des Ganzen sind wir nicht von allem übrigen getrennt. Wir sind aufgefordert zu lernen, mit der Erde und ihrem Leben zu existieren, anstatt dagegen anzukämpfen. Dies muß jedoch aus einem tieferen Verständnis heraus geschehen und nicht nur, weil wir fürchten, unsere eigenen Lebensgrundlagen zu verlieren.

Auch der zivilisierte Mensch wird erkennen müssen, daß ein fundamentaler Unterschied besteht zwischen dem, was er »Leben« nennt, und dem, was Leben an sich bedeutet. Das, was heute »Leben« genannt wird, würde ich als nacktes Überleben bezeichnen, gepaart mit einem riesigen Haufen unnützer Dinge. Das echte Leben ist ein Leben des Einklangs und der Harmonie mit allen Wesen und Dingen auf dieser lebendigen Erde. Als Krieger habe ich dieses Leben kennengelernt, aber der eigentliche Lehrer dieser Lebensweise ist die Erde selbst.

Es mag seltsam klingen, aber für die Tolteken ist die Erde ein Lehrer, und ein unvergleichlicher noch dazu. Wir können von ihr, aber auch von unseren Brüdern und Schwestern, den Tieren und den Pflanzen, lernen. Dazu ist es nötig, daß der Mensch seine eigene Wichtigkeit ablegt, denn solange er von oben auf alles andere herabblickt, kann er sein wahres Geschick als Teil des Lebens der Erde nicht begreifen. Er muß auf den Boden der Tatsachen zurükkommen, auf den Boden von Mutter Erde und voll und ganz begreifen, daß er auf ein und derselben Stufe mit den Pflanzen und Tieren steht. Wir alle, Tiere, Pflanzen und Menschen, teilen ein Geschick, ein gemeinsames Schicksal als sterbliche Wesen auf dieser Erde. Der Tod stellt uns alle auf eine Stufe; in ihm laufen alle von der Zeit getrennten Fäden und Existenzen wieder in eins zusammen.

Nur auf dieser Basis ist ein wirkliches Lernen möglich. Der Mensch in den Naturvölkern hat diesen Boden nie verlassen und lebt im grundsätzlichen Einklang mit der Natur. Er weiß intuitiv, daß Fortschritt ein Unfug ist, und dies weiß er, weil er die Gesetze des Gleichgewichts von allem Lebendigen tief in sich spürt. Der zivilisierte Mensch aber, der die Eingebundenheit in die Welt nicht mehr fühlt, wird sich fragen müssen, ob sein Fortschrittsdenken nicht nur eine weitere Verblendung seines Eigendünkels ist. Ist ein natürliches Gleichgewicht steigerbar? Kennt Gesundheit einen Fortschritt? Oder kennt Glück einen Fortschritt? Ein natürliches Gleichgewicht ist nicht verbesserbar, es stellt den

Gipfel der optimalen Anpassung an alle äußeren Bedingungen dar. Jede Veränderung, auch unter dem Deckmantel des »heiligen Fortschritts«, ist eine Störung, eine Zerstörung des Gleichgewichts, von dem auch letztlich wir als Menschen abhängen und somit eine Sackgasse.

Die Herausforderung besteht mehr denn je darin, unsere innere Einstellung zu all den Dingen der Natur zu verändern, wenn wir wieder mit ihr leben wollen. Es reicht meist schon, auf ehrliche und aufrichtige Art mit einer Pflanze oder einem Tier zu reden, um das Gefühl des Einsseins mit allem Leben wiederzugewinnen. Es mag den meisten Menschen närrisch scheinen, so etwas zu tun, aber fürchten sie dabei nicht nur, selbst die Narren zu sein?

In den Jahren meiner Praxis als toltekischer Krieger habe ich viele Freundschaften zu Tieren und Pflanzen geknüpft, und ich war erstaunt, was man alles von ihnen erfahren und lernen kann. Auch Don Juan betont immer wieder, daß wir von allem auf der Erde lernen können. Damit ist jedoch nicht einfach das Abschauen von Prinzipien aus der Natur gemeint, wie man vermuten könnte, sondern eine tatsächliche, direkte Kommunikation mit anderen Lebensformen dieser Erde. Wer sagt, dies sei unmöglich, den muß ich fragen, ob er es schon versucht hat.

Um auf ein Tier oder eine Pflanze zuzugehen und mit ihnen zu kommunizieren, ist es jedoch nötig, selbst den richtigen Geist mitzubringen; man muß die richtige Stimmung oder Einstellung in sich tragen, damit es funktioniert. Ein Tier spürt sofort, ob Sie sich mit guten oder schlechten Absichten nähern. Es braucht dazu nicht zu denken; es weiß sofort, welchen Geist Sie in sich tragen, mit welcher Absicht Sie kommen. Meist reicht eine Geste, um einen Schmetterling oder einen Vogel dazu zu bringen, sich auf dem ausgestreckten Arm niederzulassen. Wenn die eigene Absicht rein ist, stellt dies kein Problem dar. Man kann auf diese Weise viele interessante Freundschaften zu anderen Lebewesen knüpfen.

Die Tolteken stellen auf diese Weise Schritt für Schritt den ursprünglichen Zustand des Miteinander-Lebens wieder her. Dazu ist es nicht einmal nötig, auf dem Land oder in der freien

Natur zu leben. So lebe ich zur Zeit in einer Stadt, und auch hier kommen befreundete Tiere und besuchen mich. Oft bringen sie Botschaften aus weit entfernten Gegenden mit, und ich weiß dann, was da und dort passiert ist. Die Nachtfalter beispielsweise tanzen ihre Botschaften; sie vollführen einen Tanz, dessen Information ich direkt begreife, wenn ich meinen inneren Dialog abstelle und einfach nur zuschaue. Das Wissen der Tiere und Pflanzen ist nämlich ein Wissen ohne Worte und Sprache, das die Tolteken als »stilles Wissen« oder als »Wissen der Absicht« bezeichnen. Dieses Wissen ist allen Menschen zugänglich, aber es erschließt sich nur dann, wenn man sich bewußt darauf einläßt.

Wir müssen uns klarmachen, daß alle lebenden Wesen eine Bewußtheit besitzen, die zwar eindeutig von unserem reflexiven Denken und Erkennen verschieden ist, aber die der Bewußtheit der Urmenschen und der kleinen Kinder recht ähnlich ist. Wir alle tragen die Keime dieser ursprünglichen Bewußtheit in uns; sie äußert sich in unseren Träumen, Ahnungen und Gefühlen. Wenn wir wieder anfangen wollen, wirklich zu leben, müssen wir lernen, unseren Ahnungen, Gefühlen und Träumen zu trauen. Solange wir sie jedoch verdrängen, verschließen wir uns einem wesentlichen Teil unseres Selbst. Erst wenn wir selbst ganz werden, können wir darangehen, anderen Lebewesen – seien es Menschen, Tiere oder Pflanzen – wirklich zu helfen.

Es ist eine zentrale Aufgabe der Tolteken und des Kriegertrupps des Nagual, allen lebenden Wesen bei der Entfaltung ihrer Bewußtheit zu helfen und sie aktiv zu unterstützen. Castaneda sagt dazu:

»Wenn jeder hinlänglich vollkommen ist, kann man einer großen Zahl von Wesen helfen.«[323] *Dies gilt natürlich auch in bezug auf die Menschen; Castaneda sagt weiter: »Immer besteht die Möglichkeit, das Wissen weiterzugeben. Immer hilft man. Man hilft mit einem Wort, einer kleinen Andeutung... Das tut jeder, der seine Aufgabe getreulich erfüllt. Alle Menschen können lernen. Alle haben die Möglichkeit, als Krieger zu leben.«*[324]

Über all diese Dinge darf man den zentralen Ansatz nicht aus den Augen verlieren, nämlich daß die Erde selbst ein gigantisches Lebewesen ist. Die Tolteken überliefern ein spezielles Wissen in Zusammenhang mit dieser Tatsache. Sie wissen, daß die Erde als Lebewesen auch ihre eigene Bewußtheit besitzt. Die Erde fühlt und empfindet, ganz ähnlich wie alle anderen Lebewesen auch. Aus diesem Grunde führen die Tolteken auch direkte »Gespräche« mit der Erde, natürlich im Sinne der Kommunikation über das stille Wissen. Sie kennen spezielle Techniken, die diese Kommunikation erleichtern. So suchen sie Höhlen auf oder bauen sich Erdsärge, um sich darin eine Weile zu begraben. Wenn man auf diese Weise gleichsam unter die Haut der Erde gelangt, kann man das lebendige Pulsieren ihrer Bewußtheit besser empfinden und direkt Energie von der Erde beziehen, die man zu allen möglichen Zwecken nutzen kann. Diese Energie hat eine ganz andere Qualität als die Energie auf der Erdoberfläche. Die Energie des Inneren ist eine friedliche, ruhige, aber sehr starke Kraft. Aus diesem Grunde begraben sich die Tolteken von Zeit zu Zeit, z. B. wenn sie sich über schwierige Fragen Klarheit verschaffen wollen, oder wenn sie eine schwierige Aufgabe zu erledigen haben. Sie holen sich dann Rat und Kraft bei der Mutter allen Lebens auf unserem Planeten, bei der Erde selbst.

Man muß dieses spezielle Gefühl erlebt haben, um wirklich zu begreifen, daß die Erde lebt und mit einer Kraft ausgestattet ist, die jede Vorstellung übersteigt. Wenn man z. B. eine ganze Nacht in einer Höhle verbringt, kommt man mit all seinen Gefühlen und Gedanken ins reine; ich habe dies oft genug am eigenen Leibe erfahren dürfen. Es ist, als ob die Erde all die schlechten Energien des Alltags, wie Frustration, Ungeduld, Hektik und Aggression, einfach aufsaugen und absorbieren würde. Man hat das körperliche Gefühl einer gründlichen Läuterung und Reinigung. Für einen Moment scheint man zurückgekehrt zu sein an den Anfang der Zeit, als alles noch im Einklang miteinander war.

Eine Nacht in einer natürlichen Höhle oder in einem Erdsarg wird auch im subjektiven Zeitempfinden als viel länger wahrgenommen als eine Nacht in gewohnter Umgebung. Die Zeitempfindung in einer Höhle ist extrem ausgedehnt; eine Stunde einer solchen Höhlennacht ist vergleichbar mit einer ganzen Nacht in einem städtischen Bezirk. Man hat Zeit, sich über sein ganzes Leben Klarheit zu verschaffen, ja es hat sogar den Anschein, daß die Erde selbst uns genau dazu auffordert. Im direkten Anschluß an diese Läuterungsphase treten häufig Visionen oder andere Zustände der veränderten Wahrnehmung auf. Dann spricht die Erde direkt zu uns. Die Erde hat nämlich die Möglichkeit, durch ihre eigene Bewußtseinsenergie unseren Montagepunkt zu verschieben. Auf diese Weise kann sie einem ungeahnte Erfahrungen zuteil werden lassen. Es ist mir allerdings unmöglich, näher darüber zu berichten, da diese Erfahrungen unbeschreiblich sind.

Die Tolteken nutzen dieses Wissen von der Erde auch zu direkten Heilzwecken, ja, sie sagen sogar, daß die Erde selbst der beste Heiler ist. Sie hat nämlich die Fähigkeit, die Macht des Todes abzuschirmen. Auch sie unterliegt zwar dem ständigen Einfluß der Kraft des Todes, aber sie hat auf eine unbegreifliche Art gelernt, diese abprallen zu lassen. Ich hoffe in dieser Hinsicht, daß die üblen Machenschaften des zivilisierten Menschen diesen Zustand nicht verändern. Es ist daher nur gut, wenn möglichst viele Menschen beginnen, sich auf die Erde zurückzubesinnen und Erfahrungen mit der großen Mutter und all ihren Kindern sammeln.

Vergessen Sie den Satz vom »macht euch die Erde untertan« möglichst schnell und gründlich. Noch ist Zeit genug, aus der Sackgasse der Moderne hinauszufinden und zurückzukehren zu der ursprünglichsten aller Erfahrungen, der Erfahrung der Zugehörigkeit zum großen, einen Leben dieser Erde. Wir brauchen deshalb nicht dumm oder gar »primitiv« zu werden, denn ich rede nicht von einem Rousseauschen »Zurück zur Natur«, sondern von einem wirklichen Verständnis unserer Lebensgrundlagen, das notgedrungen über ein intellektuelles Verständnis hinausgehen muß. Wir brauchen weder auf die Vernunft noch auf unsere ursprünglichen Erfahrungsmöglichkeiten zu verzichten. Beides würde uns unseres menschlichen Erbes berauben und uns auf einen Teil der ganzen Wahrheit reduzieren. Wir brauchen beides, Vernunft und stilles Wissen, um es zu einer lebendigen Ganzheit zu verbinden: der Ganzheit des Selbst.

Damit erschöpft sich das Wissen der Tolteken über die Erde jedoch noch lange nicht; es hat viele Aspekte, die jedoch immer auf der Tatsache beruhen, daß die Erde ein lebendes, bewußtes Wesen ist. So sucht Don Juan mit seinen Schülern immer wieder besondere Plätze auf, welche die Tolteken als »Orte der Kraft« bezeichnen. Castaneda sagt dazu: »Die Erde ist etwas Lebendiges. Diese Orte sind die Eingänge, durch die die Erde periodisch Kraft oder Energie aus dem Kosmos erhält. Diese Energie muß der Krieger speichern.«[325] Die Energie, von der da die Rede ist, ist natürlich purste Lebenskraft, jene Kraft, die allein imstande ist, das Leben der Erde und ihrer Bewohner zu erhalten.

Castaneda berichtet weiterhin hierzu: »Alle achtzehn Tage fällt eine Woge von Energie auf die Erde nieder. (...) Sie können sie wahrnehmen. Diese Energiewoge kann stark sein oder nicht, je nachdem. Wenn die Erde sehr große Wogen von Energie empfängt, erreicht uns diese immer, gleich wo wir gerade sind. Verglichen mit der Größe dieser Kraft, ist die Erde klein, und die Energie kommt überall hin.«[326] Dem praktisch Interessierten gebe ich ein Vergleichsdatum dieses periodischen Krafteinfalls: Der 1. Oktober 2002 ist ein solcher »Kraft-Tag«. Von diesem Datum aus brauchen Sie nur in Achtzehn-Tage-Zyklen weiterzurechnen, um die weiteren Daten der Kraft-Tage zu ermitteln. Wie Castaneda sagt, man kann diese Kraft wahrnehmen. Am stärksten trifft sie in den Bergen ein und – vor allem – an den vorhin erwähnten Kraftorten.

Die Orte der Kraft sind permanent von einem starken Energiefeld umgeben, das den verfeinerten Sinneswahrnehmungen der Zauberer wahrnehmbar ist; sie empfinden diese Energie als eine Art Prickeln oder Kribbeln, das am ganzen Körper bemerkbar wird. Auch geht von diesen Orten eine sonderbare Müdigkeit aus, die jedes Wesen, das an einem Ort der Kraft rastet, überfällt.

Dies liegt an der direkten Wirkung der Energie auf den Montagepunkt, der dann zu Verschiebungen neigt. Diese Wirkung machen sich die Tolteken zunutze, indem sie allein durch die Energie eines solchen Ortes ihren Montagepunkt in andere, neue Wahrnehmungsbereiche verschieben.

Aus diesem Grunde sagen die Zauberer, daß Orte der Kraft Durchgänge in die andere Welt sind. Natürlich darf man dies nicht wörtlich nehmen, denn der Übergang in eine andere Welt ist immer der Übergang in eine andere Wahrnehmung. Dieser Übergang kann jedoch überall und jederzeit vollzogen werden, wenn der Praktiker genügend Erfahrung und – vor allem – genügend Energie dazu hat. Mit dieser Energie wird man aber an Orten der Kraft im Überfluß versorgt, weshalb hier solche Taten besonders leicht zu vollbringen sind.

Man kann die Energie eines solchen Ortes natürlich auch aufspeichern. Dazu geeignet sind grundsätzlich alle Übungen des Nicht-Tuns. Es gibt allerdings auch spezielle Techniken des Speicherns von Erd-Energie. Ich möchte im Folgenden zwei solcher Übungen kurz darstellen. Es sind verschiedene Übungen, da Männer und Frauen auf verschiedene Art Energie aufnehmen.

Ein Mann legt sich flach auf den Rücken und zieht seine Beine so an, daß sich die Fußsohlen berühren. Schenkel und Waden sollten nach Möglichkeit ebenfalls den Boden berühren. Die Arme werden waagrecht abgespreizt, die Unterarme in Richtung Himmel erhoben. Die Handflächen weisen gegeneinander, die Finger werden abgespreizt. Der Kopf weist bei dieser Übung immer in Richtung Osten. Schon nach kurzer Zeit kann man spüren, wie sich ein Energieband zwischen den Handflächen spannt. Dies bedeutet, daß der Körper beginnt, die Kraft aufzuspeichern.

Die Übung für Frauen ist eine andere. Sie müssen über den Boden rollen, ganz im Sinne der klassischen »Rolle-Vorwärts« im Sportunterricht, nur daß hierbei der Körper ganz eng zusammengenommen wird; er muß quasi einer rollenden Kugel gleichen. Um Unannehmlichkeiten bei dieser Übung zu vermeiden, empfiehlt es sich, einen dicken Wollschal um die Hüften zu schlingen. Er verhindert unangenehme Druckstellen an Wirbelsäule und Becken, wie mir meine Kriegerinnen versicherten. Es gibt natürlich noch eine Unzahl von anderen Möglichkeiten, aber die beiden geschilderten haben sich in der Praxis als die günstigsten erwiesen.

Die so aufgespeicherte Energie kann prinzipiell zu allen Zwekken verwendet werden, je nach Veranlagung und Aufgabe des jeweiligen Praktikers. Der beste Verwendungszweck ist jedoch die kontrollierte Verschiebung des Montagepunkts, wie z. B. beim Träumen. Die Energie der Erde verhilft den Praktikern auf diese

Weise bei der Beherrschung ihrer Bewußtheit und letztlich auch bei der Befreiung derselben.

Daher empfinden die Tolteken eine unendliche Dankbarkeit und Liebe zur Erde. Doch auch der normale Mensch sollte sich bewußt werden, daß seine Lebenskraft direkt von der Erde stammt. Alle Pflanzen, die als Nahrung dienen, entspringen dem Mutterboden, und alles übrige organische Leben baut sich daraus auf. In diesem Zusammenhang darf auch der Vater des Lebens, die Sonne, nicht vergessen werden. Auch zu diesem Thema besitzen die Tolteken ein spezielles Wissen, auf das hier – aus Gründen des Umfangs – nicht mehr eingegangen werden kann. Es sei nur soviel gesagt, daß unsere Natur als leuchtende Wesen uns direkt zu Kindern der Sonne macht, die selbst nichts anderes ist als ein gigantischer Ausbruch von Leuchtkraft, ein lebendes Wesen von unvorstellbarer Größe und Dimension.

Doch zurück zur Mutter, zurück zur Erde. Ich möchte dieses Kapitel mit einigen Worten von Don Juan beenden, denen ich nichts mehr hinzuzufügen habe:

> *»Nur wenn man diese Erde mit unerschütterlicher Leidenschaft liebt, kann man sich von seiner Traurigkeit befreien (…). Ein Krieger ist immer fröhlich, weil seine Liebe unwandelbar ist und weil seine Geliebte, die Erde, ihn umarmt und ihn mit unvorstellbaren Gaben beschenkt. Die Traurigkeit ist nur bei denen, die gerade das hassen, was ihrem Dasein Obdach gibt. (…) Dieses liebliche Wesen, das bis in den letzten Winkel lebendig ist und jedes Gefühl versteht, besänftigte mich, es heilte mich von meinem Schmerz, und schließlich, als ich meine Liebe zu ihm ganz begriffen hatte, lehrte es mich Freiheit.*
> *Nur die Liebe zu diesem strahlenden Wesen kann dem Geist eines Kriegers Freiheit geben, und Freiheit ist Freude, Tüchtigkeit und Unerschrockenheit im Angesicht von Widrigkeiten. Dies ist die letzte Lektion.«*[327]

9

Schlußbetrachtung

Im nachhinein stelle ich fest, daß ich leider nicht auf alle Themen eingehen konnte, zu denen ich hier gerne Stellung bezogen hätte. Viele Themen blieben unerwähnt; die abgehandelten hätten in ihren Aspekten vertieft werden können. Zudem gibt es in den toltekischen Lehren eine Menge Randthemen, von denen ich nur einzelne ansprechen konnte.

Meine Absicht war es jedoch, Vorläufer auszusenden, Möglichkeiten darzubieten, die dem Leser eine neuartige Beschäftigung mit Castaneda und seinen Werken ermöglichen. Diese Vorläufer sind Ansätze; Ansätze des Verstandes und Ansätze der Praxis. Ich glaube, daß diese Art der Castaneda-Rezeption die einzige ist, die der Bedeutung seiner Werke wirklich gerecht wird. Ich sage dies sowohl als Praktiker als auch als Theoretiker des toltekischen Wissens. Diese Aussage bedarf einer näheren Erläuterung, und dazu ist es nötig, die grundsätzlichen Möglichkeiten der Beschäftigung mit Castanedas Werken zu erörtern. Die abschließende Erörterung soll noch einmal die zentrale Problematik vorführen und den Leser auffordern, selbst Stellung zu beziehen.

Welche Arten der Beschäftigung mit Castaneda gibt es überhaupt? Wie werden die Lehren des Don Juan bei uns in Europa aufgenommen? Willi Köhler unterscheidet in seinem Vorwort zu Corvaláns »Der Weg der Tolteken« drei Lesergruppen, die im einzelnen verschiedene Arten der Beschäftigung mit Castaneda und seinem Werk aufzeigen:

»Allerdings muß man unter den Castaneda-Lesern und -Konsumenten mindestens drei Gruppen unterscheiden:

solche, die seine Bücher als Märchen oder eskapistische Fantasy lesen, solche, die seine ›andere Wirklichkeit‹ für bare Münze nehmen, und solche, die seine Geschichten und die in Form platonischer Dialoge aufgezogenen Gespräche als bewußtseinserweiternde Denkspiele und als Fischzüge im uralten Meer menschlicher Denkmöglichkeiten ansehen.«[328]

Diese Einordnung ist auch meiner Meinung nach recht zutreffend, aber er hat eine vierte Gruppe vergessen: diejenigen, die durch die Lektüre Castanedas einen starken Anstoß erhalten haben, der sie selber zu Tolteken, zu Kriegern gemacht hat. Nehmen wir die Krieger hinzu, erhalten wir wieder eine ursprüngliche Vierergruppe, die sich wiederum als typisches Abbild der kosmischen Ordnung zeigt. Diese Vierergruppe ergibt sich auch aus dem, was Don Juan sagt:

»Es gibt dreierlei schlechte Gewohnheiten, in die wir immer wieder verfallen, sobald wir im Leben mit ungewöhnlichen Situationen konfrontiert sind. Erstens können wir das, was geschieht oder geschehen ist, leugnen und so tun, als sei es nie geschehen. So machen es die Bigotten. Zweitens können wir alles unbesehen akzeptieren und so tun, als wüßten wir, was geschieht. So machen es die Frommen. Drittens kann ein Ereignis uns zwanghaft beschäftigen, weil wir es weder leugnen noch rückhaltlos akzeptieren können. So machen es die Narren. Du etwa auch? Doch es gibt noch eine vierte Möglichkeit, die richtige nämlich, die des Kriegers. Ein Krieger handelt so, als sei überhaupt nichts geschehen, weil er an gar nichts glaubt, und doch akzeptiert er alles unbesehen. Er akzeptiert, ohne zu akzeptieren, und leugnet, ohne zu leugnen.«[329]

Auch Castanedas Bücher sind eine solche ungewöhnliche Situation für den Leser, und so erkennt man in Willi Köhlers Lesergruppen die verschiedenen »schlechten Gewohnheiten« wieder, von denen Don Juan spricht. Ich hoffe, daß mein Buch allen vier

Gruppen Ansatz zur Beschäftigung bietet. Die Zweifler können meine Berichte und Analysen bezweifeln, die Frommen können weiterhin alles glauben, die Narren können ihrem Zwang frönen. Mein besonderer Gruß gilt jedoch allen Kriegern, jenen, die weder glauben noch leugnen, sondern die einfach den Anstoß all der Worte Castanedas genutzt haben, um ihren Montagepunkt zu bewegen und das Unfaßbare zu schauen. Ich weiß, es gibt viele von euch da draußen in der Welt.

Einige unter Ihnen werden sich fragen, warum ich dieses Buch in zwei Teile, in einen theoretischen und einen praktischen, getrennt habe. Der Grund ist denkbar einfach:

Wir Menschen bestehen aus zwei Teilen, dem Tonal und dem Nagual, dem Bewußten und dem Unbewußten, und diese beiden Teile sprechen verschiedene Sprachen. Ich habe versucht, zu beiden zu sprechen, und hoffe, daß mir dies gelungen ist. Beide Arten der Betrachtung stellen für mich keinen Gegensatz dar, sondern sie vereinigen sich in der Praxis zu einem harmonischen Ganzen. Wenn wir unserem Geschick als Menschen in dieser Welt voll gerecht werden wollen, dürfen wir keinen Teil unseres Selbst aussparen. Sowohl die Vernunft sollte zu ihrem Recht kommen als auch jener andere, ältere Teil des Menschen, den die Tolteken als Nagual, Absicht oder als das stille Wissen kennen.

Diese beiden Seiten des Selbst eines jeden Menschen können harmonisch miteinander verbunden werden, und von dieser Tatsache möchte ich Zeugnis ablegen. Die Tolteken reden von den »zwei Einbahnbrücken«, die Vernunft und stilles Wissen verbinden. In diesem Zusammenhang wird auch klar, was ein Zauberer eigentlich mit seinem Schüler anstellt, d. h., was ein Lehrling der Zauberei eigentlich lernt. Der geistige Großvater des Don Juan, der Nagual Elias, erklärte seinem »Enkel« dazu Folgendes:

»(...) der Nagual Julian wolle Don Juan ausbilden und seinen Montagepunkt in die Position der Vernunft lenken, damit er sich zum Denker entwickeln könne, statt Teil eines ungebildeten, aber emotional überreizten Publikums von Anbetern der Vernunft zu bleiben. Gleichzeitig aber wolle er Don Juan zu einem wahren abstrakten Zauberer ausbilden, damit er

nicht Teil eines pathologisch unwissenden Publikums von Anbetern des Unbekannten bleiben müsse.«[330]

Genau aus diesem Grund teilte ich auch dieses Buch in zwei Teile. Teil I soll einen Anstoß bewirken, selbst über die Welt nachzudenken, und zwar in einer gründlichen, selbständigen Art, die die Normen der modernen Vernünftelei erkenntnistheoretisch hinterfragt und überprüft. Gleichsam sollten aber auch die Aussagen der Tolteken in diesem Prozeß nicht ausgespart werden. Teil II berichtet von praktischen Erfahrungen und Techniken, die einen Anstoß geben können, sich tatsächlich auf neue Erfahrungen und Möglichkeiten einzulassen, die zwar jedermann offenstehen, die jedoch nur von denen erfahren werden, die sich aktiv darum bemühen. Beide Teile bilden Brücken zwischen der Vernunft und dem stillen Wissen, dem Wissen der Absicht. In diesem Sinne erklärte der Nagual Elias:

»Es sei eine Brücke mit Einbahnverkehr, die vom stillen Wissen zur Vernunft führte. Diese Einbahnbrücke (...) bezeichne man als ›Interesse‹. Jenes Interesse also, das die wahren Vertreter des stillen Wissens für die Quelle ihres Wissens aufbrächten. Die andere Einbahnbrücke, von der Vernunft zum stillen Wissen, bezeichne man als ›reines Verstehen‹. Also die Einsicht der wahren Vertreter der Vernunft, daß die Vernunft nur eine Insel in einem unendlich weiten Meer voller Inseln sei. Ein Mensch, bei dem beide Einbahnbrücken funktionieren (...), sei ein Zauberer. Er stünde in direktem Kontakt mit dem Geist – jener lebendigen Kraft, die beide Positionen ermöglicht.«[331]

Ich wünsche allen Menschen, die diese Brücken beschreiten, Glück und Erfolg, im Denken und im Handeln. Für die Menschen, die sich dazu nicht animiert sehen, hoffe ich zumindest, daß sie erkennen, daß es sich beim toltekischen Nagualismus, dem Wissen der Tolteken, um viel mehr handelt, als nur um eine »primitive indianische Lehre«. Es ist ein Wissen, das in seiner Komplexität und Gründlichkeit keiner modernen Wissenschaft nachsteht, auch wenn es einer anderen, uns fremden Weltbeschreibung entstammt.

Dies wird auch im Anhang deutlich, in dem Castaneda selbst zu Wort kommt. Es handelt sich um einen Originaltext, der im Deutschen noch nicht veröffentlicht wurde und der bislang nur in der mexikanischen Ausgabe von »Die Kunst des Pirschens« abgedruckt war. Der Übersetzer, José Zaragoza, hat ihn freundlicherweise für diese Veröffentlichung zur Verfügung gestellt. Mit der Ankündigung dieses Leckerbissens für jeden Castaneda-Freund und jeden Krieger schließe ich nun und überlasse dem Meisterschüler des Don Juan das Wort.

Anhang

Carlos Castaneda:

Sechs grundlegende Lehrsätze

(Übersetzt aus dem Mexikanischen von José Zaragoza[332])

Trotz der erstaunlichen Manöver, die Don Juan mit meiner Bewußtheit vollführte, bestand ich im Laufe der Jahre eigensinnig darauf, seine Taten mit dem Intellekt bewerten zu wollen. Obwohl ich viel über diese Manöver geschrieben habe, so ist dies immer aus dem Blickwinkel der eigenen Erfahrung heraus geschehen und außerdem aus einer voll und ganz vernunftbezogenen Position. Verstrickt in meine eigene Rationalität, konnte ich die Ziele der Lehren des Don Juan nicht erkennen. Um die Reichweite dieser Ziele halbwegs verstehen zu können, war es notwendig, daß ich meine menschliche Form verlor und die Ganzheit meines Selbst erreichte.

Die Lehren des Don Juan hatten das Ziel, mich durch die zweite Phase der Entwicklung eines Kriegers zu leiten: den Beweis und das bedingungslose Akzeptieren der Tatsache, daß es in uns eine andere Art der Bewußtheit gibt. Diese Phase war in zwei Kategorien unterteilt. Die erste, für welche Don Juan die Hilfe Don Genaros benötigte, betraf die Handlungen. Dabei wurden mir bestimmte Vorgehensweisen, Aktionen und Methoden gezeigt, die mein Bewußtsein trainieren sollten. Die zweite bestand in der Abhandlung der sechs grundlegenden Lehrsätze.[333]

Aufgrund der Schwierigkeiten, meine Vernunft so anzupassen, daß ich die Folgerichtigkeit seiner Lehren hätte akzeptieren können, präsentierte mir Don Juan diese erklärenden Lehrsätze auf eine Art, die meiner schulischen Vorbildung entsprach.

Das erste, was Don Juan tat, war die Schaffung einer Spaltung in mir mit Hilfe eines genauen Schlages auf das rechte Schulterblatt, der mich in einen ungewohnten Bewußtseinszustand treten ließ, an den ich mich aber nicht mehr erinnern konnte, nachdem ich wieder in die Normalität zurückgekehrt war.

Bis zu dem Augenblick, in dem mich Don Juan in diesen Bewußtseinszustand eintreten ließ, hatte ich einen unwiderlegbaren Sinn für Kontinuität, die, wie ich glaubte, ein Produkt meiner Lebenserfahrung war. Die Idee, die ich von mir selber hatte, war die, ein vollständiges Wesen zu sein, das über alles Rechenschaft ablegen könne, was es je getan hatte. Außerdem war ich davon überzeugt, daß der Ort, an dem sich all meine Bewußtheit befand, in meinem Kopf sei. Don Juan demonstrierte mir jedoch mit seinem Schlag, daß es ein Zentrum an der Wirbelsäule gibt, in Höhe der Schulterblätter, welches offensichtlich ein Platz der gesteigerten Bewußtheit ist.

Als ich Don Juan über die Natur dieses Schlages befragte, erklärte er, daß der Nagual ein Führer sei, der die Verantwortung trage, den Weg zu bahnen, und der makellos sein müsse, um seine Krieger mit einem Gefühl der Zuversicht und Klarheit zu durchtränken. Nur unter diesen Voraussetzungen ist ein Nagual in der Lage, auf den Rücken zu schlagen, um eine Verschiebung des Bewußtseins herbeizuführen, denn es ist die Kraft des Nagual, die diese Veränderung bewirkt. Wenn der Nagual kein makelloser Praktiker ist, findet die Verschiebung nicht statt, wie es bei mir der Fall war, als ich vergeblich versuchte, die anderen Lehrlinge in einen gesteigerten Bewußtseinszustand zu versetzen, indem ich sie auf den Rücken prügelte, bevor wir uns auf die Brücke wagten.

Ich fragte Don Juan danach, wie diese Verschiebung geschehe. Er sagte, daß der Nagual einen bestimmten Punkt anschlagen müsse, welcher von Mensch zu Mensch variiert, der sich aber immer in der Gegend der Schulterblätter befindet. Ein Nagual muß »sehen«, um die genaue Stelle zu finden, die sich auf der

Schale des leuchtenden Eies befindet und nicht im physischen Körper; hat sie der Nagual ausfindig gemacht, stößt er sie eher an, als daß er schlägt, und schafft so eine Delle, eine Vertiefung im leuchtenden Kokon. Der gesteigerte Bewußtseinszustand, der durch diesen Schlag herbeigeführt wird, dauert so lange an, wie die Vertiefung bestehenbleibt. Manche Lichteier kehren von selbst zu ihrer ursprünglichen Form zurück, manche müssen zu diesem Zweck auf eine andere Stelle geschlagen werden, und einige erreichen niemals wieder ihre ovale Form.

Don Juan sagte, daß die »Seher« das Bewußtsein als einen eigentümlichen Glanz sehen. Die Bewußtheit des alltäglichen Lebens ist ein Leuchten auf der rechten Seite, das sich von der Außenseite des physischen Körpers bis zur Peripherie des Lichteies ausdehnt. Die gesteigerte Bewußtheit ist ein intensiverer Glanz, der sich mit großer Geschwindigkeit und Konzentration anheftet und der die Peripherie der linken Seite erfüllt.[334]

Don Juan sagte, daß die Seher das, was beim Nagualschlag geschieht, als eine vorübergehende Verschiebung eines Zentrums erklären, welches sich am leuchtenden Kokon des Körpers befindet. In diesem Zentrum werden die Emanationen des Adlers abgeschätzt und ausgewählt. Der Nagualschlag verändert dessen normale Funktion.

Durch ihre Beobachtungen sind die Seher zu dem Schluß gelangt, daß die Krieger in diesen Zustand der Desorientierung versetzt werden müssen. Der Wechsel in der Art und Weise, wie das Bewußtsein unter diesen Bedingungen funktioniert, bringt es nämlich mit sich, daß dieser Zustand ideal ist, um die Befehle des Adlers zu erläutern: er erlaubt den Kriegern, wie im Alltagsbewußtsein zu funktionieren, mit dem Unterschied, daß sie sich mit einer unvergleichlichen Klarheit und Kraft auf all ihr Tun konzentrieren können. Don Juan erzählte, daß meine Situation dem ähnlich sei, was er erlebt hatte. Sein Wohltäter schuf eine tiefe Spaltung in ihm, indem er ihn immer wieder von der rechten auf die linke Seite wechseln ließ. Die Klarheit und Freiheit seiner linksseitigen Bewußtheit standen in direktem Gegensatz zu den Rationalisierungen und dem unaufhörlichen Abwehren seiner rechten Seite. Er sagte mir, daß alle Krieger in die Tiefen derselben Situation – in

Gestalt dieser Polarität – gestoßen würden und daß der Nagual die Spaltung schafft und verstärkt, um seine Schüler zu überzeugen, daß es im menschlichen Wesen ein Bewußtsein gibt, welches noch nicht erforscht ist.

1 Das, was wir als Welt wahrnehmen, sind die Emanationen des Adlers

Don Juan erklärte mir, daß die Welt, die wir wahrnehmen, keine transzendente Realität hat. Da wir mit ihr vertraut sind, glauben wir, daß das, was wir wahrnehmen, eine Welt der Dinge sei, die genau so existieren, wie wir sie wahrnehmen, während es in Wirklichkeit eine Welt der Dinge gar nicht gibt, sondern vielmehr ein Universum von Emanationen des Adlers.

Diese Emanationen stellen die einzig unabänderliche Realität dar, eine Realität, die alles Existierende umfaßt, das Wahrnehmbare wie das Nichtwahrnehmbare, das Erkennbare und das Unerkennbare.

Seher, die die Emanationen des Adlers sehen, nennen sie wegen ihrer zwingenden Kraft »Befehle«. Alle lebenden Wesen sind gezwungen, die Emanationen zu benutzen, was sie tun, ohne je in Erfahrung zu bringen, was jene sind. Der Durchschnittsmensch interpretiert sie als Wirklichkeit. Und die Seher, die diese Emanationen sehen, interpretieren sie als die »Regel«.

Obschon die Seher die Emanationen sehen, haben sie keine Möglichkeit, je zu wissen, was sie da sehen. Aber anstatt sich zu überflüssigen Mutmaßungen anzuschicken, beschäftigen sich die Seher mit praktischen Überlegungen, wie sie die Befehle des Adlers interpretieren können. Don Juan behauptete, daß das intuitive Erfassen einer Realität, die die von uns wahrgenommene Welt transzendiert, nicht mehr als eine Vermutung bleibe; es genüge einem Krieger nicht zu vermuten, daß die Befehle des Adlers von allen auf der Erde lebenden Wesen unaufhörlich wahrgenommen werden und daß keines von ihnen auf dieselbe Weise wahrnimmt. Die Krieger müssen daher versuchen, Zeugen des Flusses der Emanationen zu werden und die Art zu »sehen«, wie der Mensch und andere Lebewesen diese beim Aufbau ihrer wahrnehmbaren Welt benutzen.

Als ich vorschlug, den Ausdruck »Beschreibung« anstelle von Emanationen des Adlers zu verwenden, machte Don Juan mir klar, daß dies keine Metapher sei. Er sagte, daß der Begriff Beschreibung eine menschliche Übereinkunft bezeichnet, während das, was wir wahrnehmen, einem Befehl entspringt, für den menschliche Übereinkünfte nicht zählen.[335]

2 Es ist die Aufmerksamkeit, die uns die Emanationen des Adlers als Akt des »Abschöpfens« wahrnehmen läßt

Don Juan sagte, daß die Wahrnehmung eine physische Fähigkeit sei, die von allen lebenden Wesen ausgebildet wird; das Endresultat dieser Ausbildung beim Menschen ist bei den Sehern als »Aufmerksamkeit« bekannt. Don Juan beschrieb Aufmerksamkeit als den Akt des Einfangens und Lenkens der Wahrnehmung. Er sagte, daß dieser Akt unsere größte Errungenschaft sei, und daß er die ganze Skala der Alternativen und Möglichkeiten des Menschen umfaßt. Don Juan machte dabei eine genaue Unterscheidung zwischen Alternativen und Möglichkeiten. Menschliche Alternativen sind diejenigen, zwischen denen wir als Personen innerhalb unseres sozialen Umfelds wählen können. Unser Panorama in diesem Bereich ist äußerst beschränkt. Menschliche Möglichkeiten sind hingegen jene, die wir als leuchtende Wesen zu erreichen imstande sind.

Don Juan offenbarte mir ein Schema mit drei Typen von Aufmerksamkeit, wobei er betonte, daß es irreführend sei, sie »Typen« zu nennen. In Wirklichkeit handle es sich um drei Ebenen des Wissens: die erste, zweite und dritte Aufmerksamkeit; jede einzelne ein in sich vollständiger, unabhängiger Bereich.

Für einen Krieger in der Anfangsphase seiner Lehrzeit ist die erste Aufmerksamkeit die bei weitem wichtigste von diesen dreien. Don Juan sagte, daß seine erklärenden Lehrsätze beabsichtigen, dieser ersten Ebene die Funktionsweise der ersten Aufmerksamkeit zugänglich zu machen, etwas, das von uns meist gänzlich unbeachtet bleibt. Er befand es für unbedingt notwendig, daß die Krieger die Natur der ersten Aufmerksamkeit verstehen, bevor sie darangehen, sich je in eine der anderen zwei vorzuwagen.[336]

Er erklärte mir, daß der ersten Aufmerksamkeit gelehrt wurde, sich blitzschnell durch ein ganzes Spektrum von Emanationen zu bewegen, ohne auf diese auch nur den geringsten offensichtlichen Nachdruck zu legen. Dies geschehe mit dem Ziel, »Wahrnehmungseinheiten« zu erreichen, von denen wir alle gelernt haben, daß sie wahrnehmbar sind. Die Seher nennen diese Tätigkeit der ersten Aufmerksamkeit »Abschöpfen« (Extrahieren), weil es die Fähigkeit miteinschließt, überflüssige Emanationen zu unterdrükken und andere auszuwählen, die hervorgehoben werden müssen.

Don Juan erklärte mir diesen Prozeß am Beispiel des Berges, den wir in diesem Moment sahen. Er behauptete, daß meine erste Aufmerksamkeit in dem Augenblick, in dem sie den Berg sieht, eine endlose Anzahl von Emanationen abgeschöpft und damit ein Wunder der Wahrnehmung bewirkt hat: einen Extrakt, den alle Menschen kennen, weil es jedem von uns gelungen ist, ihn für sich selbst zu erreichen.

Die Seher sagen, daß alles, was die erste Aufmerksamkeit beim Erstellen eines Extrakts unterdruckt, unter keinen Umständen mehr von ihr wiedererlangt werden kann. Nachdem wir einmal gelernt haben, mit Hilfe von Extrakten wahrzunehmen, bemerken unsere Sinne die überflüssigen Emanationen nicht mehr. Um diesen Punkt näher zu erläutern, nahm er als Beispiel den Extrakt »menschlicher Körper«. Er sagte, daß unsere erste Aufmerksamkeit sich der Emanationen, die das leuchtende Ei außerhalb des physischen Körpers bilden, völlig unbewußt ist. Unser ovaler Kokon ist nicht Subjekt der Wahrnehmung; es werden alle Emanationen zurückgewiesen, die ihn wahrnehmbar machen würden, zugunsten derjenigen, die es der ersten Aufmerksamkeit erlauben, den physischen Körper so wahrzunehmen, wie wir ihn kennen.

Auf Grund dessen besteht das Wahrnehmungsziel, das die Kinder beim Aufwachsen erreichen müssen, darin zu lernen, passende Emanationen zu isolieren, um ihre chaotische Wahrnehmung in geordnete Bahnen zu lenken und sie in die erste Aufmerksamkeit zu verwandeln. Auf diese Art lernen sie, Extrakte zu konstruieren. Alle Erwachsenen, die mit den Kindern in Berührung kommen, lehren das Abschöpfen. Früher oder später lernen die Kinder, ihre erste Aufmerksamkeit zu kontrollieren, um so die Extrakte auf die gleiche Art wie ihre Lehrer wahrzunehmen.

Don Juan hörte nie auf, sich über die Fähigkeit des Menschen zu wundern, Ordnung in das Chaos der Wahrnehmung zu bringen. Er behauptete, daß ein jeder von uns durch seine eigenen Verdienste ein Meisterzauberer sei und daß unsere Magie darin besteht, den Extrakten, die unsere erste Aufmerksamkeit zu erstellen gelernt hat, Realität zu verleihen. Die Tatsache, daß wir mit Hilfe von Extrakten wahrnehmen, ist ein Befehl des Adlers, aber die Befehle als Dinge wahrzunehmen, ist unsere Kraft, unsere Gabe der Magie. Es ist jedoch unser Fehler, daß wir schließlich immer einseitig werden, weil wir vergessen, daß die Extrakte nur deshalb wirklich sind, weil wir sie als wirklich wahrnehmen, und dies nur wegen unserer Kraft, dies zu tun. Don Juan nannte dies ein Fehlurteil, welches die Reichtümer unserer geheimnisvollen Ursprünge zerstöre.

3 Die Extrakte bekommen ihren Sinn vom ersten Ring der Kraft zugewiesen

Don Juan sagte, daß der erste Ring der Kraft jene Macht ist, die von den Emanationen des Adlers ausgeht, um ausschließlich unsere erste Aufmerksamkeit zu beeinflussen. Er erklärte, daß sie wegen ihrer Dynamik, wegen ihrer ununterbrochenen Bewegung »Ring« genannt werde. Er wird Ring »der Kraft« genannt, erstens wegen seines Zwangscharakters und zweitens wegen seiner einzigartigen Fähigkeit, seine Werke anzuhalten, sie auszutauschen oder seine Richtung umzukehren.

Sein Zwangscharakter zeigt sich vor allem darin, daß er die erste Aufmerksamkeit nicht nur zwingt, Extrakte zu konstruieren und aufrechtzuerhalten, sondern daß er einen Konsens von allen Teilnehmern verlangt. Bei uns allen wird eine völlige Übereinkunft über die getreue Reproduktion der Extrakte erzwungen, denn die Übereinstimmung mit dem ersten Ring der Kraft hat vollständig zu sein.

Genau diese Übereinstimmung ist es, die uns die Sicherheit gibt, daß die Extrakte Dinge sind, die als solche unabhängig von unserer Wahrnehmung existieren. Außerdem endet der Zwang des ersten Ringes der Kraft nicht mit der anfänglichen Übereinkunft, sondern verlangt, daß diese andauernd erneuert wird. Unser ganzes Leben lang müssen wir z.B. so verfahren, als ob jeder einzelne unserer Extrakte wahrnehmungsmäßig der erste für jedes menschliche Wesen wäre, ungeachtet der Sprachen und der Kulturen. Don Juan gestand ein, daß, obwohl alles viel zu ernst sei, um darüber zu scherzen, der Zwangscharakter des ersten Ringes der Kraft so intensiv ist, daß er uns glauben macht, daß der »Berg« ein eigenes Bewußtsein besitzen könne, welches sich für den Extrakt hielte, den zu erstellen wir gelernt haben.

Das für die Krieger wertvollste Merkmal des ersten Ringes der Kraft ist seine sonderbare Fähigkeit, seinen Energiefluß zu unterbrechen oder ihn ganz einzustellen. Don Juan sagte, daß dies eine verborgene Fähigkeit sei, die in uns allen als Hilfseinheit existiert. In unserer vertrauten Welt der Extrakte ist es jedoch nicht notwendig, sie zu benutzen. Da wir vom Netz der ersten Aufmerksamkeit wirksam betäubt und beschützt sind, legen wir uns nicht einmal vage Rechenschaft darüber ab, daß wir verborgene Auswege haben. Wenn sich uns jedoch eine andere Alternative zur Wahl stellt, wie das Anrecht des Kriegers auf den Gebrauch der zweiten Aufmerksamkeit, so kann diese verborgene Fähigkeit des ersten Ringes der Kraft zu funktionieren beginnen und mit eindrucksvollen Ergebnissen genutzt werden.[337]

Don Juan unterstrich, daß die größte Tat der Zauberer der Prozeß des Aktivierens dieser verborgenen Fähigkeit ist; er nannte ihn das Blockieren der Absicht des ersten Ringes der Kraft. Er erklärte mir, daß die Emanationen des Adlers, die von der ersten Aufmerksamkeit zum Konstruieren der Alltagswelt isoliert werden, einen eisernen Druck auf die erste Aufmerksamkeit ausüben. Damit dieser Druck aufhört, muß ihre Absicht aufgehoben werden. Die Seher nennen dies eine Blockierung oder eine Unterbrechung des ersten Ringes der Kraft.

4 Die Absicht ist die Macht, die den ersten Ring der Kraft bewegt

Don Juan erklärte mir, daß die Absicht sich nicht auf das Haben eines Vorsatzes oder auf das Begehren der einen oder anderen Sache bezieht, sondern daß es sich bei ihr um eine unvergleichliche Macht handelt, die sich uns auf eine Weise verhalten läßt, die man als Vorsatz, Verlangen, Wille etc. beschreiben könnte. Don Juan stellte sie nicht als eine Seinsbedingung dar, die von einem selbst herrührt, wie es eine Gewohnheit wäre, die durch Sozialisation produziert ist, oder als eine biologische Reaktion, sondern er schilderte sie vielmehr als eine persönliche, innere Macht, die wir individuell besitzen und als Schlüssel dazu benutzen, den ersten Ring der Kraft auf eine akzeptable Art zu bewegen. Es ist die Absicht, die die erste Aufmerksamkeit lenkt, damit sich diese auf die Emanationen des Adlers innerhalb eines bestimmten Rahmens konzentriert. Und es ist ebenfalls die Absicht, die dem ersten Ring der Kraft befiehlt, seinen Energiefluß zu blockieren oder zu unterbrechen.

Don Juan schlug mir vor, die Absicht als eine im Universum existierende unsichtbare Macht zu verstehen, die sich zwar nicht auf sich selbst bezieht, die aber dennoch alles beeinflußt: eine Macht, die die Extrakte schafft und aufrechterhält.

Er versicherte mir, daß die Extrakte unaufhörlich neu geschaffen werden müssen, um mit Kontinuität erfüllt zu werden. Um sie allerdings jedesmal mit derselben Frische neu zu erschaffen, die sie zum Konstruieren einer lebendigen Welt brauchen, müssen wir sie jedesmal, wenn wir sie herstellen, neu beabsichtigen. So müssen wir z. B. den »Berg« in seiner ganzen Komplexität beabsichtigen, damit sich der Extrakt vollständig materialisiert. Don Juan sagte, daß für einen Betrachter, der ausschließlich mit der Basis der ersten Aufmerksamkeit ohne die Vermittlung der Absicht wahrnimmt, der »Berg« wie ein ganz verschiedener Extrakt erscheinen würde, etwa als der Extrakt »geometrische Form« oder als »amorpher Farbfleck«. Damit der Extrakt »Berg« vollständig ist, muß ihn der Beobachter beabsichtigen, sei es unwillkürlich durch die zwingende Macht des ersten Ringes der Kraft oder vorsätzlich durch das Training eines Kriegers.[338]

Don Juan nannte mir die drei Arten, wie die Absicht zu uns kommt. Die häufigste Art ist den Sehern als die »Absicht des ersten Ringes der Kraft« bekannt. Dies ist eine blinde Absicht, die durch einen Zufall zu uns kommt. Es ist, als ob wir in ihrem Weg wären oder als ob die Absicht sich in den unsrigen stelle. Unvermeidlich finden wir uns in ihren Maschen gefangen, ohne auch nur die geringste Kontrolle über das zu haben, was uns widerfährt.

Die zweite Art ist die, bei der die Absicht aus eigenem Antrieb zu uns kommt. Dies setzt eine hochgradige Zielstrebigkeit von unserer Seite, ein Gefühl der absoluten Entschlossenheit, voraus. Nur unsere Tüchtigkeit als Krieger kann uns willentlich in den Weg der Absicht stellen; wir beschwören sie gewissermaßen herbei. Don Juan erklärte mir, daß sein Bestehen darauf, ein makelloser Krieger zu sein, nicht mehr als eine Anstrengung war, damit die Absicht wisse, daß er sich in ihren Weg stellt.

Don Juan sagte, daß die Krieger dieses Phänomen »Kraft« nennen. Wenn sie also vom Besitzen von »persönlicher Kraft« sprechen, beziehen sie sich auf die Absicht, die freiwillig zu ihnen kommt. Das Resultat kann als die Fähigkeit beschrieben werden, neue Lösungen zu finden, oder als das Vermögen, Leute oder Ereignisse zu beeinflussen. Es ist, als ob andere Möglichkeiten, die dem Krieger zuvor unbekannt waren, plötzlich sichtbar werden. Deshalb plant ein makelloser Krieger nie etwas im vorhinein; trotzdem sind seine Handlungen so entschieden, als wenn er im voraus jede Facette seiner Aktivität einkalkuliert hätte.

Die dritte Art, der Absicht zu begegnen, ist die seltenste und bei weitem komplizierteste: Sie geschieht, wenn uns die Absicht erlaubt, mit ihr zu harmonieren. Don Juan beschrieb diesen Zustand als den wahren Augenblick der Kraft: der Höhepunkt der Anstrengungen eines ganzen Lebens auf der Suche nach Makellosigkeit. Nur die besten Krieger erreichen ihn, und wenn sie sich in diesem Zustand befinden, läßt sich die Absicht von ihnen nach ihrem Belieben beherrschen. Es ist, als ob die Absicht mit diesen Kriegern verschmolzen wäre und sie auf diese Art in pure Macht verwandelt, ohne jede Vorbehalte. Seher nennen diesen Zustand die »Absicht des zweiten Ringes der Kraft« oder »Wille«.

5 Der erste Ring der Kraft kann mittels einer funktionellen Blockierung der Fähigkeit, Extrakte aufzustellen, angehalten werden

Don Juan sagte, daß es die Aufgabe des Nicht-Tuns sei, eine Hemmung der gewöhnlichen Einstellung der ersten Aufmerksamkeit herbeizuführen. In diesem Sinne sind die Manöver des Nicht-Tuns dazu bestimmt, die erste Aufmerksamkeit auf die funktionelle Blockierung des ersten Ringes der Kraft oder – mit anderen Worten – auf die Unterbrechung der Absicht vorzubereiten.

Don Juan erklärte mir, daß diese funktionelle Blockierung, welche die einzige Methode ist, jene verborgene Fähigkeit des ersten Ringes der Kraft systematisch zu nutzen, eine vorübergehende Unterbrechung bedeutet, die der Wohltäter in der Fähigkeit des Schülers, Extrakte anzufertigen, schafft. Es handelt sich dabei um einen vorsätzlichen und kraftvollen künstlichen Eingriff in die erste Aufmerksamkeit mit dem Ziel, sie über die Erscheinungen, die uns die bekannten Extrakte zeigen, hinauszustoßen; dieser Eingriff gelingt durch das Unterbrechen der Absicht des ersten Ringes der Kraft.

Don Juan sagte, daß der Wohltäter bei der Durchführung der Unterbrechung die Absicht als das behandelt, was sie in Wahrheit ist: ein Prozeß, ein Fluß, ein Energiestrom, der sich unter gewissen Umständen anhalten oder umorientieren läßt. Eine Unterbrechung dieser Art bedeutet jedoch eine Erschütterung von solchem Ausmaß, daß sie den ersten Ring der Kraft dazu veranlassen kann, ganz und gar stehenzubleiben; eine Situation, die unter unseren normalen Lebensumständen unmöglich begriffen werden kann. Es erscheint uns undenkbar, daß wir die zum Konsolidieren unserer Wahrnehmung gegangenen Schritte zurücknehmen können, aber es ist möglich, daß wir uns unter dem Eindruck dieser Unterbrechung in eine Wahrnehmungsposition versetzen können, die der an unseren Anfängen sehr ähnlich ist, als die Befehle des

Adlers noch Emanationen waren, die wir noch nicht mit Bedeutung belegten.

Don Juan sagte, daß jede Vorgehensweise, die der Wohltäter wählt, um diese Unterbrechung zu schaffen, aufs engste mit seiner persönlichen Kraft verbunden sein muß; daher verwendet ein Wohltäter keinerlei Prozeß zum Dirigieren der Absicht, sondern er bewegt sie mit Hilfe seiner persönlichen Kraft und bringt sie somit in die Reichweite des Lehrlings.

In meinem Fall gelang die funktionelle Blockierung des ersten Ringes der Kraft mittels einer komplexen Vorgehensweise, die drei Methoden kombinierte: die Einnahme von halluzinogenen Pflanzen, die Manipulation des Körpers und das Sich-Bedienen der Absicht selbst.

Am Anfang bediente sich Don Juan vor allem der kraftvollen Unterstützung der halluzinogenen Pflanzen, anscheinend wegen des Beharrens meiner rationalen Seite. Der Effekt war ungeheuerlich, und trotzdem verzögerte er die gesuchte Unterbrechung. Die Tatsache, daß diese Pflanzen halluzinogen waren, bot meiner Vernunft die ideale Rechtfertigung, all ihre verfügbaren Mittel zu sammeln, um weiterhin die Kontrolle auszuüben. Ich war überzeugt, alles, was ich erlebte, logisch erklären zu können, auch die unbegreiflichen Taten, die Don Juan und Don Genaro auszuführen pflegten, um die Unterbrechungen zu erzeugen. Ich erklärte sie mir als Wahrnehmungsstörungen, bedingt durch die Einnahme von Halluzinogenen.

Don Juan sagte, daß der auffälligste Effekt der halluzinogenen Pflanzen etwas ist, daß ich jedesmal, wenn ich sie einnahm, als die sonderbare Empfindung interpretierte, daß alles um mich herum eine überraschende Fülle ausstrahlte. Da waren Farben, Formen, Details, die ich nie zuvor bemerkt hatte. Don Juan benutzte diese gesteigerte Fähigkeit meiner Wahrnehmung und brachte mich mittels einer Serie von Befehlen und Anmerkungen dazu, in einen Zustand der nervösen Erregung einzutreten. Dann manipulierte er meinen Körper und ließ mich von einer Seite des Bewußtseins zur anderen überwechseln, bis er phantasmagorische Visionen erzeugt hatte oder völlig reale Szenen mit dreidimensionalen Kreaturen, die unmöglich auf dieser Welt existieren konnten.

Don Juan erklärte mir, daß wenn die direkte Beziehung zwischen der Absicht und den Extrakten, die wir konstruieren, unterbrochen ist, diese nie ersetzt werden kann. Von diesem Moment an erwerben wir die Fähigkeit, einen Strom von etwas einzufangen, daß er als »Phantomabsicht« kannte oder als die Absicht von Extrakten, die zur Zeit oder am Ort der Unterbrechung nicht vorhanden sind; das ist eine Absicht, die uns mit Hilfe eines Aspekts der Erinnerung zur Verfügung steht.

Don Juan behauptete, daß wir mit der Unterbrechung der Absicht des ersten Ringes der Kraft aufnahmefähig und biegsam werden; ein Nagual kann dann die Absicht des zweiten Ringes der Kraft einführen. Don Juan war überzeugt, daß sich Kinder in einem gewissen Alter in einer ähnlich aufnahmebereiten Situation befänden; als Vertraute der Absicht sind sie bereit, daß ihnen jedwede Absicht eingeprägt wird, die den Lehrern in ihrem Umfeld erreichbar ist.

Nach einer gewissen Zeitspanne der kontinuierlichen Einnahme von halluzinogenen Pflanzen hörte Don Juan vollständig mit ihrer Verwendung auf. Dennoch erreichte er neue und noch dazu dramatischere Unterbrechungen in mir, indem er meinen Körper manipulierte und mich in verschiedene Bewußtseinszustände wechseln ließ, gekoppelt mit dem Manövrieren der Absicht selbst. Mit Hilfe einer Kombination von hypnotischen Anweisungen und dazu passenden Kommentaren schuf Don Juan einen Strom von Phantomabsicht, und ich wurde dazu angeleitet, die alltäglichen Extrakte als etwas Unvorstellbares wahrzunehmen. Er nannte dies alles »einen Blick von der Unermeßlichkeit des Adlers erhaschen«.

Don Juan führte mich meisterlich durch unzählige Unterbrechungen der Absicht, bis er als Seher davon überzeugt war, daß mein Körper den Effekt der funktionellen Blockierung des ersten Ringes der Kraft zeigte. Er sagte, er könne eine ungewöhnliche Aktivität in meinem leuchtenden Ei in der Nähe der Schulterblätter sehen. Er beschrieb es als eine Delle, die sich genauso geformt hatte, als ob die Leuchtkraft eine Muskelhülle sei, die durch einen Nerv zur Kontraktion gebracht wird.

Für mich war der Effekt der funktionellen Blockierung des ersten Ringes der Kraft derart, daß es mir gelang, jene Gewißheit auszulöschen, die ich mein ganzes Leben lang gehabt hatte, nämlich, daß das, was meine Sinne übermittelten, »real« sei. Schweigend betrat ich einen Zustand der inneren Stille. Don Juan sagte, daß das, was den Kriegern diese extreme Unsicherheit gab, die sein Wohltäter am Ende seines Lebens verspürt hatte – die Resignation angesichts des Scheiterns, die er selbst erlebt hatte –, daher kommt, daß der Anblick der Unermeßlichkeit des Adlers uns ohne jede Hoffnung läßt. Hoffnung ist das Resultat unserer Vertrautheit mit den Extrakten und der Idee, daß wir diese kontrollieren. In solchen Augenblicken kann uns nur die Lebensweise des Kriegers helfen, unsere Anstrengungen aufrechtzuerhalten, um das zu entdecken, was der Adler uns verborgen hatte, aber ohne Hoffnung, daß wir das Entdeckte je verstehen können.[339]

6 Die zweite Aufmerksamkeit

Don Juan erklärte mir, daß die Untersuchung der zweiten Aufmerksamkeit mit der Einsicht beginnen muß, daß die einengende Macht des ersten Ringes der Kraft eine konkrete, physische Grenze ist. Die Seher haben sie als eine Nebelwand beschrieben, eine Barriere, die systematisch in unser Bewußtsein gehoben werden kann durch die Blockierung des ersten Ringes der Kraft und die später durch das Training des Kriegers durchstoßen werden kann.[340]

Nach dem Durchschreiten der Nebelwand erreicht man einen ausgedehnten Zwischenbereich. Die Aufgabe der Krieger besteht darin, diesen zu durchqueren, um die darauf folgende Trennungslinie zu erreichen, die man durchstoßen muß, um in das einzutreten, was eigentlich das andere Selbst oder die zweite Aufmerksamkeit ist.

Don Juan sagte, daß die beiden Trennungslinien leicht zu unterscheiden sind. Wenn die Krieger die Nebelwand durchstoßen, fühlen sie, daß ihre Körper verdreht werden, oder sie empfinden ein intensives Zittern in ihrer Leibeshöhle, meist rechts vom Magen oder durch die Mitte, von rechts nach links. Wenn die Krieger die zweite Linie durchstoßen, fühlen sie ein Krachen im oberen Teil des Körpers, wie das Geräusch eines kleinen trockenen Astes, der entzweigebrochen wird.

Die zwei Linien, welche die beiden Aufmerksamkeiten einfassen und die sie einzeln versiegeln, sind bei den Sehern als die »parallelen Linien« bekannt. Sie versiegeln die zwei Aufmerksamkeiten durch die Tatsache, daß sie sich bis ins Unendliche erstrecken, so daß man sie nur kreuzen kann, wenn man sie durchstößt.

Zwischen den beiden Linien existiert ein spezifisches Bewußtseinsareal, welches von den Sehern »Vorhölle« (Limbus) genannt wird oder »das Gebiet zwischen den parallelen Linien«. Es handelt sich dabei um ein reales Gebiet zwischen zwei riesigen Ordnungen der Emanationen des Adlers; Emanationen, die sich innerhalb der Möglichkeiten des menschlichen Bewußtseins befinden. Eines ist jene Ebene, die das Selbst des alltäglichen Lebens erzeugt, und das andere die Ebene, welche das andere Selbst hervorbringt. Nachdem die Vorhölle eine Art Übergangszone ist, dehnen sich dort die zwei Felder übereinander aus. Der Teil der uns bekannten Ebene, der sich in dieses Gebiet erstreckt, koppelt sich an den ersten Ring der Kraft; und die Fähigkeit dieses Ringes zum Aufstellen von Extrakten veranlaßt uns, in der Vorhölle eine Serie von Extrakten wahrzunehmen, die fast so wie jene des täglichen Lebens sind, außer daß sie grotesk, ungewöhnlich und verzerrt erscheinen. Auf diese Weise hat die Vorhölle spezifische Merkmale, die sich nicht verändern, wenn man beim nächsten Mal wiederkehrt. Es gibt dort physische Merkmale, die den Extrakten des alltäglichen Lebens ähneln.

Don Juan behauptete, daß das Gefühl der Schwere, das man in der Vorhölle erfährt, auf die steigende Last zurückzuführen ist, die auf die erste Aufmerksamkeit einwirkt. Im Gebiet, welches sich gleich hinter der Nebelwand befindet, können wir uns noch annähernd normal verhalten; es ist, als ob wir uns in einer grotesken, jedoch wiedererkennbaren Welt befänden. Je weiter entfernt wir von der Nebelwand vordringen, desto schwieriger wird es, die Merkmale zu unterscheiden oder sich auf die Art des bekannten Selbst zu benehmen.

Er erklärte mir, daß es möglich sei, anstelle der Nebelwand irgend etwas anderes wahrzunehmen, aber daß die Seher entschieden haben, etwas zu verwenden, was möglichst wenig Energie verbraucht; diese Grenze als eine Nebelwand wahrzunehmen kostet überhaupt keine Kraftanstrengung.

Das, was hinter der zweiten Trennungslinie existiert, ist bei den Sehern als die zweite Aufmerksamkeit bekannt, oder als das andere Selbst oder als parallele Welt; und der Akt des Überquerens der beiden Grenzen wird das »Kreuzen der parallelen Linien« genannt.

Don Juan dachte, daß ich dieses Konzept eher verinnerlichen könnte, wenn er mir jeden Bewußtseinsbereich als eine spezifische Voraussetzung der Wahrnehmung beschriebe. Er sagte, daß wir im Gebiet der Bewußtheit des alltäglichen Lebens unentwirrbar in der Wahrnehmungsvoraussetzung der ersten Aufmerksamkeit verstrickt sind. Seit dem Moment, ab dem der erste Ring der Kraft mit dem Konstruieren von Extrakten beginnt, verwandelt sich die Art des Konstruierens in unsere normale Wahrnehmungsvoraussetzung. Das Durchbrechen der einenden Kraft dieser Wahrnehmungsvoraussetzung bedeutet das Durchbrechen der ersten Trennungslinie. Die normale Wahrnehmungsvoraussetzung erreicht dann den Zwischenbereich, der sich zwischen den parallelen Linien befindet. Man fährt fort, für eine Weile beinahe normale Extrakte zu konstruieren. Aber wenn man sich dem nähert, was die Seher die zweite Trennungslinie nennen, beginnt die Wahrnehmungsvoraussetzung der ersten Aufmerksamkeit nachzulassen; sie verliert ihre Kraft. Don Juan sagte, daß dieser Übergang durch eine plötzliche Unfähigkeit markiert ist, sich an das zu erinnern, was geschehen ist, oder es zu verstehen.

Wenn man die zweite Trennungslinie erreicht, beginnt die zweite Aufmerksamkeit auf die Krieger einzuwirken, die diese Reise unternehmen. Wenn sie unerfahren sind, bleibt ihr Bewußtsein leer, und ihre Erwartungen werden enttäuscht. Don Juan behauptete, daß dies geschieht, weil sie sich einem Spektrum der Emanationen des Adlers nähern, für das sie noch keine systematisierte Wahrnehmungsvoraussetzung haben. Meine Erfahrungen mit La Gorda und der Nagualfrau hinter der Nebelwand waren ein Beispiel für diese Unfähigkeit. Ich reiste zum anderen Selbst, aber ich konnte keine Rechenschaft über das ablegen, was ich erlebt hatte, aus dem einfachen Grund, daß meine zweite Aufmerksamkeit noch unformuliert war und mir nicht die Möglichkeit bot, das, was ich wahrgenommen hatte, zu organisieren.[341]

Don Juan erklärte mir, daß man beginnt, den zweiten Ring der Kraft zu aktivieren, wenn man die zweite Aufmerksamkeit zwingt, aus ihrer Erstarrtheit zu erwachen. Dies erreicht man durch die funktionelle Blockierung des ersten Ringes der Kraft. Danach ist es die Aufgabe des Lehrers, die Anfangsbedingung des ersten Ringes der Kraft so wiederherzustellen, daß dieser am Ende wieder mit Absicht gesättigt ist. Der erste Ring der Kraft wird nämlich in Bewegung gebracht durch die Kraft der Absicht derjenigen, die das Extrahieren lehren. Als mein Lehrer gab er mir also eine neue Absicht, die ein neues Mittel zur Wahrnehmung schuf.

Don Juan sagte, daß es ein ganzes Leben von unnachlässiger Disziplin braucht, die die Seher unbeugsame Absicht nennen, um den zweiten Ring der Kraft darauf vorzubereiten, Extrakte einer anderen Ebene der Emanationen des Adlers konstruieren zu können. Das Beherrschen der perzeptuellen Voraussetzung des parallelen Selbst ist eine Errungenschaft von unvergleichlichem Wert, die nur wenige Krieger erreichen. Silvio Manuel war einer dieser Wenigen.

Don Juan wies mich außerdem darauf hin, daß man diese Beherrschung nicht vorsätzlich beabsichtigen sollte. Sollte es geschehen, so muß es mittels eines natürlichen Prozesses sein, der sich ohne große Anstrengung unsererseits entwickelt. Er erklärte, daß der Grund für diese Gleichgültigkeit auf der praktischen Erwägung beruhe, daß es durch die Beherrschung einfach sehr schwierig wird, sie zu unterbrechen; aber das Ziel, das die Krieger aktiv verfolgen, ist das Unterbrechen von beiden Wahrnehmungsvoraussetzungen, um in die endgültige Freiheit der dritten Aufmerksamkeit einzutreten.

Anmerkungen und Quellennachweis

Einführung

1 »Brujo« bedeutet im Spanischen »Hexer, Zauberer«. Don Juan bezeichnet sich selbst als »brujo« im Gegensatz zu den schwarzen Magiern, den sog. »diableros«.

2 Z. B. de Mille, Richard: Die Reisen des Carlos Castaneda. Bern 1980. De Mille glaubt beweisen zu müssen, es könne Don Juan nicht gegeben haben, erkennt aber die Hoffnungslosigkeit eines solchen Unterfangens nicht.

3 Beispiele für ein solches »Schubladendenken« sind m. E.: Wittmann, Ulla: Leben wie ein Krieger. Interlaken 1988; oder: Ulrich, Hans E.: Von Meister Eckhardt bis Carlos Castaneda. Frankfurt a. M. 1986.

4 Corvalán, Graciela: Der Weg der Tolteken. Frankfurt a. M. 1987. Zur Zeit der Erstveröffentlichung dieses Buches waren nur zwei weitere Interviews mit Castaneda bekannt; eines mit der Time-Korrespondentin Sandra Burton und ein weiteres mit dem Theologen Sam Keen. Veröffentlicht in: Auf den Spuren Carlos Castanedas. Studien zu einer anderen Ansicht der Welt. Zero Verlag 1981.

5 Corvalán, G.: Der Weg der Tolteken, s. o., S. 31 f.

6 Popol Vuh: Das Buch des Rates. Übersetzt von Wolfgang Cordan. Köln 1982. Zitiert aus den Anmerkungen des Übersetzers, S. 170.

7 Stierlin, Henri: Die Kunst der Azteken und ihrer Vorläufer. Stuttgart – Zürich 1982; vgl. S. 73.

8 Castaneda, Carlos: Die Kraft der Stille. Frankfurt a. M. 1988; Erläuterung des »Nagualismus« auf S. 9.

9 Donner, Florinda: Die Lehren der Hexe. Bergisch Gladbach 1989.

10 Lame Deer, John Fire/Erdoes, Richard: Tahca Ushte. Frankfurt a. M. 1986. Eine vorzügliche Einführung in die indianische Denk- und Lebensweise.

11 Die Geschichte des Huichol-Schamanen Don José Matsuwa wird berichtet in: Halifax, Joan: Die andere Wirklichkeit der Schamanen. Bern und München 1981.

12 Miranda-Luizaga, Jorge: Das Sonnentor. München 1985.

Teil I Der Nagualismus als Philosophie der Tolteken

1 Das Erscheinende – C. Castaneda und E. Husserl

13 Vaihinger, Hans: Die Philosophie des Als Ob. Berlin 1922; S. 766.

14 Donner, F.: Die Lehren der Hexe, s. o., S. 11 f.

15 Castaneda, C.: Die Kunst des Pirschens. Frankfurt a. M. 1981; S. 286.

16 Corvalán, G.: Der Weg der Tolteken, s. o., S. 43.

17 Ich habe hierbei versucht, möglichst nahe am Grundwerk Husserls zu bleiben. Man möge mir verzeihen, wenn ich an manchen Punkten nicht ausführlich genug die Probleme der Entwicklung der Phänomenologie darstelle.

18 Vgl. Husserl, Edmund: Ideen zu einer reinen Phänomenologie und phänomenologischen Philosophie, Bd. I. Den Haag 1976; S. 200.

19 Vgl. ebenda, S. 200 f.

20 Ebenda, zitiert S. 187.

21 Vgl. Husserl, E.: Die Idee der Phänomenologie. Fünf Vorlesungen. Den Haag 1950; S. 17.

22 Der Gedanke vom »Sein als Bewußtsein« zieht sich durch das gesamte Werk Husserls, findet seinen Höhepunkt jedoch in den »Ideen«.

23 Vgl. Husserl, E.: Ideen…, s. o., S. 65, zur phän. Epoche.

24 Vgl. Husserl, E.: Die Idee der Phänomenologie, s. o., S. 68, über »Wesen« und »Wesenserkenntnis«. Husserl redet auch von der Phänomenologie als »Wesenswissenschaft«.

25 Für den Einstieg in die phänomenologische Denkweise sind besonders die »Cartesianischen Meditationen« von Husserl zu empfehlen.

26 Janssen, Paul: Edmund Husserl – Einführung in seine Phänomenologie. Freiburg-München 1976; S. 69.

27 Vgl. Castaneda, C.: Der Ring der Kraft. Frankfurt a. M. 1978; S. 260.

28 Castaneda, C.: Eine andere Wirklichkeit. Frankfurt a. M. 1975; S. 186 f.

29 Castaneda, C.: Reise nach Ixtlan. Frankfurt a. M. 1976; S. 181 f.

30 Corvalán, G.: Der Weg der Tolteken, S. 58.

31 Die Übersetzung von »epoché« ist Meyers Taschenlexikon entnommen.

32 Castaneda, C.: Reise nach Ixtlan, s. o., S. 186.

33 Corvalán, G.: Der Weg der Tolteken, s. o., S. 43.

34 Unter einer »kopernikanischen Wende« hat man eine zentrale Veränderung des gesamten Weltbildes zu verstehen. Genau wie die heliozentrische Lehre des Kopernikus den Irrtum revidierte, die Erde sei der Mittelpunkt des Universums, so revidiert die Phänomenologie den Irrtum der natürlichen Denkhaltung, daß wir es bei unserem Erkennen mit einer absolut-realen Welt zu tun haben.

35 Vgl. Castaneda, C.: Der zweite Ring der Kraft. Frankfurt a. M. 1980; S. 213.

1.1 Die Weltbeschreibung

36 Nietzsche, Friedrich: Werke III. Frankfurt a. M. 1969; S. 24.

37 Vgl. Castaneda, C.: Der Ring der Kraft, s. o., S. 258; und vgl. Castaneda, C: Reise nach Ixtlan, s. o., S. 8.

38 Ebenda, S. 8.

39 Castaneda, C.: Eine andere Wirklichkeit, s. o., S. 71.

40 Vgl. Castaneda, C.: Reise nach Ixtlan, s. o., S. 9; und vgl. Husserl, E.: Ideen..., s. o., S. 184 zur Zeitlichkeit des Bewußtseins.

41 Vgl. ebenda., S. 25 ff. »Region und Kategorie«.

42 Vgl. Castaneda, C.: Der zweite Ring der Kraft, s. o., S. 199.

43 Vgl. Husserl, E.: Ideen..., s. o., S. 30 ff. »Gattung und Art«.

44 Vgl. Eibl-Eibesfeldt, Irenäus: Der vorprogrammierte Mensch. München 1984; S. 44 f.

45 Castaneda, C.: Der zweite Ring der Kraft, s. o., z. B. S. 221.

46 Vgl. Castaneda, C.: Reise nach Ixtlan, s. o., S. 9.

47 Ulrich, Hans E.: Von Meister Eckhardt bis..., s. o. Ulrich entgeht der wahre Sinn der Weltbeschreibung der Zauberer bei Don Juan; so muß er annehmen, die abendländische Magie habe Ähnlichkeit mit dem, was die Tolteken tun. Er verwechselt als erklärter »Nicht-Praktiker« ständig Zweck und Mittel der toltekischen Bestrebungen.

48 Vgl. Castaneda, C.: Der Ring der Kraft, s. o., S. 268.

49 Vgl. Donner, F.: Die Lehren der Hexe, s. o., S. 337.

50 Vgl. Husserl, E.: Ideen..., s. o., S. 184.

51 Miranda-Luizaga, Jorge: mündliche Mitteilung.

52 Castaneda, C.: Die Kunst des Pirschens, s. o., S. 312.

53 Ebenda, S. 301.

54 Corvalán, G.: Der Weg der Tolteken, s. o., S. 78 f.

55 Castaneda, C.: Die Kraft der Stille, s. o., S. 225 f.

56 Die letzten Abschnitte über Früh- und Vorgeschichte des Menschen sind angelehnt an Überlegungen verschiedener moderner anthropologischer Werke; z. B.: Wolf, Josef: Menschen der Urzeit. Die Entwicklung des Lebens auf der Erde. Augsburg 1988. Oder: Evolution: Die Entwicklung von den ersten Lebensspuren bis zum Menschen. Heidelberg 1988 (Spektrum der Wissenschaft).

1.2 Das Tonal und der erste Ring der Kraft

57 Novalis: Blütenstaub, Aphorismen; in: Deutsche Aphorismen, Stuttgart 1978; S. 80.

58 Castaneda, C.: Der Ring der Kraft, s. o., S. 136 f.

59 Die Überlegungen zu dieser Thematik sind eng an Don Juans Erläuterungen in »Der Ring der Kraft« angelehnt.

60 Vgl. Husserl, E.: Ideen…, s. o., S. 228 f.

61 Vgl. Castaneda, C.: Der Ring der Kraft, s. o., S. 140.

62 Ebenda, S. 143.

63 Miranda-Luizaga, J.: Das Sonnentor, s. o., S. 185.

64 Vgl. Castaneda, C.: Reise nach Ixtlan, s. o., S. 215; und ders.: Das Feuer von Innen, Frankfurt a. M. 1985; S. 26.

65 Castaneda, C.: Eine andere Wirklichkeit, s. o., S. 186.

66 Vgl. Castaneda, C.: Der Ring der Kraft, s. o., S. 160.

67 Ebenda, S. 173.

68 Vgl. Jung, C. G.: Psychologische Typen. Zürich 1921; S. 692.

69 Castaneda, C.: Der Ring der Kraft, s. o., S. 112.

70 Vgl. Castaneda, C.: Eine andere Wirklichkeit, s. o., S. 220.

71 Castaneda, C.: Der Ring der Kraft, s. o., S. 301 f.

72 Ebenda, S. 139.

2 Das Verborgene – C. Castaneda und C. G. Jung

73 Adorno, Theodor W.: Minima Moralia; in: Deutsche Aphorismen, s. o., S. 277.

74 Vgl. Jung, C. G.: Über die Psychologie des Unbewußten. Frankfurt a. M. 1980; S. 22-31.

75 Jung, C.G.: Die Dynamik des Unbewußten. Zürich 1967; S. 395 f.

76 Ebenda, S. 398.

77 Ebenda, S. 328.

78 Ebenda, S. 328 ff.

79 Vgl. Castaneda, C.: Reise nach Ixtlan, s. o., S. 94 ff.

80 Vgl. ebenda, S. 102.

81 Hauptexponent der deutschen Klartraumforschung ist Dr. Paul Tholey. Veröffentlichung: Tholey, P./Utecht, K.: Schöpferisches Träumen. Der Klartraum als Lebenshilfe.

82 Gemeint ist die Gruppe »Eckkankar«, deren Guru das »Träumen« benutzt, um Anhänger bei der »Stange zu halten«. Als Praktiker des »Träumens« rate ich dazu, nicht alles ernst zu nehmen, was die »Lehren« dieser Gruppe in bezug auf das »Träumen« anbelangt.

83 Vgl. Husserl, E.: Ideen…, s. o., S. 184 f.

84 Jung, C.G.: Die Dynamik des Unbewußten, s. o., S. 397.

85 Ebenda, S. 207.

86 Ebenda, S. 207.

87 Vgl. Castaneda, C.: Die Kraft der Stille, s. o., S. 14 f. und ders.: Das Feuer von Innen, s. o., S. 110 ff.

88 Vgl. ebenda, S. 167 f.

89 Modell nach von Franz, Marie Luise; in: Jung, C.G.: Der Mensch und seine Symbole. Olten 1985; S. 161.

90 Ebenda, S. 161.

2.1 Traum, Tod und Transzendenz

91 Novalis: Aphorismen; in: Deutsche Aphorismen, s. o., S. 88.

92 Vgl. Hartmann, E.M.D.: The biology of dreaming. Springfield/Ill. 1967.

93 Vgl. Thomas, Klaus: Träume – selbst verstehen. Stuttgart 1983; über: Die Geschichte des Verstehens der Träume, S. 5 ff. Vgl. auch Schuster, Meinhardt: Wolkenhaupt auf der Rottanne – ethnologische Aspekte des Traumes; in: Wagner-Simon, Th./Benedetti, G. (Hg.): Traum und Träumen. Traumanalysen in Wissenschaft, Religion und Kunst. Göttingen 1984; S. 149.

94 Vgl. Thomas, K.: Träume, s. o., S. 80.

95 Vgl. ebenda, S. 73.

96 Jung, C.G.: Die Dynamik des Unbewußten, s. o., S. 397.

97 Schuster, M.: Wolkenhaupt auf der Rottanne, s. o., S. 141 ff.

98 von Franz, M.-L.: Der Individuationsprozeß, s. o., S. 161.

99 Ebenda.

100 Schuster, M.: Wolkenhaupt auf der Rottanne, s. o., S. 142.
101 Ebenda.
102 Ebenda, S. 143.
103 Miranda-Luizaga, J.: mündliche Mitteilung.
104 Knaurs Lexikon der ägyptischen Kultur; S. 298 zu »Seele«.
105 Ebenda.
106 Jung, C.G.: Die Dynamik des Unbewußten, s. o., S. 397.
107 Castaneda, C.: Der Ring der Kraft, s. o., S. 157.
108 Vgl. Menschen der Urzeit. Text von Dr. J. Kleibl; Stuttgart 1975; S. 52.
109 Vgl. ebenda.
110 Schuster, M.: Wolkenhaupt auf der Rottanne, s. o., S. 147.
111 Ebenda.
112 Die Bibel, Johannesevangelium, 3.6.-3.7.
113 Vgl. Lame Deer, J.F./Erdoes, R.: Tahca Ushte, s. o., S. 13-20.
114 Castaneda, C.: Der zweite Ring der Kraft, s. o., S. 154.

2.2 Das Nagual und der zweite Ring der Kraft

115 Novalis: Aphorismen; in: Deutsche Aphorismen, s. o., S. 79.
116 Jung, C.G.: Die Dynamik des Unbewußten, s. o., S. 397.
117 Castaneda, C.: Der Ring der Kraft, s. o., S. 147.
118 Ebenda, S. 112.
119 Ebenda, S. 110.
120 Ebenda, vgl. S. 147.
121 Vgl. Jung, C.G.: Über die Grundlagen der analytischen Psychologie. Tavistock Lectures, s. o., S. 52.
122 Jung, C.G.: Die Dynamik des Unbewußten, s. o., S. 346.
123 Vgl. Castaneda, C.: Reise nach Ixtlan, s. o., S. 94 ff.
124 Castaneda, C.: Eine andere Wirklichkeit, s. o., S. 37.
125 Vgl. Castaneda, C.: Das Feuer von Innen, s. o. Don Juan spricht hier von den Tolteken der fernen Vergangenheit als »alte Seher« und von der neueren traditionellen Linie, zu der auch er gehört, als »neue Seher«, die erst kurz vor der Conquista entstanden.
126 Vgl. Castaneda, C.: Der zweite Ring der Kraft, s. o., S. 222.
127 Vgl. Castaneda, C.: Das Feuer von Innen, s. o., S. 215 f.
128 Castaneda, C.: Eine andere Wirklichkeit, s. o., S. 126.
129 Ebenda.

130 Ebenda, S. 127.
131 Vgl. Castaneda, C.: Der Ring der Kraft, s. o., S. 301 f.
132 Ebenda, S. 303.
133 Ebenda, S. 293.
134 Ebenda, S. 297.
135 Jung, C.G.: Die Dynamik des Unbewußten, s. o., S. 398 f.

3 Das Bindeglied – C. Castaneda und M. Eliade

136 Kafka, Franz: Aphorismus aus den Oktavheften; in: Deutsche Aphorismen, s. o., S. 246.
137 Castaneda, C.: Die Kraft der Stille, s. o., S. 15.
138 Ebenda, S. 28.
139 Ebenda, S. 11.
140 Vgl. Jung, C.G.: Der Mensch und seine Symbole, s. o., S. 161.
141 Vgl. ebenda.
142 Castaneda, C.: Die Kraft der Stille, s. o., S. 55.
143 Vgl. ebenda, S. 106.
144 Eliade, Mircea: Schamanismus und archaische Ekstasetechnik. Frankfurt a. M. 1975; S. 254.
145 Vgl. ebenda.
146 Eliade, Mircea: Kosmos und Geschichte. Frankfurt a. M. 1986, S. 25 ff.
147 Vgl. Eliade, M.: Schamanismus…, s. o., S. 253 ff.
148 Vgl. ebenda, Kapitel »Der kosmische Berg«, S. 255 ff.
149 Vgl. Lame Deer, J.F./Erdoes, R.: Tahca Ushte, s. o., S. 213 ff.
150 Vgl. Eliade, M.: Schamanismus…, s. o., S. 253.
151 Eine andere ethymologische Deutung des Begriffes »Religion« leitet diesen vom lat. *religere* = »sorgsam betrachten« ab. Die Religionen der bloßen Betrachtung sind jedoch historisch jüngeren Datums, so daß mir die Ableitung von lat. *religare* = »binden, wieder verbinden« als sinnvoller erscheint. Es läßt sich aber leider nicht beweisen. Die Indizien der Gebetspraxis bei verschiedenen Natur- und Kulturvölkern weisen jedoch stark auf die Richtigkeit letzterer Deutung hin.
152 Vgl. Miranda-Luizaga, J.: Das Sonnentor, s. o., S. 128.
153 Die Geschichte von Jakobs Traum ist zitiert nach der Bibel, Buch Genesis 28.10-28.22.

154 Eliade, M.: Schamanismus..., s. o., S. 254 f.
155 Halifax, Joan: Die andere Wirklichkeit der Schamanen, s. o., S. 292.
156 Castaneda, C.: Die Kunst des Pirschens, s. o., S. 312.
157 Vgl. Eliade, M.: Schamanismus..., s. o., S. 255 u. S. 446 ff.
158 Halifax, J.: Die andere Wirklichkeit der Schamanen, s. o., S. 296.
159 Castaneda, C.: Die Kraft der Stille, s. o., S. 107.
160 Eliade, M.: Schamanismus..., s. o., S. 449.

3.1 Kosmologie und Mythos

161 Zitiert nach: Miranda-Luizaga, J.: Das Sonnentor, s. o., S. 189. Die Amauta sind die andinen Weisen.
162 Eliade, M.: Kosmos und Geschichte, s. o., S. 11.
163 Die Bibel, Genesis 2.3.
164 Vgl. Eliade, M.: Schamanismus..., s. o., S. 263.
165 Eliade, M.: Kosmos und Geschichte, s. o., S. 15.
166 Corvalán, G.: Der Weg der Tolteken, s. o., S. 42.
167 Eliade, M.: Schamanismus..., s. o., S. 255.
168 Lame Deer, J.F./Erdoes, R.: Tahca Ushte, s. o., S. 124.
169 Ebenda, S. 125.
170 Castaneda, C.: Der zweite Ring der Kraft, s. o., S. 42.
171 Ebenda, S. 214.
172 Popol Vuh. Das Buch des Rates, s. o., S. 25 f.
173 Ebenda, S. 214, Anmerkungen des Übersetzers W. Cordan.
174 Vgl. Miranda-Luizaga, J.: Das Sonnentor, s. o., S. 109 f.
175 Ebenda, S. 109.
176 Ebenda, S. 110.
177 Castaneda, C.: Die Kunst des Pirschens, s. o., S. 178 ff.
178 Nach einem Foto in: Stierlin, Henri: Das alte Mexiko. Berlin 1967; S. 125.
179 Vgl. Castaneda, C.: Die Kunst des Pirschens, S. 18 ff.
180 Vgl. ebenda, S. 185.
181 Vgl. Jung, C.G.: Psychologische Typen, s. o., S. 473 ff.

3.2 Die Ganzheit des Selbst als befreite Wahrnehmung

182 Nietzsche, Friedrich: Werke II. Frankfurt a. M. 1969; S. 714.
183 Halifax, J.: Die andere Wirklichkeit der Schamanen, s. o., S. 47 f.
184 Jung, C.G.: Die Dynamik des Unbewußten, s. o., S. 255.

185 Castaneda, C.: Der Ring der Kraft, s. o., S. 268.
186 Ebenda, S. 110.
187 Ebenda, S. 320.
188 Vgl. ebenda, S. 296.
189 Castaneda, C.: Eine andere Wirklichkeit, s. o., S. 220.

Teil II Die praktischen Künste der Tolteken

190 Vgl. Corvalán, G.: Der Weg der Tolteken, s. o., S. 46.

4 Die Kunst des Pirschens

191 Castaneda, C.: Reise nach Ixtlan, s. o., S. 203.
192 Vgl. Castaneda, C.: Die Kunst des Pirschens, s. o., S. 286.
193 Ebenda.
194 Vgl. Castaneda, C.: Reise nach Ixtlan, s. o., S. 58 ff. u. S. 203.
195 Vgl. Castaneda, C.: Die Kunst des Pirschens, s. o., S. 285 ff.
196 Ebenda, S. 285.
197 Ebenda, S. 288.
198 Ebenda, S. 288.
199 Castaneda, C.: Der Ring der Kraft, s. o., S. 27.
200 Vgl. Castaneda, C.: Die Kraft der Stille, s. o., S. 76 ff.

4.1 Die Rekapitulation des Lebens

201 Novalis: Aphorismen; in: Deutsche Aphorismen, s. o., S. 84.
202 Vgl. Corvalán, G.: Der Weg der Tolteken, s. o., S. 53 f. und: Castaneda, C.: Die Kunst des Pirschens, s. o., S. 294 ff.
203 Vgl. Jung, C.G.: Über die Psychologie des Unbewußten. Frankfurt a. M. 1980; S. 14 ff.
204 Ebenda, S. 14.
205 Castaneda, C.: Die Kunst des Pirschens, s. o., S. 295 f.
206 Ebenda, S. 296. Das Ausatmen endet jeweils über der rechten Schulter.
207 Corvalán, G.: Der Weg der Tolteken, s. o., S. 54.
208 Vgl. ebenda, S. 53.
209 Miranda-Luizaga, J.; mündliche Mitteilung.
210 Vgl. Eliade, M.: Mythos und Wirklichkeit. Frankfurt a. M. 1988; S. 80 ff; speziell S. 84 über die »embryonale Atmung« der Taoisten als Technik der »Rückkehr zum Ursprung«.

211 Vgl. Grof, Stan: Auf der Schwelle zum Leben. München 1989.
212 Corvalán, G.: Der Weg der Tolteken, s. o., S. 54.

4.2 Das Nicht-Tun des Selbst

213 Benjamin, Walter: Aphorismen; in: Deutsche Aphorismen, s. o., S. 255.
214 Vgl. Castaneda, C.: Reise nach Ixtlan, s. o., S. 78 ff.
215 Vgl. ebenda, S. 24 ff und vgl. Castaneda, C.: Die Kunst des Pirschens, s. o., S. 276.
216 Vgl. ebenda.
217 Vgl. Castaneda, C.: Reise nach Ixtlan, s. o., S. 32 ff.
218 Ebenda, S. 36.
219 Vgl. ebenda, S. 48 ff.
220 Vgl. ebenda, S. 39 ff.
221 Ebenda, S. 46.
222 Vgl. Castaneda, C.: Der Ring der Kraft, s. o., S. 259.
223 Vgl. ebenda, S. 260.
224 Ebenda.
225 Castaneda, C.: Reise nach Ixtlan, s. o., S. 191.

4.3 Die Heilkunde

226 Lame Deer, J.F./Erdoes, R.: Tahca Ushte, s. o., S. 172.
227 Vgl. ebenda; Lame Deer unterscheidet hier eine ganze Reihe verschiedener »Heiler« und »Medizinmänner« mit sehr unterschiedlichen Methoden und Praktiken.
228 Vgl. Donner, F.: Die Lehren der Hexe, s. o., S. 26.
229 Miranda-Luizaga, J.; mündliche Mitteilung.
230 Donner, F.: Die Lehren der Hexe, s. o., S. 26.
231 Ebenda, S. 26 f.
232 »Disposition« bedeutet i. S. der modernen Medizin die erhöhte Anfälligkeit des Organismus für verschiedene Erkrankungen, die von unterschiedlichen Faktoren – vor allem aber von der Lebensweise des Individuums – abhängig ist.
233 Halifax, J.: Die andere Wirklichkeit der Schamanen, s. o., S. 291.
234 Castaneda, C.: Reise nach Ixtlan, s. o., S. 187.
235 Lame Deer, J.F./Erdoes, R.: Tahca Ushte, s. o., S. 172.
236 Vgl. Eliade, M.: Schamanismus…, s. o., S. 43 ff.

237 Vgl. Donner, F.: Die Lehren der Hexe, s. o., S. 25 f.
238 Vgl. ebenda, S. 25.
239 Vgl. ebenda.

5 Die Kunst des Träumens

240 Novalis: Aphorismen; in: Deutsche Aphorismen, s. o., S. 87.
241 Vgl. Castaneda, C.: Das Feuer von Innen, s. o.; das ganze Buch handelt von der »Bemeisterung der Bewußtheit«.
242 Castaneda, C.: Reise nach Ixtlan, s. o., S. 102.
243 Ebenda, S. 103.
244 Castaneda, C.: Der Ring der Kraft, s. o., S. 19.
245 Ebenda.
246 Castaneda, C.: Der zweite Ring der Kraft, s. o., S. 187.
247 Vgl. ebenda, S. 258.
248 Jung sagt: »Unter Libido verstehe ich die psychische Energie. Psychische Energie ist die Intensität des psychischen Vorgangs, sein psychologischer Wert.« in: Jung, C.G.: Psychologische Typen. Zürich 1921.
249 Castaneda, C.: Die Kraft der Stille, s. o., S. 49.

5.1 Traumkörper und Nagualtier

250 Novalis: Aphorismen; in: Deutsche Aphorismen, s. o., S. 87.
251 Castaneda, C.: Die Kunst des Pirschens, s. o., S. 268 f.
252 Corvalán, G.: Der Weg der Tolteken, s. o., S. 77.
253 In: Meyers Taschenlexikon, s. o., zum Stichwort »Nagualismus«.
254 In: Popol Vuh: Das Buch des Rates, s. o., Anmerkungen des Übersetzers Wolfgang Cordan, S. 173.

5.2 Das Nicht-Tun der Blickfixierung

255 Castaneda, C.: Eine andere Wirklichkeit, s. o., S. 74.
256 Ebenda, S. 187.
257 Vgl. Castaneda, C.: Der Ring der Kraft, s. o., S. 258 f.
258 Ebenda, S. 259.
259 Vgl. Castaneda, C.: Reise nach Ixtlan, s. o., S. 152 ff.
260 Vgl. ebenda, S. 156 f. und S. 165.
261 Vgl. Castaneda, C.: Der zweite Ring der Kraft, s. o., S. 272 ff.
262 Ebenda, S. 272 f.

263 Ebenda, S. 273.

264 Castaneda, C.: Eine andere Wirklichkeit, s. o., S. 222.

5.3 Das Mysterium der Bewußtheit

265 Castaneda, C.: Das Feuer von Innen, s. o., S. 183.

266 Castaneda, C.: Der Ring der Kraft, s. o., S. 68.

267 Castaneda, C.: Das Feuer von Innen, s. o., S. 42 ff.

268 Ebenda, S. 43.

269 Vgl. Castaneda, C.: Die Kraft der Stille, S. 14.

270 Vgl. Castaneda, C.: Das Feuer von Innen, S. 110 ff.

271 Vgl. ebenda, S. 125.

272 Vgl. ebenda, S. 136 f.

273 Vgl. ebenda, S. 248 ff.

274 Vgl. ebenda, S. 277 ff.

275 Vgl. ebenda, S. 84 ff.

276 Ebenda, S. 128.

277 Ebenda, S. 11.

6 Die Bemeisterung der Absicht

278 Castanedas Werk »Die Kraft der Stille«, s. o., beschäftigt sich vor allem mit der »Bemeisterung der Absicht«.

279 Castaneda, C.: Die Kraft der Stille, s. o., S. 23.

280 Ebenda, S. 53 f.

281 Donner, F.: Die Lehren der Hexe, s. o., S. 338.

282 Watson, L.: Geheimes Wissen. Frankfurt a. M. 1986; S. 133 ff.

283 Ebenda, S. 151.

284 Vgl. Castaneda, C.: Die Kraft der Stille, s. o., S. 63 ff.

285 Vgl. ebenda, S. 93 ff.

286 Ebenda, S. 94.

6.1 Persönliche Kraft und unbeugsame Absicht

287 Joseph Glanvill (1636-80), zitiert nach: Poe, E.A.: Die Maske des Roten Todes. München 1984; S. 69; Motto zur Erzählung »Ligeia«.

288 Castaneda, C.: Die Kunst des Pirschens, s. o., S. 154.

289 Ebenda, S. 154.

290 Vgl. Castaneda, C.: Die Kraft der Stille, s. o., S. 208 f.

291 Ebenda, S. 208.

292 Ebenda, S. 208 f.
293 Castaneda, C.: Reise nach Ixtlan, s. o., S. 171.
294 Ebenda, S. 172.

6.2 Gesten und Vorläufer

295 Novalis: Werke. Bd. I. Das dichterische Werk; Tagebücher und Briefe; Hrsg. R. Samuel; München und Wien 1978. S. 395; Auszug aus dem Gedicht »Wenn nicht mehr Zahlen und Figuren« (Urfassung).
296 Castaneda, C.: Die Kraft der Stille, s. o., S. 113.
297 Novalis: Werke. Bd. I, s. o., S. 403.
298 Novalis: Aphorismen; in: Deutsche Aphorismen, s. o., S. 81.
299 Castaneda, C.: Die Kraft der Stille, s. o., S. 116.
300 Vgl. Castaneda, C.: Der Ring der Kraft, s. o., S. 67.
301 Ebenda, S. 37.
302 Castaneda, C.: Die Kraft der Stille, s. o., S. 227.

6.3 Omen und Orakelkunde

303 Jung, C.G.: Bewußtes und Unbewußtes. Frankfurt a. M. 1982. S. 100.
304 Castaneda, C.: Die Kraft der Stille, s. o., S. 42.
305 Ebenda, S. 23.
306 Ebenda, S. 30.
307 Vgl. ebenda, S. 42.
308 Vgl. Castaneda, C.: Reise nach Ixtlan, s. o., S. 17 ff.
309 Castaneda, C.: Die Kraft der Stille, s. o., S. 92.

7 Der Kriegertrupp des Nagual

310 Castaneda, C.; in: Corvalán, G.: Der Weg der Tolteken, s. o., S. 31 f.
311 Vgl. Castaneda, C.: Die Kunst des Pirschens, s. o., S. 177 ff.
312 Jung, C.G.: Psychologische Typen, s. o., S. 629.
313 Ebenda, S. 686.
314 Vgl. ebenda, S. 473-583.
315 Vgl. Castaneda, C.: Die Kunst des Pirschens, s. o., S. 181 f.
316 Ebenda, S. 180.
317 Ebenda, S. 180.
318 Ebenda, S. 181 f.
319 Jung, C.G.: Psychologische Typen, s. o., S. 694.
320 Castaneda, C.: Die Kraft der Stille, s. o., S. 174.

8 Die Erde

321 Lame Deer, J.F./Erdoes, R.: Tahca Ushte, s. o., S. 152.

322 Castaneda, C.: Das Feuer von Innen, s. o., S. 200.

323 Castaneda, C.: Corvalán, G.: Der Weg der Tolteken, s. o., S. 33.

324 Ebenda, S. 35.

325 Ebenda, S. 96.

326 Ebenda, S. 96.

327 Castaneda, C.: Der Ring der Kraft, s. o., S. 318 ff.

9 Schlußbetrachtung

328 Köhler, Willi; im Vorwort zu: Corvalán, G.: Der Weg der Tolteken, s. o., S. 8 f.

329 Castaneda, C.: Der Ring der Kraft, s. o., S. 62.

330 Castaneda, C.: Die Kraft der Stille, s. o., S. 226.

331 Ebenda, S. 226.

Anhang: Carlos Castaneda: Sechs grundlegende Lehrsätze

332 Anhang zur mexikanischen Ausgabe von »El Don del Aguila«; Edivision, Compania Editorial, April 1985. Originaltitel des Anhangs: »Seis proposiciones explicatorias«. Übersetzung: José Zaragoza. Lektorat und Anmerkungen: Norbert Claßen.

333 Castaneda bezieht sich hier auf die Phase seiner Lehrzeit, die er in »Die Kunst des Pirschens« sowie in »Das Feuer von Innen« beschreibt. Auch hier taucht im Original der Ausdruck »seis proposiciones explicatorias« auf. Diese Lehrsätze beziehen sich sachlich auf das gleiche, was in »Das Feuer von Innen« als die »grundlegenden Wahrheiten über die Bewußtheit« dargestellt wird.

334 Don Juan erläutert in »Das Feuer von Innen«, daß es irreführend ist, von einem Leuchten der rechten bzw. der linken Seite zu sprechen. In Wirklichkeit ist das sog. »linksseitige Leuchten« nicht in der linken Seite des leuchtenden Körpers lokalisiert, sondern in der Tiefe desselben. Den Sehern erscheint diese Leuchtkraft – bei oberflächlicher Betrachtung – jedoch als linksseitig orientiert, weshalb man den Ausdruck »linksseitige Bewußtheit« beibehielt, wohlwissend, daß er eigentlich nicht zutrifft.

335 Man darf diese Aussage nicht oberflächlich falsch verstehen. Don Juan bezieht sich auf die Tatsache, daß der Adler uns durch seine

Emanationen zwingt wahrzunehmen. Das, was wir wahrnehmen, ist jedoch das Produkt unserer Weltbeschreibung und mithin eine soziale Übereinkunft. Die Quelle der Wahrnehmung bleibt jedoch weiterhin im Dunkel des Adlers verborgen und entzieht sich gänzlich dem menschlichen Erkenntnisvermögen.

336 Castaneda hat diese Gedanken explizit in dem Kapitel »Die erste Aufmerksamkeit« in seinem Buch »Das Feuer von Innen« dargestellt. Der Interessierte sei zwecks besserem Verständnis darauf hingewiesen.

337 Diese »latente Fähigkeit« ist natürlich die Möglichkeit zum »Anhalten der Welt«, dem »Anhalten des inneren Dialogs«, die Castaneda hier als »Blockierung des ersten Ringes der Kraft« bezeichnet. Die resultierenden »spektakulären Ergebnisse« sind Fähigkeiten und Möglichkeiten, die sich dann aus der Aktivierung des zweiten Kraftringes ergeben, wie z. B. Fähigkeiten der Kunst des Träumens.

338 Man vergleiche Castanedas »Berg«-Beispiel mit dem »Apfel«-Beispiel in Kapitel 1 und 1.1. Hier existieren wieder klare Parallelen zu Husserl, wobei unklar bleibt, ob Castaneda sie in die Diskussion einbringt, oder ob gar Don Juan philosophische Termini verwendet, um Castaneda den geistigen Zugang zu seinen Lehren zu erleichtern.

339 In diesem Gedanken drückt sich wiederum die Essenz der Regel des Pirschens aus. Die zuvor beschriebene Resignation und Hoffnungslosigkeit des Wohltäters von Don Juan bezieht sich auf eine Erzählung Castanedas in »Die Kunst des Pirschens«.

340 Die Barriere der Wahrnehmung muß nicht als Nebelwand wahrgenommen werden, wie Don Juan in »Das Feuer von Innen« betont. Sie ist zwar eine reale Barriere zwischen zwei getrennten Bereichen der Bewußtheit, aber sie ist keine »Mauer«; die Vorstellung der Barriere als Nebelwand ist ein Akt der Visualisierung, ein Akt des Beabsichtigens einer ganz konkreten Erscheinungsform.

341 Auch hier bezieht sich Castaneda auf ein Erlebnis, das er in »Die Kunst des Pirschens« beschreibt. Sein »Wahrnehmungs-Vakuum« entsteht dadurch, daß er keine alternative Beschreibung der Welt gelernt hat, oder, wie er hier sagt, »daß seine zweite Aufmerksamkeit noch unformuliert war«.

Literaturverzeichnis
(eine Auswahl empfehlenswerter Werke)

Abelar, Taisha: Die Zauberin. Die magische Reise einer Faru auf dem toltekischen Weg des Wissens. Hans-Nietsch-Verlag, 2008

Castaneda, Carlos: Das Feuer von Innen. Fischer Taschenbuchverlag, 2009

Castaneda, Carlos: Das Wirken der Unendlichkeit. Fischer Taschenbuchverlag, 2000

Castaneda, Carlos: Das Rad der Zeit. Das Vermächtnis des Don Juan. Fischer Taschenbuchverlag, 2001

Castaneda, Carlos: Der Ring der Kraft. Don Juan in den Städten. Fischer Taschenbuchverlag, 2010

Castaneda, Carlos: Der zweite Ring der Kraft. Fischer Taschenbuchverlag, 2010

Castaneda, Carlos: Die Kraft der Stille. Neue Lehren des Don Juan. Fischer Taschenbuchverlag, 2010

Castaneda, Carlos: Die Kunst des Pirschens. Fischer Taschenbuchverlag, 1998

Castaneda, Carlos: Die Kunst des Träumens. Fischer Taschenbuchverlag, 2011

Castaneda, Carlos: Die Lehren des Don Juan. Ein Yaqui-Weg des Wissens. Fischer Taschenbuchverlag, 1973

Castaneda, Carlos: Eine andere Wirklichkeit. Neue Gespräche mit Don Juan. Fischer Taschenbuchverlag, 1975

Castaneda, Carlos: Reise nach Ixtlan. Die Lehre des Don Juan. Fischer Taschenbuchverlag, 1976

Castaneda, Carlos: Tensegrity. Die magischen Bewegungen der Zauberer. S. Fischer Verlag, 2007

Claßen, Norbert: Carlos Castaneda und das Vermächtnis des Don Juan. Das Wissen der Tolteken in einer neuen Epoche. Hans-Nietsch-Verlag, 2014

Cocagnac, Maurice: Begegnungen mit Carlos Castaneda und der Heilerin Pachita. Ein Pater auf den Spuren der Schamanen des alten Mexikos. Hans-Nietsch-Verlag, 1998

Corvalán, Graciela: Der Weg der Tolteken. Ein Gespräch mit Carlos Castaneda. Fischer Taschenbuchverlag, 1997

Donner-Grau, Florinda: Die Lehren der Hexe. Eine Frau auf den Spuren schamanischer Heiler. Hans-Nietsch-Verlag, 2012

Donner-Grau, Florinda: Shabono. Eine Frau bei den Regenwald-Schamanen. Hans-Nietsch-Verlag, 2014

Donner-Grau, Florinda: Traumwache. Eine Frau geht den Weg der Yaqui-Schamanen. Heyne Verlag, 1998

Eliade, Mircea: Die Sehnsucht nach dem Ursprung. Von den Quellen der Humanität. Bibliothek Suhrkamp, 1989

Eliade, Mircea: Mythos und Wirklichkeit. Insel Verlag, 1988

Eliade, Mircea: Schamanismus und archaische Ekstasetechnik. Suhrkamp Verlag, 2006

Erdoes, Richard/Lame Deer, John Fire: Tahca Ushte. Medizinmann der Sioux. Weltbild Verlag, 2001

Grof, Stan: Auf der Schwelle zum Leben. Die Geburt: Tor zur Transpersonalität und Spiritualität. Heyne Verlag, 1993

Grof, Stan/Halifax, Joan: Die Begegnung mit dem Tod. Klett-Cotta-Verlag, 2001

Halifax, Joan: Die andere Wirklichkeit der Schamanen. Erfahrungsberichte von Magiern, Medizinmännern und Visionären. Hans-Nietsch-Verlag, 1999

Husserl, Edmund: Die Idee der Phänomenologie. Meiner Verlag, 1986

Jaffé, Aniela (Hrsg.): Erinnerungen, Träume, Gedanken von C.G. Jung. Patmos Verlag 2011

Jung, Carl Gustav: Bewußtes und Unbewußtes. Fischer Taschenbuchverlag, 1977

Jung, Carl Gustav: Psychologische Typen. Patmos Verlag, 2011

Miranda-Luizaga, Jorge: Das Sonnentor. Dianus Trikont, 1985

Morris, Desmond: Der nackte Affe. Droemer Knaur Verlag, 1995

Sharon, Douglas: Magier der vier Winde. Der Weg eines peruanischen Schamanen. Bauer Verlag, 1998

Sheldrake, Rupert: Die Wiedergeburt der Natur. Wissenschaftliche Grundlagen eines neuen Verständnisses der Lebendigkeit und Heiligkeit der Natur. Scherz Verlag, 1993

Watson, Lyall: Geheimes Wissen. Das Natürliche des Übernatürlichen. Verlag Dietmar Klotz, 2001

Schamanismus
Norbert Claßen
Carlos Castaneda
und das Vermächtnis des Don Juan
Das Wissen der Tolteken
in einer neuen Epoche
HANS-NIETSCH-VERLAG